法 学 阶 梯
INSTITUTIONES | 普通高等教育**法学规划教材**

普通高等教育“十一五”国家级规划教材

知识产权法

Intellectual Property Law

| 第六版 |

主　编 | 吴汉东

副主编 | 熊　琦

撰稿人 | 吴汉东　张　平
以撰写章节先后为序 | 胡开忠　郭　禾
张　今　曹新明
朱雪忠　熊　琦

法律出版社

——北　京——

始创于1954年

好书,同好老师和好学生分享

图书在版编目(CIP)数据

知识产权法 / 吴汉东主编. -- 6版. -- 北京 : 法律出版社, 2023(2025.11重印)
ISBN 978-7-5197-7539-1

Ⅰ. ①知… Ⅱ. ①吴… Ⅲ. ①知识产权法-中国-高等学校-教材 Ⅳ. ①D923.4

中国国家版本馆CIP数据核字(2023)第025348号

知识产权法(第六版)
ZHISHI CHANQUAN FA (DI-LIU BAN)

吴汉东 主编

责任编辑 吴 昉 宋丽娜
装帧设计 鲍龙卉

出版发行 法律出版社
编辑统筹 法律教育出版分社
责任校对 王 丰
责任印制 刘晓伟
经　　销 新华书店

开本 787毫米×1092毫米 1/16
印张 24　**字数** 538千
版本 2023年3月第6版
印次 2025年11月第3次印刷
印刷 固安华明印业有限公司

地址:北京市丰台区莲花池西里7号(100073)
网址:www.lawpress.com.cn
投稿邮箱:info@lawpress.com.cn
举报盗版邮箱:jbwq@lawpress.com.cn

销售电话:010-83938349
客服电话:010-83938350
咨询电话:010-63939796

书号:ISBN 978-7-5197-7539-1　**定价**:52.00元

出版说明

法律出版社在其奋进发展的六十年光辉历程中，秉精诚之心，集全社之力，服务于我国法学教育事业，致力于法学教材出版。尤其在改革开放三十余年间，本社以“传播法律信息，推进法制进程，积累法律文化，弘扬法治精神”为宗旨，协同司法部法学教材编辑部，规划并组织出版了国家“八五”“九五”期间的法学规划教材，为我国改革开放之初的法学教育和法治建设作出了开创性贡献；进入21世纪之后，法律出版社又根据教育部的部署和指导，相继规划并组织出版了“十五”、“十一五”和“十二五”法学规划教材，为我国法学教育事业的发展与改革付出了艰辛努力。

承蒙法学教育领域专家作者的信任，以及广大法律院校师生的支持，法律出版社经过三十年的发展与积累，相继出版各类法学教材达四百余种。在学科范围方面，完成以法学核心课程为重心，涉及法学诸学科的“全品种”横向结构；在培养层次方面，健全以本科教育为根本，兼顾职业教育和研究生教育的“多层次”纵向结构，进而打造“法律版”法学教科书体系，以期更好地为法学教育服务，为法治建设贡献绵薄之力。

近年来，法律出版社因应法学教育的发展变化，在教材编写体例及系列安排方面作出相应调整。在教材编写体例方面，结合当前教学实际与培养方案，将系统、全面的理论知识讲授与灵活、丰富的法律实践和能力训练相结合，倡导教材内容差异化，增加教材可读性，以期更好地培养法科学生的思维能力和法学素养。在教材系列安排方面，全力推进新品教材编写与注重既有教材修订相结合，根据教材风格与特色进行适当的套系整合，集中现有的国家级规划教材和在编的规划教材，形成以“普通高等教育法学规划教材”为名的全新教材系列。

本系列教材多为出版多年并广受好评的经典教科书。此次全新推出，既是向长期以来关心支持法学教育出版事业的专家作者的崇高致敬，也是法律出版社为中国当代法学教育事业发展拳拳努力之情的真诚表达。法律出版社将以高度的精品意识和质量标准，不断丰富、完善本系列教材的结构和内容；除教材文本之外，还将配有多层次、多形式的教辅材料，更好地为广大师生服务。

“好书，同好老师和好学生分享”，法律出版社愿与法律共同体诸同仁，分享好书，分享智识，分享法治进程中的点点滴滴！

法律出版社　谨识

2014年10月

作者简介

（以撰写章节先后为序）

吴汉东　中南财经政法大学文澜资深教授、博士生导师；现任教育部人文社会科学重点研究基地知识产权研究中心名誉主任，教育部和国家外国专家局“高等学校学科创新引智计划”中方首席专家，国家保护知识产权工作研究基地、国家知识产权战略实施研究基地、国家版权局国际版权研究基地主任；兼任教育部社会科学委员会法学学部委员、国务院反垄断委员会专家咨询组成员、最高人民法院知识产权司法保护研究中心学术委员会副主任、国家知识产权专家咨询委员会成员。著有“当代中国法学家文库·吴汉东法学研究系列”七卷本，另在《中国社会科学》《法学研究》《中国法学》等刊物发表学术论文180余篇。论文、专著曾获首届全国优秀博士论文奖、首届中国出版政府奖（图书类）、司法部优秀科研成果一等奖等。《知识产权精要》《知识产权总论》等3本著述列入中华学术外译项目，以英、日、韩多国文字在海外出版。2006年5月，在中央政治局第三十一次集体学习上为国家领导人讲解“我国知识产权保护的法律和制度建设”。2009年、2011年两次被评为“年度十大全国知识产权保护最具影响力人物”；2009年、2011年两度被英国《知识产权管理》杂志（MIP）评为“全球知识产权界最具影响力50人”。2021年，获评中国版权协会“中国版权事业终身成就奖”，并被国家教材委员会授予“全国教材建设先进个人”称号。

张　平　法学博士，北京大学法学院教授、博士生导师；兼任中国科学技术法学会常务副会长兼秘书长，中国知识产权研究会副会长；最高人民法院特邀咨询员；北京、上海、广州知识产权法院特邀专家委员；国家知识产权局专家委员等。主持省部级课题多项，代表性著作有《知识产权法详论》《网络知识产权及相关问题透析》等。

胡开忠　中南财经政法大学教授，知识产权法学博士研究生导师。现任中南财经政法大学校学术委员，国家版权局国际版权研究基地主任，中国法学会知识产权法学研究会常务理事，湖北省法学会知识产权法学研究会副会长，湖北省法学会竞争法学研究会常务理事。在《法学研究》、《欧洲知识产权评论》、《法学》、日本《知的财产法政策学研究》、韩国《比较法研究》等国内外刊物上发表论文70余篇，著有《权利质权制度研究》《知识产权法比较研究》等，多篇文章被人大复印资料、《中国社会科学文摘》、《新华文摘》、《高等学校文科文摘》等刊物转载。先后主持了国家社科基金项目、教育部人文社科项目、教育部新世纪优秀人才支持计划项目、教育部人文社科重点研究基地重大项目及国家版权局、国家知识产权局等部委的科研项目。研究成果曾获得司法部法学教材和法学科研优秀成果奖一等奖、原文化部市场司全国音像市场保护征文比赛一等奖、第六届湖北省社会科学优秀成果三等奖等多项奖励。

郭 禾 法学博士，中国人民大学教授、博士生导师、知识产权学院副院长；中国知识产权法学研究会副会长兼秘书长、中国知识产权研究会理事、中国版权协会理事、中国国际贸易促进委员会域名争议解决中心专家组成员。代表性成果有《知识产权法选论》、《知识产权法》、《知识产权法案例分析》、《知识产权法原理》、《商标法教程》、《规避技术措施行为的法律属性辩析》、《我国缺陷汽车产品召回制度的模式》、《中国集成电路布图设计权保护评述》、《半导体集成电路知识产权的法律保护》、《保护作者权益是著作权法的核心原则》、《信息技术对著作权制度的影响》、《信息、信息流及其知识产权》、《集成电路与知识产权》、《信息技术对著作权制度影响》、*Information Infrastructure and Privacy* 等。

张 今 法学博士，中国政法大学民商经济法学院教授、博士生导师；中国法学会知识产权法学研究会常务理事、副秘书长，知识产权保护企业联盟专家委员会法律专家，中国工商联美容化妆品行业协会专家委员会法律专家。主持省部级课题多项，在《政法论坛》《法商研究》《知识产权》《中国版权》《华东政法大学学报》《法律适用》《知识产权研究》等学术刊物发表论文近40篇。代表性著作有《版权法中私人复制问题研究——从印刷机到网络》、《知识产权国际保护制度研究》(合著)、《竞争法学》(合著)等。

曹新明 法学博士，中南财经政法大学教授、博士研究生导师。国务院政府特殊津贴获得者；国家知识产权战略专家库专家，中国法学会知识产权领军人才，中国法学会知识产权法学研究会副会长，湖北省知识产权研究会理事长、湖北省法学会知识产权法学研究会会长。独著或合著有《中国知识产权法典化研究》《西方诸国著作权制度比较研究》等著作；在《法学研究》《法学》《法商研究》《法制与社会发展》等期刊上发表论文50余篇。论著、论文曾获湖北省自然科学优秀学术论文二等奖、武汉市社会科学优秀成果奖、中国法学会征文二等奖等多项奖励。

朱雪忠 管理学博士，同济大学教授、博士生导师；国家知识产权专家咨询委员会委员，中国知识产权研究会副理事长，中国科学技术法学会副会长，中国法学会知识产权法学研究会常务理事，中国科学学与科技政策研究会常务理事暨知识产权政策与管理专业委员会主任，上海市法学会学术委员会委员。曾主持或共同主持完成了国家自然科学基金重点项目、国家社会科学基金重大招标项目等课题；在《中国法学》、《知识产权》、《管理世界》、*International Review of Industrial Property and Copyright Law* 等国内外刊物上发表论文百余篇，出版《知识产权协调保护战略》《国家资助发明创造专利权归属研究》等著作，主编《企业知识产权管理》《知识产权管理》等教材。曾获教育部二等奖2项、全国知识产权(专利)优秀调研报告暨优秀软科学研究成果二等奖3项。

熊 琦 法学博士，华中科技大学法学院教授、博士生导师、法学院副院长、知识产权学科带头人；兼任中国法学会理事，中国法学会知识产权法学研究会常务理事，中国法学会网络与信息法学研究会理事，国家版权局国际版权研究基地研究员，最高人民法院知识产权司法保护研究中心研究员。主持国家社科基金、教育部人文社科基金、司法部法学理论项目多项。在《中国社会科学》《法学研究》《中国法学》《环球法律评论》《政法论坛》《法学》《法学家》等法学类权威刊物上发表论文40余篇。曾获第五届佟柔民商法优秀博士论文奖、中国知识产权法学研究会优秀论文奖、湖北省社科优秀成果奖、武汉市社会科学优秀成果奖、第六届“湖北省优秀中青年法学工作者”称号等。

第六版修订说明

本书自2009年初版以来,得到知识产权法学界和实务界的高度关注和厚爱。时值2021年首届全国教材建设奖开评,本书第五版获得国家教材委员会颁发的“全国优秀教材”二等奖,是唯一获奖的知识产权法教材。如此殊荣,对我等是为激励,亦使我等对教材修订和完善不敢懈怠。

本书第六版以中国加入《视听表演北京条约》《关于为盲人、视力障碍者或其他印刷品阅读障碍者获得已出版作品提供便利的马拉喀什条约》等为背景,以《民法典》以及《著作权法》、《专利法》、《商标法》和《反不正当竞争法》修正案为依据,以最高人民法院最新司法解释及指导性案例为资料进行全面修订。除法律条款、教学案例的更新外,还重新撰写导语,补充参考文献,订正错漏文字。在各章作者创作成果的基础上,熊琦教授承担了修订工作,吴汉东教授负责统稿和审读。

作者

2022年9月19日

第五版修订说明

2013年8月30日,历时十余年修正的《商标法》经第十二届全国人大常委会第四次会议审议并通过,标志着我国《商标法》第三次修改圆满完成。与此同时,《著作权法》的第三次修正已经展开,陆续公开征求意见的草案引发了全社会对著作权问题的关注。为推进《著作权法》的修改,《信息网络传播权保护条例》、《著作权法实施条例》和《计算机软件保护条例》等配套条例也完成了少许调整。

基于上述新的立法动态,我们对《知识产权法》第四版进行了全面修订,除根据新订法律对商标法部分进行修改外,还对其他内容一并加以完善。本书撰稿人为:吴汉东(第一编 总论),张平、胡开忠(第二编 著作权),郭禾(第三编 专利权),张今(第四编 商标权),曹新明(第五编 其他知识产权),朱雪忠(第六编 知识产权国际保护),熊琦(改写和补写总论、著作权、商标权和知识产权国际保护)。全书由主编吴汉东统稿,熊琦为统稿做了许多工作。

主编

2013年12月

第四版修订说明

自从本书第三版问世以来，我国知识产权立法又发生了新的变化。一是为深入贯彻《国家知识产权战略纲要》并辅助新订《专利法》的实施，我国在 2010 年先后颁布了《专利法实施细则》《专利权质押登记办法》等。二是刚刚完成第二次修正的《著作权法》也于 2010 年 4 月 1 日起实施。三是在商标权领域，为更好地审理商标授权确权行政案件，进一步明确和统一审理标准，最高人民法院也于 2010 年发布了《关于审理商标授权确权行政案件若干问题的意见》。基于上述新的立法动态，我们再次组织本书原作者对第三版进行了修订，力争全面系统地在教材中为读者呈现最新的立法内容。同时，根据近年最新的研究成果，也适当修订了“资料链接”中的学术文献，供愿意深入学习的读者参考。由于知识产权法博大精深，且发展日新月异，书中的观点与表述恐有疏漏或错误，欢迎学者先进不吝指正。

修订版撰稿人分工如下：

吴汉东（第一编　总论）

张平、胡开忠（第二编　著作权）

郭禾（第三编　专利权）

张今（第四编　商标权）

曹新明（第五编　其他知识产权）

朱雪忠（第六编　知识产权国际保护）

全书由主编吴汉东统稿，熊琦博士为统稿做了许多工作。

作者

2011 年 3 月

第三版修订说明

本书系普通高等教育“十五”“十一五”国家级规划教材，亦是教育部法学类国家精品课程配套教材。

本书遵照全国高等学校法学专业核心课程的教学要求编写而成。全书以现行知识产权法与相关国际公约为基础，吸收国内外知识产权法教学与研究的最新成果，按照“总论—著作权、专利权、商标权—其他知识产权—知识产权国际保护”的框架体系，阐述了本领域的基本理论、基本知识和基本制度，努力做到科学性、系统性和实践性的统一。

自本书第一版问世以来，国际国内形势发生了较大变化。修改本国知识产权法律制度，为调整经济结构和提高技术与产业竞争力奠定法律基础成为当今世界潮流所向。2008 年，以鼓励发明创造和自主创新、建设创新型国家、转变经济发展方式为导向，在吸收国际知识产权立法和理论的有益经验和最新成果的基础上，我国颁布了《国家知识产权战略纲要》和第三次修正的《专利法》，其他相关法律制度的修改与配套也随之提上日程。这一局面的形成，是知识产权理论和实践长期良性互动的结果，也标志着我国知识产权法制建设已经步入一个新的重要历史时期。因此，我们对原教材进行精心修订，力争比较全面系统地反映知识产权法领域的新变化。

本书由主编约请北京大学、中国人民大学、中国政法大学、中南财经政法大学等长期从事知识产权教学与研究的中青年学者合作完成。撰稿人分工如下：

吴汉东：　第一编　总论
张平、胡开忠：　第二编　著作权
郭禾：　第三编　专利权
张今：　第四编　商标权
曹新明：　第五编　其他知识产权
朱雪忠：　第六编　知识产权国际保护

全书由吴汉东统稿，肖志远博士为统稿做了许多工作。

作者
2009 年 2 月

目　录

第一编　总　论

第二编　著　作　权

第三编　专　利　权

第四编　商　标　权

第五编　其他知识产权

第六编　知识产权国际保护

第一编　总　　论

第一章　知识产权总论

学习目的　通过本章的学习，了解知识产权的基本含义，掌握知识产权之私权与无形财产权的基本属性，分析知识产权的法律特征和保护对象，明确知识产权制度体系的基本构成，把握知识产权制度与民法的基本关系。

关键词　知识产权　知识产品　非物质性　私权

导语

知识产权法是近代商品经济与科学技术发展的产物，也是私法领域财产"非物质化革命"的结果。作为有形财产的苹果，正是其物质化的特征让牛顿发现了"万有引力定律"。而作为无形财产的苹果，也正是其非物质化的特征让种植苹果的技术方案能够申请专利法所保护的发明，让拍摄苹果的照片能够成为著作权法所保护的摄影作品，让苹果公司的"苹果"图标能够成为商标法所保护的图形商标。有形的苹果可以成为物权的客体，而无形的"苹果"可以成为知识产权的客体，创造出比有形苹果更大的价值。同时，有形财产与无形财产之间存在密切关联：一方面，两者均属于民法中的财产权体系，对两者的保护均采取了私权形式；另一方面，两者的客体差异导致这一私权形式在权利内容、权利归属、权利行使以及权利限制方面存在诸多差异。本章作为全书的开篇，将阐述诸如知识产权的概念、性质、特征、内容体系以及法律地位等基本问题。

第一节　知识产权的概念

知识产权的概念是知识产权理论体系和制度体系的最基本范畴，是知识产权研究的基础和逻辑起点。

一、知识产权的由来

知识产权是人们对于自己的智力创造成果和经营标记、信誉所依法享有的专有权利。其中，著作权发生在文化创作领域，与文化创新、文化产业息息相关；专利权产生于技术应用领域，与科技创新、科技产业紧密相连；商标权则运作于工商经营领域，涉及商品销售、市场贸易等诸多问题。除此三大板块之外,知识产权还广泛包括商业秘密、集成电路布图设计、植物新品种等客体上的相关权利。也正因为如此,世界知识产权组织(WIPO)给知识产权下了一个极为宽泛的定义,认为:"泛而言之,知识产权是指智力活动在工业、科学、文学和艺术领域所产生的合法权利。"(Intellectual property, very broadly, means the legal rights which result from intellectual activity in the industrial, scientific, literary and artistic fields.)

在民事权利制度体系中,知识产权这一用语是与传统的财产所有权相区别而存在的。英文"intellectual property"、法文"propriété intellectuale"、德文"gestiges eigentum",其原意均为"知识(财产)所有权"或"智慧(财产)所有权"。将一切来自知识活动领域的权利概括为"知识产权",最早见于17世纪中叶的法国学者卡普佐夫的著作。后来,这一概念被比利时著名法学家皮卡第所发展。皮卡第认为,知识产权是一种特殊的权利范畴,它根本不同于对物的所有权:"所有权原则上是永恒的,随着物的产生与毁灭而发生与终止;但知识产权却有时间限制。一定对象的财产权在每一瞬息时间内只能属于一个人(或一定范围的人——共有财产),使用知识产品的权利则不限人数,因为它可以无限地再生。"[1]知识产权学说之后在国际上广泛传播。1893年,欧洲部分国家为了统一对各国知识产品的界定和保护,成立了保护知识产权联合国际局,旨在联合1883年《保护工业产权巴黎公约》(以下简称《巴黎公约》)和1886年《保护文学艺术作品伯尔尼公约》(以下简称《伯尔尼公约》)成立的两个国际局,成为首个统一在国际上使用"知识产权"的国际组织。自此,知识产权作为国际通行的概念,开始在各国普遍使用。

知识产权在我国立法中的确立,始于1986年的《民法通则》(已失效)。其中,"知识产权"为第五章"民事权利"第三节的标题。将知识产权作为民事权利的一种加以规定,既是对国际通行称谓的引进,也奠定了知识产权的私权属性,这与后来《与贸易有关的知识产权协定》(以下简称《知识产权协定》)对知识产权属性的界定是一致的。2017年3月15日由全国人大通过的《民法总则》(已失效)第123条明确规定,民事主体依法享有知识产权,包括依法就作品、发明、商标、商业秘密和植物新品种等客体所享有的专有的权利。这一规定在2020年通过的《民法典》中再次得到确认。另外,《民法典》物权编、合同编、婚姻家庭编和侵权责任编都对知识产权的权利归属、权利变动和保护作了特别规定,与专门的《著作权法》、《专利法》、《商标法》和《反不正当竞争法》等法律一起构建了完整的知识产权法律体系,并实现了与民法的科学衔接。

二、知识产权的定义

目前,关于知识产权的定义方法主要有"列举主义"与"概括主义"两种。"列举主义"的方法,通过系统地列举所保护的权项,即划定权利体系范围来明确知识产权的概念。"概括主义"的方法,通过对保护对象的概括抽象的描述,即简要说明这一权利的"属加种差"来给出知识产权的定义。

多数国家的法学著述、立法文件以至相关国际公约都是从划定范围出发来说明知识产

〔1〕[苏联]E. A. 鲍加特赫等:《资本主义国家和发展中国家的专利法》,载中国科学技术情报所专利馆编:《国外专利法介绍》(第1册),知识出版社1981年版,第11页。

权的概念。英国剑桥大学 W. R. Cornish 教授所著的知识产权教科书没有直接对知识产权定义,但列举了“保护技术发明和设计的专利权”“保护文学艺术创造的著作权”“保护经营标记的商标权”,并将它们合称为知识产权。[2] 美国著名学者米勒与戴维斯在《知识产权法概要》(*Intellectual Property: Patents, Trademarks and Copyrights*)一书中,基于抽象财产概念的考虑,以知识产权的名义列举了专利、商标和版权三个法律领域。[3] “列举主义”的方法广泛见于知识产权国际条约。按照《成立世界知识产权组织公约》第 2 条第 8 款的规定,下列权利构成知识产权:著作权与邻接权、专利权或(和)发明权、发现权、外观设计权、商标权及其他标记权、反不正当竞争权以及其他由于智力活动产生的权利。世界贸易组织《知识产权协定》第 1 部分第 1 条规定,本协定所保护的知识产权是指该协定第 2 部分第 1 ~ 7 节中所列举的著作权与邻接权、商标权、地理标志权、外观设计权、专利权、集成电路布图设计权、商业秘密权。“列举主义”方法的优点在于,表述清楚、明确,但用以说明概念则失之烦琐;此外,由于知识产权法律制度体系是动态的、开放的,列举式难免有遗漏之处。

我国法学界在学理上多采取“概括主义”方法来说明知识产权的概念。随着知识产权产业和制度在我国的发展,我国学者逐步认识到,以知识产权名义统领的各项权利,并不都是基于智力创造成果产生。1992 年国际保护工业产权协定(AIPPI)东京大会将知识产权划分为“创造性成果权利”与“识别性标记权利”,显见知识产权并不全是“智力创造成果”之权。有鉴于此,学者们对定义对象进行了新的概括,代表性的观点主要有三种:(1)“知识产权是人们依法对自己的特定智力成果、商誉和其他特定相关客体等享有的权利。”[4] (2)“知识产权是人们对于自己的智力活动创造的成果和经营管理活动中的标记、信誉依法享有的权利。”[5] (3)“知识产权是民事主体依据法律的规定,支配其与智力活动有关的信息,享受其利益并排斥他人干涉的权利。”[6]

上述定义方法,对知识产权的属性及对象进行了抽象与概括,虽表述不一,但反映了知识产权的概念特征:(1)知识产权是区别于传统所有权的另类权利,是产生于精神领域的非物质化的财产权,即基于智力成果、经营标记或知识信息所产生的权利。(2)知识产权不等于智力创造性成果权,以知识产权名义所统领的各项权利并非都来自知识领域,亦非都基于智力成果而产生。从权利来源来看,其主要发生于智力创造活动与工商经营活动中;从权利对象来看,其则由创造性成果、经营性标记、信誉以及其他知识信息所构成。(3)知识产权是法定之权,其产生一般须由法律所认可。换言之,并非所有的知识产品都可以成为知识产权的保护对象。在不同历史时期的不同国家,受经济、科技、文化等因素影响,知识产权的范围也有所差异。“概括主义”的方法高度抽象,表述简要,但问题关键在于,概括须准确恰当,且具有最大包容性。目前,对知识产权的“概括主义”定义尚未形成完全一致的看法。正因如此,《民法典》对知识产权的定义仍然采取了不完全列举的方式。其中把“其他客体”作为兜

[2] See W. R. Cornish, *Intellectual Property: Patents, Copyright, Trade Marks And Allied Rights*, fourth edition, London, Sweet & Maxwell, 1999, p. 3.

[3] 参见[美]阿瑟·R. 米勒等:《知识产权法概要》,周林等译,中国社会科学出版社 1998 年版,第 4 页。

[4] 王迁:《知识产权法教程》,中国人民大学出版社 2021 年版,第 3 页。

[5] 吴汉东主编:《知识产权法学》,北京大学出版社 2022 年版,第 1 页。

[6] 张玉敏主编:《知识产权法》,法律出版社 2005 年版,第 1 页。

底式的规定，以此涵盖法条中没有明文列举，但实践中新出现且应当获得保护的智力活动成果。

三、知识产权范围的扩张

在当代信息社会里，知识产权的范围有向“信息产权”扩充的趋势。以微机革命、网络革命和通信革命为主流的新技术革命，将人类社会推进一个信息化时代，信息本身成为促进经济、技术及社会发展的重要资源，也成为人们不可或缺的无形财产。知识产权所涉及的对象可视为非物质形态的知识信息。专利法保护的“新的技术方案”提供了某一领域最新技术的信息；商标法保护的“识别性标记”本身就是区别不同商品或服务的信息；而著作权法保护的“独创性表达”，通过报刊、书籍、广播电视、电脑网络等各种媒介的传播，成为人们最主要、最广泛的信息源。在这个意义上说，知识产权法可以称为信息保护法。[7] 但是，知识产权并不能简单地等同于信息产权。信息财产有三种类型：一是作为著作权、专利权、商标权所保护的知识信息；二是原处于非专有领域的公共信息；三是未公开披露而通过保密实现其价值的商业信息。后两者是以往知识产权法不加以保护的。随着新的传播技术的出现，国际社会日益重视对各种信息财产的保护。1993 年《知识产权协定》明确将“未公开的信息”纳入知识产权保护体系；1996 年《欧盟关于数据库保护的指令》提出了给予在数据或信息汇编上不具有独创性的数据库以特殊保护，以激励在数据收集、组合、编排中的投入。这意味着一部分原属于公共领域的信息和依靠保密措施维系利益的信息，现在可以处于新的专门法的保护之下（前者的权利主体系信息的收集人，后者的权利主体系信息的所有人）。这种着力于信息财产保护的立法已经突破了传统知识产权的制度框架。

以上只是描述非物质财产领域权利范畴的变化，无意褒贬“知识产权”、“无形财产权”与“信息产权”这几类用语的优劣。鉴于相关国际公约、国内立法的规定与我国法学界的约定俗成，我们可以继续沿用“知识产权”的概念，但不能拘泥于传统权利体系的狭隘理解。对知识产权概念内涵的分析表明，知识产权与传统所有权是区别无形财产与有形财产之权利形态的不同用语。关于知识产权概念的外延界定，采取列举式可能难以包容其全部范围，而采取简要描述的概括方法较为适宜。

第二节 知识产权的性质

知识产权的性质也是知识产权制度的基本理论范畴之一。20 世纪 80 年代的教科书及相关著述多将知识产权表述为一体两权，即认为知识产权具有财产权与人身权的双重属性；90 年代的知识产权学说一般从民事权利体系出发，将知识产权区别于财产所有权，对其作出无形财产权的定性分析。我们认为，应当从私权与无形财产权这两个方面来把握知识产权的基本属性。

---

〔7〕 参见［日］中山信弘：《多媒体与著作权（一）》，张玉瑞译，载《电子知识产权》1997 年第 5 期。

一、知识产权的私权本质

世界贸易组织的《知识产权协定》的序言中宣示“知识产权为私权”,以私权名义强调知识财产私有的法律性质。权利本体的私权性是将知识产权归类于民事权利范畴的基本依据。所谓私权,即私的权利,可以从以下几个方面来理解:(1)它是私人的权利。这里的私人,特指民事法律关系的主体,即处于平等地位的人。当国家以民事主体出现时,其与其他民事主体之间也是平等关系。(2)它是私有的权利。这里的私有,意指民事权利为特定民事主体所享有,是特定人享有的私人权利,而不是一切人同享的公共权利。(3)它是私益的权利。这里的私益,也就是与公益相对应的个人利益。根据私法的原则,允许“个人根据自己的意愿形成相互之间的经济关系和其他关系”〔8〕,追求合法的权利。将知识产权归类于私权的原因在于,它具备私权的一般确认标准:它是“关于私人利益方面的各种权利”(利益说);是“关于平等主体相互之间的权利”(关系说);是“私法上所确定的权利”(法律说)。〔9〕可以认为,知识产权的产生、行使和保护,适用民法的基本原则和基本规则。离开了民事权利体系,知识产权就会成为无源之水、无本之木,无法找到其相应的归属。

关于公权与私权的划分,可追溯到罗马法。在古罗马,凡市民都享有一种专属性的权利,即“市民权”(*status civitatis*),其内容包括公权和私权。公权是指民法规定的选举权(参与各种议会制定法律和选举官吏的权利)和被选举权(被选举为官吏或被选举为议员的权利),私权则包括婚姻权、财产权、遗嘱能力和诉讼权。〔10〕在古罗马的私权体系中,财产权制度是以“物”为基础的,其对象主要是有体的物质对象(有体物),也包括无体的制度产品(无体物)。〔11〕在罗马法时期,尚未产生保护精神产物的财产权,即现代意义上的知识产权,但是罗马法所留下的私法原理和规则,尤其是“无体物”理论,为后人诠释知识财产法律化提供了重要的思想资料。“无体物”理论本意是将特殊的财产权利视为权利标的意义上的物件,即将主观拟制之物视为权利客体,这意味着,对客体物的理解不应拘泥于直接存在之物、有体存在之物。近代法律对知识财产的确认,标志着财产权从具体到抽象的转变。人们不再将财产的范围局限于有体物,而扩大到为数众多的不具备外在形体的财产,这即是财产的抽象化和非物质化。“就知识产权而论,所论及之物乃是抽象物。如我们所知,抽象物并不存在,或者我们可以宣称它不存在。知识产权中的抽象物采取了一种法律虚拟的形式。”“法律假定在某些抽象物中存在权利。盘尼西林的分子式和化学结构即是抽象物的例证,许多人需要使用并依赖于这些物。”〔12〕按照澳大利亚学者 Drahos 的说法,由此产生了基于抽象物而形成的一种新的财产权形式,这就是与传统财产所有权有别的知识产权。

知识产权的私权化是罗马法以来财产非物质化革命的结果。近代知识产权的形成,经历了一个由封建特许权向资本主义财产权嬗变的历史过程。与封建特许权相比,作为私权

---

〔8〕［德］米·科斯特:《私法自治及其限制》,载南京大学中德经济法研究所编:《中德经济法研究所年刊》1994 年第 5 期,南京大学出版社 1994 年版。

〔9〕参见栗劲、李放主编:《中华实用法学大辞典》,吉林大学出版社 1988 年版,第 326 页;《北京大学法学百科全书》(宪法学　行政法学卷),北京大学出版社 1999 年版,第 149 页。

〔10〕参见周枏:《罗马法原论》(上册),商务印书馆 1994 年版,第 99 ~ 100 页。

〔11〕参见陈朝璧:《罗马法原理》(上册),商务印书馆 1937 年版,第 84 页。

〔12〕Peter Drahos, *A philosophy of Intellectual Property*, Dartmouth Publishing Company Limited, 1996, p. 16.

的知识产权有如下特点:(1)它是"天赋人权"。近代启蒙思想家将财产权置于天赋人权的理论框架内,并赋予其独立、核心的重要地位。因此,知识产权是"天赋"的、"与生俱来"的,它不应由国家特许而产生。(2)它是"普世之权"。在近代人权理论的视野中,财产权与其他权利一样,是超越时代、超越社会的普遍权利。因此,知识产权具有普适性。它是一种"普遍权利要求",是一种资本主义式财产权,而不可能是个别的、局部的行政庇护权。(3)它是"法定之权"。从法哲学理论而言,公民基本权利和自由概由一国宪法和法律所规定,即是以实定法的名义反映的自然权利。[13] 知识产权即是如此:从权利来源论,它是一种"自然权利",创造性活动是知识产权产生的"源泉"(source);从权利依据论,它是一种"法定权利",法律规定是知识产权产生的"依据"(origin)。[14] 近代知识产权制度的确立,将非物质财产的权利形态改造成为私人普遍享有私益的权利、私益受到私法严格保护的权利,这即是从特许权到私权的制度变革。

对知识财产进行私权界定,采取的是一种市场机制的产权形式。产权界定的实质,是回答知识财产应为私有还是公有?在知识财产中,科学发现与某些技术成果采取的是非市场机制的产权形式。科学发现是指"经过研究、探索等,看到或找到前人没有看到的事物或规律"[15]。科学史上记载的哥白尼的"地动说"、牛顿的"万有引力定律"、门捷列夫的"元素周期表"、爱因斯坦的"相对论"等,都是认识"前人未知"的自然界及其客观规律的科学发现。科学发现的内容是只能阐明科学事实或客观规律的基础科学研究成果,具有认识的"前所未有性"、"唯一性"以及"真理性"的特征,因此不宜为发现人所垄断或专有。正如《科学发现国际登记日内瓦条约》所指出的那样,它的目的是促使科学发现,鼓励人们使用已经发现的自然规则,而不是限制这种使用。与科学发现相类似,某些技术成果也往往适用非市场机制的产权形式,这即是发明奖励制度。发明是一种"前所未有的""先进的""经过实践证明可以应用的"科学技术成就。发明奖励制度通过对发明创造所产生的经济效益和社会效益进行社会评价,由国家给予奖励;与此相适应的是,发明成果的所有权名义上属于国家,但任何人都可以无偿使用。由此可见,作为奖励制度的发现权、发明权并非对智力成果的专有使用权,即私权,而是一种取得荣誉及获取奖励的权利,该项权利应归类于科技法。对主要智力创造成果,概以采取私人产权形式,这就是法律上的知识产权制度。

作为私权的知识产权,其合理性在思想家的著述中有着不同的解释。在经济学范畴内,从洛克、亚当·斯密到马克思,都建立了自己的"劳动价值学说"。虽然在他们的学说中,涉及的研究对象主要是物质生产与有形商品,但这一学说同样可以论证精神产品与知识财产的本源性、合理性。根据这一学说,我们可以认为:社会劳动既包括体力劳动,又包括智力劳动;生产产品不仅是物质生产中实物形式的商品,还包括非物质生产的无形商品(如服务、知识、技术、价值等);活劳动不仅创造物化商品价值,而且创造知识产品价值。而在法哲学领域里,卢梭的"社会公意"理论与康德的"自由意志"理论,均认为财产权的依据来自体现主权者(人民)意志的"公意",或者来自社会成员认可物主控制某物的"共同意志"。从上述学

---

〔13〕 参见胡锦光、韩大元:《当代人权保障制度》,中国政法大学出版社 1993 年版,第 1 ~2 页。

〔14〕 See L. Ray Patterson, Stanley W. Lindberg, *The Nature of Copyright: A Law of User' Right*, The University of Georgia Press, 1991, p. 45.

〔15〕 中国社会科学院语言研究所词典编辑室编:《倒序现代汉语词典》,商务印书馆 1987 年版,第 294 页。

说中,我们可以找到知识产权合理性的另一种说法,即其存在的理由在于实现了权利垄断与知识公开的契约对价关系。[16] 一般认为,知识产权赖以产生的条件是:智力成果所有人将自己的作品、发明创造等公开出来,而公众则承认他们在一定时期内独占使用其智力成果的权利。西方法学家将这一现象解释为社会契约关系,即以国家面貌出现的社会与智力成果创造者之间签订的一项特殊契约。[17] 这种社会契约的内容最终以国家立法的形式加以确认,使得知识产权具有不同于所有权的效力:首先,它是一种极具垄断性的私权。其次,它也是一种蕴含限制性的私权。知识产权虽为垄断性权利,但要受到权能方面的限制,如著作权中的合理使用、专利权中的临时过境使用、商标权中的先用权人的使用等;同时,该项权利的独占效力只有在一定空间地域(地域性限制)和有效期限(时间性限制)内才能发生。

关于知识产权的私权属性,我国理论界的认识是不断深化的。近年来,有的学者鉴于现代知识产权制度的发展与变革,在肯定知识产权私权属性的同时,提出知识产权公权化的问题,即知识产权已经蜕变为"私权公权化的权利",或是"兼具私权属性和公权属性"。关于私权公权化的问题,描述的是现代私法发展的一种趋向,即传统私法的权利本位、个人本位的理念有所动摇。私法的公法化导源于国家对经济生活的干预,其具体表现在:第一,"外化"为新的法律部门、法律制度的出现。例如,国家对雇主与雇员关系的干预产生了劳动法,国家对企业活动的支持与调节产生了反垄断法、反不正当竞争法,国家对生产经营者与消费者关系的干预产生了产品责任法、消费者权益保护法,国家对企业与自然环境的协调产生了能源法、环境法等。第二,"内化"为对私法自治原则的限制。私法自治原则的本意是:私人享有权利、设定义务,实施一切民事行为皆取决于当事人自己的意思,不受国家和他人的干预。近代民法意义上的私法自治原则贯穿于各项民事法律制度,它具体表现为财产自主(所有权制度)、合同自由(合同制度)、婚姻自由(婚姻制度)、遗嘱自由(继承制度)、团体设立自由(法人制度)等。私法的公法化导致对私法自治原则的限制,但这并没有影响民法的私权本质。同理,国家对知识产权制度的干预,表现为知识产权在能力范围和效力范围方面受到某些限制。从历史上看,知识产权制度从其产生之初直至发展到今天,一直处于权利保护与限制的法律调整之中。强调国家对知识产权垄断性的限制,或建立创造者个人利益与社会利益的平衡机制,这些举措并不能"内化"为知识产权从本质属性的私权演变为私权与公权的混合体。

对知识产权作出私权界定,其意义在于弘扬知识产权法所应有的民法精神。现代知识产权法的宗旨,在于保护创造者的合法权益,促进知识信息的广泛传播。从民法精神出发,知识产权法应确立两个基本法律观:

第一,保护私权。这一私法理念强调,包括知识产权在内的各种私人权利受国家法律的特别尊重和充分保护。知识产权法的建构,深刻体现了下列私法理念:其一,以私权领域为依归。知识产权是知识类财产的权利形态,其基本属性与物权无异,都应归类于民事权利范畴。其二,以权利制度为体系。知识产权法虽含有程序法、公法的规定,但仍然是以实体法

---

〔16〕 参见吴汉东等:《知识产权基本问题研究》,中国人民大学出版社 2005 年版,第 91 ~ 106 页。

〔17〕 参见[苏联]E. A. 鲍加特赫等:《资本主义国家和发展中国家的专利法》,载中国科学技术情报所专利馆编:《国外专利法介绍》(第 1 册),知识出版社 1981 年版,第 12 页。

为基础的私权制度。诸如权利的取得程序、变动程序、管理程序、救济程序等,无一不是以创造者权利为中心。在知识产权法中,是权利决定义务,而不是义务决定权利,即是以权利为本位。其在规范方法上以授权性规范为主要内容,在立法重心上以保护创造者权利为首要。

第二,利益平衡。依民法精神要求,当事人之间、权利义务主体之间、个人与社会之间的利益应当符合公平的价值理念。知识产权法所强调的利益平衡,实际上是同一定形态的权利限制、权利利用制度相联系。在这里,私权神圣,强调的是权利保护;利益平衡,主张的是权利限制。两者的关系并非绝对对立的,而是共存于知识产权的制度设计中。

二、知识产权是一种无形财产权

界定知识产权的性质,不能不述及其无形财产权属性。无形财产权的概念由德国学者科拉于1875年率先提出。他批判了以往的学说将精神产物之权利说成是一种所有权的错误,而将其视为区别于有形财产所有权的另类权利,即"无形财产权"(immaterial giiterrecht)。此学说发表后即风靡于欧洲大陆。〔18〕 在一些西方国家,相关立法与学说曾以无形财产权来概括有关知识财产的专有权利。直至20世纪60年代,知识产权成为国际上通行的法律术语,仍有西方学者继续采用无形财产权的说法。日本学者小岛庸和在其著述《无形财产权》一书中,列举了无形财产权的诸多类别,将"商品的形态""经营上的信用"等适用于反不正当竞争法,并归类于无形财产权范畴。〔19〕 法国学者将无形财产权分为两类:一类是经营垄断权,包括智力成果权和区别标记权;另一类是顾客权利,即以顾客为标的的权利,或者说是"营业资产"(利用商品、工具及商业名称、租赁权、招牌等吸引顾客的综合体)的权利。〔20〕 此外,还有许多国家在传统知识产权领域之外又创制了所谓"商品化(形象)权"。以上情况表明,作为精神领域的私权范畴,无形财产权与知识产权具有同样的内涵,但外延却有明显差别,前者较之后者具有更大的包容性。由于现代商品经济的发展与社会财富形态的变化,"财产越来越多地变为无形的和非物质的"〔21〕,"知识产权"一词在众多无形财产面前已显得力不从心。我们看到:在财产形态中,确实存在一类具有非物质化特性但又不能归类于知识产权范畴的某些权利;并且随着社会生活的发展,还可能出现其他一些新的无形财产形式。因此,笔者主张,建立一个大于知识产权范围的无形财产权体系,以包容一切基于非物质形态所产生的权利。具言之,以客体的非物质性为权利分类标准,概括出区别一般财产所有权的精神权利,参照国内外经济界关于"无形资产"的类别划分,〔22〕法律制度意义上的无形财产权可以包括以下三类:一是创造性成果权,包括著作权、专利权、商业秘密权、集成电路布图设计权、植物新品种权等;二是经营性标记权,包括商标权、商号权、产地标记权、其他与制止不正当竞争有关的识别性标记权等;三是经营性资信权,包括信用权、商誉权、商品化(形象)权等。

我们强调知识产权是一种无形财产权,意在将财产的范围延伸到有体物以外的知识领

---

〔18〕 参见[日]吉藤幸朔:《专利法概论》,宋永林、魏启学译,专利文献出版社1990年版,第405页。

〔19〕 参见[日]小岛庸和:《无形财产权》,创成社1998年版,"序言"第49页。

〔20〕 参见尹田:《法国物权法》,法律出版社1998年版,第59~65页。

〔21〕 [美]罗纳德·波斯顿:《美国财产法的当前发展趋势》,张礼洪译,载《外国法译评》1994年第3期。

〔22〕 参见蔡吉祥:《无形资产》,海天出版社1996年版。

域。拥有土地、厂房固然是拥有财富,掌握知识、技术也意味着拥有财富,而且这两种财富存在密切的联系。按照 Drahos 的说法,无体物是获取对有体物控制的途径。一个专利技术(无体物)可以与无数个专利产品(有体物)联系在一起,法律对作为无体物的专利的承认,为权利人控制诸多专利产品(有体物)提供了有效途径。这样就使发明家的无形资产可以转化为有形资产。〔23〕需要说明的是,将财产区分为有形(体)、无形(体),并不是各类财产权性质的区别,而是某类财产权所指向的客体性质的区别。具言之,房屋所有权,其权利本身并无有形或无形之说,问题在于房屋系有体物;作为著作权,亦不产生有形无形问题,关键在于作品系智能产物,为非物质形态。〔24〕正是在这个意义上,我们说知识产权是无形权利、无形财产权,以别于有形财产所有权。

第三节 知识产权的法律特征

对知识产权法律特征的描述,在于进一步说明知识产权自身的法律品格,以区别于传统的财产所有权。知识产权的本质特征,一方面是知识产权区别于有形财产权的根本标志,另一方面它也是著作权、专利权、商标权等所有知识产权的共同秉性。相比之下,一方面,知识产权的基本特征是与其他财产权特别是所有权相对而言的,并不都是知识产权所独有的;另一方面,知识产权的基本特征往往是由知识产权的本质特征所决定的。

一、知识产权的本质特征

我们认为,客体的非物质性是知识产权的本质特征。知识产权的客体即知识产品(或称为智力成果),是一种没有形体的精神财富,客体的非物质性是知识产权的本质属性所在。知识产品之无形是相对于动产、不动产之有形而言的,它具有不同的存在、利用、处分形态:(1)不发生有形控制的占有。由于知识产品不具有物质形态,不占有一定的空间,人们对它的占有不是一种实在而具体的占据,而是表现为对某种知识、经验的认识与感受。知识产品虽具有非物质性特征,但它总要通过一定的客观形式表现出来,作为其表现形式的物化载体是有形财产权而不是知识产权。(2)不发生有形损耗的使用。知识产品的公开性是知识产权产生的前提条件。由于知识产品必须向社会公示、公布,人们从中得到有关知识即可使用,而且在一定时空条件下,其可以被若干主体共同使用。上述使用不会像有形物使用那样发生损耗,如果无权使用人擅自利用了他人的知识产品,亦无法适用恢复原状的民事责任形式。(3)不发生消灭知识产品的事实处分与有形交付的法律处分。知识产品不可能有实物形态消费而导致其本身消灭之情形,它的存在仅会因期间(法定保护期)届满产生专有财产与社会公共财富的区别。同时,有形交付与法律处分并无联系,换言之,非权利人有可能不

〔23〕 See Peter Drahos, *A Philosophy of Intellectual Property*, Dartmouth Publishing Company Limited, 1996, p. 16 – 22.

〔24〕 我国某些知识产权著述将知识产权的本质特征概括为"无形性",有背离民法基本原理之处。以有形与无形来区分的,只可能是客体,而权利本身本来就是人类拟制的产物。

通过法律途径去"处分"属于他人而自己并未实际"占有"的知识产品。基于上述特征,国家有必要赋予知识产品的创造者以知识产权,并对这种权利实行有别于传统财产权制度的法律保护。

二、知识产权的基本特征

关于知识产权的基本特征,学者们多有阐述。这些特征的概括在各种著述中虽多少不等,但其基本特征概为"专有性"、"地域性"和"时间性"。其实,对这些特征的描述是与其他财产权,特别是所有权相对而言的,并不都是知识产权所独有的。

(一)专有性

知识产权是一种专有性的民事权利。相对债权而言,它同所有权一样,具有排他性和绝对性的特点。关于知识产权的这一属性,法国学者曾展开过纯学术性的近乎刻板的"学究似的讨论"。有的学者认为,无形财产权是一种"产权"(所有权)。这种权利所拥有的另一专用术语"知识产权",意即"知识所有权"。但多数学者怀疑无形财产权是否为真正的所有权。他们根据该项权利标的及内容的特点,将无形财产权概称为一种垄断权或独占权。[25] 日本学者与多数法国学者的见解是一致的。小岛庸和认为,无形财产权与所有权不同,是一种"全新的特殊权利",它可以分为独占权和禁止权。前者是指排他地、独占地支配其客体的权利,该类权利主要有著作权、专利权、商标权、商号权、电路布图设计权、植物新品种权等;后者是指对不正当竞争进行制裁的禁止权,该类权利主要涉及商业秘密权、商品形象权、商誉权等。[26] 其实,专有性即排他性和绝对性,是知识产权与所有权的共同特征。两者的区别并不在于前者为"垄断权"、后者为"产权",其关键性差异应是:前者是知识财产的所有权,后者是有形财产的所有权。

知识产权的专有性主要表现在两个方面:(1)知识财产为权利人所独占,权利人垄断这种专有权利并受到严格保护,没有法律规定或未经权利人许可,任何人不得使用权利人的知识产品。(2)对同一项知识产品,不允许有两个或两个以上同一属性的知识产权并存。例如两个相同的发明物,根据法律程序只能将专利权授予其中的一个,而以后的发明与已有的技术相比,如无突出的实质性特点和显著的进步,也不能取得相应权利。

知识产权与所有权在专有性效力方面也是有区别的:首先,所有权的排他性表现为所有人排斥非所有人对其所有物进行不法侵占、妨害或毁损,而知识产权的排他性则主要是排斥非专有人对知识产品进行不法仿制、假冒或剽窃。其次,所有权的独占性是绝对的,即所有人行使对物的权利,既不允许他人干涉,也不需要他人积极协助,在所有物为所有人控制的情况下,无地域和时间的限制。而知识产权的独占性则是相对的,这种垄断性权利往往要受到权能方面的限制(如著作权中的合理使用、专利权中的临时过境使用、商标权中的先用权人使用等),同时,该项权利的独占性只有在一定空间地域和有效期限内才发生效力。

(二)地域性

作为一种专有权,知识产权在空间上的效力并不是无限的。它受到地域的限制,即具有

---

〔25〕 参见尹田:《法国物权法》,法律出版社1998年版,第56~58页。

〔26〕 参见[日]小岛庸和:《无形财产权》,创成社1998年版,第5~9页。

严格的领土性，其效力只限于本国境内。知识产权的这一特点有别于有形财产所有权。一般来说，对所有权的保护原则上没有地域性的限制，无论是公民从一国移到另一国的财产，还是法人因投资、贸易从一国转入另一国的财产，都照样归权利人所有，不会发生所有权失去法律效力的问题。这是因为在有形财产领域，国际上奉行“涉外物权平权原则”，即通过“权利推定”，使在一国取得的动产进入另一国后，只要主体仍对其有效占有，动产进入国可依本国占有制度推定其为合法所有人并加以保护。而知识产权则不同，按照一国法律获得承认和保护的相关权利，只能在该国范围内发生法律效力。由于知识产品的非物质性，权利人无法进行实质性占有，因而无法像有形财产那样因占有而适用“权利推定”，从而使知识产权在域外得到保护。因此，除签有国际公约或双边互惠协定以外，知识产权没有域外效力，其他国家对这种权利没有保护的义务，任何人均可在自己的国家内自由使用该知识产品，既无须取得权利人的同意，也不必向权利人支付报酬。

一般认为，地域性是知识产权独有的特性。其实，在历史上，民事权利的许多领域都存在地域性。据国际私法学者的研究，在侵权之债领域，侵权诉讼多由侵权行为地法院管辖，适用侵权行为地法；在合同之债领域，也曾因法律的地域性造成法律适用的僵化和判决难以在域外执行。产生这一现象的原因是：这些权利产生之初，各国大都处于封建闭锁状态，对外经贸往来稀少，偶尔发生的涉外纠纷可以通过其国内法解决，因此没有必要诉诸权利的域外效力。〔27〕 在这种情况下，上述民事权利不可能不具有一定的地域性。知识产权的产生与上述权利有着相同的历史背景。在欧洲封建国家末期，原始著作权与专利权都是由君主恩赐并作为特许权出现的，因此，这种权利只可能在君主管辖的地域内行使。这种原始知识产权的地域性乃是封建法的地域性。随着近代资产阶级法的发展，知识产权才最终脱离了封建特许权的形式，成为一种法定的精神产权。但是，资本主义国家依照其国家主权原则，只对依本国法取得的知识产权加以保护，〔28〕因此，地域性作为知识产权的特点被继续保留下来。在一国获得知识产权的权利人，如果想要在他国受到法律保护，就必须按照该国法律规定登记注册或经审查批准。

从19世纪末起，随着科学技术的发展以及国际贸易的扩大，有关知识产权交易的国际市场也开始形成和发展起来。这样，知识产品的国际性需求与知识产权的地域性限制之间出现了巨大的矛盾。为了解决这一矛盾，各国先后签订了一些保护知识产权的国际公约，成立了一些全球性或区域性的国际组织，在世界范围内建立了一整套知识产权国际保护制度。国际公约关于国民待遇原则的规定，是对知识产权地域性限制的重要补充和协调。这一原则，使一国承认或授予的知识产权，根据国际公约在缔约国发生域外效力成为可能。但是，知识产权的地域性特点没有动摇，是否授予权利、如何保护权利，仍须由各缔约国按照其国内法来决定。

到20世纪下半叶，由于区域经济一体化与现代科学技术的发展，知识产权立法呈现出现代化、一体化的趋势，由此，知识产权的严格地域性也受到了挑战。这主要表现在两个方

〔27〕 参见刘家瑞、史威：《知识产权地域性冲突法评述》，载《中央政法管理干部学院学报》1998年第6期。

〔28〕 知识产权保护的地域性，不仅源于各国主权的地域限制，而且在于知识产权授权的地域限制（如经过国家审查、国家注册方能授权）。参见张乃根：《国际贸易的知识产权法》，复旦大学出版社1999年版，第52页。

面:(1)跨国知识产权的出现。区域经济一体化,使得一组一组的国家联合起来,实现了商品、资本、人员和劳务在统一大市场内的自由流通,从而推动相关国家在知识产权保护方面走向统一。例如,1968 年比荷卢经济联盟制定的《比荷卢统一商标法》、1977 年非洲知识产权组织通过的《班吉协定》等,使得在一国申请或注册的专利或商标,同时在所有缔约国内享有专有权。最有代表性的莫过于欧洲联盟成员国于 1992 年签署的《马斯特里赫特条约》。为了实现经济一体化目标,欧洲联盟采取的重要行动之一,就是在工业产权与著作权领域建立一个广泛的欧洲保护制度,即在区域经济一体化的推动下努力实现"欧洲共同知识产权的幻想"。〔29〕 这说明,知识产权跨出了一国地域限制,已在多国同时发生效力。这在一定程度上动摇了该项权利的地域性特性。(2)涉外知识产权管辖权与法律适用的发展。长期以来,涉外知识产权纠纷一般由权利要求地法院专属管辖。由于卫星技术、网络技术、录制技术的发展,涉及现代技术的侵权行为可能在几个甚至十几个国家发生,权利要求地也会相应增加。在这种情况下,恪守权利要求地法将会造成同一案件适用几个或十几个准据法的不合理现象。因此,适用最密切联系地法这种新准据法原则也许是最好的选择。〔30〕 涉外知识产权纠纷的非专属管辖与知识产权法律适用的多元化,都会给这一权利的地域性特点带来重大影响。总之,在当今社会,知识产权的地域性特点依然存在,但已受到巨大的挑战,这一自封建法到现代法固有的法律特征能否被完全打破,尚有待继续观察与研究。

(三)时间性

知识产权既不是无限空间的绝对垄断权利,也不是没有时间限制的永恒权利。知识产权时间性的特点表明,这种权利仅在法律规定的期限内受到保护,一旦超过法律规定的有效期限,这一权利就自行消灭,相关知识产品即成为整个社会的共同财富,为全人类所共同使用。

时间性特点是知识产权与所有权的主要区别之一。众所周知,所有权不受时间限制,只要其客体物没有灭失,权利即受到法律保护。依消灭时效或取得时效所产生的法律后果也只涉及财产权利主体的变更,而财产(有体物)本身作为权利客体的地位并不会发生变化。关于所有权的这一特征,罗马法学家将其概括为"永续性",即"所有权之命运与其标的物之命运相终始"。它既不像有设定期限的他物权(如抵押权、地役权),也不像具有消灭命运之本质的债权(如合同债权)。〔31〕 "永续性"与绝对性、排他性共同构成所有权的三大特征。其实,所有权的"永续性"在许多情况下存在事实不能,这是因为,该项权利的永续状态是以其标的物的存在为前提的,倘若该物发生灭失、毁损,原所有权人就可能"无所有"了。恰恰相反,知识产权的标的即知识产品,作为一种非物质形态的智力产物则不可能发生毁损、灭失,即具有事实意义上的"永续性",但法律却断然限定该类权利只在一定期间内有效。〔32〕

知识产权的时间性与他物权、债权的"时间性"也有着完全不同的意义。他物权的设定

---

〔29〕 参见[德]阿道夫·迪茨:《欧洲共同版权是幻想吗?》,郑成思译,载《环球法律评论》1986 年第 4 期。

〔30〕 20 世纪初,国际私法学者华耶(Pillet)、尼波埃(Niboyet)曾主张在知识产权保护上应适用权利要求地法,而权利的产生和存续应受原始国法(权利的最初授予国法)的支配。参见李双元、金彭年:《中国国际私法》,海洋出版社 1991 年版,第 281 页。

〔31〕 参见周枏:《罗马法原论》(上册),商务印书馆 1994 年版;陈允、应时:《罗马法》,商务印书馆 1931 年版。

〔32〕 参见郑成思:《知识产权论》,法律出版社 1998 年版,第 88 页。

发生在特定主体之间，如地役权中的供役地所有人与需役地所有人之间，担保物权中的抵押权人与抵押人之间；此外，他物权的设定以所有权的存在为前提，它无法脱离所有权而单独存在。至于债权，则涉及债权人与债务人之间的利益。债以履行、清偿为目的，法律当然不承认债权的永久性。而知识产权的时间性不同，按照西方学者的解释，知识产品所有人有权在一定时期享有垄断使用的利益，但有义务将其智力性成果向公众公开。这是一种社会契约，即以国家面貌出现的社会同知识产品所有人签订的特殊契约。[33]

知识产权的时间限制性规定，反映了建立这一新兴民事权利制度的社会需要和公众利益。根据各类知识产权的性质、特征及本国实际情况，各国法律对著作权、专利权、商标权都规定了长短不一的保护期。著作权的保护期限，主要是对著作财产权而言的，即著作权人只能在一定期限内享有对作品的专有使用权和获得报酬权。关于著作人身权，即作者独享的非财产权利，有的国家规定为无限期永远存在（如法国），有的国家则规定其人身权与财产权保护期相同（如德国）。关于专利权的保护期限，各国专利法都进行了长短不一的具体规定，其规定依据主要有二：一是社会利益与权利人利益的协调；二是发明技术价值的寿命。专利权期限的长短，直接涉及当事人及社会公众等各方面的利益。保护期间长，有利于鼓励和吸引长远技术和重大发明的投资，但限制了公众尽早地自由使用发明的权利。相反，保护期间短，公众可以较早地自由使用发明，但不利于鼓励发明创造和吸收耗资巨大的复杂先进技术。关于商标权的保护期，各国也规定有不同的有效期间。在知识产权的时间性特点中，商标权与著作权、专利权有所不同，它在有效期届满后可以续展，通过不断地续展，商标权可以延长实际有效期。法律之所以这样规定，就在于文学艺术作品和发明创造对于社会科学文化事业的发展有着更加重要的意义，因此必须规定一定的保护期限，使知识产品从个人的专有财产适时地变为人类公有的精神财富。

知识产权的上述特征是与其他财产权利，特别是所有权相比较而言的，是具有相对意义的概括和描述。这并不意味着各类知识产权都具备以上全部特征，或者可以说每一项基本特征都存在若干“例外”，例如，产地标记权不具有完整意义上的专有性，商号权的地域性具有自己的特殊规定，商业秘密权不受保护期的限制等。从本质上说，只有客体的非物质性才是知识产权所属权项的共同法律特征。

第四节　知识产权的保护对象

知识产权的保护对象，是指人们在科学、技术、文化等知识形态领域中所创造的知识产品。知识产品是与物质产品并存的一种民事权利客体。对知识产权保护对象的探讨，旨在描述知识类财产与物质类财产的差异，从而进一步说明知识产权与传统所有权之间产生本质区别的基础。

---

〔33〕　参见中国科学技术情报所专利馆编：《国外专利法介绍》（第1册），知识出版社1981年版，第12页。

一、知识产品范畴的确立

国外学者对知识产权的保护对象进行理论概括的尚不多见。迄今为止，发达国家的经典教科书中，都是将知识产权的保护对象以列举的方式来加以分别阐释的，并未在概念或者理论上对其进行归纳。[34] 著名法学家北川善太郎是日本推行“知识产权”概念的第一人。他于1988年在《半导体集成电路的法律保护——新的知识所有权的诞生》一文中提出了“知识财产”的术语。[35] 几乎与此同时，其他学者也竞相使用这一术语，于是这一概念在日本得以广泛推行。另一日本学者小岛庸和则基于无形财产权的说法，提出了“无形财产”理论。他在《无形财产权》一书中将知识财产与无形财产作为同等概念看待，并将它们指称为知识产权法的对象。他认为，“无形财产本是随着时代的进步而不断产生、发展起来的，即使是现在也还在不断出现各种新的知识形态产品（原文为知识产物）”[36]。“知识财产”或“无形财产”的语义强调了客体的非物质性和财产性，无疑有可取之处。但是，从过去到现在，财产这个术语经常被人们在不同意义上使用，它有时指财产所有权本身，有时也指所有权客体（所有物）。[37] 在这种情况下，权利本体与权利客体都采用“财产”一词，容易产生歧义。

20世纪80年代初期，我国许多学者将关于精神财富所享有的权利称为“智力成果权”，因而相应将这种权利客体称为“智力成果”，并且强调其价值不能用货币衡量。[38] 关于这种说法，与其说是理论的缺陷，不如归之于历史的局限。在商品经济特别是技术商品化尚未建立或形成的情况下，法学理论偏重这类客体的精神属性是不难理解的。但是，智力成果的传统说法未能突出其本来具有的商品属性和财产价值，没有反映出知识产权客体的本质特征，是应予以检讨与反思的。

随着我国技术商品化的发展和知识产权制度的建立，许多学者主张建立“知识产品”的理论范畴，即把知识产权的客体概括为“知识产品”。众多学者也从其他学科出发，阐述了知识产品的概念。[39] 所谓知识产品，是人们在科学、技术、文化等精神领域所创造的产品，具有发明创造、文学艺术创作等各种表现形式，它是与物质产品（有体物）相区别而独立存在的客体范畴。上述建议及理论是有现实社会基础的。1984年中共中央《关于经济体制改革的决定》与1985年《关于科学技术体制改革的决定》，不仅对我国现阶段存在的商品经济作出了正确的说明，而且第一次明确承认技术在社会商品价值创造中所起的作用越来越大，越来越多的技术已经成为独立存在的知识形态商品。1986年我国颁布的《民法通则》，正式使用“知识产权”这一概念，以取代“智力成果权”的传统说法。至此，知识产权也正式被确立为

---

〔34〕 See William Cornish and David Llewelyn, *Intellectual Property: Patents, Copyright, Trade Marks and Allied Rights*, Sweet & Maxwell, 2003, p. 3.

〔35〕 参见［日］北川善太郎：《技术革新与知识产权法制》，国家科委政策法规与体制司等译，1998年印（内部资料），第3页。

〔36〕 ［日］小岛庸和：《无形财产权》，创成社1998年版，第2页。

〔37〕 根据《牛津英语大辞典》的解释，“property”即“财产”主要有三种含义：（1）被拥有或可能被拥有的事物，如财富、财物、土地等；（2）所有权：唯一拥有、享用和使用某物的权利；（3）归某人合法所有之物：受法律保护而私人享有的有形资产权和无形财产权。

〔38〕 参见佟柔主编：《民法原理》，法律出版社1983年版，第383页。

〔39〕 参见吴汉东、闵锋编著：《知识产权法概论》，中国政法大学出版社1987年版，第34页；钱明星：《物权法原理》，北京大学出版社1994年版，第26页。

我国法学界的通用语,并在《民法总则》和《民法典》中得到继承。以上论断和规定,为知识产品范畴的建立提供了理论基础和法律根据。其实,关于知识产品这一专门术语,已有国外学者作出类似表述,“知识产权”概念的倡导者、比利时法学家皮卡第曾将知识产权称为“使用知识产品的权利”。〔40〕 我们认为,知识产品较之物和智力成果来说,更能概括知识产权客体的本质特征。物的概念突出的是人身以外的物质对象,它可能是未经加工的自然物,也可能是人类物质劳动的创造物,明显地表现出客体的物质性;而知识产品概括了知识形态产品的本质含义,强调这类客体产生于科学、技术、文化等精神领域,是人类知识的创造物,明显地表现出客体的非物质性。同时,知识产品的内涵突出了它在商品生产条件下的商品属性和财产性质,反映了著作权、商标权、专利权中的财产权利内容,而智力成果作为权利对象的含义,难以明确指向“知识产权”(intellectual property)中包含的“知识所有权”的原意,无法揭示非物质财富具有价值和使用价值的商品形态。因此,我们应将知识产权的客体表述为知识产品,而不是物或智力成果。

自进入 20 世纪 90 年代以后,我国一些学者对知识产权客体进行了新的理论概括:有的学者认为,知识产权的对象是以“形式”为存在方式的知识;〔41〕 有的学者认为,知识产权保护的对象是与智力活动有关的非物质性的信息;〔42〕 还有的学者将知识产权保护的客体描述为知识财产和其相关的精神权益。〔43〕 尽管上述说法在理论界尚未形成一致意见,但这种探讨是富有学术价值的,其基本蕴意表现在以下三点:(1)知识、信息是区别于物的另类客体,属于非物质财富的范畴;(2)知识、信息与人们的智力活动有关,产生于知识或精神领域;(3)知识、信息作为民事客体,其意义在于它们构成知识产权法所保护的利益。

二、知识产品的类别

传统教科书曾笼统地将知识产权客体说成是智力创造性成果,已有许多学者指出这一表述的不足,他们认为,知识产权的客体应分为两类:一类是智力成果;另一类是经营标记。〔44〕 考虑到现代社会无形财产的发展状况,我们建议建立一个有别于传统客体范围的新的知识财产体系,即把知识产品具体地分为三类:一是创造性成果,包括作品及其传播媒介、工业技术;二是经营性标记;三是经营性资信。其中,第一类发生于科学技术及文化领域,第二、三类产生于工商经营领域。现分别述之:

作品及其传播媒介,泛指文学艺术领域中以不同表现形式出现并且具有原创性的创造成果(著作权客体),以及在传播作品过程中产生的与原创作品有关联的各种产品、物品或其他传播媒介(邻接权客体)。作为著作权客体的作品,可以概括地分为文学作品、艺术作品和科学作品;作为邻接权客体的传播媒介,主要包括艺术表演、音像录制品、广播节目。这类知

---

〔40〕 参见[苏联]E. A. 鲍加特赫等:《资本主义国家和发展中国家的专利法》,载中国科学技术情报所专利馆编:《国外专利法介绍》(第 1 册),知识出版社 1981 年版,第 12 页。

〔41〕 参见刘春田主编:《知识产权法》,高等教育出版社、北京大学出版社 2000 年版,第 5 页。

〔42〕 参见张玉敏主编:《知识产权法》,法律出版社 2005 年版,第 20 页。

〔43〕 参见蒋志培:《论知识产权的概念、历史发展及其法律保护的含义》,载中国民商法律网 2001 年 6 月 7 日,http:// www. civillaw. com. cn。

〔44〕 参见刘春田主编:《知识产权法教程》,中国人民大学出版社 1995 年版,第 1 页。

识产品的共同特点是：它们都是文化领域中的知识创作成果，其与创造者的创作活动和传播活动有关；它们都是创造者思想结晶的客观表现形式，包括文学或符号形式、形象形式、音像形式以及有关的技术表现形式。

工业技术，一般是指在工业、农业、商业等产业领域中能够物化在物质载体上的知识和技能。它是根据科学原理和生产实践经验而发展形成的工艺操作方法与技能，以及与这些方法和技能相适应的生产工具和其他物质设施。工业技术与科学成果不同，科学成果是对人类实践经验和认识的概括与总结，是关于自然、社会和思维的各种理论知识和研究成果。科学和技术都表现为知识形态，属于社会的精神财富。科学的职能在于对自然界（社会或思维）和技术可能性的理解，更具有预见性和深远性；技术则直接联系生产过程，其职能在于对自然界的控制和利用，更具有实践性和应用性。在法律上，工业技术可以表现为取得工业产权的各类专利技术，也可以表现为取得其他知识产权的技术秘密以及受到新型知识产权即工业版权保护的工业产品。

经营性标记，即工业标志，一般是指在工业、农业、商业等产业领域中能够标示产品来源和厂家特定人格的区别标记。包括商标、商号、产地名称等在内的工业标志，是人们生活中所见最多的标志。它具有标志艺术的一般特点：（1）标记性。工业标志的主要职能在于区别商品和生产商品的厂家，使人们易于识别，防止误认。（2）宣传性。工业标志主要作用于工商业活动中，以实现其对特定商品、厂家或产地的宣传效果。（3）适应性。工业标志能在多种场合使用，不但可以注明在商品或有关材料上，还能使用于多种宣传媒介的制作上。作为工业产权和其他知识产权的客体，工业标志是企业重要的无形财产。

经营性资信，泛指工商企业在经营活动中所具有的经营资格、经营优势以及在社会上所获得的商业信誉，包括特许专营资格、特许交易资格、信用以及商誉等。从经营性资信的构成来讲，其内在因素是主体的经营能力。经营能力是一个很广泛的概念，包括经济状况、生产能力、产品质量等各种生产经营活动的管理能力的总和，这种经营能力形成了特定主体高于同行业一般企业获利水平的超额营利能力。其外在因素表现在两个方面，或是来自某一组织或机关授予的资格，或是来自社会公众给予的评价和信赖。该类权利客体所涉及的资格、能力或信誉包含明显的财产利益因素，但也有精神利益的内容。与文学艺术作品、工业技术、工业标志不同，经营性资信的财产价值尚未完全为人们所认识，相关立法保护显见不足。正因如此，有学者将此类客体称为正在开发中的无形财产。[45]

三、知识产品的基本特点

知识产品包括创造性成果、经营性标记、经营性资信等多种表现形式，但它们都具有以下基本特点。

（一）创造性

知识产品与物质产品不同，它不可能是现有产品的简单重复，而必须有所创新、有所突破。创造性是知识产品取得法律保护的条件，而一般财产法并不这样要求。在这里，强调知识产品具有创造性的特点，并不是说物质产品没有创造性。问题的关键在于，创造性是知识

---

〔45〕 参见曾世雄：《民法总则之现在与未来》，台北，三民书局1993年版，第137页。

产品构成知识产权客体的条件,而物质产品构成有形财产所有权客体时并没有创造性的一般要求。就不同具体的知识产品来说,其要求的创造性程度是各不相同的。一般来说,专利发明所要求的创造性最高,它必须是该项技术领域中先进的科学技术成就,它所体现的技术思想、技术方案必须使某一领域的技术发生质的飞跃。著作权作品所要求的创造性次之,它要求作品必须是作者创造性劳动的成果,但任何作品只要是独立构思和创作的,不问其思想内容是否与他人作品相同或类似,均可取得独立的著作权。商标所要求的创造性仅达到易于区别的程度即可,即商标应当具有显著特征,便于识别,其文字、图形或其组合应避免与他人的商标构成混同。可见,受保护的对象不同,其要求的创造性也有所不同,依照西方学者的说法,专利权要求发明具有“技术先进性”(或称为“非显而易见性”),著作权要求作品具有“独创性”(或称为“原创性”),而商标权则要求商标具有“可识别性”(或称为“易于区别性”)。

(二)非物质性

知识产品与物质产品不同,它是知识形态的精神产品,虽具有内在的价值和使用价值,但没有外在的形体。非物质性是知识产品区别于有形财产所有权客体的主要特征。所谓非物质性,即知识产品的存在不具有一定的形态(如固态、液态、气态等),不占有一定的空间。人们对它的“占有”不是一种实在而具体的控制,而表现为认识和利用。某一物质产品,在一定的时空条件下,只能由某一个人或社会组织来实际占有或使用,所有人能够有效地管领自己的有形财产,以排除他人的不法侵占。一项知识产品则不同,它可以为若干主体同时占有,被他们共同使用。知识产品一旦传播,即可能为第三人通过非法途径所“占有”。知识产品虽然具有非物质性特点,但总要通过一定的客观形式表现出来,使知识产品创造者以外的人能够了解,这种客观表现形式是对其进行知识产权保护的条件之一。例如,作品表现为文字著述、舞台表演、绘画、雕塑、音像制品等;发明创造表现为文字叙述、设计图表、形状构造等;商标表现为图案、色彩、符号、文字等。这些客观形式的载体是知识产品的物化。必须明确,作为知识产品表现形式的载体,绝不是知识产品本身。知识产品是精神产品,它的效能和价值是其载体所难以全部包括和体现的。

(三)公开性

知识产品与物质产品不同,它必须向社会公示、公布,使公众知悉。公开性是知识产品所有人取得知识产权的前提,而依民事法律的一般规定,有形财产所有人并无将其财产公开的义务。在各项知识产权中,其客体都表现出了公开性特征。作者创造作品的目的之一,就是使之传播,并在传播中得以行使权利、取得利益。发明创造者要划定自己的权利范围,就必须公布专利的技术内容。“专利”(patent)的拉丁文“*patere*”,就有“公开”或“打开”的意思,这个语源表明专利的技术内容必须是公开的。商标所有人要想将自己的商品同他人的商品区别开来,就要使用自己的商标标志。无论是在“使用在先原则”的国家,还是在“注册在先原则”的国家,要取得商标权,或是首先使用商标,或是首先申请商标注册,都同公开性相联系。一般认为,知识产权的产生条件是:知识产品所有人将自己的作品、发明创造等公布出来,使公众看到,得到其中的专门知识;公众承认他们在一定时期内有使用、制造其知识产品的专有权利。知识产品是公开的,但任何人都无权加以使用,否则即构成侵权。“知识公开、权利垄断”,这即是对知识产品公开性与知识产权独占性的形象描述。需要指出的是,属于知识形态产品的商业秘密并不具有公开性,它是依靠保密来维持其专有权利的。

第五节 知识产权的制度体系

知识产权作为一种以无形财产为客体的私权类型，其基本范畴一直随技术的发展而不断改变。如今的知识产权范畴，早已超越了著作权、专利权与商标权的传统限制，成为多种智力成果权与经营标记权的统称。一般来说，各国对知识产权范畴的界定，遵循的是几个主要的知识产权国际公约，并有广义与狭义之分。

狭义的知识产权制度，即传统意义上的知识产权法，包括著作权（含邻接权）、专利权、商标权三个主要组成部分。一般来说，狭义的知识产权可以分为两个类别：一类是文学产权（literature property），包括著作权及与著作权有关的邻接权；另一类是工业产权（industrial property），主要是专利权和商标权。文学产权是关于文学、艺术、科学作品的创作者和传播者所享有的权利，它将具有原创性的作品及传播这种作品的媒介纳入其保护范围，从而在创造者"思想表达形式"的领域内构造了知识产权保护的独特领域。工业产权则是指工业、商业、农业、林业和其他产业中具有实用经济意义的一种无形财产权，确切地说，工业产权应称为"产业产权"。以"工业产权"一词来概括产业领域的智力成果专有权，最初始于法国，即法文中的"propriété industrielle"。1789 年的法国《人权宣言》将思想作为精神财产，视为"自然和不可废除的人权"，并确认"自由传达思想和意思是人的最高的权利之一"。根据《人权宣言》的精神，法国国民议会于 1791 年通过该国第一部专利法。在此以前，英国和法国都称专利权为"特权"或"垄断权"。当时法国专利法的起草人德布孚拉认为，"特权"或"垄断权"的提法可能会遭到资产阶级革命时期立法会和反封建特权人民的反对，因而提出了"工业产权"的概念。德布孚拉的工业产权理论在 1791 年的法国专利法中得到充分的反映，"工业产权"一词后来为世界各国所接受，并逐渐成为专利权、商标权等各种专有权的统称。

文学产权（或称著作权）与工业产权的区分是知识产权制度的传统的基本分类。自 20 世纪 60 年代起，由于工业产权与著作权（版权）长期渗透和交叉，因此出现了给予工业产品以类似著作权保护的新型知识产权，即工业版权。工业版权的立法动因，始于纠正工业产品外观设计享有专利法和著作权法重叠保护的弊端。此后，一些国家为了填补某些工业产品无法获得保护的空白和弥补单一著作权保护的不足，遂将集成电路布图设计等纳入工业版权客体的范畴。工业版权突破了以往关于著作权与工业产权的传统分类，吸收了两者的部分内容，形成了亦此亦彼的"交叉权利"。这种权利的主要特点是：受保护对象必须具有新颖性（专利法要求）和独创性（著作权法要求）；实行工业产权法中的注册保护制和较短保护期；专有权人主要享有复制权和发行权，但没有著作权主体享有的那种广泛权利。应该指出的是，在知识产权体系的相关著述中，学者多将此类"工业版权"称为"知识财产专有权"，以区别于传统的文学产权和工业产权。然而，随着科技的进步与社会的发展，如今具有经济意义的创造性劳动成果已经远远超出了上述范围，而且原本局限于文学艺术领域的作品范畴也扩大到了与产业相关的软件等客体上，导致文学产权与工业产权的分类方式难以维系。

广义的知识产权制度包括著作权、邻接权、商标权、商号权、商业秘密权、地理标志权、专利权、集成电路布图设计权等各种权利。上述知识产权制度体系,目前已为两个主要的知识产权国际公约所认可,1967 年签订的《成立世界知识产权组织公约》将知识产权的范围界定为以下类别:关于文学、艺术和作品的权利(著作权);关于人类的一切领域的发明的权利(发明专利权及科技奖励意义上的发明权);关于科学发现的权利(发现权);关于工业品外观设计的权利(外观设计专利权或外观设计权);关于商标、服务标志、厂商名称和标记的权利(商标权、商号权);关于制止不正当竞争的权利(反不正当竞争权);以及一切在工业、科学、文学或艺术领域由于智力活动产生的其他权利。1994 年世界贸易组织《知识产权协定》划定的知识产权范围包括:著作权及其相关权利(邻接权)、商标权、地理标志权、工业品外观设计权、专利权、集成电路布图设计权、未公开信息专有权(商业秘密权)。

关于《成立世界知识产权组织公约》划定的体系范围,有两点值得注意:一是规定有兜底条款,为以后新的知识产权入围提供了空间,应为可取之处;二是规定了发明权、发现权,为该类权利能否进入知识产权制度体系,留下争议之处。《知识产权协定》所涉权利范围概与国际贸易有关,且多为一些发达国家力主保护的权利。但是,该协定将一些与贸易无直接关联的权利排斥在外,例如,未涉及传统工业产权公约所规定的商号权。因此,其设定的知识产权体系亦有一定的局限性。

从各国立法来看,单行立法是通行做法,因此,以知识产权名义概括其权利体系的立法例尚不多见。1942 年意大利《民法典》在保留单行法的同时,在其法典中专章规定了著作权、专利权、商标权、商号权。1995 年越南《民法典》在各知识产权法律废止之后,以著作权、工业所有权(包含专利权、商标权、地理标志权等)为内容将知识产权单独成编。1986 年我国《民法通则》在“民事权利”一章中专节规定了知识产权,包括著作权、专利权、商标权、发现权、发明权以及其他科技成果权。上述立法例对知识产权的体系化作出了各自的努力,但其划定的狭隘体系范围难以适应现代知识产权制度开放式、动态化的发展要求。1992 年法国《知识产权法典》以专门法典的形式构建了崭新的知识产权制度体系。它将知识产权分为两类:一是文学和艺术产权,规定有著作权、邻接权、数据库作者权等;二是工业产权,规定有工业品外形设计权、发明专利权、技术秘密权、集成电路布图设计权、植物新品种权、商标权以及其他标记权。法国《知识产权法典》是有史以来构建知识产权体系最为完整的一部法律,其囊括了绝大部分知识产权,但并不是全部知识产权,其体系范围尚有进一步完善的余地。

在学理上,相关著述也涉及知识产权的制度体系问题。法国学者马洛里等人依标的之不同,将知识产权分为两类:一类是经营垄断权,以智力创造成果与区别标记为标的,前者包括文学艺术产权(著作权与邻接权)、专利权、外观设计权、技术秘密(适用民法及反不正当竞争法保护);后者包括商标权、商业名称权以及商业广告、招牌等权利(适用民法及反不正当竞争法保护)。另一类是顾客权利,即以顾客为营业资产的标的所享有的权利。[46] 顾客权利实质上是顾客对企业的“忠诚”,也即企业对顾客的吸引力。从这一意义上来说,它应是企业所拥有的商誉。法国学者的上述概括是知识产权制度系统的有益探索,但这一理论仍有不足:(1)未穷尽相关权利中的应有制度,如植物新品种权、集成电路布图设计权;(2)某

〔46〕 参见尹田:《法国物权法》,法律出版社 1998 年版,第 59 ~65 页。

些权利标的分类有失精当，如将商业广告归类为区别标记，但又试图对其给予著作权保护；(3)顾客权利定性不明，其知识产权特征未能被明确概括。英国学者劳森与拉登从财产法的概念出发，将“工业及知识产权”与债权、商业证券、商誉、债券和股票等组合在“无体动产”的类别之中。所谓“工业及知识产权”，包括专利、外观设计、商标、商号以及版权等。[47] 美国学者贝勒斯也有类似的见解，他将知识产权与债权、商业票据、股票、信誉、肖像等都称为“无体动产”。[48] 应该指出，上述理论关于知识产权体系范围的描述也是难以令人满意的，将商誉或者信誉作为知识产权以外的另类“无体动产”看待，似有需要斟酌之处；同时，该学说也未涉及最新技术的有关权利，难免有所疏漏。

知识产权法是一个开放的、动态的不断创新的制度体系。在现代社会里，由于社会财富形态的变化，财产越来越多地变为无形的和非物质的。我们可以看到，以知识产权名义统领的各项权利，并非都来自典型的知识产权领域，亦不都是基于智力创造成果而产生的。换言之，“知识产权”的用语不过是各种非物质性财产权利的代名词，在这个意义上来说，非物质性财产权、无形财产权与知识产权并无实质上的差异，它们都是基于非物质性客体产生的、与传统财产所有权相区别的新型财产权利。

我们主张，知识产权名义下的非物质性财产包括以下两类：一是知识类财产。该类财产主要由知识、技术、信息等无形财产利益所构成，可以分为创造性成果与经营性标记两类形态，前者包括作品及其媒介和工业技术，后者是指在生产流通领域中能够标示产品来源和厂家特定人格的区别标记，包括商标、商号、地理标志等。上述知识财产是现代社会中最重要的非物质财富。二是资信类财产。该类财产是经营领域中诸如商誉、信用、形象等财产化的商业人格利益。此类商业人格利益包含明显的财产利益内容，但也有精神利益的因素。

基于上述非物质财产形态，本书认为，现代知识产权制度体系可由如下权利构成：

1. 文学产权。在立法文件中，文学产权指称著作权以及邻接权，广义的著作权包括邻接权。在作品及传播媒介的权利形态方面，值得重视的是数据库保护问题。出于对制作者在数据库上投资的保护目的，国际社会在适用数据库的版权保护、数据库的竞争法保护的同时，正在推进数据库的特殊权利保护。这是一种独立于著作权又类似于著作权的专门保护制度。在这种情况下，在文学产权领域将会出现著作权以及与著作权有关的邻接权、数据库专有权等多种权利形式。

2. 工业产权。根据《巴黎公约》及其相关公约的规定，列于工业产权范畴的主要有专利权(含外观设计权)、商标权、商号权、地理标志权、反不正当竞争权。《巴黎公约》1967 年斯德哥尔摩文本将专利技术、经营标记与反不正当竞争列为工业产权的保护对象。工业产权所涉及的领域并不限于工商业，正如上文所说，工业产权应称为“产业产权”。由于其覆盖的权项较多，有的学者认为，工业产权实际上泛指著作权以外的所有知识产权。[49] 其实不然，有的知识财产权制度对著作权与工业产权以外的权利采取的是“单独保护法”或“交叉保护法”，从而构成了下面述及的“准专利”或“工业版权”等专有权制度。

---

〔47〕 参见[英]F. H. 劳森、[英]B. 拉登：《财产法》，中国大百科全书出版社 1998 年版，第 31 ~ 33 页。

〔48〕 参见[美]迈克尔·D. 贝勒斯：《法律的原则——一个规范的分析》，中国大百科全书出版社 1996 年版，第 111 页。

〔49〕 参见张乃根：《国际贸易的知识产权法》，复旦大学出版社 1999 年版，第 64 页。

3. 知识财产专有权。该类权利是指在传统上既不属于文学产权，又不归类于工业产权的独立知识产权，一般采取“专有权”的形式。主要有以下三种：(1)植物新品种权。关于植物新品种的知识产权保护有三种模式：一是以专有权形式保护植物新品种，以德国法为代表；二是以专利权形式保护植物新品种，以意大利法为代表；三是兼用上述两种权利形式提供保护。尽管1961年《保护植物新品种国际公约》与1994年《知识产权协定》允许采取上述任一模式来保护植物新品种，但多数成员倾向于采取植物新品种专有权形式。(2)集成电路布图设计权。集成电路的布图设计，既不是著作权法上的图形作品，也不是专利法上的外观设计，因此国际社会采取“工业版权”的保护方法。以专有权形式出现的工业版权，吸收了著作权与工业产权的部分内容，形成了亦此亦彼的“交叉权利”。(3)商业秘密。商业秘密与工业产权不同，它不具有严格意义上的独占性，也不受地域和时间的限制，其效力完全取决于商业秘密的保密程度。正是由于上述特点，商业秘密不包括在传统的知识产权体系之中，而受反不正当竞争法的调整。我国《民法典》总则编的知识产权条款也专门将商业秘密列入其中，认为其属于知识产权的一种类别。近年来，鉴于商业秘密的重要性与日俱增，关于商业秘密应该单独立法的呼声逐渐增加，最高人民法院也专门出台了司法解释来完善商业秘密的司法保护。

以上所述，即是现行立法文件所规定的知识产权。

此外，下列非物质性财产权利，或可归类为宽泛意义上的知识产权，或可概括为知识产权以外的其他无形财产权。这即是经营性资信权，主要包括商誉权、信用权和形象权。

1. 商誉权。商誉(good will)即商业信誉与声誉，它是特定主体商业文化的一种特殊价值形态。在我国的法学著述中，商誉是一个内涵广泛、意蕴中性的概念。[50] 而在经济学理论中，商誉是一种具有价值的褒义性概念。近代学者杨众先认为，商誉就英文“good will”的原意而言，“实为良好或亲善意志之谓”。就企业而言，乃是企业人事上所发生的良好关系；对社会而言，则是公众对企业的良好评价。[51] 国外法律界的表述与此相同。《牛津法律大辞典》将商誉解释为“某行业拥有的一种优良品质”[52]；英国法院在判例中将其称为“企业的良好名声、信誉和往来关系带来的惠益和优势”[53]。十分明显，我国法学界对商誉的解说有失精确。我们认为，商誉是一种不依附物质实体而独立存在的财产，属于经营资信类财产的范畴。在非物质财产权利体系中，商誉权虽受反不正当竞争法保护，但在立法例上，其权利类型的定位尚不明确。考虑到商业秘密与反不正当竞争现已纳入知识产权法体系，将商誉权视为一种知识产权，应有合理之处。

2. 信用权。信用(credit、trust)与赊购、信贷等交易活动有关，是当事人特殊经济能力(偿付债务的能力)的表现，源于社会对特定主体的评价。在英国《牛津法律大辞典》和美国《布

〔50〕 相关学说参见梁上上：《论商誉和商誉权》，载《法学研究》1993年第5期；朱姝、张少峰：《论商誉权的法律保护》，载《现代法学》1996年第1期。

〔51〕 参见杨汝梅编著：《无形资产论》，中国财政经济出版社1992年版。

〔52〕 [英]戴维·M. 沃克主编：《牛津法律大辞典》，北京社会与科技发展研究所译，光明日报出版社1989年版，第381页。

〔53〕 关今华：《精神损害的认定与赔偿》，人民法院出版社1996年版，第173页。

莱克法律辞典》中,“信用”一词有着明确的定义。[54] 我国法学界对信用的解说与上述学说不同,概指称主体的一般经济能力,并多将其看作人格利益。[55] 其实,法律上的信用是指主体所具有的偿付债务的能力而获得的社会评价与信赖,这与商誉不同。此外,信用虽不具有物质形态,但其以信用证、资信文件为载体,且能够通过信用交换而获得交易利益,不同于一般人格利益。在权利基本范畴中,信用权是一种资信类的无形财产权。

3. 商品化(形象)权。形象(publicity)是个人或社会组织所拥有的各种形象,包括真实人物的形象、表演形象、虚构角色形象、社会组织形象等,这些形象往往与主体自身的姓名(名称)、肖像(形象)、外表(标志)等一般人格因素有关,也与主体创造的角色、人物、作品或活动的名称、标题等特别人格因素相联系。[56] 这些人格因素的某些特征具有“第二次开发利用”的价值。权利人利用自身或虚拟的形象,或他人以合理的对价受让或被许可使用该形象,其目的并不局限于该形象的知名度与创造性本身,而在于该形象与特定商品的结合给消费者带来的良好影响。这种影响能给形象所附载的商品带来广泛的认知度,能给形象的利用者带来一定的经营优势,所以说,这种权利不是人格意义上的一般形象权,而是具有财产价值的商品化(形象)权。商品化(形象)权与传统知识产权关联性极大,但真实形象不是著作权法的保护对象,虚构形象并不符合专利法、商标法的保护条件,因此,该项权利是一项独立的无形财产权。

第六节 知识产权制度的民法定位

知识产权法的地位,是指它在整个法律体系中所处的地位,即它是否作为一个独立的法律部门或是归类于何种法律部门。对此,我国学者曾有不同看法:有的学者认为,知识产权法是一种综合性的法律制度,与民法、经济法、行政法、国际法都有着广泛的联系,因此不能简单将其划归于哪一法律部门。我们认为,知识产权法的调整对象是平等主体因创造或使用知识产品而产生的财产关系和人身关系,其调整手段和适用原则主要是民法的手段和原则。调整对象及其方法是识别、判断部门法属性的主要标准,至于行政法、刑法以及其他属性的法律规范,在知识产权法中所占的比例很小,不足以影响该法的性质。从立法通例来看,除刑法典、民法典等基本法外,单行或专门法律制度一般都是采用多种调整手段,但总会基于其调整对象而采取一种主要调整手段。因此,强调知识产权法是一种综合性法律制度而不进行部门法归类,其理由是不充分的。有的学者主张,知识产权法是一个独立的法律部

〔54〕 参见[英]戴维·M. 沃克主编:《牛津法律大辞典》,北京社会与科技发展研究所译,光明日报出版社 1989 年版,第 381 页;*Black's Law Dictionary*, 15th ed. ,West Publishing Co. ,1979,p. 331。

〔55〕 相关理论参见王利明主编:《民法·侵权行为法》,中国人民大学出版社 1993 年版,第 299 页;张俊浩主编:《民法学原理》,中国政法大学出版社 1991 年版,第 158 页;杨立新:《人身权法论》,中国检察出版社 1996 年版,第 638 页。

〔56〕 参见杜颖:《论商品化权》,载梁慧星主编:《民商法论丛》第 13 卷,法律出版社 2000 年版;董炳和:《论形象权》,载《法律科学(西北政法学院学报)》1998 年第 4 期。

门,因为各项知识产权制度已经构成一个相对完整的族系,法国《知识产权法典》的出现即是未来该法与民法普遍分立的征兆。本书认为,知识产权是民法对知识形态的无形财产进行法律化、权利化确认的结果,是从物的所有权中分离出来的新的、独立的财产权形态。客体的非物质性固然是知识产权的本质特性,但其民事权利或私权的属性与物权、债权等并无实质性差别。可以说,知识产权法并没有独特的、仅属于其自己所有的调整对象与调整手段,因而不具备成为独立法律部门的条件。多数学者认为,知识产权法属于民法的范畴。

从世界范围看,关于知识产权制度的立法体例,主要有以下三种做法:

1. 编入民法典。民法典对知识产权法的接纳,是法律现代化的一种发展路径。自 20 世纪上半叶以来,一些大陆法系国家作出尝试,在"物权—债权"二元立法结构以外增列知识产权,其立法例以 1942 年意大利《民法典》为先导。而后,在 20 世纪 90 年代兴起的第二次民法典编纂运动中,"知识产权编"成为新民法典的普遍选择,代表性立法例包括 1994 年俄罗斯《民法典》、1995 年蒙古国《民法典》、2003 年乌克兰《民法典》、2005 年越南《民法典》等。这种立法体例没有固守"物权—债权"的二元财产权立法体例,在知识产权"入典"方面进行了有益探索,尽管其立法模式有异,立法技术水平不一,但总的立法取向是值得肯定的。

2. 单行立法。单行立法是世界上绝大多数国家知识产权立法的通行做法,这一体例在英美法系国家是以专门法律制度的形式出现的,在大陆法系国家则是民事基本法之下的民事特别法。

3. 编纂专门法典。知识产权法典化,不仅表现为编入民法典,而且表现为自成专门法典。从 19 世纪下半叶开始,知识产权在类型化的基础上开始体系化,专利权与商标权被合称为工业产权,这不仅为 1889 年缔结的《巴黎公约》所认可,而且为一些国家编纂专门法典奠定了基础。葡萄牙在加入《巴黎公约》后,于 1896 年颁布的《工业产权法典》,是世界上第一个工业产权法典。之后西班牙(1926 年)以及拉丁美洲、东欧一些国家也采取了这种专门法典模式。

自 20 世纪下半叶以来,在《成立世界知识产权组织公约》的影响下,知识产权成为国际上通行的法律概念。亚欧一些国家如斯里兰卡(1979 年)、法国(1992 年)、菲律宾(1997 年)等,先后出台了本国的知识产权法典。其中,最具代表性和影响力的当推法国《知识产权法典》。该法典在立法技术上有两个特点:第一个特点是位阶明确,体系完整。该法典在"知识产权"这一种概念下,分设了"文学和艺术产权"及"工业产权"两个属概念,并在"工业产权"项下提出"外观设计""实用新型""发明""技术知识"等目概念。在"技术知识"目概念下又提出"制造秘密""布图设计""植物新品种"等纲概念。通过这种概念之间的位阶层次规定,表达了知识产权的体系化。第二个特点是内容协调,规范一致。该法典通过法典化的统一立法,较好地处理了原各单行法之间存在的矛盾和冲突。例如,计算机程序应受著作权保护而不得授予专利;数据库作者权保护独立于著作权法对数据库或其他组成部分的保护;植物新品种不受专利保护而可取得专门权利;有关著作权、外观设计权、人身权、地理标志权等在先权利的标志不得作为商标注册使用。需要注意的是,法国的《知识产权法典》并没有改变其作为民事特别法的基本地位和本质属性。在法国,知识产权与民法、商法依然是特别法与基本法的关系。法国知识产权法典的立法模式在 21 世纪给其他国家的相关立法带来了重要影响。

在我国《民法典》中，知识产权并未独立成编，而是在总则编中对知识产权加以定义后，各分编结合各类民事权利与知识产权的关系加以个别规定，采取了"点—线"相结合的立法体例。其中，"点"为总则编第 123 条知识产权的定义条款，以对知识产权的民事权利属性以及专有权利类型作原则性规定；"线"为各分则有关的专门规定，包括知识产权出质（物权编第 440、444、445 条）、知识产权合同（合同编第 501、600、843～887 条）、知识产权与人格权关系（人格权编第 1013、1019～1022、1027 条）、知识产权夫妻共有（婚姻家庭编第 1062 条）、知识产权惩罚性赔偿（侵权责任编第 1185 条）等，以对相关知识产权问题设置基本法准则，具有单行立法指引或规范补充适用的功能。

然而，由于知识产权在建设创新型国家中的意义日趋关键，加之知识产权的国际化、战略化需求，在《民法典》颁布后，国家制定"知识产权基本法"也提上了议事日程。2019 年 11 月，中共中央办公厅、国务院办公厅联合印发的《关于强化知识产权保护的意见》提出了研究制定知识产权基础性法律的问题。所谓知识产权基础性法律，是指知识产权领域具有统领性、指引性、一般性的法律。从我国现有法律体系出发，知识产权基础性法律的立法目的在于对知识产权事务中的全局性、长远性、根本性问题作出规定，为知识产权的现代化国家治理以及知识产权创造、运用和保护的战略实施，提出法律上的活动依据和行为准则，是为公法领域的基础性法律，并与我国《民法典》和现行的知识产权法体系相衔接。从全球范围来看，日本和韩国为实现经济发展和转型，都先后出台了知识产权基本法，作为统筹知识产权创造、运用和保护的统一性、基础性法律文件。日本早在 2002 年就率先制定了"知识产权战略大纲"，出台了日本《知识产权基本法》，设立了"知识产权战略本部"的专门机构，确立了"推进实施创造、保护、利用知识产权的政策措施，振兴科学技术，强化国际竞争力"的战略推进目标。韩国则随后于 2009 年出台了《知识产权强国实现战略》，并于 2011 年颁布并实施了《知识产权基本法》。我国现今正处在从知识产权大国向知识产权强国迈进的关键阶段，制定和颁布知识产权基本法，有助于通过顶层设计对知识产权这一私权的法律进行促进和激励、指引和约束、治理和保护，以实现文化繁荣、科技创新、经济发展和社会进步的总体目标。

结 语

知识产权是人们对于自己智力创造活动中的成果和经营管理活动中的标记、信誉依法享有的权利。知识产权的基本属性可从私权与无形财产权两个方面来把握，权利本体的私权性是知识产权归类于民事权利范畴的基本依据；知识产权是一种新型的财产权，即无形财产权，与传统的财产所有权具有明显的区别。客体的非物质性是知识产权的本质特征，专有性、地域性和时间性是知识产权的基本特征。知识产权的客体宜表述为知识产品，具有文学艺术创作、发明创造以及经营标记等多种表现形式，它们具有创造性、非物质性和公开性三个基本特点。现代知识产权制度体系由文学产权、工业产权、知识财产专有权三部分构成，包括著作权、专利权、商标权、商号权、商业秘密权、地理标志权、植物新品种权、集成电路布图设计权等。

思考题

1. 如何理解“知识产权是私权”?
2. 如何理解知识产权“独占性”与知识产品“公开性”之间的关系?
3. 为什么说客体的非物质性是知识产权的本质特征?
4. 如何把握知识产权制度的基本体系?

资料链接

1. 吴汉东:《中国知识产权法律变迁的基本面向》,载《中国社会科学》2018 年第 8 期。
2. 吴汉东:《知识产权的多元属性及研究范式》,载《中国社会科学》2011 年第 5 期。
3. 吴汉东:《试论“民法典时代”的中国知识产权基本法》,载《知识产权》2021 年第 4 期。
4. 吴汉东:《知识产权总论》,中国人民大学出版社 2020 年版。
5. 郑成思:《知识产权论》(第 3 版),法律出版社 2003 年版。
6. [美]罗伯特·P. 莫杰思:《知识产权正当性解释》,金海军等译,商务印书馆 2019 年版。
7. [澳]彼得·德霍斯:《知识财产法哲学》,周林译,商务印书馆 2008 年版。

第二编　著　作　权

第二章　著作权法律制度概述

学习目的　了解著作权的概念及其基本含义的演变，领会著作权与相关权利的区别，熟悉中国著作权制度的历史概况，明确我国著作权法的主要原则。

关键词　著作权　著作权历史　著作权性质

导语

微软公司创始人之一、曾多年蝉联世界首富的比尔·盖茨曾经说过，微软公司的发达，得益于美国强有力的知识产权保护，包括专利、著作权和商标。微软开发的计算机操作系统软件Windows系列、办公系统软件Office等，早已成为全球通用的计算机软件。比尔·盖茨之所以能多年蝉联世界首富，其中一个非常重要的原因，就是其公司把对软件享有的著作权转化为了巨额财富。上述事例所涉及的就是本章所要讨论的著作权问题。

在人类历史上，著作权制度经历了从尊重文学产权的社会习惯过渡到官府对出版特权的行政庇护，继而转向保护著作权人成文法的过程。[1] 在这一转变中，各种学说为其发展奠定了深厚的理论基础。及至近现代社会，著作权制度在国际区域经济一体化和新技术发展的影响下正发生着深刻的变革。本章主要论述著作权的概念、著作权制度的产生与发展、我国著作权制度的发展与变革，并对著作权的性质进行分析，比较该权利与相关权利的区别。

第一节　著作权的概念及演变

著作权，亦称版权，是指作者或其他著作权人依法对文学、艺术或科学作品所享有的各项专有权利的总称。在我国，形式的著作权法，就是由国家立法机关依照立法程序制定的《著作权法》；实质的著作权法，包括一切调整著作权法律关系的法律规范，如《著作权法》《著作权法实施条例》《计算机软件保护条例》《作品自愿登记试行办法》等法律、法规、条例、规章等。

在历史上，英美法系国家最早使用"版权"的概念来描述著作权人所享有的基本权利，其

〔1〕 参见吴汉东：《著作权合理使用制度研究》，中国政法大学出版社1996年版，第5页。

本意是禁止他人未经授权而复制或使用作品，版权的内容主要是著作权人的经济权利。所以，版权的主体既可以是自然人，也可以是法人等组织。与此相反，大陆法系国家著作权法所采用的“作者权”概念起源于法国。该国理论界认为，作品是作者人格的一部分，并且与作者的人身相连，只能为作者享有；而且作者只能是自然人，不能是法人或非法人单位。大陆法系国家所建立的“作者权”制度是名副其实的保护作者利益的制度，不仅作者的财产权利在上述国家可得到保护，而且作者的精神权利也是备受关怀的对象之一。

关于“著作权”的称谓，据史料记载，最早是由日本学者在翻译西文“copyright”（版权）一词时引入该国，并于20世纪初传入我国。我国在1910年颁布的《大清著作权律》中采用了“著作权”的说法。在中华人民共和国成立后所颁布的法律文件中，有时使用“版权”的概念，有时则使用“著作权”的概念。如《图书、期刊版权保护试行条例实施细则》（已失效）将这一权利称为“版权”，而1985年我国颁布的《继承法》（已失效）则采用了“著作权”的概念。由于版权和著作权的用语在实践中通常可以通用，为避免歧义，我国于1986年颁布的《民法通则》将版权和著作权作为同一概念对待，1990年颁布的《著作权法》第51条更是明确宣布：“本法所称的著作权与版权系同义语。”2001年修正的《著作权法》第56条也强调：“本法所称的著作权即版权。”因此，在我国，著作权与版权含义基本相同。

“版权”、“作者权”与“著作权”的词语演进及其发展，反映了著作权法在保护重点、保护对象、保护内容和保护形式上的不同选择。在著作权现代化、国际化潮流的推动下，“版权”体系的英美法系国家与“作者权”体系的大陆法系国家在基本原则与基本制度方面已出现某种程度的融合。从这个意义上讲，我们不必过多地褒贬“版权”或“著作权”用语的优劣，我国《民法通则》及《著作权法》将二者并列对待，实为明智之举。

第二节　著作权制度的产生与发展

一、著作权制度的起源

著作权制度的产生晚于一般财产所有权制度。在人类进入阶级社会之初，统治者制定法律侧重于维护私有的土地、房屋等有形财产，人们创作的精神成果则被排斥在法律的保护范围之外。可以说，在印刷术发明以前，作品只能靠作者自己保护，剽窃者也只会受到道义的谴责而不受法律的制裁。在古罗马时代，诗人马尔蒂·阿利斯（约公元41～103年）在给他人的信中这样写道：“据说你在背诵我的诗句时总说它是你自己创作的。如果你愿承认它为我所作，我将无偿地把它奉献给你；但如果你想把它称为你的诗作，你最好把它买下来，这样它就不再属于我了。”这反映了诗人对于自己作品的权利的主张。在我国古代，剽窃作品的行为也并不少见。唐代文学家柳宗元在其所写的《辩文子》一文中讲道：“其浑而类者少，窃取他书以合之者多，凡孟管辈数家，皆见剽窃。”这尖锐地揭示了春秋战国时代，在“百家争鸣”的文化氛围之中剽窃之风的盛行。尽管当时已出现了这些剽窃他人作品的行为，但这些行为往往只受到道义上的谴责而没有受到法律上的制裁。

随着造纸术和印刷术的发明及广泛运用，一部作品能够被大量地复制出售。这样一方面使作者的思想得以传播,另一方面也使作品逐渐具有了商品属性,从而出现了各种盗版行为。据考证,在我国宋代,一些人公然将一些先哲文章摘段汇编成册供科场考试时剽窃之用,以至于宋代的有识之士不得不发出这样的感叹:“孰云己出不剽袭,句断欲学盘庚书。”由于大量的翻版和盗印已开始影响到统治阶级的利益,于是,保护著作权便成为当务之急。

著作权的保护制度最早起源于我国宋朝的令状制度。据记载,在北宋年间(公元1068年),为保护《九经》蓝本,朝廷曾下令禁止一般人擅自刻印。南宋中期,四川眉州人王称所写的一部北宋历史著述《东都事略》,在初刻本目录页上附有一方牌记,上书“眉山程舍人宅刊行,已申上司不许覆版”字样,这是目前所发现的世界上最早的关于版权(著作权)的声明。随后的几个世纪里,宋朝官府开始针对个别案件采取一系列的法律措施,对坊间市肆如有以营利为目的而擅自翻版的,往往给予“追版劈毁、断罪施刑”的处罚。我国虽自宋朝起即对著作权实施保护,但各封建朝代始终未能制定一个专门保护著作权的法律,直到晚清宣统二年(1910年)才颁布了一个《大清著作权律》,但该法并未实际施行。

随着造纸术和印刷术的西传,欧洲印刷业得以迅速发展,从而产生了保护印刷商翻印专有权的法律需要。如同中国的“禁擅镌”一样,欧洲早期的著作权制度的实质也仅仅是保护印刷出版的专有权。在15世纪末,威尼斯共和国授予印刷商冯·施贝叶为期5年的印刷出版专有权,这被认为是西方第一个保护翻印之权的特许令。在此之后,意大利、法国、英国等国的国王都曾颁布过禁止他人随便翻印其书籍的特许令。在这一时期,出版商的印刷特许权在当权者的保护下盛极一时,而作者的权利却处于被漠视的地位。

二、西方诸国著作权法律制度的沿革

16世纪,欧洲一些启蒙思想家在其著作中对印刷商无偿占有他人作品的现象提出了强烈抗议。德国宗教改革的领袖马丁·路德在1525年出版了一本名为《对印刷商的警告》的小册子,揭露了一些印刷商盗用其手稿的行为,并指责这些印刷商与拦路抢劫的强盗毫无二致。在英国,保护作者权利的呼声也日益高涨。1690年,英国哲学家洛克在《论国民政府的两个条约》一文中指出,作者创作花费的时间和劳动与其他劳动成果的创作人没有什么不同,因此,作品也应当像其他劳动成果那样获得法律的保护。与此同时,一些英国出版商也深感皇家特许权授予存在弊端,希望国家能通过一部长期有效的成文法来保障其利益。在此背景下,1709年,英国议会通过了世界上首部著作权法《为鼓励知识创作而授予作者及购买者就其已印刷成册的图书在一定时期内之权利的法》(以下简称《安娜女王法令》)。该法最突出的特点在于,使著作权由最初的“印刷翻印权”演变成具有现代意义的“版权”。该法规定的“购买者”并非一般的图书购买者,而是指从作者手中购买了一定产权的人,亦即印刷商与书商。该法规定了著作权的保护期限,即作者对已出版的书籍自法律公布之日起21年内享有重印该书的专有权利。随后,英国又于1734年通过了《雕刻著作权法》,1814年通过了《雕塑著作权法》,1833年通过了《戏剧著作权法》,1862年通过了《美术作品著作权法》。英国现行著作权法于1988年颁布实施,其后经过多次修订。英国奉行商业版权学说,其早期的著作权法主张著作权仅是一种财产权利,而否认其人身意义。这一特点自1956年著作权法始得以改变。

法国早在1777年就由国王路易十六颁布了6项关于印刷出版方面的法令,确认作者有权出版和销售自己的作品。法国大革命之后,资产阶级更进一步将著作权提高到“人权”的高度。1789 年的《人权宣言》规定:“自由交流思想和意见是最珍贵的人格之一,因此所有公民除了在法律规定的情况下对滥用自由应负责外,作者可以自由地发表言论、写作和出版。”1791 年的《著作权法》,不仅承认作者享有出版权,而且承认其享有表演权。现行法国《著作权法》于 1957 年颁布,其后经过多次修订。其著作权法最主要的特点是以“人格价值观”为理论基础,在保护著作财产权的同时,强调对作者精神权利的全面保护。

美国在独立战争之前尚处于殖民地状态,各州一直沿用英国著作权法。1783 年,在专栏作家罗思 · 韦伯斯特的推动下,康涅狄格州制定了美洲第一部著作权法。到 1786 年,13 个州均分别制定了著作权法,但这些法律仅在本州内有效。鉴于著作权对美国的重要性,美国在 1789 年颁布的《宪法》中特别规定:“美国国会有权……对作者或发明人,就其个人著作权或发明的专有权利,赋予一定期限的保障,以促进科学和艺术的发展。”国会在宪法的授权下,于 1790 年正式颁布统一的联邦著作权法,以后分别于 1873 年、1891 年、1909 年、1976 年、1987 年、1994 年和 1998 年进行了多次大修,小修几乎每两三年就会出现,加上新判例的层出不穷,我们甚至可以认为,美国著作权法时刻处于变动之中。

此外,发展中国家在国际著作权事务中占有不可忽视的重要地位。据世界知识产权组织公布的资料,现已批准或参加《伯尔尼公约》或《世界版权公约》的成员中,大约一半以上的国家是发展中国家。

三、现代著作权制度的发展变化

随着科学文化交流的扩大和现代传播技术的进步,著作权法有了很大的发展和变化,具体表现在以下方面:

1. 国际著作权保护体系逐渐形成。从 1886 年国际上缔结《伯尔尼公约》以来,发展中国家和发达国家又缔结了一系列国际著作权公约,如 1952 年的《世界版权公约》、1961 年的《保护表演者、录音制品制作者和广播组织公约》(以下简称《罗马公约》)、1971 年的《保护唱版制作者防止唱片被擅自复制公约》、1974 年的《关于播送由人造卫星传播载有节目的信号的公约》、1996 年的《世界知识产权组织版权条约》与《世界知识产权组织表演和录音制品条约》等。在正在制定或推广过程中的《反假冒贸易协定》和《全面与进步跨太平洋伙伴关系协定》中,也包含了更高水平的著作权保护标准。上述公约的缔结与施行,表明了国际著作权保护体系不断走向完善与深化,也反映了不同国家、不同地区因著作权利益而进行的斗争和妥协。

2. 新的著作权类型陆续出现。近代著作权法所涉及的著作财产权包括复制权、演绎权和传播权三类权利。随着新技术的发展,现代著作权法陆续规定了“出租权”、“追续权”与“信息网络传播权”等新的权利,邻接权人的利益也逐步在著作权法中得到了确认。

3. 著作权的保护范围不断扩大。著作权客体范围从早期以印刷品形式存在的文字作品和音乐作品等,不断随传播技术的发展而扩大到了录音制品、电影作品和诸多多媒体作品。特别是进入网络时代后,几乎所有作品类型都能够以数字化的方式呈现。同时,民间文学表现形式也成为著作权法所保护的另一类客体。这既反映了新技术革命给著作权法所带来的挑战,也反映了发展中国家与发达国家的斗争与妥协。

4. 两大法系著作权立法的差异逐渐缩小。随着国际经济新秩序的形成，两大法系国家的著作权法均将其立法宗旨设定为以保护作者权利为中心，兼顾作品使用者和传播者的利益。在此基础上，根据国际版权公约的要求，各国纷纷修订自己的著作权法，以与国际公约特别是《伯尔尼公约》所规定的最低限度保护标准保持一致。例如，英美法系国家的著作权法改变了“版权”中单一的财产构成，明文规定保护作者的署名权和保护作品完整权。与此同时，大陆法系国家的著作权法也吸收和借鉴了英美法系国家相关立法的先进经验。

5. 著作权立法更多针对网络技术带来的问题。自20世纪末开始，网络技术使信息传播呈现出两个特征：一是传播效率的提高，数字技术使信息与有形载体完全分离，实现了传播的无时间差和无地域性；二是传播技术的转移，低成本计算机与网络的普及，使传播渠道不再仅由少数商业机构控制，私人间的交互式传播逐步成为主流信息传播方式。〔2〕传播渠道的解放与传播效率的提高，使版权产业的商业模式发生空前改变，传统著作权法所规制的传播渠道日益为网络和数字化传播所替代，因此各国著作权法的修订频率也随之提高，以适应不断变化的网络技术。

四、著作权制度的变革规律

著作权法因传播技术的普及而生，随传播技术的发展而变。日本学者田村善之教授将技术与法律互动下的著作权制度变革概括为“三次浪潮”。“三次浪潮”具体为：(1)第一次浪潮，在印刷术发达后出现了以复制权为中心的近代著作权制度；(2)第二次浪潮，录音、录像等复制机器向私人领域的普及，给著作权制度带来了冲击，但各国著作权法仍然坚持以复制权为中心，同时创设了出租权和针对私人录音录像的补偿金请求权制度；(3)第三次浪潮，因特网和数字技术的发展给著作权制度带来了又一次冲击，私人领域与非私人领域的界限被彻底打破，传统的复制权体系已经无法承载新技术所带来的问题。〔3〕

从法律属性上看，历史上的著作权制度经历了一个从垄断特权到私权的变革过程。印刷术的应用，使出版业开始逐步走向商业化运营，成为一种营利的手段。此时，作品本身的价值已经超越复制的成本，在图书的市场价格与印刷成本之间出现了获取商业利润的空间。〔4〕从国家的角度来说，出版业既是政府新的税收增长点，也是新思想的传播渠道，这使其成为政府控制的对象；从商业的角度来看，图书贸易使出版商作为一个新兴产业的投资者出现了。当时的英国为了打破欧洲出版行业协会对印刷技术的垄断，增加本国税收，伊丽莎白女王以“特许专营”为条件引进欧洲大陆的印刷工人和印刷技术，促进英国工业的发展。根据女王的政策，英国王室在16～17世纪授予了印刷工会特许出版权，在引进技术的同时，也实现了对言论的钳制。〔5〕到了17世纪末期，印刷术在两百多年的岁月中得到逐步发展和普及，开始有更多的商人想进入出版行业，通过特许经营权来垄断出版业逐渐出现诸多问题。到了1694年，英国国会开始反抗王室，通过拒绝修订许可法案的方式使王室丧失了对

---

〔2〕参见熊琦：《互联网产业驱动下的著作权规则变革》，载《中国法学》2013年第6期。

〔3〕参见[日]田村善之：《自由领域的确保》，载《法学教室》238号，第107～108页。转引自解亘等编著：《知识产权法》，科学出版社2005年版，第178页。

〔4〕具体参见赖文智：《数位著作权法》，台北，翰芦图书出版有限公司2003年版，第7页。

〔5〕See L. Ray. Patterson, *Copyright in Historical Perspective*, Vanderbilt University Press, 1968, p. 92－112.

言论自由的限制,印刷工会所剩下的仅仅是向盗版商请求损害赔偿的民事权利。[6] 印刷工会在苦求特许审查特权而不得之后,开始改变策略,强调保护作者的权利,主张赋予作者财产权,以此激励作者的创作。在经历3年的游说后,国会终于在1709年通过了《安娜女王法令》。

第二次工业革命之后,传播技术的更新速度逐步加快。从19世纪末开始,音乐作品开始以唱片的形式传播,电影技术也使小说和戏剧能以电影的面目出现,录音机、复印机和录像机等设备陆续普及,都使原来专属于出版商的复制技术开始被大众分享。新技术在促生了新客体类型和新交易模式的同时,也使著作权人对著作权交易的控制能力不断减弱。为了从新的著作权市场中获利,著作权人一方面通过诉讼与谈判建立了强制许可制度和补偿金制度,另一方面借助集体管理组织向广播组织等商业机构收取发行、广播和公开表演作品的版税。在产业化的氛围中,著作权的客体被更多地看作一种商品,而不是以往印刷术时代将其视为作者劳动的结晶或者精神或人格的表达。因此,版权企业在争取以自己的意愿修改著作权法时,更多地从实用主义的立场出发,运用功利主义和经济学的理论武器来解释著作权制度的正当性。另外,使用者一方也因复制技术的普及而开始形成利益集团,并在立法问题上与著作权人对抗。至此,著作权制度进入了"世俗化"时代,各方正式将真正代表其利益需求的理论摆上了历史舞台。[7]

到了信息时代,随着网络和数字技术的成熟与普及,作品的传播方式产生了根本性变化。网络使数字化的作品不再依附于载体,因此著作权人也无力承担针对私人复制的监督成本。著作权人为了防止因私人复制泛滥而导致的"搭便车"行为,再次寄希望于通过修法来阻止私人复制。著作权人一方面通过自力救济的方式,利用技术措施来禁止他人未经许可接触作品;另一方面强烈要求国家通过立法提出有效的保障措施。但使用技术措施需要付出高昂的成本,更会面临新技术手段的突破。为了避免因陷入技术比拼而无谓地增加成本,著作权人更多地将希望寄托于通过立法手段来维护自身的利益。1996年《世界知识产权组织版权条约》与《世界知识产权组织表演和录音制品条约》的通过,标志着著作权保护进入了以技术措施控制作品使用和传播的阶段。

随着网络传输速度的不断提升和移动设备运算能力的显著提高,移动互联网已经替代了传统的互联网框架,并深刻改变了社会关系和商业模式。这种改变主要体现在两个方面:一为人与互联网的实时连接。使用网络时间的显著增加导致大量行为,包括作品的传播和欣赏等与著作权相关的行为,都转化为以在线方式进行和处理。二为互联网入口的转换。与网络用户直接关联的互联网平台,已从最早的门户网站、后来的搜索引擎转换为现在的App应用。App内部的内容监管和App之间的流量竞争成为常态性问题。

移动互联网在技术上的迭代,同样对著作权领域产生了深刻影响。内容创作、传播和使用全部以数字化方式在线完成,不但极大提高了作品的传播效率,更全面扩大了作品的来源范围。已有数百年历史的著作权制度,却始终围绕职业化的创作者与传播者构建,所规制的

---

〔6〕 当时的出版商抱怨道:"出版商自己几乎不可能确定实际受损金额。如果盗版商印制了一千本盗版书,这些书很可能被英国各地成百上千的人购买,出版商甚至无法追回其中的十本。" See Paul Goldstein, *Copyright's Highway: From Gutenberg to the Celestial Jukebox* (*Revised Edition*), Stanford University Press, 2003, p. 31 – 37.

〔7〕 参见熊琦:《著作权法中投资者视为作者的制度安排》,载《法学》2010年第9期。

行为也限于基于商业化的大规模使用。即使后来因为录音录像和广播技术的发展而需要集体管理组织作为中介机构协助作品传播,集体管理组织的会员也仍然是职业化的作者和著作权人。[8] 移动互联网时代到来后,职业化主体和商业化传播被"大规模数字化"(Mass Digitalization)和"用户创造内容"(User Generated Content)所解构。[9] 创作者的范围已扩大到了所有网络用户,传播和使用行为亦成为日常活动。

第三节 我国近现代著作权制度的发展与变革

一、我国近现代著作权法律制度

1840年鸦片战争以后,伴随帝国主义的经济掠夺和文化侵略,西方国家也将著作权制度带入了中国。1903年,中国和美国在上海签订的《中美续议通商行船条约》第32条规定:"无论何国,若以所给本国人民版权之利益,一律施诸美国人民者,美国政府亦允将美国版权律例之利益给予该国之人民。中国政府今欲中国人民在美国境内得获版权之利益,是以允许凡专备为中国人民所用之书籍、地图、印件、刻件者,或译成华文之书籍,系经美国人民所著作或为美国人民之物业者,由中国政府援照所允保护商标之办法及章程极力保护10年,以注册之日为始,俾其在中国境内,有印售此等书籍、地图刻书或译本之专利。"[10] 这是我国历史上第一部涉及著作权的条约,也是近代著作权法律制度引入我国的开端。

为了履行1903年中美条约的义务,1910年清政府颁布了中国第一部著作权法——《大清著作权律》。《大清著作权律》共分"通例""权利期限""呈报义务""权利限制""附则"5章,共计55条。

《大清著作权律》参考了世界上两大法系中主要国家的著作权法,但是在立法指导思想上受德国、日本的影响最深。该法的特点为:(1)著作权客体范围狭小,仅包括文艺、图画、帖本、照片、雕刻、模型;(2)受保护的主体一般是作者本人,但对合作作品、委托作品、口头作品、翻译作品的著作权归属与继承作了特殊规定;(3)关于作者的权利,该法并未从正面进行规定,而是通过禁止某些行为间接作出规定;(4)采取注册主义的保护方法,规定作品完成后必须呈报注册手续始得保护;(5)规定了著作权的保护期限为作者终身加死亡后30年,法人作品、照片为30年;(6)对侵犯著作权的行为及其处罚进行了详细规定。

1911年辛亥革命爆发后,中华民国成立,但《大清著作权律》未被明令废除,其一直沿用到1915年,才被北洋军阀控制下的民国政府颁布的《著作权法》所替代。

自此以后,国民党政府又于1928年颁布了一部著作权法。该法于1944年、1949年两度进行过修订。现行我国台湾地区"著作权法"也是在该法基础上数度修订而实施的。

---

〔8〕 参见熊琦:《Web 2.0时代的著作权法:问题、争议与应对》,载《政法论坛》2014年第4期。

〔9〕 域外已有政府和相关研究机构分别就这两种现象进行了专门细致的研究,分别参见 Office of the Register of Copyrights, Legal Issues in Mass Digitization: A Preliminary Analysis and Discussion Document, U. S. Copyright Office (Oct. 2011); Organization for Economic Co-operation and Development, Participative Web: User-Created Content (2006)。

〔10〕 王兰萍:《近代中国著作权法的成长》,北京大学出版社2006年版,第85页。

二、新中国成立后著作权制度的发展

中华人民共和国成立后，我国便着手开始建立新的著作权保护制度，但由于各种条件的限制，在建国后相当长的一段时间内，我国都没有颁布一部全面的、完整的保护作者及其他著作权人的单行著作权法律，有关保护著作权的规定多散见于一些单行的法规之中。

1950 年 9 月，全国召开的第一次出版工作会议通过了《关于改进和发展出版工作的决议》，该决议对于保护著作权作了一些原则性规定。随后，国务院及有关部委也相继颁布了一些有关稿酬、出版合同等方面的文件，作为当时处理著作权纠纷的依据。由于当时对著作权保护制度是否需要、知识产品能否成为财产等问题存在分歧，建立全面的保护著作权制度的设想也就被搁置下来了。

改革开放以后，全国工作重点发生转移。为了发展文化科学事业、开展对外交流，从 1979 年起，有关部门开始进行著作权立法的准备工作。1986 年4 月 12 日，由第六届全国人大第四次会议通过的《民法通则》第一次在法律中明确规定，“公民、法人享有著作权（版权），依法有署名、发表、出版、获得报酬等权利”（第 94 条）；“公民、法人的著作权（版权）……受到剽窃、篡改、假冒等侵害的，有权要求停止侵害，消除影响，赔偿损失”（第 118 条）。

1990 年 9 月 7 日，《著作权法》经第七届全国人大常委会第十五次会议审议通过，并于 1991 年 6 月 1 日正式实施。1991 年 5 月 30 日国家又颁布了《著作权法实施条例》。1990 年《著作权法》共 6 章 56 条，从各个方面规定了作者、其他著作权人及作品传播者的合法权益，是《宪法》及《民法通则》有关原则的具体化。

这部《著作权法》是一部充分体现中国特色，又兼顾国际著作权保护原则的法律，主要表现在以下几个方面：

1. 充分保护作者的合法权益，调动知识分子的积极性，鼓励有益于社会主义精神文明和物质文明建设的优秀作品的创作与传播。1990 年《著作权法》规定作者对其作品享有发表权、署名权、修改权和保护作品完整权等人身权。除发表权与财产权的保护期相同以外，其他几项人身权均无时间限制，甚至规定某些由法人享有著作权的职务作品，作者仍保留署名权，其人身权的保护水平较高。1990 年《著作权法》还规定作者对其作品享有财产权，其财产权的种类、期限以及行使权利的限制等与大多数发展中国家基本相同，这符合我国的国情。1990 年《著作权法》对作者因创作作品而享有的人身权和财产权的规定，可以极大地提高广大作者的创作积极性。

2. 坚持社会主义方向，兼顾国家、单位和个人的利益。1990 年《著作权法》保护文学、艺术和科学作品作者的著作权，以及与著作权有关的权益，其目的是促进社会主义文化和科学事业的繁荣和发展。（1）兼顾作者和单位的利益。1990 年《著作权法》对作者作为本职工作或工作任务而创作的作品，如何确定著作权的归属与行使，进行了较合理的规定。在一般情况下，著作权归作者享有，但是单位有优先使用权。对于主要利用单位的物质技术条件创作的作品，署名权归作者，其他著作权则归单位享有。这样既尊重了作者的劳动，又照顾了单位的利益。（2）兼顾作者与作品传播者的利益。作品的传播者指表演、录音、录像以及广播电台、电视台等传播作品的人。1990 年《著作权法》明确规定了传播者的合法权利以及法定许可和法定免费使用等制度，旨在充分保护传播者的利益，鼓励优秀作品的传播。（3）兼顾作者和广大使用者的利益。作者依照法律享有充分的著作权，但绝不能对作品进行垄断。

为了鼓励广大使用者参加文化活动,1990 年《著作权法》规定了合理使用制度,对作者的权利进行适当的限制,从而把作者利益和社会利益结合起来。

3. 合理规定涉外著作权关系,吸收外国的优秀文化。1990 年《著作权法》规定,外国人的作品首先在中国境内发表的,依照我国《著作权法》享有著作权。外国人在中国境外发表的作品,根据其所属国同中国签订的协议或者共同参加的国际条约享有的著作权,受我国《著作权法》的保护。这就为我国逐步实现涉外著作权关系的正常化提供了法律依据。

三、著作权法第一次修改概况

自党的十四大确立社会主义市场经济体制以来,中国经济以前所未有的速度飞速发展,取得了令世人瞩目的成绩。经济的发展、科技的进步,促进了中国传播技术的革新,复印机、录制机、扫描仪等复制设备迅速普及,因特网、电缆电视、可视电话等传播手段竞相诞生。与此同时,1990 年《著作权法》的一些规定与世界贸易组织规则,主要是《知识产权协定》还存在一些差距。我国已对外承诺在正式加入世界贸易组织时将全面实施《知识产权协定》。为了进一步完善我国的著作权保护制度,促进经济、科技和文化的发展繁荣,并适应我国加入世界贸易组织的进程,对 1990 年《著作权法》进行修改是极为必要的。

1998 年 11 月 28 日,国务院提请全国人大常委会审议《著作权法修正案(草案)》议案。该议案经同年 12 月下旬第九届全国人大常委会第六次会议初步审议后,由于尚有一些重要的不同意见,需要进一步研究、论证,国务院于 1999 年 6 月经全国人大常委会委员长会议同意,撤回原议案。原议案撤回后,原国务院法制办、国家版权局一同对著作权法抓紧研究修改并会同有关部门及有关专家学者进一步研究、论证,然后征求了全国人大教科文卫委员会、全国人大常委会法工委的意见,拟定了《著作权法修正案(草案)》。该草案经国务院第三十三次常务会议通过。第九届全国人大常委会第十九次会议对《著作权法修正案(草案)》进行了审议。审议结果认为,《著作权法修正案(草案)》加大了对著作权的保护力度,适应了加入世界贸易组织的需要,基本上是可行的,同时也提出了一些修改意见。会后,原全国人大法律委员会、教科文卫委员会,全国人大常委会法工委联合召开座谈会,听取各方面的意见。全国人大常委会法工委将草案印发各省、自治区、直辖市和中央有关部门及法学教学研究机构征求意见。修改后的著作权法草案又提请第九届全国人大常委会第二十一次会议再次进行审议。审议后,原全国人大法律委员会、全国人大常委会法工委根据委员们的审议意见和其他有关方面的意见,对草案进一步研究修改。修改后的草案由第九届全国人大常委会第二十四次会议于 2001 年 10 月 27 日通过施行。

这次修改,使著作权法从以下几个方面得到了完善:

1. 给予外国人国民待遇,改变现存"内外有别"的制度。修正后的《著作权法》遵循《伯尔尼公约》和《知识产权协定》的精神,给予外国人以国民待遇,同时提高本国人所受到的著作权保护待遇,达到内外平衡,协调发展。

2. 扩大著作权保护的客体范围。修正后的《著作权法》将实用美术作品、杂技艺术作品等纳入保护范围;将计算机程序作为文字作品予以保护,延长其保护期限,取消以登记作为取得著作权要件的规定;将"电影、电视、录像作品"扩大解释为"电影作品和以类似摄制电影的方法创作的作品"。

3. 增加了著作权人的权利内容。修正后的《著作权法》增加规定电影作品、计算机软件的著作权人的出租权；拓宽“表演权”的外延，将其解释为“公开表演作品，以及用各种手段公开播送作品的表演的权利”；规定了信息网络传播权，将其解释为“以有线或者无线方式向公众提供作品，使公众可以在其个人选定的时间和地点获得作品的权利”。将“摄制权”解释为“以摄制电影或者以类似摄制电影的方法将作品固定在载体上的权利”。

4. 规定了出版者的版式设计权。版式设计权是与著作权相关的一项独立的民事权利。修正后的《著作权法》增加了对版式设计的保护内容，规定出版者有权许可或禁止他人使用其出版的图书、期刊的版式设计。

5. 增加了著作权的利用方式。修正后的《著作权法》不仅规定著作权许可使用合同，而且增加规定了著作权转让合同。

6. 完善了有关著作权限制的规定，平衡著作权人的利益和社会利益。对合理使用中的个人复制、表演、播放、公务使用、翻译等行为进行一定的限制。借鉴其他国家的规定，将为编写出版教科书而使用他人作品的行为列入法定许可的种类，以促进科教兴国战略的实施。

7. 增加了权利人可以通过依法成立的社会组织行使著作权的规定。目前，在著作权制度比较完善的国家，一般都规定了权利人通过著作权集体组织代为行使权利的制度。修正后的《著作权法》第 8 条规定的就是著作权集体管理制度。

8. 增加了对著作权人的救济措施，加大对侵权行为的惩处力度。修正后的《著作权法》明确规定侵犯著作权的法定赔偿额；采取“过错责任原则”与“过错推定原则”相结合的归责原则，以加强对受害人的法律救济；在对侵权行为予以查处时，增加规定著作权人的诉讼保全制度等。

四、著作权法第二次修改说明

《著作权法》第一次修改完成后，我国又先后颁布《著作权行政处罚实施办法》(已失效)、《著作权集体管理条例》(已修改)、《互联网著作权行政保护办法》、《信息网络传播权保护条例》(已修改)和《广播电台电视台播放录音制品支付报酬暂行办法》(已修改)等法规和规章，并通过完善著作权集体管理组织的相关规定促进了著作权的利用，也大大加强了网络环境下的著作权保护力度。2010 年 2 月 26 日，为履行对世界贸易组织的承诺，第十一届全国人大常委会第十三次会议通过了第二次修改《著作权法》的决定。本次修改幅度较小，主要涉及两个条文：

1. 将 2001 年《著作权法》第 4 条修改为：“著作权人行使著作权，不得违反宪法和法律，不得损害公共利益。国家对作品的出版、传播依法进行监督管理。”删除了“依法禁止出版、传播的作品，不受本法保护”的条款。对该条文的修改，一方面是回应 2009 年 3 月 20 日世界贸易组织针对美国诉中国知识产权保护与执法措施案作出的裁决，另一方面则是繁荣发展文化产业、建设创新型国家在立法上的体现。

2. 在 2001 年《著作权法》中增加 1 条，作为第 26 条：“以著作权出质的，由出质人和质权人向国务院著作权行政管理部门办理出质登记。”该条文的修改旨在使著作权法适应我国版权产业日益发展的现实需求。随着版权产业的繁荣，作品价值不断增加，著作权的质押成为一种必要。1996 年国家版权局出台的《著作权质押合同登记办法》(已失效)中,已经明确认定著作权可以进行质押,并且质押合同可以进行合同登记。如今将质押及其登记写入《著作权法》,为我国全面开展著作权质押工作提供了明确的法律依据。

五、著作权法第三次修改说明

我国著作权法的实施对激励版权产业发展,促进文化事业繁荣起到了至关重要的作用。但是应当看到,著作权制度基于科技而生,缘于科技而变,随着社会的发展与科技的进步,著作权法必须紧跟时代的步伐。鉴于其他国家近年来大规模修订著作权法的现实情况,以及我国目前在著作权领域所面临的前沿问题,著作权法第三次修改提上日程。

著作权法第三次修改草案于 2012 年 3 月底正式向社会征求意见后,引起了社会各界的广泛关注与参与,不同主体对草案都提出了自己的见解。这一方面反映出我国版权产业的发展壮大,相关主体开始在立法层面争取自己的利益,另一方面反映出我国版权保护意识与重视程度的提高。但由于相关问题争议多,修法经历了漫长的时间,直到 2020 年,《著作权法》新修正案才最终颁布。

整体上看,第三次修改后的新著作权法具有以下特点:

首先,从立法初衷看,本次修改是国家基于国际形势与国内产业作出的主动回应。与前两次为回应国际公约和世界贸易组织裁定的修改不同,本次著作权法修改是我国在深化文化体制改革、推动社会主义文化大发展大繁荣背景下作出的主动选择,是适应本国版权产业迅速崛起、回应产业制度需求的现实需要。

其次,从调整方式看,本次修改是基于国际经验与国内条件进行的合理取舍。本次草案既回应了国际公约的基本要求,又针对现行著作权法与国际公约的差距,充分考虑到我国版权产业的发展现状,在吸收已有著作权行政法规、条例和司法解释中相对成熟的部分之外,并未一味追求与发达国家看齐的保护标准,而是基本保留了我国著作权法的制度框架和设计,采取了渐进式的立法步骤,保证了制度与产业的协调与适应。

最后,从具体规则看,本次修改对实践中的突出问题进行了集中回应。在客体方面,2020 年《著作权法》不但对“作品”进行了完整定义,还对原“电影作品”和封闭式的作品类型列举方式进行了调整,以视听作品代替电影作品,并以“符合作品特征的其他智力成果”取代“法律、行政法规规定的其他作品”,改封闭式列举为不完全列举,同时扩大了作品类型的个别和整体范畴。在权利类型方面,本次修改弥补了广播权和信息网络传播权之间留下的“缝隙”,将广播权扩大为“以有线或者无线方式公开传播或者转播作品”的权利,将原本游离在外的互联网直播纳入其中。在权利限制方面,本次修改将合理使用的构成要件统一到了著作权法中,将实施条例中的“不得影响该作品的正常使用,也不得不合理地损害著作权人的合法利益”调整后放到了著作权法中,形成了完整的“三步检验法”。在技术措施的部分,本次修改也将规避技术措施的行为与破坏权利管理信息的行为专门列明,并扩张了技术措施保护的限制类型,回应了传播技术的发展。在侵权损害赔偿部分,本次修改也跟随了《商标法》以及《反不正当竞争法》的脚步,法定赔偿额最高限额由 50 万元提升至 500 万元,增设了 500 元的法定赔偿下限,并落实了惩罚性赔偿的入法。

第四节 著作权的性质

在著作权制度建立后的短短二三百年的时间里，各种不同的著作权理论学说均从不同的角度解释了著作权的本质，这些学说均直接或间接地影响了当时的著作权立法和司法实践。

一、关于著作权正当性的各种学说

1. 精神所有权说。精神所有权学说是 18 ~ 19 世纪流行于英国、法国、德国和美国等国家的一种著作权理论。该理论认为，著作权是所有权的一种，作者是著作权的主体，他首先享有对其著作物的独占权，如同有形财产的所有权一样，其主体所享有的权利应该是绝对的。十分明显，“精神所有权”学说已具有现代著作权的基本含义。

精神所有权说是旨在克服当时西欧狭隘的专利制度而产生的一种著作权理论。但是，思想形式的载体，即图书虽然可以成为所有权的标的，但是思想本身及其具体形式并不能成为所有权的标的，因而精神所有权与传统的所有权观念不合。它仅注重著作权的财产性质而忽略了作者的人身权利，因而，该学说在 19 世纪初就完全被新的学说所取代。

2. 人格价值观说。人格价值观说是“天赋人权，神圣不可侵犯”的资产阶级反封建思想在著作权理论上的反映。1789 年的法国《人权宣言》宣称，出版和自由地表达自己的思想是一种与生俱来的神圣的权利。该学说认为，在所有的财产之中，最神圣的和最有人格的就是著作，即作家思想的成果。德国哲学家康德曾认为：作品不是一种普通的商品，从某种程度上讲，是一个人即作者的延伸，作品是人格的反映，[11] 这种观点被认为是作者精神权利的起源。法国的几部著作权法均充分地体现了这种思想。人格价值观说从人的本体立场出发，强调了著作权的精神属性，给著作权法带来了革命。

3. 激励机制说。这种学说为版权法系国家的主流学说，其将作品作为一种可以被自由交易的商品来看待，通过赋予作品创作者和传播者以专有财产权，使上述权利人能够从著作权市场中获取经济收益，以此激励作品的创作和传播。

4. 著作权二元说。该学说分为纯粹二元说和修正二元说两种。纯粹二元说认为，著作权是一体两权，由相互独立的著作人身权和著作财产权构成。著作财产权是可转让的，而著作人身权是不可转让的，两种权利在理论上可以分开。修正二元说认为，著作权法所保护的作品，并非一有创作之事实即发生一切属于作者的权能，只要作者就作品未公开发表而予以保密，就不具有作品的利用权。因此，该作品仍完全在作者的人身权领域内，并无独立的经济财产的特性。财产权的发生在于作者发表权的行使，而在此之前，作品的财产性仅是潜在的。因此，著作人身权的发生在时间上早于财产权，且人身权具有永久性，超越著作财产权

---

〔11〕 See ImmanuelL Kant, *Practical Philosophy*, Translated and Edited by Mary J. Gregor, Cambridge University Press 1996, p. 29.

而居于优先地位。目前,法国著作权法是“二元说”的代表。

5. 著作权一元说。著作权一元说流行于德国。该学说认为,著作权既非纯粹的人身权,也不是纯粹的财产权,而是一种特殊的复合权利。该学说强调著作权的一元性或单一性,认为著作权是著作人身权和著作财产权的有机复合体,无法加以分割。对于著作人身权的侵害,也同时构成财产上的侵害。

二、各种学说对著作人身权和著作财产权的看法

(一)著作人身权的性质

承认著作人身权的国家一般认为著作人身权具有不可转让性、永久性的特点。

1. 不可转让性。主张二元说的学者认为,著作财产权是可以转让的,而著作人身权则不可转让。如法国《著作权法》第6条规定:“作者有权使其姓名、资格和作品得到尊重。上述权利是人身权利。人身权利是终生的、不可转让的、不可剥夺的权利。”这是二元说的代表。采用一元说的国家也认为著作人身权具有不可让与性。德国1965年《著作权法》第29条规定:“著作权除因处分之履行而转移,或因遗产分割而转移于共同继承人;除此之外著作权不得转移。”我国《著作权法》虽对此无明文规定,但在第27条规定著作权的转让时,专门列举的是该法第10条中规定的著作财产权类型,由此可推知我国著作权法仅允许著作财产权的转让。同时,著作权法作为特别私法,著作财产权和著作人身权的权利属性也应类比民法中人身权不得让与的规定。

2. 永久性。著作权的保护期间分永久保护的无限主义和限定保护期间的有限主义两种。著作人身权的保护,有采取无限主义的,如前述法国《著作权法》第6条;也有采取有限主义的,如德国《著作权法》规定,著作人身权仅及于著作权人死亡后的一定期间,该期间与著作财产权的保护期间相同。我国《著作权法》第22条规定:“作者的署名权、修改权、保护作品完整权的保护期不受限制。”因此,我国采取的是无限主义原则。

(二)著作财产权的性质

多数国家的著作权法都认为著作财产权具有可让与性、有期限性和可继承性的特点。

1. 可让与性。主张一元说的国家,基于著作财产权与著作人身权不可分离的性质,否认著作财产权的可让与性。主张二元说的国家,认为著作财产权具有可让与性。至于英美法系国家,其著作权的范围局限于著作财产权,因此著作财产权可以让与是理所当然的。由于立法上所采用的观点不同,因此,采用二元说的法国以及英国等与采用一元说的德国在关于著作财产权可否转让的规定上大相径庭。我国采用二元说。

2. 有期限性。各国著作权法均规定著作财产权有保护期间的限制,至于期间的长短有所不同。从国际立法的情形来看,有倾向于提供较长保护期间的趋势。之所以如此,在于长时间的保护对著作权人个人有利而无害于公益。与社会公众有关的权利,可以凭借立法加以适度的限制,如“合理使用”“法定许可”制度等。我国《著作权法》亦规定了著作财产权的保护期限。

3. 可继承性。世界各国大抵规定了著作财产权的可继承性。我国《著作权法》规定了著作权中的财产权依照《民法典》的规定继承。

第五节 著作权与相关民事权利的区别

一、著作权与所有权

著作权与所有权虽然都具有绝对性、排他性等共同属性，但它们之间仍存在不同之处：

1. 著作权客体具有无形性。所有权是对有形物的概括支配权，无法同时为多数人所使用，因此所有权的客体是有形物体。著作权的客体具有无形性，它的标的不是有形物，而是被客观化了的人类的精神思想，因而可以同时为多数人所使用。

2. 著作权利用上的特殊性。所有权只能对有形物体进行物质上的利用，而作品则具有上演、广播、发行等特殊利用方式。

3. 著作权权能的可分性。对于所有权不能就同一内容数次处分，换句话说，所有权的各项权能只能处分一次，而著作权的同一权能却可以处分多次。

4. 著作权存续的有限性。所有权是永久存续的，只要原物不灭失，所有权就将永远存在，而且其存在不能预定存续期间，并具有强烈的排他性。著作权则有一定的保护期，保护期届满即丧失著作财产权。法律还规定了合理使用、强制许可等限制，因此著作权的排他性是有限的。

5. 著作权具有人身性。著作权具有人身权和财产权的双重性质，这表现为著作权人不仅可以通过创作作品享有使用权和报酬权，而且在作品上享有名誉、声誉及其他无形人身权利；所有权则表现为单独的财产权性质，它并不强调与有形物体的生产者具有直接的人身依附关系。

二、著作权与商标权

著作权和商标权在取得保护的方式上有所不同。作品只要是各自独立完成的，无论它们之间是否相同、类似，都受著作权法的保护。商标权则不同，凡与已注册的同类商品或类似商品的商标相同或近似的商品标识，依照各国的商标法往往不能取得专用权。但是，著作权和商标权在一定情况下可能发生交叉关系，即商标设计图案可以作为商标受商标法的保护，也可以构成一件艺术作品受著作权法的保护。日本著作权法专家认为，广告上使用的具有创造性的口号、漫画中的人物作为商标时，同时受著作权法和商标法保护。此外，著作权和商标权也可能发生抵触，即未经他人同意以其作品作为商标标识时，则可能侵犯他人的著作权。

三、著作权与专利权

著作权与专利权存在以下区别：

1. 著作权并不保护作品的思想，而只保护作品的表达方式。专利权所保护的则是作者创造的思想内容。如果发明人就一项技术成果获得专利，则其他人未经他的许可，不能随便在生产中实施这项技术。这是“思想内容”与其“表达方式”的区别。

2. 著作权并不要求保护的作品是首创的，而只要求它是独创的。任何作品只要是独立创作的，无论其是否与已发表的作品相似，均可获得独立的著作权。而对于同一内容的发明，专利权只授予先申请人，这是“首创性”与“独创性”的区别。

不过，外观设计权与著作权在实用美术作品保护上可能会发生交叉。对于实用美术，德国、法国、瑞士的著作权法和外观设计法进行重复保护。日本则规定，仅能制作一件的手工美术工艺品，可以作为美术作品取得著作权；用于实用产品的形状、图案，可以取得外观设计权。二者区分的关键在于美术作品是否成为用于批量生产的产品。

结语

著作权，亦称版权，是指作者或其他著作权人依法对文学、艺术或科学作品所享有的各项专有权利的总称。1709 年，英国议会通过了世界上首部著作权法《安娜女王法令》。1910 年，清政府颁布了中国第一部著作权法——《大清著作权律》。1990 年 9 月 7 日，我国《著作权法》经第七届全国人大常委会第十五次会议审议通过，并于 1991 年 6 月 1 日正式实施。现行《著作权法》是 2020 年第三次修改后颁布的版本。著作人身权具有不可让与性、永久性的特性；著作财产权则具有可让与性、有期限性、可继承性的属性。著作权与所有权相比是无形财产权与有形财产权的区别。著作权与专利权、商标权在保护对象、保护条件等方面也有明显的差异。

思考题

1. 什么是著作权?
2. 如何区分作品著作权与著作实物所有权?
3. 著作权与专利权、商标权有哪些区别?
4. 著作权有哪些特性?

资料链接

1. 石宏:《〈著作权法〉第三次修改的重要内容及价值考量》，载《知识产权》2021 年第 2 期。
2. 刘春田:《中国著作权法三十年(1990—2020)》，载《知识产权》2021 年第 3 期。
3. 陈锦川:《著作权审判:原理解读与实务指导》，法律出版社 2014 年版。
4. [德]M. 雷炳德:《著作权法》，张恩民译，法律出版社 2005 年版
5. 熊琦:《中国著作权立法中的制度创新》，载《中国社会科学》2018 年第 7 期。

第三章　著作权客体

学习目的　掌握作品的概念、特点、类别，熟悉著作权客体的排除领域，理解民间文学艺术作品，了解计算机软件保护的基本规定。

关键词　作品　独创性　作品类别

导语

微软(亚洲)研究院研发的人工智能机器人小冰具备“创作”诗歌的功能，通过让其对上千首诗进行反复学习、训练和迭代反馈，已经形成所谓的“独特的风格、偏好和行文技巧”。随后，北京联合出版公司出版了小冰“创作”的现代诗集《阳光失了玻璃窗》，这也是人类历史上首部100%由人工智能机器人创作的诗集。但在此之后，该研究院宣称放弃小冰“创作”的诗集版权的新闻则引发了社会各界的关注和讨论。该热点事件的核心问题，就在于人工智能生成内容是否构成我国《著作权法》意义上的作品？如何认定作品独创性要求？著作权客体是一个动态的概念，随着科学技术的发展而发展，随着人们生活的多样性而多样化。例如，在印刷术时代，早期的作品主要是指书籍、绘画、航海图、雕刻、帖本等。当电子技术出现后，作品的范围扩大到摄影作品、视听作品和音像制品等。在各国法律中，作品是否受保护均有一定的条件限制，也有某些对象不能受到著作权法的保护。本章学习的重点，就是如何认定作品的构成要件，以及作品的范畴等。著作权客体的认定，也是展开著作权法案例分析的重要前提。

第一节　著作权法保护的作品

一、作品的概念

我国《著作权法》所称的作品，是指文学、艺术和科学领域内具有独创性并能以一定形式表现的智力成果。

作品反映作者的思想感情及对客观世界的认识，是一种以语言文字、符号、画面等形式所表现出来的智力创造成果。作品在借助一定的形式表现出来时，往往会附于某一物品上，该物品即作品的载体，如载有诗歌的报纸、载有小说的图书等。在网络时代，作品虽然能够以数字化的方式存在，但仍然需要依附于计算机存储设备上，同样有载体的存在。作品与载体存在显著差别。载体是附载作品的物质实体，是财产所有权的保护对象。作品属智力成果的范畴，具有无形性、永久性的特点。一件作品可以以不同的载体来记载，例如，一件口述作品可以以书稿为载体，也可以以录音形式保存。因此，载体的转移、灭失并不必然导致作品的灭失。

一件作品往往需借助一定的文字、符号或画面等，并采取一定的组织形式来表现，这一作品的表达方式属著作权保护的范围。国际著作权公约及多数国家的著作权法均承认，著作权保护不得延伸到作品的思想、程序、操作方法、原理或数学概念等因素，它们一般不受著作权法保护。需指出的是，只要作者的思想观点等内容通过一定方式独创性地表达出来，不论是何种形式，均受著作权法的保护。

二、作品取得著作权的条件

一件作品是否受到著作权法的保护，关键在于是否满足著作权法所要求的条件。多数国家的著作权法均将独创性作为作品受保护的实质条件。

作品的独创性是法律保护作品表达方式的客观依据，是此作品区别于彼作品的重要标志，也是作品取得著作权的最主要条件。所谓独创性，指作品是独立构思而成的属性，作品不与他人已发表的作品相同或基本相同，即作品没有抄袭、剽窃或篡改他人的作品。对此，世界知识产权组织也曾作出解释：独创性是指作品属于作者自己的创作，完全不是或基本不是从另一作品抄袭来的。由此可见，独创性是作品取得法律保护的前提条件。有鉴于此，只要作品是由作者创作而产生的，体现了作者的思想感情，非单纯模仿或抄袭他人的作品，即使与他人的作品有某种雷同之处，也不影响其所享有的著作权。

在独创性高低的问题上，各国所持态度不一。大陆法系国家对独创性的要求往往高于英美法系国家，但一般而言，只要作品是作者独立创作的，即可视为具有独创性。至于其价值、用途和社会评价则无关紧要。此举在于鼓励作者创作，促进科学文化事业的发展。反之，抄袭、剽窃他人作品的行为，不仅不能受到法律的保护，反而应承担相应的法律责任。

英美法系国家的著作权法除强调独创性这一要件外，还将固定性作为作品受保护的要件。例如，美国《著作权法》第 10 条规定："作品必须以现在已知或以后发展的方法固定于其中的物体，通过该物体可直接或借助机器或装置感知、复制或用其他方式传播该作品。"英国《著作权法》第 49 条及澳大利亚《著作权法》第 22 条也进行了类似的规定。所以，口述作品、冰雕作品等短暂存在的作品，如果不能固定下来，则不受著作权法的保护。大陆法系国家将作品看作作者人格的延伸，作品一旦产生则自然产生著作权，因而作品无论是否固定，均受著作权法的保护。《伯尔尼公约》第 2 条第 2 款对此采取了折中态度："同盟国得以国内法规定普遍或特定之著作物，除非固定于具体形态，否则不受保护。"

我国《著作权法》在规定独创性的同时，还要求作品能以有形形式复制，即作品能通过印刷、绘画、录制等手段予以复制。由于符合著作权保护条件的作品通常都可以复制，因此，"可复制性"仅是作品的一个属性而非作品受保护的形式要件。

三、作品的类别

纵观整个著作权制度发展的历史，我们不难发现，作品表现形式与科学技术的发展存在不可分割的联系。在活字版印刷术发明之前，不可能有作品的大量复制和多种方式的传播。只有当科学技术发展到一定水平以后，文学、艺术、科学等作品才随之日益发展起来。正是新的传播技术的出现，促进了新的作品表现形式的诞生。

1709年《安娜女王法令》颁布时，作品的表现形式仅限于印刷和手写方式，因此，该法所保护的作品仅指文字作品及以书面形式出现的美术、音乐作品。

19世纪末的工业革命推动了整个世界工业的发展，也带来信息传播技术的革命。摄影、电子技术的发展促成了电影、电视的产生，使摄影作品、电影作品、电视作品、录音录像作品成为著作权法保护的新领域。进入20世纪50年代后，以微电子技术、生物工程、新型材料等新技术为代表的新技术革命引起了工业部门的改革，当前社会从工业社会进入以创造与分配信息为基础的信息社会。在新技术的推动下，世界各国纷纷通过立法形式对计算机软件和数据库予以保护，有关计算机创作的作品的保护问题目前也正在研究之中。

我国现行《著作权法》正视了著作权客体范围不断扩大的这一趋势。该法第3条将文学、艺术和科学领域内的作品专门列举了9类：

1. 文字作品。文字作品，是指小说、诗词、散文、论文等以文字形式表现的作品。其范围极为广泛，包括：以文字表现的小说、诗歌、散文、译著、工具书等作品，以数字表现的某一时期的经济发展指标等统计报表，以符号表现的盲文读物以及综合运用数字、文字和符号表现的作品。文字作品最为普遍、数量最多、运用最为广泛，故世界各国一般将其列入第一类作品进行保护。值得说明的是，不是任何以文字形式表达的作品都是文字作品，如书法，就其形式而言也是文字，但由于不是以文字的组合来表达特定的思想内容，因此不属于文字作品范围之列。

2. 口述作品。口述作品亦称口头作品，是指即兴的演说、授课、法庭辩论、即赋诗词等以口头语言创作、未以任何物质载体固定的作品。这类作品与文字作品的不同之处在于，作者的思想感情不是通过文字来表达，而是通过口头形式来叙述。就口述作品的法律保护问题，世界各国著作权立法上存在两种不同的立法例：一种立法例主张，作品必须固定在一定的物质载体上，否则不能称其为受著作权法保护的客体。英美法系国家即持此主张。另一种立法例则主张，只要表现了一定的思想、感情并属于文学、艺术、科学领域内的创作，即受著作权法的保护，而不以固定在物质载体上作为保护的前提条件。持这种观点的多为大陆法系国家。我国《著作权法》也持此见解。《伯尔尼公约》于1967年确认，不以物质形式固定的口述作品和音乐、戏剧、舞蹈作品均受保护。

3. 音乐、戏剧、曲艺、舞蹈、杂技艺术作品。音乐作品是指歌曲、交响乐等能够演唱或者演奏的带词或者不带词的作品，如交响乐、歌曲、乐典等。戏剧作品是指将人的连续动作同人的说唱表演和表白有机地编排在一起，并通过表演来反映某一事物变化过程的作品，如话剧、歌剧、地方戏剧、广播剧等。应当指出的是，作为著作权客体的戏剧作品指的是属于文字作品的戏剧剧本，而不是戏剧演员的戏台表演，也不是剧本加表演二者的综合。

曲艺作品，是指相声、快书、大鼓、评书等以说唱为主要形式表演的作品。它们是我国独有的一类作品。

舞蹈作品，是指通过人体连续的动作、姿势、表情等表现思想情感的作品。舞蹈是以提炼、组织和艺术加工过的人身动作为主要表现手段，表达思想感情、反映社会生活的作品。

舞蹈作品可以以舞谱形式、录像形式固定，也可以是未固定下来的动作。

杂技艺术作品，是指以蹬技、手技、顶技、踩技、口技、车技、武术、爬杆等方式表现出来的一种艺术作品。它以健美有力的形体动作和灵巧迅速的手法表演各种难度的技术，无论在编排还是在表演过程中，这些表演者的动作都有一定的独创性，因而杂技作品应受保护。

4. 美术、建筑作品。美术作品，是指绘画、书法、雕塑等以线条、色彩或者其他方式构成的有审美意义的平面或者立体的造型艺术作品。美术作品通常可分为纯美术作品和实用美术作品。纯美术作品是指为表现个性与美感而创作的美术作品，如书法、绘画、雕塑等；实用美术作品是指在表现个性与美感的基础上，以满足生活实用或生产需要为目的的美术作品，如陶瓷、雕花的家具、染织图案等。建筑作品，是指以建筑物或者构筑物形式表现的有审美意义的作品。建筑物作为作品受著作权法保护始于1908年《伯尔尼公约》的柏林文本。建筑物作为作品的主要原因在于建筑物的外观给人一种美的感受，与建筑物建造所采用的材料、技术等因素无关，因此，不是所有的建筑物都是作品，那些纯粹为实用目的建造的房屋自然不能成为建筑作品。

5. 摄影作品。摄影作品，是指借助器械在感光材料或者其他介质上记录客观物体形象的艺术作品，如人物照片、风景照片等。著作权法并非保护所有摄影物，纯复制性的摄影作品，如翻拍的文件、书刊等，因不具备独创性而不受著作权法保护。

6. 视听作品。视听作品，是指由一系列有伴音或者无伴音的画面组成，并且借助技术设备放映或者以其他方式传播的作品，包括电影、电视剧作品及“其他视听作品”。视听作品是第三次著作权法修改后代替“电影作品和以类似摄制电影的方法创作的作品”的产物。概念替换的原因，在于创作已经不需要经过传统的“摄制”过程，例如，一些动画视频等完全可以在电脑上直接完成。如果继续沿用“以类似摄制电影的方法创作”来定义作品，确实会在司法实践中产生法律保护的空白，而新的视听作品则可以将网络游戏画面等计算机生成的连续画面纳入保护范围，有助于回应新技术带来的创作方式创新。

7. 工程设计图、产品设计图、地图、示意图等图形作品和模型作品。工程设计图、产品设计图是指为施工和生产绘制的图样。具体而言，工程设计图，是指利用各种线条绘制的，用以说明将要制作的工程实物基本结构和造型的平面图案。产品设计图，是指以各种线条绘制的，用以说明生产的产品的造型及结构的平面图案，如服装设计图、家具设计图等。而地图、示意图等图形作品，是指地图、线路图、解剖图等反映地理现象，说明事物原理或结构的图形。地图是指运用制图原理来表示地面自然现象和社会现象的图形，如地理图、地形图、政区图等。线路图是用线条来反映一定自然和社会现象的图形，如电路图、航线图、铁路图等。解剖图主要是指全面或局部反映人和动物身体内部结构的图形，如人体解剖图等。模型作品，是指为展示、试验或者观测等用途，根据物体的形状和结构，按照一定比例制成的立体作品。

8. 计算机软件。计算机软件，是指为使电子计算机发挥功能并可运算出结果而由指令构成的集合体，即计算机程序及有关文档。

9. 符合作品特征的其他智力成果。本款乃是著作权法第三次修改后调整的结果。原来规定的“法律、行政法规规定的其他作品”，将作品类型限制在了法律和行政法规规定的范围内，不允许法院在司法审判中根据作品的构成要件来认定不属于列举范围的作品类型。著作权法修改后,只要符合作品的构成要件,即可视为作品,而不必局限于著作权法所列举的作品类型,解决了非典型作品是否能得到著作权法保护的问题,为把将来可能出现的新类型作品纳入著作权进行保护提供了法律基础,也是域外许多国家在界定作品概念和范畴上采用的一种通用立法模式。

四、著作权客体的排除领域

我国《著作权法》第4条和第5条明确规定了不得出版与传播的作品和不适用著作权法保护的情形。前者是指利用方式或内容违反法律或损害公共利益的作品。后者是指欠缺独创性或已进入公共领域而不能享受著作权法保护的信息。上述内容包括:

1. 违禁作品。我国《著作权法》第4条规定,"著作权人和与著作权有关的权利人行使权利,不得违反宪法和法律,不得损害公共利益。国家对作品的出版、传播依法进行监督管理"。根据著作权自动取得原则,任何作品自创作完成之日起,都能依法自动产生著作权。如果著作权人和与著作权有关的权利人以违反宪法和法律的方式行使著作权,或者作品的内容违反宪法和法律,国家有权禁止该作品的出版与传播。违禁作品是一个事后概念,且具有明显的时代性特点。即当作品被创作完成时,其是否为违禁作品,有待国家相关著作权管理部门或司法机关的认定。因此,《著作权法》第4条一方面明确了任何作品在创作完成后都统一享有著作权,使著作权人的人身与财产利益得以保证;另一方面禁止了违禁作品的出版与传播,实现了对公共利益的保护。

2. 法律、法规及官方文件。法律、法规,国家机关的决议、决定、命令和其他具有立法、行政、司法性质的文件,及其官方正式译文,体现的是国家和政府的意志,不属于任何个人的智力创作成果,故不能被个人独自利用。

3. 单纯事实消息。单纯事实消息,是指通过报纸、期刊、广播电台、电视台等媒体报道的,只包含时间、地点、人物、起因、经过、结果等客观事实的单纯叙述。其目的在于使基本事实能够迅速真实地被公众知道,因而没有必要给予著作权法保护;单纯事实消息只是单纯反映一定客观事实的存在,无须多少创造性劳动,因而不属于受著作权法保护的范围。

4. 历法、通用数表、通用表格和公式。这些之所以不受著作权法保护,主要因为它们是人类的公共财产,其本身就是为了让人们加以运用并推进社会发展的,因而不受著作权法的保护。

第二节 民间文学艺术作品的法律保护

一、民间文学艺术作品的概念和特征

民间文学艺术作品,是指在一国国土上,由该国的民族或种族集体创作,经世代相传、不断发展而构成的作品。一般认为,它包括语言形式(民间故事、民间诗歌等)、音乐形式(民歌、民间器乐等)、动作形式(民间舞蹈及戏剧等)以及用物质材料体现的形式(绘画、雕塑、工艺品、编织品等)。

民间文学艺术作品具有以下几个特点:(1)集体性。民间文学艺术作品是由一个特定群体经过不间断的模仿而实现的,它基本上是集体创作、集体流传的特殊的文学艺术形式。(2)长期性。民间文学艺术作品是由集体经过长期的、不间断的模仿而完成的,其本身经历了较长的创作期。(3)变异性。由于民间文学艺术作品是由群体不断模仿而实现的,因此其本身处于不断变化的状态之中。(4)继承性。虽然民间文学艺术作品有不断变化的特征,但同时又有一系列相对稳定的因素,使其世世代代继承流传下来。

从民间文学艺术作品的集体性上看,其"作者"的概念与一般作品的"作者"概念显著不同;从继承性上看,它又缺乏著作权法所规定的"独创性";从长期性上看,它又有进入公有领域之嫌。所以,国际上一般将民间文学艺术作品称为"民间文学表现形式",以区别于普通作品。

二、国际保护民间文学表现形式的法律制度

民间文学艺术作品受著作权保护的法律制度,是在 20 世纪 60 年代以后逐步形成和发展起来的,其起始原因在于发展中国家为了保护自己的传统民族文化,从而提出扩展著作权客体的要求。此前,在发展中国家与发达国家的文化交往中,发展中国家使用发达国家的文化科技成果都是有偿的,而发达国家却可以大量无偿地使用发展中国家丰富的民间文学艺术资源。为防止篡改、歪曲、擅自使用民间艺术作品现象的发生,实现发展中国家与发达国家在著作权贸易方面的平衡,一些国家和地区先后将民间文学表现形式列为著作权客体加以保护。为了适应这一发展趋势,《伯尔尼公约》1971 年修订本将民间文学艺术作品作为"不知作者的作品"的一种特例来处理,其目的在于反映发展中国家的法律要求,同时又使大多数成员方特别是发达国家能够接受。该公约第 15 条第 4 款规定,各成员方在书面通知《伯尔尼公约》总干事的前提下,可以给不知作者的、未出版的,而又确信属于本公约成员方之作者的那一部分作品提供法律保护。

1976 年,联合国教科文组织和世界知识产权组织为发展中国家制定了《突尼斯样板版权法》,其中专门规定了关于"本国民间创作的作品"的保护条款;1982 年,又正式通过了《保护民间文学表现形式,防止不正当利用及其他行为的国内法示范条例》。迄今为止,采用著作权法保护民间文学艺术作品的主要是发展中国家,如突尼斯、玻利维亚、智利、摩洛哥、阿尔及利亚等国家。值得注意的是,1989 年生效的英国《著作权法》按《伯尔尼公约》规定的标准与范围,在第 169 条中对民间文学艺术作品给予了保护。

三、我国对民间文学艺术作品的保护

我国是一个文明古国,民间文学艺术作品产量丰富,数量众多,为世所罕见。对民间文学艺术作品予以保护,有助于挖掘我国的民族文化遗产,弘扬民族文化,发展民间经济,增强民族团结,并有助于实现我国与发达国家之间著作权贸易的平衡。鉴于民间文学艺术作品的特殊性,我国《著作权法》明确规定其保护办法由国务院另行规定。

我们认为,在规定民间文学艺术作品的保护办法时,应考虑以下几方面的因素:

1. 将民间文学艺术作品的保护对象从著作权法上的"作品"扩大到不具备作品条件的"表达形式"。对于完全具备作品形式的诗歌、传说等作品,可适用著作权法的规定直接予以

保护;对于尚不完全具备作品必要条件的素材,如民间宗教仪式、民间建筑风格、民间游戏、民间舞蹈等,也应予以保护,以防止他人随意利用、歪曲、篡改。

2. 将民间文学艺术作品的权利主体界定为国家。国家对内负责保护民间文学艺术作品不受歪曲、篡改和丑化,要求经过整理后出版的民间文学艺术作品注明来源或出处,并负责向商业性利用民间文学艺术的人或组织收取费用;国家对外以权利主体身份与外国进行民间文学艺术作品的著作权贸易,并在国际范围内保障民间文学艺术作品不受侵犯。

3. 保护民间文学艺术作品及表达形式的收集者、整理者和传播者的权利,尊重他们在传播、收集和整理过程中所付出的创造性劳动。民间文学艺术作品的收集者和整理者将流传于民间的不完整的甚至是零碎的民间故事、诗歌等进行了收集、整理,付出了创造性劳动,因而整理后的作品较之原作品在形式和内容上有一定的创造性。因此,民间文学作品的收集者和整理者的合法权益应得到尊重。对于作品的传播者而言,其行为对于作品的传播利用也发挥了重要作用,因而可给予其传播者权利来保护其利益。

第三节 计算机软件的法律保护

一、计算机软件的保护方式

自 1964 年世界上第一部 IBM360 型晶体管计算机问世以来,计算机逐步走入千家万户,成为人们工作、生活必不可少的工具之一。20 世纪 60 年代后期,计算机软件的单独销售使人们迅速认识到其重要的商业价值,然而,自从计算机诞生以来,以什么方式来保护计算机软件一直是困扰理论界和司法界的重要课题之一。

由于计算机软件具有实用性,包括美国在内的不少国家都曾尝试用专利法保护计算机软件。但是,以专利法保护计算机软件存在难以克服的障碍:软件的新颖性、实用性、创造性标准难以确定;软件数量之多、发展之快与手续复杂、耗时长的专利审查程序格格不入;以数字、符号组成的软件的性质较之一般的方法发明专利也有很多差别。因此,以专利法保护计算机软件困难重重,一些发达国家逐步放弃了该措施。

与此同时,人们将目光逐步投向了著作权法。迄今为止,世界上已有四十多个国家和地区对计算机软件采取著作权保护,1993 年通过的《知识产权协定》也明确要求缔约方将计算机软件作为文字作品予以保护。

以著作权法保护计算机软件具有以下优点:(1)该保护在国际上已达成共识,有助于在世界范围内获得有效保护;(2)在保护方式上,由于著作权的取得比较方便、简捷,所以计算机软件能迅速及时地获得保护;(3)在诉讼中,权利人可根据著作权法迅速有效地采取控制盗版的措施。因此,将计算机软件作为文字作品保护应为著作权法发展的一个方向。

我国 1990 年《著作权法》就已经将计算机软件作为著作权法所保护的一类作品,但鉴于其特殊性,该法附则第 53 条又注明其保护办法由国务院另行规定。据此,国务院 1991 年 6 月 4 日发布了《计算机软件保护条例》(已失效)。历经数次修改后,现行《计算机软件保护条例》为 2013 年版。

二、计算机软件的概念和保护条件

计算机软件是指计算机程序及有关文档。计算机程序,是指为了得到某种结果而可以由计算机等具有信息处理能力的装置执行的代码化指令序列,或者可以被自动转换成代码化指令序列的符号化指令序列或者符号化语句序列。计算机程序包括源程序和目标程序。同一程序的源文本和目标文本应当视为同一作品。源程序是指用高级语言或汇编语言编写的程序,目标程序是指源程序经编译或解释加工以后,可以由计算机直接执行的程序。

所谓文档,是指用来描述程序的内容、组成、设计、功能规格、开发情况、测试结果及使用方法的文字资料和图表等,如程序设计说明书、流程图、用户手册等。

在计算机软件中,无论是计算机程序或是文档,在计算机程序中,也无论是源程序还是目标程序,都是计算机软件著作权的保护对象。作为一种知识产品,计算机软件必须具备以下条件,才能获得法律保护:

1. 原创性。受保护的软件必须由开发者独立开发,即软件应该是开发者独立设计、独立编制的编码组合。凡是抄袭、复制他人的软件均不能受法律保护,构成侵权时,行为人还必须承担相应的法律责任。这里所言的软件开发者,是指实际组织开发、直接进行开发,并对开发完成的软件承担责任的法人或者其他组织;或者依靠自己具有的条件独立完成软件开发,并对软件承担责任的自然人。

2. 固定性。受保护的软件须固定在某种有形物体上。这里所说的有形物体是指一定的存储介质,如纸带、卡片、磁盘、磁带、图表、手册等。存在于软件开发者头脑中的软件设计思想并不受法律保护,只有当这种程序设计通过客观手段表达出来并为人所知悉时才能受法律保护。

三、计算机软件著作权的归属

确定计算机软件著作权归属的一般原则是“谁开发谁享有著作权”,即计算机软件著作权归属于软件开发者。我国法律除规定上述一般原则外,还规定了软件著作权归属的几种特殊情况:

1. 合作开发。所谓合作开发,是指两个以上的自然人、法人或者其他组织提供物质、技术条件进行的开发。合作开发的软件,其著作权的享有和行使以事前的书面协议为根据,如无书面协议或协议未作明确约定,则其著作权由各合作开发者共同享有。合作开发的软件可以分割使用的,开发者对各自开发的部分可以单独享有著作权,但其行使著作权时不得扩展到合作开发的软件整体的著作权。

2. 委托开发。接受他人委托开发的软件,其著作权的归属由委托者与受委托者签订书面协议约定,如无书面协议或者在协议中未明确约定,则其著作权属于受托人享有。

3. 指定开发。为完成上级单位或者政府部门下达的任务而开发的软件,其著作权的归属由项目任务书或者合同规定;如项目任务书或者合同中未作明确规定,则软件著作权属于接受任务的单位享有。

4. 职务开发。自然人在单位任职期间所开发的软件有下列情形之一的:针对本职工作中明确指定的开发目标所开发的软件;开发的软件是从事本职工作活动所预见的结果或者自然的结果;主要使用了单位的资金、专用设备、未公开的专门信息等物质技术条件所开发并由单位承担责任的软件,则该软件的著作权属于该单位。该单位可以对开发软件的自然人进行奖励。

5. 非职务开发。自然人开发的软件如不是执行本职工作的结果,并与开发者在单位中从事的工作内容无直接联系,且又未使用单位的物质技术条件,则该软件的著作权属于开发者本人。

四、计算机软件著作权的内容和期限

(一)计算机软件著作权的内容

依据《计算机软件保护条例》第 8 条的规定,软件著作权人享有以下权利:(1)发表权。即决定软件是否公之于众的权利。换言之,著作权人有权决定何时、何地、以何种方式将其未发表的软件作品向一定数量的人公开。(2)署名权。即表明开发者身份,在软件上署名的权利。(3)修改权。即对软件进行增补、删节,或者改变指令、语句顺序的权利。(4)复制权。即将软件制作一份或者多份的权利。(5)发行权。即以出售或者赠与方式向公众提供软件的原件或者复制件的权利。(6)出租权。即有偿许可他人临时使用软件的权利,但是软件不是出租的主要标的的除外。(7)信息网络传播权。即以有线或者无线方式向公众提供软件,使公众可以在其个人选定的时间和地点获得软件的权利。(8)翻译权。即将原软件从一种自然语言文字转换成另一种自然语言文字的权利。(9)应当由软件著作权人享有的其他权利。

(二)计算机软件著作权的期限

依据《计算机软件保护条例》第 14 条的规定,软件著作权自软件开发完成之日起产生。自然人对软件享有著作权的,保护期为自然人的终生及其死亡后 50 年,截止于自然人死亡后第 50 年的 12 月 31 日;软件是合作开发的,截止于最后死亡的自然人死亡后第 50 年的 12 月 31 日。单位对软件享有著作权的,保护期为 50 年,截止于软件首次发表后第 50 年的 12 月 31 日,但软件自开发完成之日起 50 年内未发表的,该条例不再保护。

五、计算机软件的登记管理

根据《计算机软件保护条例》第 7 条的规定,软件著作权人可以向国务院著作权行政管理部门认定的软件登记机构办理登记。

关于计算机软件登记的效力,该条例曾规定,软件著作权的登记是依法提起软件权利纠纷行政处理或者诉讼的前提。未经登记的软件著作权,发生纠纷时不得请求行政处理或提起诉讼。但是,该规定与我国《著作权法》所确认的“作品自创作完成之日起受保护”的原则不符,因此,最高人民法院曾发布司法解释指出,凡当事人以计算机软件著作权纠纷提起诉讼的,经审查符合《民事诉讼法》第 108 条规定,无论其软件是否经过有关部门登记,人民法院均应予以受理。为了与著作权法的“创作主义”原则相一致,也为了贯彻《知识产权协定》关于将计算机软件作为文字作品来保护的要求,修改后的《计算机软件保护条例》在其第 7 条明确规定,软件登记机构发放的登记证明文件是登记事项的初步证明。据此,今后无论计算机软件是否登记,其著作权人在权利受侵害时均有权请求行政处理或提起诉讼。

六、侵犯计算机软件著作权的行为及其法律责任

《计算机软件保护条例》第23条和第24条分别规定下列行为属于侵权行为。第23条规定:(1)未经软件著作权人许可,发表或者登记其软件的;(2)将他人软件作为自己的软件发表或者登记的;(3)未经合作者许可,将与他人合作开发的软件作为自己单独完成的软件发表或者登记的;(4)在他人软件上署名或者更改他人软件上的署名的;(5)未经软件著作权人许可,修改、翻译其软件的;(6)其他侵犯软件著作权的行为。第24条规定:(1)复制或者部分复制著作权人的软件的;(2)向公众发行、出租、通过信息网络传播著作权人的软件的;(3)故意避开或者破坏著作权人为保护其软件著作权而采取的技术措施的;(4)故意删除或者改变软件权利管理电子信息的;(5)转让或者许可他人行使著作权人的软件著作权的,也属侵权行为。

行为人违反《计算机软件保护条例》的规定,应承担下列法律责任:

1. 民事责任。行为人有《计算机软件保护条例》第23条和第24条规定的侵权行为的,应承担停止侵害、消除影响、赔礼道歉、赔偿损失等民事责任。赔偿损失数额的确定,可依照《著作权法》第54条的规定。

2. 行政责任。行为人有《计算机软件保护条例》第24条规定的侵权行为,且损害社会公共利益的,著作权行政管理部门可责令行为人停止侵权行为,没收违法所得,没收、销毁侵权复制品,可以并处罚款;情节严重的,著作权行政管理部门并可以没收主要用于制作侵权复制品的材料、工具、设备等。行为人有《计算机软件保护条例》第24条第1款第1项或者第2项行为的,可以并处每件100元或者货值金额1倍以上5倍以下的罚款;有第24条第1款第3项、第4项或者第5项行为的,可以并处20万元以下的罚款。

3. 刑事责任。行为人有《计算机软件保护条例》第24条规定的行为,情节严重,触犯刑律的,依照刑法关于侵犯著作权罪、销售侵权复制品罪的规定,依法追究刑事责任。

结语

作品,是指文学、艺术和科学领域内具有独创性并能以一定形式表现的智力成果。作品与载体存在显著差别。载体是附载作品的物质实体,是财产所有权的保护对象。作品属智力成果的范畴,具有无形性、永久性的特点。著作权保护不得延伸到作品的思想、程序、操作方法、原理或数学概念等因素。独创性是作品受保护的实质条件,即作品是独立构思而成的,不是抄袭、剽窃或篡改他人的作品。作品包括文字作品,口述作品,音乐、戏剧、曲艺、舞蹈、杂技艺术作品,美术、建筑作品,摄影作品,视听作品,工程设计图、产品设计图、地图、示意图等图形作品和模型作品,计算机软件,符合作品特征的其他智力成果。

思考题

1. 作品取得著作权保护的条件是什么?
2. 作品的类型有哪些?
3. 哪些对象不能受到著作权法的保护?
4. 计算机软件著作权人有哪些权利?

资料链接

1. 李琛:《论作品类型化的法律意义》,载《知识产权》2018 年第 8 期。
2. 宋鱼水等:《文艺作品侵权判定的司法标准》,北京大学出版社 2018 年版。
3. [德]乌尔里希·聂文海姆:《作品的概念》,郑冲译,载《著作权》1991 年第 3 期。
4. 熊琦:《人工智能生成内容的著作权认定》,载《知识产权》2017 年第 3 期。

第四章　著作权主体

学习目的　了解著作权主体的概念及基本分类，领会作者（原始主体）及其他著作权人（继受主体）的相关规定，明确几种特殊作品著作权归属的认定方法。

关键词　著作权主体　作者　原始主体　继受主体

导语

1985年3月5日，群众出版社的主管单位公安部致函当时的文化部，询问《我的前半生》一书的著作权归属问题。1985年11月4日，国家版权局以（85）权字第6号文答复公安部，认为"《我的前半生》一书是溥仪和李文达合作创作的，他们之间的关系不是作者与编辑的关系，而是合作作者的关系。当时出版此书时，李文达是一位不署名的合作作者。因此，此书的版权应归溥仪与李文达共有"。根据这一答复，群众出版社将《我的前半生》一书所获的包括稿酬在内的收益付给李淑贤和李文达各一半。李淑贤对国家版权局的处理仍有异议，遂发生诉讼。原告李淑贤认为，自己作为"末代皇帝"溥仪的传记《我的前半生》的继承人而享有其著作权，被告李文达只是协助溥仪完成该传记撰写工作。根据当时的创作过程，自传由溥仪口述，李文达执笔记录。李文达还对相关史料进行收集整理。最终，本书以爱新觉罗·溥仪署名并正式出版。随后，中意筹划合拍电影《末代皇帝》，意方提出需有《我的前半生》著作权享有者的同意和授权才能签约。此时溥仪已经逝世，由于报酬分配问题，原告拒绝授权。随后被告以合作作者身份与意方签订合约，原告遂提起诉讼。一审法院认定溥仪是《我的前半生》一书的作者，并享有该书的著作权。被告虽然在该书的成书过程中付出了辛勤的劳动，但是与溥仪之间不存在共同创作该书的合作关系。李文达的法定继承人随后提起上诉，但二审法院驳回上诉，维持原判。[1] 本案的争议焦点在于，传记《我的前半生》是否构成著作权法意义上的合作作品？李文达是否拥有合作作品的作者身份？

著作权的主体是著作权的权利承受者，确立著作权主体制度的意义在于：一方面，著作权主体是进行著作权贸易的基础，只有依法享有著作权的人才能转让著作权或者许可他人实施其著作权。另一方面，明确著作权的主体是解决著作权纠纷的重要依据。依照不告不理原则，只有著作权人才有权提起诉讼。从类型上看，著作权的主体一般可分为原始主体与继受主体，各类主体在确定时均有一定的判断标准。本章主要论述著作权主体的概念及分类、著作权的原始主体——作者的特征、著作权的继受主体，并对特殊作品的著作权主体的构成条件进行分析。本案所反映出的，正好就是认定合作作品的方法。

---

〔1〕 参见北京市高级人民法院民事判决书，（1995）高知终字第18号。

第一节 著作权主体的概念及分类

著作权主体,也称著作权人,是指依法对文学、艺术和科学作品享有著作权的自然人、法人或者非法人组织,在一定情况下,国家也可能成为著作权主体。

根据不同的标准,著作权主体可分为如下几类。

一、原始主体与继受主体

所谓原始主体,是指在作品创作完成后,直接根据法律的规定或者合同的约定对文学、艺术和科学作品享有著作权的人。一般情况下,原始主体为作者。至于其他人能否成为原始主体,各国规定不一。有的国家规定,职务作品中的雇主、委托作品中的出资人可成为原始主体,我国也存在类似的规定(参见《著作权法》第 18、19 条);版权法系的一些国家,如英国、爱尔兰、加拿大等国的著作权法也有类似规定。但也有一些国家如德国,规定只有创作作品的人才能成为原始主体,作者与他人签订的雇佣合同、服务合同的存在并不影响作者对其作品所享有的著作权。

所谓继受主体,是指通过受让、继承、受赠或法律规定的其他方式取得全部或一部分著作权的人。继受主体享有的著作权是从原始著作权主体那里取得的。

原始主体与继受主体之间的区别在于:

1. 原始主体的资格基于创作行为或法律规定直接产生。一个人只要创作了符合著作权法规定的作品,除法律另有规定或合同另有约定外,便可成为原始主体。另外,职务作品的法人或者其他组织、委托作品的委托人也可以依法律规定或合同的约定成为原始主体。继受主体之所以能成为著作权的主体,是以他人原有著作权的合法存在为条件的,是通过受让、继承、受赠或法律规定的其他方式取得著作权而成为主体的。

2. 原始主体可能享有完整的著作权,即原始主体对其创作的作品可能享有全部的著作财产权和著作人身权。当然,在某些情况下,原始主体并不一定都享有全部的著作财产权和著作人身权,例如,我国《著作权法》第 18 条第 2 款列明的两种职务作品的作者只享有署名权,著作权中的其他权利都归法人或非法人组织所有。著作权的继受主体则绝对不可能享有完整的著作权,只能取得著作财产权的部分或全部,不能取得著作人身权。

二、完整的著作权主体与部分的著作权主体

完整的著作权主体,是指拥有作品中的全部财产权及全部人身权的主体,如作者。部分的著作权主体,是指仅拥有作品中的部分财产权利的主体,他们不能享有全部的著作权,如著作权的继受人等。在某些情况下,如果作者将自己享有的著作财产权的一部分或全部转让给他人,则自己只剩下部分著作权,此时作者也就成了部分的著作权主体。但需要注意的是,即使作者将全部著作财产权转让给他人,署名权和保护作品完整权这样的著作人身权因其权利属性仍然属于作者本人。

三、内国著作权主体与外国著作权主体

内国主体与外国主体是以著作权人所具有的国籍为标准而划分的。内国主体包括中国公民、法人或其他组织,外国主体包括外国人和无国籍人。由于著作权的地域性,内国主体与外国主体在著作权待遇上的差异相当明显。内国主体与外国主体的区别在于:中国作者和其他著作权人在作品创作完成后依据我国《著作权法》即可取得保护;外国主体的作品若首先在中国境内出版,则依照我国《著作权法》享有著作权,其著作权自首次出版之日起受保护。外国主体在中国境外出版的作品根据其作者所属国或者经常居住地国与中国签订的协议或者共同参加的国际条约享有的著作权,受我国法律保护。如果外国人、无国籍人的作品在中国境外首先出版后,30 天内在中国境内出版的,视为该作品同时在中国境内出版。未与中国签订协议或者共同参加国际条约的国家的作者以及无国籍人的作品首次在中国参加的国际条约的成员国出版的,或者在成员国和非成员国同时出版的,也受我国《著作权法》保护。

第二节 著作权的原始主体——作者

一、作者的概念

我国《著作权法》第 11 条第 2 款规定:“创作作品的自然人是作者。”可见,作者就是作品的创作主体。

各国著作权法通常认为,作者需具备以下要件:(1)作者是直接参与创作的自然人,即通过自己掌握的技巧、方法直接创作反映自己的创作个性及特点的人。为他人创作进行组织工作,提供咨询意见、物质条件或其他服务的人不能认为是作者。(2)确认作者的方法是,如无相反证明,在作品上署名的人为作者。(3)作者通过创作产生了符合著作权法规定的作品。

所谓创作,是指直接产生文学、艺术和科学作品的智力活动。作者实施了创作活动,并且通过一定的表现形式实现了自己的创作构思,不论其是否发表,该作品即可视为被创作。如果一部作品的总体思想或某一构思已经完整地以某一形式表达出来,不论其是全部构思还是其中的一部分,所创作的这部分作品即视为已完成。为他人创作进行组织工作,提供咨询意见、物质条件,或者进行其他辅助工作,均不视为创作。在著作权法中,创作是作品产生的唯一源泉,也是作品受著作权法保护的依据。凡抄袭、剽窃他人作品的行为不能算是创作行为。创作形式有书面形式、口头形式及其他方式。

我国《著作权法》在著作权的取得问题上采取创作主义的保护方法。作品在创作完成后,不论是否发表,作者均享有著作权。所以,作者是最直接、最基本的著作权主体,应当享有原始的著作权和完整的著作权。作者以外的其他自然人、法人或者非法人组织可通过继承、转让或赠与等方式成为著作权的继受主体。

二、视为作者的法人或非法人组织

法人是指依法成立,有必要的财产或经费,有自己的名称、组织机构和经营场所并能独

立承担民事责任的组织。非法人组织指我国《民法典》第 102 条规定的不具有法人资格,但是能够依法以自己的名义从事民事活动的组织,主要包括个人独资企业、合伙企业和不具有法人资格的专业服务机构等。

理论界就法人及非法人组织能否成为作者的问题,一直存在争论。大陆法系国家认为,创作行为是自然人所特有的能力,法律上拟制的人(法人、非法人组织)显然不可能具备自然人的这一能力,因而法人不能成为作者,但它们可凭借某种法律事实成为著作权人。法国、俄罗斯、瑞士等国的著作权法持上述观点。英美法系国家则普遍认为,除自然人外,著作权也可先属于一个有别于自然人的法律实体,它们被看作在产业分工中为创造出作品而作出贡献的作者。英国、美国等国的著作权法持这种观点。

非法人组织能否成为作者更是一个有争议的问题。有学者认为,这些组织没有独立的经费,无责任能力,无法承担责任。因此,"其他组织可以署名,但承担责任或者由它的上级主管部门,或者由组成该单位的个人"〔2〕。实际上,由非法人组织所创作的著作比比皆是,这些单位不仅享有署名权等人身权,而且享有一定的财产权利,可获得一定的经济收入,具有一定的承担民事责任的能力。从实际情况来看,法人或非法人组织具有独立于其成员的意志,尽管它不直接创作,需借助其成员或其他人的智力,但这些自然人所创作的作品仅反映了单位的意志,与创作者的主观思想感情无关。另外,随着现代科学技术的发展和进步,视听作品、计算机软件之类的作品类型越来越需要单位出面组织、管理和协作,并由单位承担风险责任,因此,在某些情况下,将法人或非法人组织视为作者是适宜的。

我国《著作权法》考虑了上述意见,作了变通规定。根据《著作权法》第 11 条第 3 款的规定,由法人或者非法人组织主持,代表法人或者非法人组织意志创作,并由法人或者非法人组织承担责任的作品,法人或非法人组织视为作者。同时,第 12 条规定,如无相反证明,在作品上署名的自然人、法人或者非法人组织为作者。该条并未明确承认法人或非法人组织就是作者,但是在享受权利、承担义务方面却把它们当作作者来对待。这就是说,如果某一作品虽是由自然人创作的,但是在法人或非法人组织主持下,代表法人或非法人组织意志,并由法人或非法人组织来承担责任,那么就应把法人或非法人组织视为作者,其同自然人一样享有作者所应享有的著作财产权及人身权。

第三节 著作权的继受主体——其他著作权人

其他著作权人,是指作者以外的其他依法享有著作权的自然人、法人或非法人组织、国家等。他们主要为继受著作权人。根据我国《著作权法》的规定,继受主体著作权的取得方式主要有以下几种。

---

〔2〕 刘春田:《著作权的主体和权利归属》,载最高人民法院著作权法培训班编:《著作权法讲座》,法律出版社 1991 年版。

一、因继承、遗赠、遗赠扶养协议或法律规定取得著作权

作者去世后，继承人或第三人可根据作者的遗嘱、遗赠扶养协议或法定继承的规定取得著作权，成为著作权主体。一般而言，著作权中的财产权利可以继承，人身权利不能继承。但是，就死者生前未发表的作品，继承人能否行使发表权以及能否享有遗作的著作权的问题，各国规定不一。大多数国家著作权法均规定，凡作者生前未发表也未在遗嘱中明确是否发表的，遗作的发表权可由作者的继承人行使。对于遗作的著作权，多数英美法系国家规定可由继承人行使，遗作的有效期为作品发表之日起若干年，如英国《著作权法》第 95 条的规定。大陆法系国家一般认为，在这种情况下，遗嘱执行人、继承人或受遗赠人可以行使遗作的发表权，但只能享有作品的用益权，如法国《著作权法》第 19、21 条的规定。

一般而言，继承人对著作权的继承，主要是继承作者死亡后剩余的有效期间的著作财产权。在作者死亡至著作权有效期届满的这段时间内，继承人可以享有原作者的著作财产权。因此，我国《著作权法》第 21 条第 1 款规定："著作权属于自然人的，自然人死亡后，其本法第十条第一款第五项至第十七项规定的权利在本法规定的保护期内，依法转移。"据此，因继承而取得著作财产权的人，能成为著作权法律关系的主体。

关于著作权的继承，还有以下问题值得注意：(1)合作作者之一死亡后，其对合作作品享有的著作财产权无人继承又无人受遗赠的，由其他合作作者享有。根据我国《民法典》第 1160 条的规定，无人继承又无人受遗赠的遗产，归国家所有，用于公益事业。我国《著作权法实施条例》在此作了特殊规定，显然是为了维护其他合作作者的利益，其他合作作者所取得的这部分财产权利属于其共同财产。(2)继承人一般不能继承作者的著作人身权，但有责任对其进行保护。我国《著作权法实施条例》规定，作者死亡后，其著作权中的署名权、修改权和保护作品完整权由作者的继承人或受遗赠人保护。著作权无人继承又无人受遗赠的，其署名权、修改权和保护作品完整权由著作权行政管理部门保护。(3)作者生前未发表的作品，如果作者未明确表示不发表，作者死亡后 50 年内，其发表权可由继承人或受遗赠人行使；没有继承人又无人受遗赠的，由作品原件的合法所有人行使。如果作者生前明确表示不得发表，则在该作品的保护期内不得发表。作者死亡后，他人不得删除、更改其在作品上的署名。未经作者授权，他人亦不得行使作品的修改权、保护作品完整权。

遗赠是指公民通过遗嘱，将个人财产(包括著作财产权)赠给国家、集体或者法定继承人之外的公民的法律行为。当国家、集体或法定继承人以外的其他公民接受作者遗赠而取得著作权中的使用权和获酬权时，即成为著作权的主体。

公民或集体所有制组织根据遗赠扶养协议而成为死者著作财产权的受赠人时，也取得著作权人资格。

根据我国《著作权法》第 21 条第 2 款的规定，著作权属于法人或者非法人组织的，法人或者非法人组织变更、终止后，其作品的使用权和获得报酬权在本法规定的保护期内，由承受其权利义务的法人或者非法人组织享有。这里未提到作品的署名权、修改权及保护作品完整权问题，我们认为，上述权利也应由承受其权利义务的法人或非法人组织来保护，这是权利义务相一致的要求。

二、因合同取得著作权

这里包括两种情况：著作权人可以将其享有的著作权中的财产权利的全部或部分转让

给他人,著作财产权的受让人也是著作权主体。著作权转让的标的是著作财产权的所有权,转让的结果使得受让人在法律上成为著作财产权的所有人,受让人可以以自己的名义行使权利,在侵权行为发生时单独提起诉讼。它与著作权使用许可不同,后者移转的标的是著作财产权中的使用权,被许可人在法律上不能成为著作权所有人。

第四节 特殊作品的著作权主体

在一般情况下,作者是著作权的直接主体。但在某些特殊情况下,其他人也可成为作品的著作权主体。为了确认特殊作品的著作权归属,我国《著作权法》第 2 章进行了详细规定。

一、职务作品的权利主体

职务作品(雇佣作品)通常是指员工在受雇佣期间和受雇范围内所创作的作品。对于该类作品的归属,大致可分为三类情形。

第一类情形是,大陆法系国家从保护作者利益的立场出发,一般规定,雇佣作品的原始著作权归作者享有。如法国《著作权法》规定,雇佣合同、服务合同的存在或者智力作品的作者签订上述合同的行为丝毫不影响作者享有的对其作品专有的、对一切人都有抗辩力的著作权。但是,依劳动法及合同法的要求,雇员在劳动合同中应准许其雇主在约定范围内独占使用有关作品的著作权。这一规定已有所突破,法国 1985 年《著作权法》规定:"除有相反规定,由一个或几个雇员在履行职责时完成的软件属于雇主,所有赋予作者的权利归属后者。"这样,软件作品的原始著作权就转归雇主所有。

第二类情形是,英美法系大多数国家及大陆法系个别国家规定,雇佣作品的原始著作权归雇主所有。例如,英国《著作权法》第 11 条第 2 项规定:"除非雇佣合同有相反规定,由雇员在受雇期间创作之文学、戏剧、音乐或艺术作品,其雇主为首位著作权所有人。"美国《著作权法》第 20 条 b 项也作了类似规定。

第三类情形是,原东欧国家著作权法规定,职务作品的著作权原则上归作者所有,但作者所在单位根据法律规定,在一定条件下可行使作者的某些权利。

我国《著作权法》第 18 条第 1 款规定,自然人为完成法人或者非法人组织工作任务所创作的作品是职务作品。所谓"工作任务",是指自然人在该法人或者该组织中应当履行的职责。所谓"物质技术条件",是指该法人或者该组织为自然人完成创作而专门提供的资金、设备或者资料。为了既调动作者的创作积极性,又维护作者所在单位之利益,我国著作权法对职务作品之归属作了明确规定:

1. 一般职务作品的著作权归作者享有,但法人或者其他组织有权在其业务范围内优先使用。作品完成两年内,未经单位同意,作者不得许可第三人以与单位使用的相同方式使用该作品。单位在业务范围内使用该职务作品是否向作者付酬,由双方签订合同解决。如果在作品完成后的两年内,单位在其业务范围内不使用,那么,作者可以要求单位同意由第三人以与单位使用的相同方式使用,单位无正当理由不得拒绝。其许可使用作品所获报酬,由作者与单位按约定的比例分配。作品完成两年后,单位可以在其业务范围内继续使用。作品完成两年的期限,自作者向单位交付作品之日起计算。

2. 对法律规定的某些特殊的职务作品,作者只享有署名权,著作权的其他权利由法人或者其他组织享有,法人或者其他组织可以给予作者奖励。这些特殊的职务作品主要有:(1)主要是利用法人或者其他组织的物质技术条件创作,并由法人或者其他组织承担责任的工程设计图、产品设计图、计算机软件、地图、示意图等职务作品;(2)报社、期刊社、通讯社、广播电台、电视台的工作人员创作的职务作品;(3)法律、行政法规规定或者合同约定著作权由法人或者其他组织享有的职务作品。由此可见,著作权法采取了不完全列举的方式,除了特别的法人或者非法人组织专门投入物质技术条件并承担责任的职务作品和出版、广播组织工作人员创作的职务作品外,还允许当事人之间以合同方式约定职务作品著作权直接由作为雇主的法人或非法人组织享有。

二、委托作品的权利主体

委托作品,是指委托人向作者支付约定的创作报酬,由作者按照他人的意志和具体要求而创作的特定作品,如单位悬赏征集的厂标、厂徽、厂歌以及为他人撰写的回忆录等。委托作品与职务作品的不同在于:委托作品之创作是作者根据委托合同而履行其义务;职务作品之创作则是作者履行法律或劳动合同所规定的义务,这种义务往往与作者的本职工作有关。

各国著作权法对委托作品的主体的规定迥异。有的国家注重维护委托人之利益,并规定,著作权人一般情况下应是出资创作该作品的人(如英国、印度);有的国家则重视作者权益之保护,规定委托作品的著作权首先应属于作者(如突尼斯);还有的国家采用二者兼顾的方法,规定由作者与委托人共享委托作品的著作权(如菲律宾)。

我国《著作权法》第 19 条规定:“受委托创作的作品,著作权的归属由委托人和受托人通过合同约定。合同未作明确约定或者没有订立合同的,著作权属于受托人。”可见,我国著作权法采取了约定优先,侧重于维护作者利益的权利归属原则,首先认可委托人与受托人之间关于著作权归属的约定,在没有约定的情况下,法律将权利赋予直接创作作品的受托人。

三、合作作品的权利主体

合作作品,是指两人以上共同创作的作品。由于合作作者的共同劳动,合作作品形成了一个整体。根据各国著作权法的一般规定,要成为合作作者,必须具备以下两个条件:(1)合作作者必须有共同的创作愿望。他们对创作行为及后果有明确认识,目标一致。若他们缺少共同的创作愿望,则不能成为合作作者。例如,未经许可而给他人创作的乐曲填上歌词而创作的歌曲就不是合作作品。(2)合作作者必须都参加了共同的创作劳动。没有参加创作,仅为创作提供咨询意见、物质条件、素材或其他辅助劳动的人不能称为合作作者。

至于合作作品是否可分割的问题,各国规定不一。有的国家认为,合作作品不可分割,因而不能单独使用,如美国、德国;有的国家则认为,合作作品可分为可以分割的合作作品与不可分割的合作作品,如法国。各国一般均规定,合作作品的著作权归全体合作人共有,行使著作权时要征得全体合作人的同意。在承认存在可分割的合作作品的国家中,其著作权法规定,作者对于自己所创作的具有独立意义的那部分作品可单独享有著作权。

我国《著作权法》第 14 条规定，两人以上合作创作的作品，著作权由合作作者共同享有。对于可以分割的合作作品，作者对各自创作的部分可以单独享有著作权，但行使著作权时不得侵犯合作作品整体的著作权。不可分割使用的合作作品，是指各部分构成一个有机的整体，各部分都不可缺少，不能单独使用的作品。对于这种合作作品，其著作权由各合作作者共同享有，通过协商一致行使；不能协商一致，又无正当理由的，任何一方不得阻止他方行使除转让、许可他人专有使用、出质以外的其他权利，但是所得收益应当合理分配给所有合作作者。

四、演绎作品的权利主体

演绎作品，是指改编、翻译、注释、整理已有作品而产生的作品。演绎作品的独创性在于：它一方面对原作品进行了改编、翻译、注释、整理；另一方面又在原作品的基础上有所创新，对原作品做了形式上的变动。因此，演绎作品与原作品一样，都是独立的受保护的作品。演绎作品的作者可以凭借他在演绎原作品的过程中所付出的大量的创造性劳动而对演绎作品享有独立的著作权。各国著作权法在承认演绎作品的作者享有著作权的同时，又规定对演绎作品的保护不得损害原作作者的权利。第三人在使用演绎作品时，应征求原作作者与演绎作品作者的同意。

根据我国《著作权法》的规定，演绎作品的著作权由演绎作品的作者享有，但演绎作品的作者在行使著作权时不能侵犯原作作者的著作权。演绎作品的作者仅对演绎部分享有著作权，对被演绎的作品不享有著作权，并且无权阻止他人对同一原作进行演绎。如果第三人使用演绎作品，必须征得原作作者和演绎作品作者的双重同意。

五、汇编作品的权利主体

汇编作品，是指汇编若干作品、作品的片段或者不构成作品的数据或者其他材料，对其内容的选择或者编排体现独创性的作品。

汇编作品应包含两类：一是对于已发表的或已完成的作品进行选择、编排而形成的作品，如选集、期刊、百科全书等；二是对不构成作品的材料的内容进行选择或编排而形成的独创性作品。

根据我国《著作权法》的规定，汇编作品的著作权由汇编人享有，但是汇编人在行使著作权时，不得侵犯原作品的著作权。

六、视听作品的权利主体

视听作品，是指由一系列有伴音或无伴音的画面组成，并且借助适当装置放映、播放的作品。我国著作权法将视听作品的类型列举为电影作品、电视剧作品等。视听作品在著作权归属上，存在一定的特殊性。在某种意义上，视听作品具有演绎作品与合作作品的特点，一方面存在对剧本或其他文字作品的演绎，并以多媒体的方式呈现出来；另一方面又有编剧、导演、摄影等大量创作者参与共同创作。在此情况下，如果将所有参与创作的主体都视为著作权人，显然不利于视听作品的传播和利用。因此，各国著作权法基本上都认同将视听作品的著作权归属于制片者。但在其他诸多国家，却有较为不一样的规定。在英国，允许电影作品的作者与制片人通过合同来确定其经济权利归属；在法国，电影作品的原始著作权只能属于参加电影创作的每个自然人（导演、编剧、对白作者、歌曲作者等）；在德国，虽然理论上承认电影作品的著作权属于参加创作的创作者，但这些权利被视为自始已交给制片人行使。

我国《著作权法》第 17 条将电影作品、电视剧作品和其他视听作品在著作权归属上分开加以规定。首先，视听作品中的电影作品、电视剧作品的著作权由制作者享有，但编剧、导演、摄影、作词、作曲等作者享有署名权，并有权按照与制作者签订的合同获得报酬。视听作品中的剧本、音乐等可以单独使用的作品的作者有权单独行使其著作权。其次，电影作品、电视剧作品之外的其他视听作品的著作权归属则以当事人之间的约定优先，在没有约定或者约定不明的情况下，才由制作者享有，但作者享有署名权和获得报酬的权利。法律之所以这样规定，是因为电影、电视剧这类作品在制作过程中需要耗费大量的人力、财力，制片人在投入巨资后要收回成本，而且这类作品的权利不可能单由某一个作者来行使，必须通过制片人来统一行使。同时，为了尊重创作人的精神权利，应允许其在这类作品上署名，至于其他权利，由制片人行使才能协调一致，有利于保护各个创作者的利益。

七、美术、摄影作品的权利主体

就美术和摄影作品而言，它涉及两类权利：一类是美术作品或摄影作品原件所有人对美术作品或摄影作品原件的所有权，即占有、使用、收益、处分美术作品或摄影作品原件的权利；另一类是美术作品或摄影作品的创作者对于作品的著作权。这是两类不同的权利，但由于美术作品或摄影作品需要附着于一定的载体之上，所以原件所有权与作品的著作权在行使过程中可能存在冲突。有鉴于此，我国《著作权法》第 20 条专门规定，美术作品或摄影作品原件所有权的转移不视为作品著作权的转移，从而将两种性质的权利分开。所以画家将画出售给甲，甲只享有该画的所有权，但不享有该画的著作权。值得考虑的是，购画人如欲实现其经济权利，希望展览此画，就会与创作人的著作权发生冲突。同时，创作人要想展览作品原件，也不得不求助于原件持有人。为了解决这一矛盾，著作权法在这一问题上规定了展览权优先于著作权的原则，美术作品或摄影作品原件的展览权由原件所有人享有。这说明，作为著作权人的创作者即使想要展览美术作品或摄影作品原件，也应取得原件所有人的许可。作者将未发表的美术、摄影作品的原件所有权转让给他人，受让人展览该原件不构成对作者发表权的侵犯。

八、匿名作品的权利主体

匿名作品，是指作者不具名或不写明其真实姓名的作品，亦称作者身份不明的作品。我国著作权法对匿名作品与其他作品一样实行保护。我国《著作权法》第 10 条第 1 款第 2 项规定了作者在作品上署名而表明身份的权利。我国《著作权法实施条例》第 13 条规定，作者身份不明的作品，由作品原件的所有人行使除署名权以外的著作权。作者身份确定后，由作者或者其继承人行使著作权。如果匿名作品是公民所作，作者死亡后，其继承人或者受遗赠人有义务保护其著作人身权。

结 语

著作权主体，也称著作权人，是指依法对文学、艺术和科学作品享有著作权的人。著作权的主体可以分为原始主体与继受主体、完整的著作权主体与部分的著作权主体、内国著作权主体与外国著作权主体。作者是著作权的原始主体，其本意是指创作作品的人。作者是通过创作产生作品的人。公民可通过创作行为成为作者，法人或者其他组织在一定条件下可视为作者。著作权的继受主体包括因继承、遗赠、遗赠扶养协议或法律规定取得著作权的人，因合同取得著作权的人。一般职务作品的著作权归作者享有，但法人或者其他组织有权在其业务范围内优先使用。对法律规定的某些特殊的职务作品，作者只享有署名权，著作权的其他权利由法人或者其他组织享有，法人或者其他组织可以给予作者奖励。受委托创作的作品，著作权的归属由委托人和受托人通过合同约定。合同未明确约定或者没有订立合同的，著作权属于受托人。两人以上合作创作的作品，著作权由合作作者共同享有。演绎作品的著作权由演绎作品的作者享有，但演绎作品的作者在行使著作权时不能侵犯原作作者的著作权。汇编作品的著作权由汇编人享有。视听作品中的电影作品、电视剧作品的著作权由制片者享有。美术作品原件的展览权由原件所有人享有。

思考题

1. 作品作者身份的认定标准是什么？
2. 如何确定职务作品的著作权归属？
3. 如何确定合作作品的著作权归属？

资料链接

1. [法]弗洛朗斯－马里·皮里乌：《作者享有知识产权的合法性》，陆象淦译，载《第欧根尼》2005年第1期。

2. 熊琦：《著作权法中投资者视为作者的制度安排》，载《法学》2010年第9期。

3. 蒋舸：《雇佣关系与法人作品构成要件》，载《法律科学（西北政法大学学报）》2014年第5期。

第五章 著作权内容

学习目的 了解著作权的内容构成，掌握著作人身权与著作财产权的各个权项，明确著作权的取得途径与保护期限。

关键词 著作人身权 著作财产权 内容

导语

被告之一的梦想者电影（北京）有限公司经授权取得《鬼吹灯之精绝古城》小说的电影改编权、摄制权，之后又分别与其他影业公司就制作电影签订投资协议，随后电影《九层妖塔》公映。作为原告的小说《鬼吹灯之精绝古城》的作者张牧野认为，该电影的故事情节、人物设置、故事背景均与小说相差甚远，超出了法律允许的必要改动范围，对小说存在严重的歪曲、篡改，侵害其保护作品完整权，而且并未给自己署名，侵害其署名权，遂将相关影业公司起诉至法院。

一审法院认定侵害署名权行为成立，但是关于保护作品完整权的侵权认定，则认为在作者将其著作财产权转让给他人后，在判断合法改编行为是否侵犯保护作品完整权时，不能简单依据是否违背作者在原作品中表达的意愿这一主观标准，而应当重点考虑改编后的作品是否损害了原作品作者的声誉。本案证据不足以证明张牧野社会评价降低、声誉受到损害，因此一审法院驳回了原告的侵害保护作品完整权的请求。然而二审法院却认为，作者的名誉、声誉是否受损并不是认定侵害保护作品完整权的要件。改编权无法涵盖保护作品完整权所保护的利益。电影《九层妖塔》中相关改动是对涉案小说主要人物设定、故事背景等核心表达要素的大幅度改动，对作者在原作品中表达的观点和情感做了本质上的改变，超出了必要限度，导致作者在原作品中想要表达的思想情感被曲解，因而构成了对原作品的歪曲、篡改。因此，二审法院撤销一审判决，认定侵害保护作品完整权的行为成立。[1] 本案涉及的争议焦点之一，就在于著作财产权与著作人身权的权利范畴认定问题。

著作权的内容是著作权制度中最为核心的部分，它通常是指著作权人基于作品所享有的各项人身权利和财产权利。在著作权制度中，权利内容一直是发展最快、变化最大的一个领域。每一次新技术革命的冲击、每一次法律观念的更新，都对其产生深刻的影响。本章主要论述著作人身权的概念、性质及内容，著作财产权的概念、性质及内容。

---

〔1〕 参见北京知识产权法院民事判决书，(2018)京73民终1428号。

第一节 著作人身权

一、著作人身权的概念和性质

著作人身权(moral rights),在大陆法系国家通常称为作者人格权,在英美法系国家则称为精神权利,我国《著作权法》称之为作者享有的人身权。尽管称谓有别,其含义却基本一致,均指作者基于作品创作所享有的各种与人身相联系而无直接财产内容的权利。

大陆法系国家的著作权理论认为,著作权源于"天赋人权",作品不是一种普通的商品,而是作者人格的延伸。因此,著作权不仅要保护作者的财产权利,而且应保护作者的人身权利。所以,大陆法系国家的著作权法很早就规定了作者的人身权,内容相当详尽。例如,法国早在1791年颁布的《表演权法》及1793年颁布的《作者权法》中就规定了作者的人身权。这一主张亦为1928年及1948年修订的《伯尔尼公约》所确认。相反,英美法系国家的版权概念源于"复制权",其立法深受经济垄断观念和财产权神圣观念的影响,因而其在立法上未能顾及作者的人身权。近年来,随着国际经济新秩序的建立和国际版权合作的加强,著作人身权逐渐在英美法系国家得到了确认。例如,1956年颁布的英国《著作权法》、1990年颁布的美国《视觉艺术家权利法》(Visual Artist Right Act)中都规定,作者有权禁止故意歪曲、篡改作品或者对作品做可能有损于作者声誉的修改,以及对于公认的雕塑作品,作者有权禁止对该作品的任何故意或严重过失的损坏。

我国《著作权法》明确规定了作者所享有的发表权、署名权、修改权和保护作品完整权,其内容之广泛,保护期限之长,均在世界上处于领先地位。

一般而言,著作人身权具有永久性、不可分割性和不可剥夺性的特点。所谓永久性,是指著作人身权的保护在一般情况下不受时间限制。例如,我国《著作权法》第22条规定:"作者的署名权、修改权、保护作品完整权的保护期不受限制。"作者死亡后,其著作权中的署名权、修改权和保护作品完整权由作者的继承人或者受遗赠人保护。著作权无人继承又无人受遗赠的,其署名权、修改权和保护作品完整权由著作权行政管理部门保护。法国《知识产权法典》第6条规定:"作者有权使其姓名、资格和作品得到尊重。上述权利是人身权利。人身权利是终生的、不可转让的、不可剥夺的权利。"所谓不可分割性,是指著作人身权与作者本身不可分离,专属于作者,换言之,著作人身权不可转让。作者生前,该项权利只能由作者享有;作者死后,作者的继承人有义务保护此权利不受第三人侵犯。在无继承人的情况下,由国家著作权行政管理机关保护作者的人身权不受侵犯。所谓不可剥夺性,是指任何单位或者个人不得以任何理由剥夺作者的上述人身权,除非依法律规定给予适当的限制。

二、著作人身权的内容

(一)发表权

根据我国《著作权法》第10条第1款第1项的规定,发表权是指决定将作品公之于众的权利,即作者决定作品是否公之于众,何时、何地以及以何种方式公之于众的权利。

发表权是作者所享有的一项重要的人身权利,它既是宪法所规定的公民言论、出版权在著作权制度上的表现,也是公民所享有的一项基本人权。发表权还是作者享有著作财产权的前提,即使作品创作已经完成,如果作者不行使发表权,其作品无法为人感知,作者也不能享有其他著作权。

《著作权法》所规定的"将作品公之于众"通常是指将作品向作者以外的不特定多数人公开,即公开的对象不限于作者的亲属、亲友或同事等特定的人;作者应采取口述、表演、出版等方式使公众感知到作品的内容,不论作品是否已固定下来。司法实践中通常认为,尽管作者未将作品公之于众,但有下列情形之一的,推定作者同意发表其作品:一是作者许可他人使用其未发表的作品;二是作者将其未发表的美术作品原件所有权转让给他人。

发表权区别于其他著作人身权的特点在于,发表权只能行使一次,作品一旦以合法方式公之于众,即构成已发表作品,产生相应的法律后果。

由于作品体现了作者的思想、情感或观点,因此,发表权的主体通常为作者,他有权决定是否发表作品。所以,诸如书信之类的特殊作品,其发表权应为写信人而不是收信人。在特殊情况下,发表权的行为主体会发生变化。对于作者生前未发表的作品,我国《著作权法实施条例》规定,作者生前未发表的作品,如果作者未明确表示不发表,作者死亡后50年内,其发表权可由继承人或者受遗赠人行使;没有继承人又无人受遗赠的,由作品原件的所有人行使。法国、意大利等国的著作权法也有类似规定。

应注意的是,在某些情况下,发表权与隐私权存在联系。如果未经作者许可,擅自发表作者尚未发表的作品,则不仅会侵犯作者的著作人身权,而且会侵犯作者的隐私权。此外,某些以人体画像和肖像为内容的作品与人的隐私权和肖像权相联系,因此,在发表该类作品时应征求被画人的同意,以体现对人格权的尊重。

(二)署名权

我国《著作权法》第10条第1款第2项将署名权解释为"表明作者身份,在作品上署名的权利"。

署名权是作者所享有的一项重要权利,它可保障作者的身份受到尊重。我国《著作权法》第12条第1款规定:"在作品上署名的自然人、法人或者非法人组织为作者,且该作品上存在相应权利,但有相反证明的除外。"换言之,作者以署名的方式表明了自己的作者身份。我国《著作权法实施条例》第19条对此具体规定:"使用他人作品的,应当指明作者姓名、作品名称;但是,当事人另有约定或者由于作品使用方式的特性无法指明的除外。"

署名权的内容包括:作者有权决定是否在作品上署名,是署真名还是署假名,以及署名的顺序等。任何人未经作者同意,不得擅自改变作品的署名方式,作者也有权禁止未参加创作的人在自己的作品上署名。如果作品以署名方式发表,其他人以改编、翻译、广播、表演等方式使用该作品时,均应说明作者的身份。署名权因与作者人身相联系,因此不得转让、继承,也不得放弃;同时,署名权的保护期不受限制,作者死后署名权依然受到保护。

署名权保护的永久性,有利于防止他人在作者死后隐匿、改变作者的姓名。

(三)修改权

根据我国《著作权法》第10条第1款第3项的规定,修改权,即修改或者授权他人修改作品的权利。从积极方面讲,作者有权修改自己的作品;从消极方面讲,作者有权禁止他人对作品进行歪曲或删改。由于作品是作者思想的集中体现,作者要对作品发表后的后果承担责任。因此,作品发表后,如果作者认为该作品已不能反映其发生变化的学术观点或文艺思想,则他们有权根据自己的意志对作品进行修改,如删节、充实或改写。

所谓修改,通常是指作者增删作品的内容,对错、漏部分进行必要的更正和补充。修改权是作者所享有的一项权利,只有作者才有权修改其作品,他人未经许可不得擅自修改作者的作品。但是,报纸、杂志社对作品做文字性修改、删节,无须征得作者的同意;对内容的修改,应当经作者许可。应当指出,在某些情况下,作者的修改权会受到限制。例如,为了使计算机程序在特定的计算机上发挥更好的功效,法律允许他人对计算机程序做必要的修改。

(四)保护作品完整权

根据我国《著作权法》第10条第1款第4项的规定,保护作品完整权,即保护作品不受歪曲、篡改的权利。作品是作者思想情感的反映,作者有权保护其作品不被他人丑化;未经作者同意,他人不得擅自删除、变更作品的内容,或者对作品进行破坏其内容、表现形式或艺术效果的变动,以防止作者的名誉、声望受到损害,并维护作品的纯洁性。

保护作品完整权的内容在于保护作品不受歪曲、篡改。所谓歪曲,是指曲解作品原意,损坏作者观点的行为;所谓篡改,是指擅自增补、删节、变更作品的行为。这些行为将会损害作者的名誉及声望。与修改权相比,保护作品完整权在内容上更进了一步。它不仅禁止对原作品进行修改,而且禁止他人在以表演、翻译等其他方式使用作品时对作品做歪曲性的改动。不过,为了便于作品的利用,出版人、编辑人对作品事实和语法错误予以更正,对文字进行润色和其他技术性处理,不视为侵犯修改权和保护作品完整权。著作权人许可他人将其作品摄制成视听作品的,视为已同意对其作品进行必要的改动,但是这种改动不得歪曲、篡改原作品。保护作品完整权的保护期不受限制。作者死后,由作者的继承人或受遗赠人保护;无人继承又无人受遗赠的,由著作权行政管理部门保护。

第二节 著作财产权

一、著作财产权的概念和性质

著作财产权,又称经济权利,是指著作权人自己使用或者授权他人以一定方式使用作品而获取物质利益的权利。著作财产权主要包括复制权、发行权、展览权、广播权、信息网络传播权等权利。著作财产权的性质明显不同于著作人身权,它可以被转让、继承或放弃。著作财产权也明显不同于一般的财产权,它受地域、时间等因素的限制。

著作财产权在著作权制度中占有举足轻重的地位。无论是英美法系国家或大陆法系国家,均在著作权法中详尽地规定了著作财产权。著作财产权的发展,与技术进步存在密切的联系。在19世纪末20世纪初,印刷出版是作品使用的主要方式,作者的财产权利很大程度上局限于出版复制权的范围。进入20世纪后,随着录音、录像、卫星转播、广播、电视等新的复制、传播手段的发展,权利的内容发生了质的飞跃,广播权、有线电视转播权、录音录像权等新的权项相继出现,并为许多国家的著作权法所承认。至20世纪50年代,计算机技术、数字化技术的发明与推广又为著作权制度拓展了新的领域，诸如增加出租作品权、进口权、公共借阅权等权利的呼声一浪高过一浪，各国立法者不得不重新审视本国的著作权法，逐步增加新的著作财产权项。

二、著作财产权的内容

（一）复制权

复制权是指以印刷、复印、拓印、录音、录像、翻录、翻拍、数字化等方式将作品制作一份或者多份的权利，它是著作财产权中最基本的权能，也是最早得到确认的著作财产权之一。从积极方面讲，著作权人有权复制其享有著作权的作品；从消极方面讲，著作权人可以禁止他人复制其作品。任何人未经许可而复制他人作品的行为，均构成侵权行为。

复制就是原作的再现。根据我国《著作权法》第 10 条第 1 款第 5 项的规定，复制可以解释为以印刷、复印、拓印、录音、录像、翻录、翻拍、数字化等方式将作品制作一份或者多份的行为。由上可知，复制的关键在于作品的再现，同时伴随载体的"增多"。

传统意义上的复制通常可以分为两种情形：一种是以手抄、拓印、雕刻等方式完成的手工复制；另一种是以印刷、录制、照相、复印等方式完成的机械复制。随着新技术的发展，一些发达国家提出了扩大复制。[2] 因为，当信息在计算机中"暂存"时，信息仍然显示在屏幕上，作品的内容出现了"再现"，因而该行为与传统意义上的"复制"具有共性，所以一些国家主张将其纳入"复制"之列。不过，传统意义上的"复制"伴随的是载体的"再现"，而信息在计算机中暂存并不会产生载体的"再生"，关机后该信息不会"再现"。并且，如果将该行为解释为"复制"，虽然有利于加大对计算机程序著作权人的保护力度，但对于普通使用者而言未免过于严苛。解决该问题的关键，在于寻找某种公平合理的方式，平衡著作权人的利益及使用者的利益。

（二）发行权

发行权是著作权人所享有的一项重要的传播权。只复制而不发行，作者的权益就难以实现，复制也就失去了意义。因此，多数国家的著作权法都专门规定了发行权。我国《著作权法》将发行权解释为"以出售或者赠与方式向公众提供作品的原件或者复制件的权利"。发行作为独立于复制的传播环节，主要涉及的是实践中对作品有形载体的各种形式的传播，如报刊图书或音像制品的买卖和赠与等。专门设权规制发行的意义，还在于可以将没有参与复制而仅有销售盗版商品的行为纳入监管范围。

与发行权密切相关的一条原则是"发行权穷竭"原则，也称为"首次销售"原则。德国《著作权法》第 17 条第 2 款对此作了解释："如果著作原件或复制物经在本法适用范围内传播的权利人的同意，以让与的方式进入流通领域，则允许对该著作的再次传播。"也就是说，如果作品原件或复制件以出租、出售等方式发行后，他人可以自由传播作品而不受著作权人的限制，即发行权只能行使一次。奥地利《著作权法》第 16 条第 3 款及美国《著作权法》第 109 条第 2 款也作了类似规定。我国著作权法中虽然并无直接规定，但实践中也认可这一原

---

〔2〕 参见［澳大利亚］马克·戴维生：《计算机网络通讯与美国版权法的新动向——评美国知识产权工作组 1995 年 9 月〈最终报告〉》，王源扩译，载《外国法译评》1996 年第 1 期。

则，目的在于避免著作权人以著作权来干预载体所有者所有权的行使。在首次销售之后，著作权人就丧失了对作品有形载体的控制权。

(三)表演权

表演权，亦称公演权、上演权，是指著作权人公开表演自己创作的作品或者许可他人表演其创作的作品的权利。

戏剧、音乐作品的表演早于印刷出版活动，但表演权的产生则晚于复制权。从19世纪中叶的法国开始，随后在20世纪初的德国、英国、美国等国，出现了“表演权协会”，由其代表作者(特别是音乐作品的作者)来行使这一权利。在某些国家中，还专门设立了“表演权法庭”，以处理因行使或侵犯表演权所引起的纠纷。后来，《伯尔尼公约》第11条明确规定了作品作者所享有的表演权，这些权利具体表现为演出权、演奏权和公开上映权。

表演权的内容包括两项：一是作者有权自己表演或授权他人表演其作品；二是作者可以禁止他人未经许可而表演其作品，若他人未经许可而表演其作品即构成侵权。根据各国法律规定，构成侵犯表演权的行为须具备以下条件：(1)须以营利为目的；(2)须在公共场所表演，如在剧场、影院、舞厅、饭店等地方表演；(3)所表演的作品受著作权法的保护，且他人在表演时未经著作权人授权。

我国《著作权法》将“表演权”明确解释为公开表演作品以及用各种手段公开播送作品的表演的权利。具体可分为两大类：第一，现场表演，即“公开表演作品”。现场表演是指表演者直接通过动作表情或者借助技术设备公开再现作品或演奏作品。第二，机械表演，即“用各种手段公开播送作品的表演”。机械表演是指通过各种手段公开播送被固定后的表演，实践中一般是借助录音机、录像机、放映机等机械设备，将表演公开传播。

(四)广播权

广播权，是指以无线方式公开广播或者传播作品，以有线传播或者转播的方式向公众传播广播的作品，以及通过扩音器或者其他传送符号、声音或者图像的类似工具向公众传播广播的作品的权利。

我国《著作权法》规定的广播权，是指以有线或者无线方式公开传播或者转播作品，以及通过扩音器或者其他传送符号、声音、图像的类似工具向公众传播广播的作品的权利。同时，为与信息网络传播权相区分，我国著作权法专门规定将信息网络传播权的调整范围排除在广播权之外。

在“三网融合”的技术背景下，现行《著作权法》对广播权的定义，不再以“有线或无线”作为区分方式，也不再区分“广播和转播”。无论是初始传播还是再传播，无论是无线广播还是互联网传播，都被纳入广播的范畴。但为了与信息网络传播权规制的信息网络传播相区分，广播权仅规制有线或无线的“直播”行为，而将交互式的互联网传播纳入信息网络传播权的范畴，以实现两类权利的区分。

具体而言，我国著作权法中的广播权可以分为两类：第一类为以有线或者无线方式公开传播或者转播作品的权利。在“三网融合”的技术背景下，有线和无线方式包括但不限于互联网、广播电视网、通信网和局域网。第二类为通过扩音器或者其他传送符号、声音、图像的类似工具向公众传播广播的作品的权利。此类行为属于通过技术工具对广播进行二次传播。

(五)展览权

展览,是指公开陈列展出美术作品、摄影作品的原件或复制件。展览权,也称为“公开展出权”,是指公开陈列展出美术作品、摄影作品的原件或复制件的权利。

多数国家的著作权法将展览权的对象限于美术作品、摄影作品、工艺品以及作为艺术作品或文物展出的手稿、乐谱、书法等作品。我国《著作权法》中展览权的对象仅限于美术作品与摄影作品。

展览权的内容,主要指作者或其他著作权人许可或禁止他人公开陈列、展览或在公共场所放置其享有著作权的作品。展览的目的是让不特定的多数人欣赏,如果仅是供家庭或本单位内部少数人欣赏,就不构成展览。应注意的是,根据我国《著作权法》第20条的规定,美术、摄影作品原件的展览权由原件所有人享有。这意味着虽然美术、摄影作品原件所有权的转移不意味着著作权转移,但展览权属于例外,在原件的所有权转移后,其展览权得由原件所有人而非著作权人享有。

在行使展览权时,往往还涉及肖像权问题。一方面,摄影人、画家对自己的作品享有著作权;另一方面,被摄影人、被画人对于自己的相貌拥有肖像权。这两种权利常发生冲突。从尊重民法上人格权的角度出发,涉及他人肖像的作品作者或作品原件所有人在行使展览权时,应取得被摄人、被画人的许可,以体现对其人格权的尊重。

(六)改编权

改编权,是指在原作品的基础上,通过改变作品的表现形式,创作出具有独创性的新作品的权利。原作与改编作品的区别仅在于表现形式上的差异,但二者的内容基本一致,同时原著的某些独创性特点同样会反映在改编作品中。

(七)翻译权

翻译权,是指将作品从一种语言文字转换成另一种语言文字的权利。授予作者翻译权,有利于保护其对作品传播地区的控制权。翻译权一般只涉及口述作品、文学作品、电影作品等作品,美术作品、乐曲等一般不涉及翻译权。

(八)汇编权

汇编权,是指将作品或者作品的片段进行选择或者编排,汇集成新作品的权利。

(九)摄制权

摄制权,就是指以摄制视听作品的方法将作品固定在一定的载体上的权利。将表演或景物机械地录制下来,不视为摄制电影、电视、录像作品,因为该行为没有产生有独创性的作品。

摄制电影、电视、录像是作品传播的一种重要方式,也是著作权人实现其作品的社会价值的一种重要手段。一部并不流行的作品可能会因摄制成电影、电视或录像作品而得到广泛的传播。因此,著作权人必须控制好自己的这一权利。该权利的内容,即著作权人有权自行或许可他人将其作品摄制成电影、电视或录像作品,若他人未经许可而将其作品摄制成了电影、电视或录像作品,则侵犯了著作权人的权利。对于电影、电视、录像作品,作者只享有署名权,其他权利则由制片人享有。

(十)出租权

出租权,是指著作权人有偿许可他人临时使用视听作品、计算机软件的权利。

值得指出的是,我国1990年《著作权法》没有明确规定出租权,但是1991年的《著作权法实施条例》第5条将出租解释为发行的一种方式。如果作者通过出租作品复制件来发行作品,则相当一部分消费者就会不再购买图书而采取租借方式。目前在许多国家,作品的出租已有取代销售之势,作品出租业之繁荣使出租人收入颇丰,也节省了消费者的支出,但与此同时却导致了作品发行业的萧条,使依靠版税而谋生的作者深受其害。若承认出租权在作品"首次销售"后穷竭,则著作权人就无法控制作品的再次出租,其经济利益必然受到损害。

为了避免这一消极影响,保护作者的创造性劳动,各国著作权法陆续规定了出租权。例如,俄罗斯《著作权法》于1993年修订时规定:"作者享有以出租的方式发行作品复制件的权利而不受这些复制件的所有权制约。"日本《著作权法》第26条之2也以借贷权的形式承认了作者的出租权,但仅适用于唱片、计算机程序、乐谱和除书籍、杂志、电影作品以外的其他作品。德国《著作权法》也有类似的规定。

由于各国在出租权的对象上存在分歧,《知识产权协定》第11条作了如下规定:至少对计算机程序及电影作品,成员方应授权其作者或作者之合法继承人得许可或禁止将其享有版权的作品原件或复制件向公众出租。对于电影作品,成员方可不承担授予出租权之义务,除非有关的出租已导致对作品的广泛复制,其复制程度又严重损害了成员方授予作者或作者之合法继承人的复制专有权。对于计算机程序,如果有关程序本身并非出租的主要标的,则不适用本条义务。可见,对计算机程序的作者或其合法继承人授予出租权是该协议成员应尽的义务,但对于电影作品出租的控制,应符合一定的条件。

我国修改后的《著作权法》参照《知识产权协定》的规定,将出租权确定为著作权人的一项独立的财产权利,但行使的范围目前限定为视听作品及计算机软件。

(十一)信息网络传播权

信息网络传播权,是指以有线或者无线方式向公众提供作品,使公众可在其个人选定的时间和地点获得作品的权利。为了适应信息技术发展的需要,解决司法实践中遇到的问题,2006年5月10日,国务院常务会议审议并原则通过《信息网络传播权保护条例》(已修改),并于2006年7月1日开始施行。它的通过,标志着我国有关信息网络传播权的法律规制体系化的实现。

信息网络传播权是为了顺应数字化技术进步和互联网传播快速发展而产生的一项权利,重点在于保护交互式传播方式下的作品。本权项源于《世界知识产权组织版权条约》的第8条"向公众提供权",即在不损害《伯尔尼公约》相关条款规定的情况下,文学和艺术作品的作者享有专有权,其有权将其作品以有线或无线的方式向公众传播,包括将其作品向公众提供,使公众可以在其个人选定的时间和地点获得这些作品。

根据最高人民法院《关于审理侵害信息网络传播权民事纠纷案件适用法律若干问题的规定》的规定,所谓信息网络,是指包括以计算机、电视机、固定电话机等电子设备为终端的计算机互联网、广播电视网、固定通信网、移动通信网等信息网络,以及向公众开放的局域网络。由此可见,我国著作权法对"信息网络"的定义,是建立在通信网、广播电视网和互联网"三网融合"的基础上的,涵盖了现有技术下的一切可以实现交互式传播的网络形态。信息网络传播权的特点,主要集中于其规制的作品传播是一种"交互式传播",即公众可以在其选定的时间和地点获得作品。公众可自行选定获取作品的时间和地点,意味着其在作品的传播上具有主动性,有别于广播权所规制的网络传播。

(十二)放映权

放映权是我国2001年《著作权法》修改时新增加的一类权利,其是指通过放映机、幻灯机等技术设备公开再现美术、摄影、视听作品等的权利。它与《伯尔尼公约》第11条所确认的作者对作品的公开上映权的含义类似。

(十三)应当由著作权人享有的其他权利

随着社会的发展,可能会出现一些新的作品利用方式,因此,我国《著作权法》规定了这一弹性条款,如果今后出现的新的作品利用方式与著作权人的权利相关,则这些权利也应当由著作权人享有。

结语

著作人身权是指作者基于作品创作所享有的各种与人身相联系而无直接财产内容的权利,包括发表权、署名权、修改权和保护作品完整权。

著作财产权是指著作权人自己使用或者授权他人以一定方式使用作品而获取物质利益的权利。著作财产权包括复制权、发行权、出租权、展览权、表演权、放映权、广播权、信息网络传播权、摄制权、改编权、翻译权、汇编权等权利。

思考题

1. 著作人身权包括哪几项权利?
2. 著作财产权包括哪些权利?
3. 著作人身权与著作财产权有哪些区别?
4. 著作人身权与一般人身权有哪些区别?

资料链接

1. 王迁:《著作权法中传播权的体系》,载《法学研究》2021年第2期。
2. 李雨峰:《精神权利研究——以署名权和保护作品完整权为主轴》,载《现代法学》2003年第2期。
3. 熊琦:《著作权法定与自由的悖论调和》,载《政法论坛》2017年第3期。
4. 梁志文:《论演绎权的保护范围》,载《中国法学》2015年第5期。
5. 何怀文:《我国著作人身权与著作财产权协调的法律原则》,载《知识产权》2015年第9期。

第六章　著作权取得和期限

学习目的 了解著作权的取得方式,掌握著作人身权的保护期限及著作财产权的保护期限。

关键词 注册取得　自动取得　保护期限

导语

“米老鼠”是沃尔特·迪士尼于1928年创造的卡通形象,由于围绕“米老鼠”形象所建立的商业模式为著作权人带来了极其可观的利润和收入,所以在涉及著作权保护期限的问题上,迪士尼更是成功地在1976年和1998年两次游说美国国会修改《著作权法》的保护期限,最终使得“米老鼠”的著作权保护期从最初的56年延长至75年和目前的95年。这意味着2024年之后,“米老鼠”形象将自动进入公共领域。迪士尼享有的卡通形象著作权再次面临保护到期的问题,也引起了外界关注。有观点认为,迪士尼或许会再次极力游说国会延长保护期限,但同时也可能面临很大的难度和挑战。

风靡全球近百年的大IP,也难逃著作权保护期限限制的命运。从此事件可以看出,著作权保护期限作为对著作权限制的方式之一,对于权利人和其他使用者乃至社会公众的重要性。本章重点就是著作权的取得方式和著作权保护期限问题。著作权的取得方式是指著作权人通过何种方式来取得著作权,英美法系国家和大陆法系国家对于著作权的取得方式有着不同的规定,主要包括著作权的注册取得制度和自动取得制度。在著作权的保护期限问题上,著作人身权的保护期限与著作财产权的保护期限有所差异。本章将对上述问题进行研讨。

第一节　著作权的取得方式

从历史上看,各国著作权法因其立法思想的差异,在著作权的取得方式上的规定迥然不同。概括起来,主要可分为注册取得和自动取得两类。

一、注册取得制度

注册取得,是指以登记注册作为取得著作权的条件,作品只有在登记注册后方能产生著作权,著作权注册取得的原则,又称为“有手续主义”。

据英国学者考察,在《安娜女王法令》问世之前的英国,作品创作完成后的著作权由普通法来保护。《安娜女王法令》颁布后,人们认为,该法仅对已出版作品授予著作权,未出版的作品仍由普通法保护。因此,无论大陆法系国家还是英美法系国家,著作权保护都发端于自动保护。[1] 对于已出版作品,《安娜女王法令》明文提出了“登记”要求,即作品取得保护的条件是在书籍业行会的登记簿上进行登记。著作权登记制度的出现,曾有效地防止了他人对作品的擅自复制,因此在历史上起过积极的作用。为此,许多英美法系国家和少数大陆法系国家纷纷予以效仿。

在以往著作权立法例中,采用著作权登记手续的国家大致有以下几种模式:(1)将著作权登记手续作为著作权取得的必要条件。例如,在实施 1987 年新著作权法之前的西班牙,以及受其影响较大的拉丁美洲国家和少数非洲国家,都要求作品(不论是否发表)必须在著作权管理部门登记,否则不受保护。(2)将登记作为受保护作品著作权合法转让的必要条件,如阿根廷、巴西、智利等国著作权法的规定。(3)将登记作为行使起诉权和请求法律制裁侵权行为的程序之一。例如,黎巴嫩《著作权法》规定,在侵权诉讼中,法院将以有关作品是否登记的事实作为确定有关人是否享有著作权的首要证据或唯一证据。如果声称自己享有著作权之人未登记,则法院不承认他有权起诉他人“侵权”。

美国在加入《伯尔尼公约》之前,曾实行过较为典型的著作权登记制度。1976 年的美国《著作权法》规定,登记是非强制性的,但却是提起侵权诉讼和就某些侵权行为取得补救方法的前提条件,对于唱片或音像作品可以在起诉后随即登记。

实行著作权登记制度,可以明确有效地证明著作权人的身份,有利于及时处理著作权纠纷,保护著作权人的合法权益。但与此同时,著作权登记制度不能充分保护那些未及时登记的作品,也不能保护那些源于未实行著作权登记制度的国家的作品。这显然与《伯尔尼公约》精神相违背,因此,世界上大多数国家多不采用这一做法。

二、自动取得制度

著作权自动取得,是指当作品创作完成时,作者因进行了创作而自动取得作品的著作权,不再需要履行任何其他手续。这种获得著作权的方法被称为“无手续主义”“自动保护主义”。

“无手续主义”主要为大陆法系国家所采取。该理论将天赋人权思想引入著作权理论范畴,认为作者对作品所享有的权益应基于创作而产生,因此著作权的取得不需要履行任何手续。采取“无手续主义”的优点在于,作品一经创作完成即可及时获得保护,可以有效地制止侵犯著作权的行为,其保护水平较高;但在发生著作权纠纷时,未经登记的作品取证困难,所以有些国家,如日本通过设立自愿登记制度作为补充。“无手续主义”也为《伯尔尼公约》所确认。该公约第 3 条规定,具有本联盟成员国民身份的作者,无论其作品是否已经出版,都应得到《伯尔尼公约》的保护。

---

〔1〕 参见《大英百科全书》,“版权法”(copyright law)词条,以及[英]柯尼什(Cornish)*Intellectual Proterty*(1981 年版)一书,第 295 页。转引自郑成思:《版权法》,中国人民大学出版社 1990 年版,第 160 页。

著作权的自动取得以作品创作完成的时间作为著作权取得的时间界限。如何认定“创作完成”的界限则是理论界和司法界经常遇到的难题。从理论上讲,只要作者的某一思想或某一构思已经以某种形式完整地表达出来,即使还只是其全部构思的一个组成部分,甚至是非主要组成部分,亦属于该部分作品的完成,可视为整体作品在一定阶段的创作完成。未经过许可而复制或抄袭该部分内容,也属侵权行为。

《伯尔尼公约》第 5 条第 2 款明确规定,享有著作权不以办理任何手续为条件。因此,坚持“有手续主义”的国家与《伯尔尼公约》成员之间存在明显的差异。第二次世界大战后,多国在联合国教科文组织的促进下缔结了《世界版权公约》。《世界版权公约》第 3 条第 1 款规定:“任何缔约国依其国内法要求履行手续——如缴送样本、注册登记、刊登启事、办理公证文件、偿付费用或在该国国内制作出版等——作为版权保护的条件者,对于根据本公约加以保护并在该国领土以外首次出版而其作者又非本国国民的一切作品,应视为符合上述要求,只要经作者或版权所有者授权出版的作品的所有各册,自初版之日起,标有ⓒ的符号,并注明版权所有者之姓名、初版年份等,其标注的方式和位置应使人注意到版权的要求。”可以说,《世界版权公约》的这一规定,在采取“有手续主义”的国家与《伯尔尼公约》成员之间搭起了一座桥梁,因而为美国等国所采用。尽管著作权标记制度较之登记制度前进了一大步,但较之“无手续主义”仍有一定的差距。随着国际合作的加强及著作权保护水平的提高,许多国家纷纷修订自己的著作权法,为加入《伯尔尼公约》积极准备。对于采取“有手续主义”的国家而言,加入公约的一大障碍就是作品的登记制度。为了达到《伯尔尼公约》的要求,日本于 1899 年、英国于 1956 年、西班牙于 1987 年彻底废除了著作权登记制度,采取了“无手续主义”。美国于 1989 年加入了《伯尔尼公约》,也在本国法律中取消了作为著作权保护必备手续的著作权标记,但仍鼓励作者自愿使用标记。

综上所述,著作权获得条件由“有手续主义”到“无手续主义”的转变,是国际著作权保护发展的必然趋势。

我国《著作权法》在著作权取得问题上采取了自动取得制度。该法第 2 条第 1 款规定:“中国公民、法人或者非法人组织的作品,不论是否发表,依照本法享有著作权。”也就是说,“著作权自作品完成创作之日起产生,并受著作权法的保护”。外国人的作品,如果首先在中国境内发表,依照我国《著作权法》享有著作权。外国人在中国境外发表的作品根据其作者所属国或者经常居住地国同中国签订的协议或者共同参加的国际条约享有的著作权,受我国《著作权法》的保护。

第二节 著作权的保护期限

著作权的保护期限,是指著作权受法律保护的时间界限。在著作权的保护期限内,作品的著作权受法律的保护;著作权期限届满,该作品便进入了公共领域,不再受法律的保护。因此,对著作权保护期的规定,既要考虑保护著作权人的利益,又要考虑有利于作品的传播,有利于发展科学、文化事业。

关于著作权保护期的计算,在立法体例上有两种计算方法。多数国家采取“死亡起算主义”,即作者终生享有著作权加死亡后若干年限。死亡起算不是从作者死亡的确切日期开始,而是从其死亡之年年末或翌年年初开始计算;少数国家采取“发表起算主义”,即自作品出版、登记、发行、公开表演之年年末起保护其著作权若干年限。

关于作者死后的著作财产权保护期限,各国立法规定不一。《伯尔尼公约》规定著作财产权的最低期限应为作者有生之年加死亡后50年。大部分西欧国家以及英国、美国等国的著作权法采取这一规定。规定该类期限的理由,是考虑到作者终生和作者子女平均寿命的相加时间。《世界版权公约》将著作财产权的保护期限规定为作者终生加死亡后25年,一些发展中国家及少数东欧国家采用这一规定。

在我国,关于著作权的保护期兼采两种计算方法。对于一般作品,适用“死亡起算主义”;对于特殊作品,则适用“发表起算主义”。关于保护期限,我国《著作权法》作了详细的规定,下面予以分述。

一、著作人身权的保护期限

我国《著作权法》第22条对著作人身权的保护期作了规定,即作者的署名权、修改权、保护作品完整权的保护期不受限制。

作者的署名权、修改权、保护作品完整权与作者的人身联系最为紧密,即使是在作者死亡后,他人也不得侵犯。法人或非法人组织作品的著作人身权,由法人或非法人组织享有。享有著作人身权的法人或非法人组织变更、终止时,其著作人身权由承受其权利义务的法人或非法人组织进行保护;没有承受其权利义务的法人或非法人组织的,著作人身权则应由国家主管部门进行保护。

各国著作权观念和著作权立法传统的差异,导致对人身权利的保护期的规定很不一致。一些大陆法系国家著作权法明文规定,人身权利的保护是无限期的,如法国、土耳其等;另一些国家的立法未作明文规定,只是规定它在作者死后仍旧存在,如日本。概言之,大多数大陆法系国家著作权法对人身权利的保护是无期限的,但采取著作权“一元论”的德国著作权法规定,著作人身权与著作财产权一样,于作者死后70年终止。

在英美法系国家,对作者的著作人身权多在民法、反不正当竞争法、保护名誉和隐私等法律中予以确认和保护,而在著作权法中很少规定。这些国家的法律通常对人身权利也规定保护期限,或规定人身权利随作者死亡而终止,或规定人身权保护期延长到作者死亡后一段时间。

值得注意的是,发表权是著作人身权的重要内容之一,我国《著作权法》规定其保护期与著作财产权保护期相同,为作者终生加死亡后50年。这是由于发表权是著作财产权产生的前提,它往往同复制权、录制权、展览权等相联系,作品的发表也往往会给作者或其继承人带来经济利益。如果规定发表权永久受到保护,就不利于作品的利用。此外,从促使作品及早发表、满足社会公众的精神文化需求看,对发表权予以时间限制也是必要的。

二、著作财产权的保护期限

各国著作权法和《伯尔尼公约》、《世界版权公约》都就著作财产权的保护期作了明文规定。

（一）一般作品的著作财产权保护期

1. 公民作品的著作财产权保护期。绝大多数国家著作权法均规定，公民作品的著作财产权保护期为作者有生之年加死亡后若干年。《伯尔尼公约》规定的最低保护期限为作者有生之年加死亡后 50 年；《世界版权公约》规定的最低保护期限为作者有生之年加死亡后 25 年。随着两个公约成员的进一步增多，以公约为基准，各国对著作权保护期的规定越来越趋向一致，期限越来越长。我国在制定著作权法时，参照《伯尔尼公约》要求的最低标准，规定了作者有生之年加死亡后 50 年的著作财产权保护期。

各国法律一般规定，合作作品著作财产权的保护期，以作品产生或首次发表起算，至最后一位作者死后若干年。合作作品以最后死亡的合作作者为基准确定保护期，能够较充分地保护最后死亡的作者的权利，这也是国际通例。我国《著作权法》第 23 条第 1 款也作了类似规定，即合作作品的著作财产权人的保护期，截止于最后死亡作者死亡后第 50 年的 12 月 31 日。合作作者之一死亡后，其对合作作品享有的著作财产权无人继承又无人受遗赠的，由其他合作作者享有。

2. 法人作品和职务作品的著作财产权保护期。对于法人或其他组织作品的保护，大多数国家规定作品的保护期为 50 年，但也有一些国家规定的保护期少于 50 年，甚至只有 10 年。我国《著作权法》规定，法人或者非法人组织的作品，著作权（署名权除外）由法人或者非法人组织享有的职务作品，其发表权、《著作权法》第 10 条第 1 款第 5 项至第 17 项规定的权利的保护期为 50 年，截止于作品首次发表后第 50 年的 12 月 31 日，但作品自创作完成后 50 年内未发表的，《著作权法》则不再保护。

（二）特殊作品的著作财产权保护期

1. 计算机软件的著作财产权保护期。目前世界上有四十多个国家和地区对计算机软件提供著作权保护，由于技术政策不同，这些国家和地区对计算机软件提供的著作权保护范围和保护期限也很不一致。一些国家如日、英、美、德等国，对软件保护期的规定与一般作品的保护期相同。我国《计算机软件保护条例》第 14 条规定，软件著作权自软件开发完成之日起产生。自然人对软件享有著作权的，保护期为自然人的终生及其死亡后 50 年，截止于自然人死亡后第 50 年的 12 月 31 日；软件是合作开发的，截止于最后死亡的自然人死亡后第 50 年的 12 月 31 日。单位对软件享有著作权的，保护期为 50 年，截止于软件首次发表后第 50 年的 12 月 31 日，但软件自开发完成之日起 50 年内未发表的，则不再保护。《知识产权协定》明确要求缔约方将计算机程序作为文字作品予以保护，所以，我国《著作权法》按照文字作品的保护标准规定软件的保护期限。

2. 匿名作品和假名作品的保护期。各国一般规定，匿名作品的保护期为自发表之日起 50 年。在此期间，该匿名作品著作财产权由出版者或作品原件所有者行使，一旦作者或其继承人身份确定，则适用一般的保护期限，因此，匿名作品著作权的特殊保护期在一定条件下可以回归到一般保护期。我国《著作权法实施条例》规定，作者身份不明的作品，其著作财产权的保护期为 50 年，截止于作品首次发表后第 50 年的 12 月 31 日。作者身份一旦确定，适用著作权法一般保护期的规定。

结 语

著作权的取得方式可分为注册取得和自动取得两类。注册取得,是指以登记注册作为取得著作权的条件,作品只有在登记注册后方能产生著作权。自动取得,是指当作品创作完成时,作者因进行了创作而自动取得作品的著作权,不再需要履行任何其他手续。我国著作权法采取自动取得制度。著作权的保护期限,是指著作权受法律保护的时间界限。作者的署名权、修改权、保护作品完整权的保护期不受限制。公民的作品,其发表权及著作财产权的保护期为作者终生及其死亡后50年,截止于作者死亡后第50年的12月31日。法人或者非法人组织的作品、著作权(署名权除外)由法人或者非法人组织享有的职务作品,其发表权及著作财产权的保护期为50年。视听作品,其发表权及著作财产权的保护期为50年。

思考题

1. 我国《著作权法》所规定的著作权的取得方式是什么?
2. 著作人身权的保护期限如何计算?
3. 著作财产权的保护期限如何计算?

资料链接

喻玲:《著作权保护期限标准的审视与重构》,载《法学家》2020年第3期。

第七章 邻 接 权

学习目的 了解邻接权的概念及其与著作权的关系，理解表演者权、音像制作者权以及广播组织权的有关规定。

关键词 邻接权 表演者权 录音录像制作者权 广播组织权

导 语

随着“三网融合”时代的到来，随时随地通过移动互联网欣赏体育赛事已成常态，也因此出现了诸多“盗播”的问题。在“中国体育赛事转播著作权第一案”中，原告新浪互联网信息服务有限公司依据与中超联赛有限责任公司签署的授权许可协议而享有在其门户网站独家播放中超联赛视频的权利，而被告北京天盈九州网络技术有限公司未经授权，在其运营的门户网站凤凰网上提供了有关联赛视频的转播画面，因此原告认为被告侵害其对体育赛事直播画面的著作权并构成不正当竞争，请求被告承担停止侵害、消除影响以及赔偿损失等责任。一审法院认为，体育赛事直播节目所体现的对赛事录制镜头的选择、编排，形成可供观赏的新的画面，是一种创造性劳动，满足我国著作权法对作品独创性的要求，应当将其认定为作品，原告对涉案赛事画面作品享有著作权中的“其他权利”。二审法院则认为，涉案两场赛事公用信号所承载的连续画面既不符合电影类作品的固定要件，亦未达到电影类作品的独创性高度，故涉案赛事连续画面未构成电影类作品，而属于录像制品，进而原告对其享有邻接权。再审法院则认为，电影类作品与录像制品的划分标准应为独创性的有无，而非独创性程度的高低。涉案赛事连续画面的制作存在较大的创作空间，并不属于因缺乏个性化选择空间进而导致表达有限的情形。因此，再审法院认为，涉案赛事直播画面构成电影类作品，而不属于录像制品，被诉直播行为侵犯了原告对涉案赛事节目享有的“著作权人享有的其他权利”。[1]

随着版权产业的不断发展，作品在传播和使用过程中不断衍生出了诸多有价值的客体，对作品价值的发挥起到了重要作用。因此，现代著作权法不仅要保护作品创作者的利益，还要同时兼顾作品传播者的利益。邻接权就是一项保护作品传播者的权利。从范畴上看，我国著作权法中的邻接权主要包括了表演者权、录音录像制作者权和广播组织权三种权利，但其权利内容和范畴也随着社会的发展而逐步拓展。本章主要论述邻接权的概念、邻接权与著作权的关系、表演者权的概念及内容、录音录像制作者权的概念及内容、广播组织权的概念及内容。本章的重点之一就是邻接权与著作权的范畴认定问题。

---

〔1〕 参见北京市高级人民法院民事判决书，(2020)京民再128号。

第一节　邻接权概述

一、邻接权的概念

邻接权，是指与著作权相关的权利，即作品传播者所享有的专有权利。其在《知识产权协定》中又称为“相关权”（related rights）。我国《著作权法》的第 4 章，即称之为“与著作权有关的权利”，遵循了《知识产权协定》的表述。根据我国《著作权法》的规定，邻接权包括表演者权、录音录像制作者权、广播组织权和出版者的版式设计权。这种权利是以他人之创作为基础而衍生的一种传播权，虽不同于著作权，但与之相关，故称邻接权。

诸如表演等作品传播活动，古已有之，但保护表演者权利的制度，直到 19 世纪末 20 世纪初才发端于西方诸国。现代传播技术的发展是邻接权制度产生的催化剂。早期，人们欣赏表演必须亲临剧场，但随着录音、录像及无线电技术的发展，唱片、电影片得以大量复制和发行，人们足不出户即可通过传播媒体欣赏节目，表演者的收入因此锐减。与此同时，录音录像制作者的录制品经常被他人任意翻录，广播组织制作的节目也常常被他人无偿播放。在上述情况下，要求保护传播者利益的呼声日益高涨，邻接权制度脱颖而出。

1910 年，德国在其《文学与音乐作品产权法》中，率先把音乐作品及音乐戏剧作品的表演者当作原作的“改编创作者”予以保护。次年，英国在其著作权法中列入了保护音乐唱片的条款，1925 年又颁布了保护戏剧音乐表演者的法律。1936 年之后，奥地利、意大利的著作权法加入了对录音制品作者予以保护的条款。为了保护广播组织的权利，1946 年，国际上成立了国际无线电组织（后改名为“国际无线电与电视组织”）。自 20 世纪 60 年代起，对邻接权的保护已成为世界各国立法的共同趋势。

各国在保护邻接权时采用的方式不一。有的国家用劳动法、行政法、反不正当竞争法或合同法来解决，有的用民事赔偿的方法来解决，但大多数国家则通过知识产权法加以保护。采取知识产权保护制度的国家在立法上又采取两种模式：一是将著作权与邻接权严格区分，但同置于一个法律文件中加以规定，如俄罗斯 1993 年《著作权与邻接权法》、法国 1992 年《著作权法》；二是以著作权方式保护邻接权意义上的客体，在著作权法中没有单设邻接权制度，而将著作权的保护对象扩及于非传统意义上的作品（唱片、广播节目等），如美国 1976 年《著作权法》、英国 1988 年《著作权法》。我国《著作权法》采取了前一做法。

国际上关于邻接权保护的第一部公约是 1961 年在意大利罗马缔结的《罗马公约》。该公约的缔结对邻接权的保护产生了深刻的影响：（1）该公约的缔结标志着邻接权的保护已得到了国际社会的普遍承认。在此以前，很多国家的立法者及法律专家都认为，作品传播者的行为仅仅是一种机械制作行为，只具有技术性而无创作性，所产生的结果与著作权保护没有联系。该公约的颁布表明，缔约方应对传播作品的人给予著作权或邻接权或其他权利的保护。（2）为世界各国以专门的法律形式保护邻接权提供了示范模式。该公约制定以前，尽管有少数国家已开始规定邻接权制度，但所采取的形式各不相同，甚至直到现在仍存在差别。《罗马公约》要求各成员至少应对表演者、音像制作者和广播组织的权利予以保护，并规定了应给予的最低保护标准。此外,国际上已缔结的保护邻接权的公约还有《保护唱版制作者防止唱片被擅自复制的公约》《关于播送由人造卫星传播载有节目的信号的公约》。在网络时代到来后,世界知识产权组织还于1996年通过了《世界知识产权组织表演和录音制品条约》。这些国际公约的缔结,为邻接权的保护开辟了广阔的天地。

我国《著作权法》确立了完整的邻接权保护制度。同时,国务院及其主管部门针对国内图书、音像制品盗版猖獗的现象,积极加强立法规制,加大执法力度。例如,国务院于1994年8月25日发布了《音像制品管理条例》(已失效),国家版权局于1991年7月2日发布了《关于加强音像版权管理的通知》(已失效),原国家新闻出版署于1996年2月1日发布了《音像制品出版管理办法》(已失效)和《音像制品复制管理办法》(已失效),1996年3月14日又发布了《电子出版物管理暂行规定》(已失效)。上述这些法律文件构成了我国早期的邻接权保护的基本框架,是加强邻接权执法保护的法律依据。

二、邻接权与著作权的关系

邻接权与著作权关系密切,其共同点在于:(1)都与作品相联系。著作权与作品存在直接联系,作品之创作是著作权产生的前提。邻接权则与作品存在间接联系。表演者表演的对象是作品,而录制者是对作品表演的录制,广播组织者是对作品表演的广播。脱离了作品,这些邻接权就会荡然无存。(2)都是法律规定的权利。著作权及邻接权的主体、客体及内容均来自法律的直接规定。(3)都具有严格的地域性。著作权与邻接权都只有在法律承认这些权利的国家内才能受到保护。

邻接权与著作权的区别在于:

1. 主体不同。著作权保护的主体是作品的创作者或依法取得著作权的人。邻接权保护的主体是以表演、录音录像或广播方式帮助作者传播作品的人。后者在传播作品中加入了自己的创造性劳动,改变了原作的表现形式,因而有必要予以保护。

2. 客体不同。著作权的客体是作品。表演者权的客体是表演活动,录音录像制作者权利的客体是其制作的录音录像制品,广播组织权利的客体是其制作的广播、电视节目。

3. 权利内容不同。著作权人享有发表权、署名权、修改权、保护作品完整权、使用权和获得报酬权等。表演者享有表明其身份的权利、保护其表演形象不受歪曲的权利、许可他人从现场直播的权利及许可他人为营利目的录音录像并取得报酬的权利。录音录像制作者对其制作的录音录像制品享有许可他人复制、发行并获得报酬的权利。广播组织享有播放权,许可他人播放并获得报酬的权利,许可他人复制、发行其制作的广播、电视节目并获得报酬的权利。

4. 保护期限不同。作者的署名权、修改权、保护作品完整权的保护期不受限制。公民的作品,其发表权、使用权和获得报酬权等权利的保护期为作者终生及其死亡后50年。法人或者非法人组织的作品、著作权(署名权除外)由法人或非法人组织享有的职务作品,其发表权、使用权和获得报酬权等权利的保护期为50年。视听作品等作品的发表权、使用权和获得报酬权的保护期为50年。邻接权的保护期从表演发生后、录音录像制品首次制作完成时计算,享受50年的保护。

尽管邻接权人享有法律所规定的权利,但根据《著作权法实施条例》第27条的规定,邻接权人在行使权利时,不得损害被使用作品和原作品著作权人的权利。

第二节　表演者的权利

一、表演者的定义

表演者权,是指表演者对其表演享有的权利。关于表演者的含义,多数承认邻接权的国家认为,表演者是指表演文学艺术作品的一切演员、歌唱家、演奏者、舞蹈家等,如瑞典 1986 年《著作权法》、日本《著作权法》及德国《著作权法》的规定。另一些国家则扩大了“表演者”的范围,如法国 1985 年《著作权法》规定,除表演文学、艺术作品以外,一切杂技演员、马戏演员、木偶戏的表演者等均可视为邻接权范围内的“表演者”。1961 年缔结的《罗马公约》对表演者的范围作了折中性规定。该公约第 3 条将“表演者”解释为“演员、歌唱家、音乐家、舞蹈家和表演、歌唱、演说、朗诵、演奏或以别的方式表演文学或艺术作品的其他人员”,但在第 9 条又允许缔约方“根据国内法律和规章,将本公约提供的保护扩大到表演文学或艺术作品的艺人”。《知识产权协定》对表演者范围的规定与《罗马公约》一致。

在我国的著作权法中,表演者是指以朗诵、演唱、演奏以及其他方式表演文学艺术作品的人。可见,我国著作权法中的表演者是指表演作品的人,而不包括运动员、马戏演员、魔术师等人。在著作权法第三次修改后,表演者不再包含演出单位,其专门规定了职务表演的权利由演出单位享有,将演出单位和演员作了明确区分。

二、表演者的义务

由于表演者在表演过程中很多时候需要使用他人的作品,因此根据《著作权法》第 16、31、38 条的规定,表演者在使用他人作品时,应履行一定的义务,具体包括以下情形:(1)表演者使用他人作品演出的,应当取得著作权人许可,并支付报酬。演出组织者组织演出的,应当由该组织者取得著作权人许可,并支付报酬。(2)表演者使用改编、翻译、注释、整理、汇编已有作品而产生的作品进行演出的,应当取得改编、翻译、注释、整理、汇编作品的著作权人和原作品的著作权人的许可,并支付报酬。(3)表演者依照著作权法使用他人作品的,不得侵犯作者的署名权、修改权、保护作品完整权和获得报酬的权利。

三、表演者的权利

表演者的权利,是指表演者依法对其表演所拥有的权利。各国著作权法对于表演者权利内容的规定不尽相同。例如,日本《著作权法》规定,表演者享有录音权、录像权、播放权、二次使用唱片权及借贷权等权利。法国《著作权法》规定,表演者享有要求尊重其姓名、资格和表演的权利和固定、复制权及向公众传播其表演的权利。1961 年通过的《罗马公约》第 7 条第 1 款规定,表演者对其表演享有如下权利:(1)防止未经其同意广播和向公众传播其表演的权利,但若该表演本身就是广播演出或出版录音、录像者例外;(2)防止未经其同意录制其未曾录制过的表演的权利;(3)防止未经其同意复制其表演的录音或录像的权利。《知识产权协定》对表演者权利的规定同于《罗马公约》,该协定第 14 条第 1 款授予表演者如下权利:(1)制止未经其同意而对其尚未录制的表演进行录制的权利;(2)制止未经其同意而复制已录制的内容的权利;(3)制止未经其同意而通过无线手段播放及向公众传送其表演实况的权利。关于表演者权的保护期限,《知识产权协定》规定的保护水平远远高于《罗马公约》,但这两个公约都未对表演者的精神权利进行保护。

我国《著作权法》从人身权利及财产权利两方面对表演者的权利作了规定。根据该法第39条的规定,表演者对其表演享有下列权利:

1. 表明表演者身份的权利。无论是在现场表演,还是在制作录音录像制品时或播放广播、电视节目时,表演者都有权要求公开其身份。现场表演的,应由报幕员或节目主持人向观众表明每个节目的主要表演者的身份,也可在节目单、海报上印出主要表演者的名单。在电影、电视、广播、音像制品中的表演,应当在节目播映时同时播出主要演员的名单和演出单位名单。

2. 保护表演形象不受歪曲的权利。歪曲表演者的表演形象,会直接损害表演者的名誉、声望,还会给表演者的演出生涯造成难以弥补的危害,影响其经济收入。表演形象是表演者通过其表演所创造出来的一个新形象,对表演形象仅能进行真实的、恰当的利用,不能歪曲、虚假或丑化地利用。表演者有权禁止他人丑化其表演形象,禁止他人未经许可而把其表演形象挪作他用。

3. 许可他人从现场直播和公开传送其现场表演,并获得报酬的权利。这是表演者对其表演传播到现场之外的控制权。所谓现场直播,指表演者在进行现场表演时,通过广播电台、电视台将其表演实况同时播出。由于现场直播表演会影响到演出的上座率,减少表演者的收入,因而《著作权法》通过授予表演者许可他人现场直播的权利来保护其经济利益。未经表演者许可而现场直播其表演的,应承担侵权责任。公开传送其现场表演,是指利用一定的技术,通过一定的方式传送表演者的现场表演。

4. 许可他人录音录像,并获得报酬的权利。这是表演者对制作音像制品的控制权。非经表演者许可,任何人不得制作其表演的音像制品。以营利为目的将表演录音录像的人,均应请求表演者的许可,并与表演者商定支付报酬事宜,这是毋庸置疑的;而对于非营利性的录音录像,如新闻记者为报道新闻、艺术院校为教学研究的需要而将表演者的表演录音录像,是否应征求表演者的同意,并向其支付报酬,1990年《著作权法》制定时认为不必征求表演者的同意,也不必向其支付报酬。但录音录像涉及表演者的人身利益,还是应取得表演者的同意为宜,因此,现行《著作权法》将"为营利目的"删除,并要求无论是否以营利为目的,都应征得表演者同意,向其支付报酬。另外,关于许可权究竟由表演者个人行使,还是由演出组织行使,可参照许可他人现场直播的有关规定。

5. 许可他人复制、发行、出租录有其表演的录音录像制品并获得报酬的权利。由于录音录像制品的复制、发行、出租,表演者的表演机会大大减少,特别是将录音录像制品进行商业性使用的现象对表演者的利益构成极大威胁,因此,二次使用费请求权制度的建立实属必要。按照这个制度,用合法制作的录音录像制品进行商业性广播或传送的广播电台、电视台,以提供录音录像节目为主要业务的有线广播电视机构,以及饭店、酒吧、餐馆、茶馆、卡拉OK厅等经常使用录音录像制品的行业,均应当向表演者支付表演者权的二次使用费。

6. 许可他人通过信息网络向公众传播其表演,并获得报酬的权利。互联网络是一种新的作品传播方式,这一内容是法律为了适应新科技发展而及时提出的对著作权及有关权利的保护措施。随着新技术的发展,互联网络已走进千家万户,网络传播速度快,传播方式快捷,成本较低,内容可载量大,因此已被普遍运用,但随之而来的就是网络侵权的大量发生。正因为网络已成为信息传播的主要途径之一,才使网络侵权现象日趋严重。

上述第 3 ~6 项权利的保护期为 50 年,截止于该表演发生后第 50 年的 12 月 31 日。

外国人、无国籍人在中国境内的表演,受我国《著作权法》保护。外国人、无国籍人根据中国参加的国际条约对其表演享有的权利,受我国《著作权法》保护。

第三节　音像制作者的权利

一、音像制作者的定义

音像制作者,是指将声音、形象或两者的结合首次固定于物质载体上的人。前者是指将声音首次固定在物质载体上的人,后者是指将声音和形象首次固定在物质载体上的人。录音录像制作者权,就是录音、录像制作者对其制作的录音、录像制品所享有的权利。大多数国家都承认自然人与法人均可成为音像制作者,并对录音制作者与录像制作者作了区分。日本、德国的著作权法只规定了录音制作者的权利,而未规定录像制作者的权利;法国及我国的著作权法则对这两者的权利都作了规定。

二、音像制作者的义务

音像制作者使用他人作品制作音像制品时,应履行如下义务:(1)录音录像制作者使用他人作品制作录音录像制品,应当取得著作权人的许可,并支付报酬。这意味着录音录像制作者制作录音录像制品时,无论他人作品是否发表,都应取得著作权人的许可。就录音录像作品而言,由于其比较真实完整地固定表演的实况,因此它一旦制成,就会影响演出的场次及演员的收入,所以法律规定,无论作品是否公开发表,录制者都应征求著作权人的许可。(2)录音录像制作者使用改编、翻译、注释、整理、汇编已有作品而产生的作品制作录音录像制品的,应取得改编、翻译、注释、整理、汇编作品著作权人和原作品的著作权人的许可并支付报酬。由于原作及演绎作品均存在著作权,所以,录音录像制作者在使用演绎作品时应向原作品及演绎作品的著作权人支付报酬。(3)录音制作者使用他人已经合法录制为录音制品的音乐作品制作录音制品,可以不经著作权人许可,但应当按照规定支付报酬,著作权人声明不许使用的不得使用。(4)被许可人复制、发行、通过信息网络传播录音录像制品,应当同时取得著作权人、表演者许可,并支付报酬。(5)音像制作者在制作发行作品时,除应尊重作者的权利外,还应尊重表演者的权利,即应当同表演者订立合同,并支付报酬。

三、音像制作者的权利

关于音像制作者的权利内容,日本《著作权法》规定,音像制作者享有复制权、二次使用唱片权、借贷权等权利。德国《著作权法》规定,音像载体制作者享有复制和传播权、参与分享的权利。《罗马公约》第10条规定,录音制品制作者有权许可或禁止他人对其录音制品的直接或间接复制。

我国《著作权法》第44条第1款规定:“录音录像制作者对其制作的录音录像制品,享有许可他人复制、发行、出租、通过信息网络向公众传播并获得报酬的权利……”复制是指对录音录像制品的母带进行的复制业务。发行是指将复制品向公众公开出售或放映。出租是指利用复制品向公众出租并取得租金。通过信息网络向公众传播是指通过互联网络上的网站向不特定的公众传播。《著作权法》在历次修改过程中又增加出租、通过信息网络向公众传播两项权利内容,具有非常重要的意义。

另外,对于录音制品而言,著作权法又专门设计了限制性条款,弱化了权利的排他性。我国《著作权法》第45条规定:“将录音制品用于有线或者无线公开传播,或者通过传送声音的技术设备向公众公开播送的,应当向录音制作者支付报酬。”这意味着,一方面,录音制品的制作者有权从广播行为中获取经济收益,另一方面,降低了广播组织的交易成本,使其能够不经许可只用支付报酬的方式直接使用录音制品。

关于音像制作者的权利的保护期限,各国规定不一。日本《著作权法》规定唱片的保护期限从首次固定起经过20年届满。德国《著作权法》规定音像载体的保护期限从首次出版起经过25年消灭。如未出版,则从音像载体制作时起经过25年消灭。《罗马公约》规定录音制品的保护期限从其被录制的年底起计算,不少于20年。我国《著作权法》规定的录音录像制作者的权利的保护期为50年,截止于首次制作完成后第50年的12月31日。

外国人、无国籍人在中国境内制作、发行的录音制品,受我国《著作权法》保护。外国人、无国籍人根据中国参加的国际条约对其制作、发行的录音制品享有的权利,受我国《著作权法》保护。

第四节 广播组织的权利

一、广播组织的定义

在我国广播组织主要是指广播电台、电视台。根据我国《广播电视管理条例》的规定,广播电台、电视台是指采编、制作并通过有线或者无线的方式播放广播电视节目的机构。但我国《著作权法》及与其相关的法律文件中,却并无任何关于广播组织的定义。因此,我国的广播组织仅指广播电台、电视台,暂时不包括网播组织。

二、广播组织的义务

由于著作权人对作品享有广播权,因此如果广播组织播放的是他人的作品,则需要承担相应的义务。根据我国《著作权法》第46条的规定,广播组织在使用他人作品时应履行如下义务:

1. 广播电台、电视台播放他人未发表的作品,应当取得著作权人许可,并支付报酬。这是因为,著作权人对于自己未发表的作品享有包括发表权在内的著作人身权和财产权,著作权人有权以口头或书面的形式决定是否允许广播组织播放其作品以及是否支付报酬,未经许可,广播组织不得擅自使用著作权人未发表的作品。

2. 广播电台、电视台播放他人已发表的作品,可以不经著作权人许可,但应当支付报酬。该法这样规定的理由是:首先,考虑到对著作权人所享有私权的尊重,以及著作权对作品创作和传播的激励作用,如不向著作权人支付报酬,则会打击其创作和传播作品的积极性,为此,广播组织应支付报酬;其次,广播组织的节目制作时间性较强,且涉及大量范围和类型的作品,若规定广播组织在使用已公开发表的作品时也需逐一征求著作权人的许可,则会给广播组织增加难以承受的交易成本,并阻碍节目的制作和作品的传播。所以法律规定,通常情况下广播组织可不经著作权人的许可而使用其作品。

同时,根据我国《著作权法》第 45 条和第 48 条的规定,针对视听作品,以及邻接权体系下的录音制品和录像制品,广播组织在播放时需要履行以下义务:

1. 广播电台、电视台播放已经出版的录音制品,可以不经著作权人许可,但应当支付报酬。当事人另有约定的除外。

2. 电视台播放他人的视听作品、录像制品,应当取得视听作品著作权人或者录像制作者许可,并支付报酬;播放他人的录像制品,还应当取得著作权人许可,并支付报酬。之所以要求视听作品和录像制品既需要获得权利人的许可,也应支付报酬,是因为广播组织是视听作品和录像制品的主要传播渠道之一,全面保障权利人享有排他性的广播权,有助于增强其与广播组织的议价能力,从而进一步保障权利人的经济收益。

三、广播组织的权利

广播组织的权利,即广播组织对其节目信号所享有的权利。日本《著作权法》规定,广播组织享有复制权、再广播权和有线广播权及电视广播的传播权。德国《著作权法》规定,广播企业享有重播权、复制权、有偿使用广播节目的权利。广播组织权也是《罗马公约》所规定的第三种邻接权,包括:(1)有权授权或禁止转播他们的广播节目;(2)有权授权或禁止录制他们的广播节目;(3)有权授权或禁止复制未经其同意而制作的他们的广播节目的录音或录像;(4)有权授权或禁止复制根据第 15 条合理使用的规定而制作的广播节目的录音和录像;(5)有权授权或禁止向公众传播电视节目,如果此类传播是在收门票的公共场所进行的。行使这种权利的条件由被要求保护的缔约方的国内法律确定。《知识产权协定》第 14 条第 3 款规定了与《罗马公约》类似的权利:“广播组织应有权禁止未经同意而进行的下列行为:录制、对录制品的复制、通过无线广播手段重新播放以及通过电视播放将这样的内容传达给公众。”

根据我国《著作权法》第 47 条的规定,广播电台、电视台有权禁止未经其许可的下列行为:(1)将其播放的广播、电视以有线或者无线方式转播。广播电台、电视台在制作节目的过程中要经过大量的程序,耗费大量的创造性劳动。为确保其合法权益,应授予广播组织对其制作的节目拥有排他的控制权。其他广播组织要播放这些节目,必须经过制作节目的广播电台、电视台的许可。(2)将其播放的广播、电视录制以及复制。(3)将其播放的广播、电视通过信息网络向公众传播。禁止他人信息网络传播是《著作权法》在 2020 年修改时新增加的权利类型。随着“三网融合”时代的到来,节目信号通过广播网和互联网传播的界限已经日益模糊,甚至大量节目在互联网上获得了更多的关注和收益。增加此项权利,保障了广播组织能够通过信息网络传播获取收益。

关于广播组织权利的保护期限,日本规定为20年,法国规定为25年。《罗马公约》规定对广播节目的保护期限至少应当为20年,《知识产权协定》的规定与其一致。我国《著作权法》规定,广播电台、电视台的权利的保护期为50年,截止于该节目首次播放后的第50年的12月31日。

外国的广播电台、电视台根据中国参加的国际条约对其播放的广播、电视节目享有的权利,受我国《著作权法》保护。

结 语

邻接权是与著作权有关但又与其平行的权利,亦被称为作品传播者的权利。在现代著作权立法体例中多为更加独立构成的专门制度,我国《著作权法》规定的邻接权,包括表演者权、录音录像制作者权和广播组织权等。

思考题

1. 邻接权与著作权有哪些区别与联系?
2. 表演者对其表演有哪些权利?
3. 音像制作者权的内容有哪些?
4. 广播组织权的内容有哪些?

资料链接

1. [法]克洛德·科隆贝:《世界各国著作权和邻接权的基本原则——比较法研究》,高凌瀚译,上海外语教育出版社1995年版。
2. [西班牙]德利娅·利普希克:《著作权与邻接权》,联合国译,中国对外翻译出版公司2000年版。
3. 张伟君:《论邻接权与著作权的关系——兼谈〈著作权法〉第47条(广播组织权)的解释论问题》,载《苏州大学学报(法学版)》2021年第3期。

第八章　著作权限制

学习目的　了解著作权权能限制的各种具体情形，领会合理使用、法定许可使用、强制许可使用的适用条件及其相互区别，掌握合理使用的认定方法。

关键词　著作权限制　合理使用　法定许可使用　强制许可使用

导语

2022年，由成都市广播电视台策划制作并播出的《谭谈交通》栏目因著作权纠纷问题引发社会关注。成都市广播电视台认为，《谭谈交通》节目由其进行策划、制作和播出，所以其对该节目依法享有著作权，从而有权针对未经许可发布与该节目相关视频的行为依法予以维权，并要求相关个人和平台承担著作权侵权责任。随后，该节目的原主持人谭乔个人账号中的视频以及上万个网友的二次创作视频均因被投诉而下架。

所谓著作权的限制，通常是指对著作权人专有权利行使的限制，其功能在于通过对著作权的适当限制，平衡创作者、传播者和使用者的利益，确保公众能接触和使用作品，以促进整个社会科学文化事业的进步。世界各国著作权法之所以对著作权人所享有的著作权进行限制，是因为：(1)著作权人在创作作品的过程中，不可避免地吸收前人的劳动成果，在其作品完成后，也应在一定程度上为社会所利用；(2)任何权利都不是绝对的，权利人在享受权利时，也应承担一定的义务，反映在著作权中，就是公众尊重权利人的劳动成果，也应分享权利人的劳动成果给社会带来的利益；(3)对著作权进行限制，可防止因权利滥用而妨碍、束缚科学技术的进步和文化的繁荣。著作权限制在广义上分为时间限制、地域限制和权能限制，但一般专指权能限制。本章主要论述著作权权能限制的类型，即合理使用的概念及类型、法定许可的概念及类型、强制许可的概念与特征。上述热点事件主要纠纷涉及的“二次创作”合法性认定问题，就需要根据著作权限制制度的相关规定来判定。“二次创作”的合法性认定问题涉及是否构成著作权法规定的合理使用，需要严格根据著作权法对合理使用的相关规定对其予以判断和界定。本章的重点之一就是著作权合理使用情形的认定问题。

第一节　合 理 使 用

合理使用，是指法律允许他人在特定条件和范围内自由使用享有著作权的作品，而不必征得权利人的许可，也不向其支付报酬的合法行为。

合理使用制度源起于版权法体系国家，经历了由判例法到成文法的演变过程。它肇始于英国判例法。从1740年到1839年，英国法官在其审判活动中创制了一系列规则，即允许后来作者未经前任作者同意而使用其作品，草创了有关合理使用的范围、功用及法理基础；尔后，这一制度成就于美国判例法。1841年美国法官 Joseph Story 在审理 Folsom v. Marsh 一案中，集以往相关判例法规则之大成，系统阐述了合理使用制度的基本思想，以致后来成为美国立法的基础，并对各国著作权立法产生了深远的影响。后来，美国《著作权法》第107条规定了判断某一行为是否构成合理使用的四条标准，即"(1)使用目的和性质，包括是否属于商业性质或非营利性教学目的；(2)受保护作品的性质；(3)所使用部分占整个作品的数量和比例；(4)使用行为对作品潜在市场或价值的影响"。该判定方法被称为合理使用制度。根据美国国会立法说明所述，本条对合理使用制度的界定，并无意将此原则冻结于法条中，尤其是处于科技发展迅捷的时代，法院应根据个案的特殊情况适用本条的原则。这也符合美国一直遵循的判例法传统。

我国的合理使用制度，其实并非源自版权法体系，而是来自作者权法体系的"权利限制与例外"。根据《伯尔尼公约》第9条第2项提供的"三步检验法"，合理使用的适用应符合以下三项要求，即在特殊情况下，不妨碍作品的正常使用，未对作者的合法利益造成不当影响。

合理使用在我国《著作权法》中也有明文规定。《著作权法》第24条规定了13种情形，其中12种具体的例外使用情形，在所列举情况下使用作品，可以不经著作权人许可，不向其支付报酬，但应当指明作者姓名或者名称、作品名称，并且不得侵犯著作权人依照该法享有的其他权利。该条规定的12种具体的合理使用的情形，属于列举式的立法模式，试图以穷尽列举的方式实现对合理使用适用范围的清晰界定。可以说，这一立法模式在本质上乃是对《伯尔尼公约》"三步检验法"的继承，对12种著作权例外类型的穷尽列举乃是满足"三步检验法"第一步对"在特定且特殊情形下"的要求，第24条一般规定中"不得影响该作品的正常使用，也不得不合理地损害著作权人的合法权益"两个判定要件，则完全复制了"三步检验法"第二步和第三步的表述。换言之，我国著作权合理使用体系完全符合相关国际公约中"三步检验法"的要求。从司法判定逻辑出发，我国合理使用的认定应遵循"三步检验法"，首先根据"特定且特殊情形"的要求，将合理使用解释的法源限定于12种明确列举使用类型内，任何扩大解释都必须严格基于对法定列举类型的类推。其次，在法定类型限度内再适用"不得影响该作品的正常使用"和"不得不合理地损害著作权人的合法权益"之一般判定要件解释前述法定列举。

根据我国现行《著作权法》的规定，合理使用在以下几种情况下适用：

1. 为个人学习、研究或者欣赏，使用他人已经发表的作品。在这里，作为合理使用主体的"个人"，有的学者认为是指使用者自己，而不能扩展至第三人或者家庭、单位。作出严格的界定对于保护作者的权利固然有利，但是在家庭联系如此紧密的中国，如果将家庭范围内的学习、研究和欣赏也列为非合理使用，则在实践中难以施行，就连举证也存在很大的难度，所以我们主张这里的"个人"可以扩充解释为"家庭"，超出家庭范围的使用即属于侵犯他人著作权的行为。为个人学习、研究和欣赏而使用他人已经发表的作品是否要受到数量上的限制，我国《著作权法》对此未作规定，有些国家却规定得更为具体。就复制来讲，捷克、巴西、埃及、墨西哥等国的著作权法均规定以1份为合理，不允许复制多份。也有的国家，如冰岛《著作权法》认为个人复制3份也是合理的。为个人学习、研究和欣赏而使用他人作品的方式主要是复制，但又不限于复制，朗诵、改编、翻译、表演他人的作品都属于使用作品的形式。

2. 为介绍、评论某一作品或者说明某一问题，在作品中适当引用他人已经发表的作品。符合这一情况必须具备以下条件：(1)引用的作品必须是他人已经发表的作品；(2)引用的目的仅限于介绍、评论某一作品或者说明某一问题；(3)不得损害被引用作品著作权人的利益；(4)所引用部分的比例不得超过使用的目的和必要性。

3. 为报道新闻，在报纸、期刊、广播电台、电视台等媒体中不可避免地再现或者引用已经发表的作品。此种情况的引用范围必须符合报道新闻的目的，不允许为制作广播电视节目而大量使用他人的作品，更不允许将他人作品无休止地在新闻节目中播放等规避法律的行为。新闻媒体为报道新闻，引用他人已经发表的作品，应基于不可避免的情况，不得超出必要性的范围。我国《著作权法》之所以这样规定，是为了遵循《伯尔尼公约》关于"合理使用"的范围的规定。

4. 报纸、期刊、广播电台、电视台等媒体刊登或者播放其他报纸、期刊、广播电台、电视台等媒体已经发表的关于政治、经济、宗教问题的时事性文章，但是著作权人声明不许刊登、播放的除外。需要注意的是，此处的媒体是否包括网络媒体，之前尚存在争议。但从鼓励此类文章传播的目的出发，应通过不完全列举将网络媒体纳入其中。

5. 报纸、期刊、广播电台、电视台等媒体刊登或者播放在公众集会上发表的讲话，但作者声明不许刊登、播放的除外。此种情况的公众集会，指的是群众性的政治集会、庆祝活动或纪念性的集会。作者在公众集会上发表的讲话具有公开宣传的性质，刊登或播放这些讲话正是为了将其迅速传播，借此扩大宣传范围和影响。但是如果作者认为自己的讲话有可能不完善或有缺陷，需要修改才能传播，则应尊重作者的意思表示。

6. 为学校课堂教学或者科学研究，翻译、改编、汇编、播放或者少量复制已发表的作品，供教学或者科研人员使用，但不得出版发行。这种合理使用的目的在于学校课堂教学或者科学研究，而并非营利。因此，带有营利性质的培训班不在此范围之内。此类合理使用的主体为教学科研人员，他们对于使用的资料不得出版发行，使用方法为翻译、改编、汇编、播放或少量复制。关于少量复制，《著作权法》没有明确的数额规定，一般理解为应以课堂教学或科研的需要为准。

7. 国家机关为执行公务在合理范围内使用已经发表的作品。这里的国家机关指的是国家立法机关、司法机关、行政机关等。只有在执行公务需要的情况下，法律才允许它们自由使用他人已发表的作品，如立法机关为了立法可复制他人已发表的论文，供参与起草或讨论的人学习或参考；司法机关为案件的审理，可复制他人的作品作为书证或供办案人员使用。有关此项规定的使用，2001年修改的《著作权法》增加了"在合理范围内"的规定。此项规定，对国家机关为执行公务使用他人已发表的作品，在程度方面进行了一定的限制，有利于保护著作权人的合法权益。

8. 图书馆、档案馆、纪念馆、博物馆、美术馆、文化馆等为陈列或者保存版本的需要，复制本馆收藏的作品。由于上述单位是为广大公众提供免费服务的文化事业单位，不仅为广大公众参加社会文化活动、学习知识、欣赏艺术提供方便,也为作者创作提供参考资料,因此,各国著作权法均将此纳入合理使用的范围。这里所指的复制,一是为了保存版本或陈列的需要;二是以本馆收藏的作品为限,二者缺一不可。同时,这种复制的对象既包括他人已发表的作品,又包括他人未发表的作品。但作者已明确表示不发表和不准复制的,则应尊重作者的意思表示,不得进行复制。

9. 免费表演已经发表的作品,该表演未向公众收取费用,也未向表演者支付报酬,且不以营利为目的。免费表演必须同时具备两个条件:一是表演者不得有任何报酬;二是观众及所在单位不支付任何报酬。尽管免费表演不需征得作品权利人同意,也不用向其支付报酬,但必须在表演的过程中注明表演作品的名称、作者的姓名,并保护作品的完整权,以此表示对作者著作人身权的尊重。

10. 对设置或者陈列在公共场所的艺术作品进行临摹、绘画、摄影、录像。这里所指公共场所的艺术作品,主要是置于广场、公园、景点,或公共展览馆等室外或室内的美术作品等,对艺术作品的合理使用方式也仅限于《著作权法》所允许的临摹、绘画、摄影、录像等非接触性的复制,直接接触的方式,如拓印必须经著作权人的许可。至于被以上合理使用方式复制后形成的新作品或录像作品能否公开发表或用于其他的商业用途,我们认为,为保护著作权人的利益,法律应当将其排除在合理使用范围之外。换言之,对公共场所的作品临摹、绘画、拍摄之后的任何营利性使用,都须经过作品著作权人的许可,并向其支付报酬。

11. 将中国公民、法人或非法人组织已经发表的以国家通用语言文字创作的作品翻译成少数民族语言文字作品在国内出版发行。我国是个多民族的国家,汉族人口占绝大多数。汉族与少数民族之间在经济、文化上发展不平衡,面对此种现实,法律上允许将已发表的国家通用文字作品翻译成少数民族文字作品在国内出版发行,这有利于在少数民族地区推广先进的文化和科学技术知识,促进少数民族地区经济发展和繁荣。根据我国著作权法的规定,这种合理使用方式有如下特征:一是使用的对象只能是中国作者已经发表的国家通用文字作品;二是只能是国家通用文字作品,而不能涉及电影、电视等文字以外的作品;三是翻译成少数民族语言文字的作品只能在国内出版发行。

12. 以阅读障碍者能够感知的无障碍方式向其提供已经发表的作品。在 2013 年通过的《关于为盲人、视力障碍者或者其他印刷品阅读障碍者获得已出版作品提供便利的马拉喀什条约》(以下简称《马拉喀什条约》)明确在著作权领域落实和细化了联合国《残疾人权利公约》,将阅读障碍者定义为失明的,有视力障碍、感知障碍或阅读障碍,且无法改善达到与无此种障碍的人实质同等的视觉功能,或者无法在与无障碍或者没有失能的人实质相同的程度上阅读印刷物。为保护此类人获取知识的权利,《著作权法》允许以阅读障碍者能够感知的无障碍方式向其提供已经发表的作品,在此种情况下可以不经著作权人允许且不支付报酬。

必须说明的是,上述 12 种限制措施同样适用于对出版者、表演者、录音录像者、广播电台、电视台的权利限制。尽管存在以上限制,但是,根据《著作权法》有关规定,使用可以不经著作权人许可的已经发表的作品的,不得影响该作品的正常使用,也不得不合理地损害著作权人的合法权益。

第 13 类例外增加于 2020 年《著作权法》,即法律、行政法规规定的其他情形。这意味着

《著作权法》以外的其他法律或者行政法规也可以新增合理使用的情形，但法官不允许在司法裁判中创设情形。

第二节 法定许可使用

一、法定许可使用概述

法定许可使用，是指根据法律的直接规定，以特定的方式使用已发表的作品，可以不经著作权人的许可，但应向著作权人支付使用费，并尊重著作权人的其他权利的制度。

法定许可使用作为对著作权的一种限制措施，在大多数国家的著作权法中都有明文的规定，但其适用范围有所不同。一般来说，大陆法系国家的法定许可使用的适用范围要宽于英美法系国家法定许可使用的适用范围。例如，德国《著作权法》所规定的法定许可使用的适用范围，涉及对汇编作品、广播评论、报纸文章的复制和传播。而在英美法系国家，法定许可使用仅适用于将录音制品再行录音和将已发表的美术作品应用于工业生产部门，很少涉及报刊刊载、表演、制作广播、电视节目等领域。无论适用范围有何差异，其制度目标在于弱化著作财产权的效力，使原来的排他性权利转化为非排他性的报酬请求权，同时降低了因事前协商所产生的交易成本。但这种对著作财产权的弱化，也造成著作权人丧失决定作品许可条件的能力，因此需要谨慎选择适用范围。

二、法定许可使用的种类

我国法律共规定了6种法定许可使用，即《著作权法》中规定的"报刊转载"、"录音制品制作"、"播放作品"、"播放录音制品"、"教科书编写"以及《信息网络传播权保护条例》中规定的"课件制作"。

（一）关于报刊转载的法定许可

《著作权法》第35条第2款规定的报刊转载法定许可，是指作品在报刊上刊登后，除著作权人声明不得转载、摘编外，其他报刊在按规定向著作权人支付报酬的前提下，可以转载或作为文摘、资料刊登。报刊转载的法定许可旨在限制文字作品著作权人的复制权，为优秀文字作品的传播提供法律上的便利条件，以避免层层许可阻碍作品的传播。

同时，对于网络环境下的转载、摘编行为，并不能适用法定许可。最高人民法院曾在2000年《关于审理涉及计算机网络著作权纠纷案件适用法律若干问题的解释》（已失效）中试图将报刊转载的法定许可扩展到网络环境下，但2006年的《信息网络传播权保护条例》（已修改）并未吸收这一司法解释的规定。

（二）关于录音制品制作的法定许可

根据《著作权法》第42条的规定，录音制品制作的法定许可，是指录音制品制作者使用他人合法录制为录音制品的音乐作品来自己制作录音制品时，在按照规定支付报酬的前提下，可以不经过著作权人的许可，但著作权人声明不许使用的除外。需要注意的是，能够适用录音制品制作法定许可的音乐作品，必须是已经被合法录制为录音制品的音乐作品。如果该音乐作品是被首次制作成录音制品，仍然需要在事前获得音乐作品著作权人的许可，不适用法定许可。同时，关于录音制品制作的法定许可并不涉及音乐作品著作权人的复制权与发行权，因此，如果制作者翻录或者发行被翻录的他人的录音制品，都将构成对原录音制品权利人著作权的侵犯。

(三)关于播放作品的法定许可

根据《著作权法》第46条第2款的规定，广播电台、电视台播放他人已经发表的作品，可以不经著作权人许可，但应当支付报酬。需要注意的是，在随后的第48条中，《著作权法》又特别规定了视听作品和录像制品不适用广播电台、电视台的法定许可，而需要事前取得视听作品著作权人或录像制品制作者的同意，其原因在于广播组织为视听作品和录像制品的主要传播渠道，如果适用法定许可将不适当地导致视听作品和录像制品的权利人丧失议价能力。

(四)关于播放录音制品的法定许可

与上述播放作品的法定许可相同，播放录音制品的法定许可的目的同样是限制著作权人的广播权。根据《著作权法》第45条的规定，将录音制品用于有线或者无线公开传播，或者通过传送声音的技术设备向公众公开播送的，应当向录音制作者支付报酬。2009年5月6日，国务院通过了《广播电台电视台播放录音制品支付报酬暂行办法》(已修改)，曾具体规定了在不同条件下广播电台、电视台播放录音制品的付酬办法。

(五)关于编写出版教科书的法定许可

编写出版教科书的法定许可，是指为实施义务教育和国家教育规划而编写出版教科书，除作者事先声明不许使用的外，可以不经著作权人许可，在教科书中汇编已经发表的作品片段或者短小的文字作品、音乐作品或者单幅的美术作品、摄影作品，但应当按照规定支付报酬，指明作者姓名或者名称、作品名称，并且不得侵犯著作权人依照《著作权法》享有的其他权利。该法定许可旨在促进国家规划教育的实施，同时作品不限于文字作品，而且对出版者、表演者、录音录像制作者、广播电台、电视台的权利同样适用。

(六)关于制作课件的法定许可

根据《信息网络传播权保护条例》第8条的规定，为通过信息网络实施九年制义务教育或者国家教育规划，可以不经著作权人许可，使用其已经发表作品的片断或者短小的文字作品、音乐作品或者单幅的美术作品、摄影作品制作课件，由制作课件或者依法取得课件的远程教育机构通过信息网络向注册学生提供，但应当向著作权人支付报酬。该法定许可可视为是为了促进网络环境下的国家规划教育所设。

第三节 强制许可使用

强制许可使用，是指在特定的条件下，由著作权主管机关根据情况，将对已发表作品进行特殊使用的权利授予申请获得此项权利的使用人的制度。在国际著作权公约中，其又称为“强制许可证”(compulsory licence)，属于“非自愿许可”的情形。

强制许可使用制度采用之初，仅适用于对音乐作品录制唱片之情形，即唱片制作人经主管部门的批准，以支付使用费为对价，得以录制他人的音乐作品而该著作权人不得拒绝，以后才渐次延及其他领域。[1] 在立法例上，美国1909年《著作权法》率先以成文法的形式规定了这一制度，1976年修订著作权法时又对此作了系统性规定。随着世界各国经济往来的日益频繁，著作权强制许可制度也逐渐从英美国家扩展至大陆法系国家，如德国、日本、法国、意大利等国，从原来仅限于音乐作品扩展到其他作品，同时它还为两个主要著作权国际公约，即《伯尔尼公约》和《世界版权公约》所认可。不过，这两个公约的强制许可条款仅仅承认发展中国家著作权主管机关享有向申请人颁发翻译或复制外国作品的强制许可证的权力。由于程序过于复杂，条件过于严格，因此，向这两个公约的主管机构——世界知识产权组织和联合国教科文组织递交通知书，宣布要求享有此种优惠的国家并不多见。自1971年两大公约规定对发展中国家给予强制许可翻译或复制外国作品的优惠条款以来，仅有墨西哥、几内亚、突尼斯等少数几个国家要求享有此种优惠制度。

强制许可使用的功能在于，借助强制许可证的方式限制著作权人的专有权利，确保公众接触作品、使用作品的可能性，以促进整个社会政治、经济、科学与文化的进步。在西方国家的著作权法中，合理使用对作品的使用人规定有严格的限制条件，使用人能够利用作品的数量极为有限，且著作权人无法从这种传播中收取任何利益。而强制许可使用虽与合理使用同为非自愿许可，但有自己特殊的功用，它在维系著作权人的获酬权的条件下，保证了使用人对作品利用数量与方式的需要。同时，在一些国家，作者的专有使用权与公众利用作品的需求之间的矛盾往往是通过法定许可制来缓解的。但对于未实行法定许可制的国家（如美国、日本等），解决这一问题则是借助于强制许可使用方式。换言之，强制许可使用具有法定许可使用的替代功能，它均衡了著作权人与使用人两者的利益，实现了保护作者权利与促进科学文化事业发展的立法目的。

强制许可使用与合理使用同属对著作权的限制，其区别在于，合理使用不需征得著作权人同意，也不用向其支付报酬，而强制许可使用必须先由使用人以合理条件和理由请求著作权人许可，如著作权人无理拒绝或不作答复，还须向国家有关主管部门申请，由该机关授权许可使用作品，并且须支付报酬。

强制许可使用与法定许可使用的区别在于，法定许可适用于愿意使用法律所规定的作品的特定人，不需要经过著作权人同意，但要向其支付报酬，如果著作权人声明不准使用，则不得使用。而强制许可的程序较为烦琐，在向著作权人申请许可未成功时，还要向主管部门申请授权，通过强制许可证的形式获得作品使用权，并且同样要向著作权人支付报酬。

我国著作权法没有规定强制许可制度，但是由于我国已经加入《伯尔尼公约》和《世界版权公约》，故公约中有关强制许可的规定也可引用。

结 语

著作权的限制类型主要有合理使用、法定许可使用和强制许可使用。合理使用，是指在特

---

〔1〕 参见张静：《著作权法评析》，台北，水牛出版社1983年版，第230页。

定的条件下，法律允许他人自由使用享有著作权的作品，而不必征得权利人的许可，不向其支付报酬的合法行为。我国《著作权法》规定了 13 种合理使用情形，在这些情形下使用作品，可以不经著作权人许可，不向其支付报酬，但应当指明作者姓名或者名称、作品名称，并且不得侵犯著作权人依照《著作权法》享有的其他权利。法定许可使用，是指根据法律的直接规定，以特定的方式使用已发表的作品，可以不经著作权人的许可，但应向著作权人支付使用费，并尊重著作权人的其他权利的制度。强制许可使用，是指在特定的条件下，由著作权主管机关根据情况，将对已发表作品进行特殊使用的权利授予申请获得此项权利的使用人的制度。

思考题

1. 简述合理使用必须具备的要件。
2. 简述法定许可使用的情形。
3. 简述强制许可使用与合理使用及法定许可使用的区别。

资料链接

1. 吴汉东：《著作权合理使用制度研究》（第 4 版），中国人民大学出版社 2020 年版。
2. 管育鹰：《我国著作权法定许可制度的反思与重构》，载《华东政法大学学报》2015 年第 2 期。
3. 熊琦：《著作权合理使用司法认定标准释疑》，载《法学》2018 年第 1 期。
4. 李琛：《论我国著作权法修订中“合理使用”的立法技术》，载《知识产权》2013 年第 1 期。

第九章　著作权利用

学习目的　掌握著作权转让的概念与特征、著作权许可使用的概念与特征，理解著作权转让合同与著作权许可使用合同的内容。

关键词　著作权转让　著作权许可使用　著作权合同

导语

作曲家杨某将其创作的歌曲《夏日的夜》许可给某歌唱家乙演唱，并约定在10年内只允许乙一人演唱。后来，另一歌唱家丙也希望在舞台上演唱此歌曲，于是杨某又许可该丙演唱。乙知道后，与杨某和丙发生了争执。在本案中，杨某的行为是否合法？这里涉及著作权利用的方式及规则问题。

所谓著作权的利用，通常是指著作权的转让、许可使用、质押等行使作品著作权的行为。著作权的利用制度，一方面为著作权人实现其财产权利获得报酬提供了渠道，另一方面便利了公众对作品的利用，从而实现了以著作权制度鼓励作者创作、促进作品传播之目的。本章主要论述著作权转让的概念与特征、著作权许可使用的概念与特征，并对著作权转让合同与著作权许可使用合同的内容进行阐述。

第一节　著作权转让

著作权的转让，是指著作权人将其作品财产权部分或全部转移给他人所有的法律行为。

关于著作权转让法律制度，世界各国的著作权法所作出的规定有所不同。英美等国视著作权为著作财产权，主张著作权可以全部转让。如美国《著作权法》第201条(a)(1)规定："版权所有权可以全部或部分通过任何转让方式或法律的实施来转移。"英国《著作权法》第36条第3款规定，著作权的转让(不论全部或部分)必须以书面形式为主，并须经著作权让与人签名盖章。所以，在英美等国看来，著作权无异于个人动产所有权，可以通过合同的方式来转移。法国、日本等国也主张著作权可以全部或部分转让，如法国《著作权法》第35条规定："作者可全部或部分地转让对其作品所拥有的权利。"但是，法国、日本等国理论上采取的是二元论学说，它们将著作权分为著作人身权和著作财产权，能够转让的是著作财产权，而著作人身权由于其不可剥夺性永远保留在著作权人手中。突尼斯等国则主张著作权可以转让，但转让的只能是著作财产权，而且著作财产权的转让只能是部分转让而不能是全部转让。德国是主张著作权一元说理论的国家，认为著作人身权和著作财产权是不可分割的有机组成体，由于著作人身权不可转让，所以著作财产权亦不能转让，该国著作权的利用采取使用许可方式。

我国著作权法把著作权的内容分为著作人身权和著作财产权两大部分。既然著作权中存在财产权的内容，应该允许其转让，特别是我国已加入了《伯尔尼公约》、《世界版权公约》以及《保护录音制品制作者防止未经许可复制其录音制品公约》等，因此，法律上允许著作权转让就成为顺理成章的事情。2020 年《著作权法》第 27 条明确规定了著作权转让法律制度。

著作权的转让具有以下特征：

1. 著作权转让的对象是著作财产权。我国著作权法规定的著作权的内容为著作人身权和著作财产权。著作人身权是指作者因创作作品而依法享有的与作品相关的人身权利，这种人身权与作者的人格利益紧密相关，具有永久性、不可剥夺性，自然不能转让。因此，我国《著作权法》规定，著作权转让的对象只能是《著作权法》第 10 条第 1 款第 5 项至第 17 项规定的著作财产权。

2. 著作权的转让导致著作权主体的变更。作品的著作财产权自权利人转让给受让人，受让人即成为该作品的著作权人，从而导致著作权主体的变更。但是，这种权利主体的变更不同于财产法中的权利主体变更。在财产法中，财产所有权的原始主体和继受主体不可能对同一标的物享有独立的权利，所有权人转让其财产即丧失了权利主体资格，而受让人成为财产的所有人。在著作权法中，著作权的原始主体和继受主体可能对同一作品各自分享利益。当然，如果权利人转让作品财产权的全部，受让人则是全部著作权的主体；如果权利人转让的是作品部分财产权，受让人则是部分著作权的主体。

3. 著作权的转让与作品载体所有权无关。一般来说，作品应附着于一定的载体之上，载体既是所有权领域的客体物，又包含著作权领域的作品。但著作权的转让所涉及的是作品的著作权，与作品载体所有权无关。

第二节 著作权许可使用

著作权许可使用，是指著作权人将其作品许可他人以一定的方式、在一定的地域和期限内使用的法律行为。著作权许可在各国著作权法中都有相应的规定，但所使用的概念略有不同。俄罗斯《著作权和邻接权法》将著作权许可称为“财产权的转授”，该法在第 30 条第 2 款规定，“专有权利转授著作权合同只是许可专有权利获得者以合同规定的某种方式和在合同规定的范围内使用，并赋予专有权利获得者禁止他人同样使用该作品的权利”。德国《著作权法》第 31 条没有使用著作权许可的术语，而是使用了“用益权授予”的说法。这里所说的“用益权”实际上就是以任何方式使用著作的权利。

著作权的许可使用和著作权的转让尽管都是著作权使用的方式，但是它们是两种不同性质的行为。将两者相互比较，我们即可了解著作权许可使用的特征：

1. 著作权许可使用不改变著作权的归属，被许可人取得的只是使用权，并不能成为著作权的主体。而著作权的转让，受让人取得的是著作权。

2. 在著作权许可使用中，被许可人只能是自己按照约定方式、地域范围和期限使用作品，不能将所获得的使用权再让渡给第三人，但著作权人同意的除外。而著作权转让以后，受让人不仅自己可以使用作品，也可以将获得的权利再转让或许可他人使用，受让人有处分权。

3. 在著作权许可使用中，非专有使用权的被许可人不可能因权利被侵害而以自己的名义提起诉讼，只有专有使用权的被许可人才能因专有使用权被侵害提起诉讼。而著作权转让中，任何受让人对侵害其财产权利的行为均可提起侵权之诉。

第三节　著作权合同

著作权合同可分为著作权许可使用合同和著作权转让合同。

一、著作权合同的概念和特征

（一）著作权合同的概念

1. 著作权许可使用合同

著作权许可使用合同，是指当事人之间就著作权的某一权能或多项权能的使用而达成的合意。有权许可他人使用的一方当事人称为许可人，获得授权而使用的一方当事人称为被许可人。

2. 著作权转让合同

著作权转让合同，是指著作权人与受让人就权利人对作品享有的财产权的部分或全部转让而达成的合意。著作权转让合同转让的只能是著作财产权，而不能是著作人身权，且这种合同是诺成合同、有偿合同、双务合同。根据我国著作权法的要求，著作权转让合同一般应采用书面形式。

（二）著作权合同的特征

著作权合同具有下列法律特征：

1. 著作权合同是诺成合同。诺成合同是相对实践合同而言的，只需双方当事人意思表示一致，合同即可成立。著作权许可使用合同的成立，不需要许可人将作品交付对方，只要双方当事人意思表示一致，合同即告成立。但是对于著作权专有许可合同或转让合同来说，法律要求一般应采取书面形式。

2. 著作权合同是双务合同。双务合同的特点在于，当事人具有履行义务的责任和要求他方履行义务的权利，双方关系具有相互依赖性。著作权合同是双方当事人都负有义务的合同，合同中应明确双方当事人的权利和义务，这也是著作权许可使用合同的主要条款，一方当事人承担的义务即是对方当事人享受的权利。这种权利义务通过合同确立以后具有法律上的约束力,任何一方不得违反自己的义务,否则要承担相应的法律责任。

3. 著作权合同是有偿合同。有偿合同的特征是当事人取得一定权利须偿付一定的代价。在著作权合同中,让与人或许可人的作品是其智力创造的成果,受让人或被许可人进行使用,必须向让与人或许可人支付一定的报酬。

二、著作权合同的主要条款

为了让当事人双方能够在合同中更好地明确相互之间的权利义务,使当事人的缔约愿望与实际情况相符,我国《著作权法》第 26 条和第 27 条分别规定了著作权许可使用合同和转让合同应当具备的主要条款,两类合同的基本内容主要如下:

1. 作品的名称。无论是小说原稿、电影剧作或是音乐作品的原始作品,著作权转让所涉及的作品名称都必须明确;如果是全部作品,则需要确定用作者创作的原作品名称还是另选名称;如果是部分作品,还要标明开始和结尾及其名称。标明作品名称是为了确定著作权转让的具体标的。

2. 转让或许可使用的权利种类。我国《著作权法》第 10 条第 1 款规定的所有著作财产权种类,如复制权、发行权、表演权、广播权、信息网络传播权等,皆可由著作权人转让或许可他人。因此,上述权利中的哪些权利被转让或许可,权利人和相对人应在合同中有明确的约定,避免事后因约定不明而出现争议。

3. 许可使用的权利是专有使用权或者非专有使用权。专有使用权是指被许可人取得使用权后,在合同的有效期内,许可人不得将同种使用权许可给第三人,且许可人自己也不能享有此种使用权。非专有使用权是指被许可人取得作品的使用权后,许可人可以在合同有效期间将同种使用权许可给第三人,同时自己也可以享有。由于专有使用权和非专有使用权有着质的区别,因此当事人双方应在合同中明确地约定。没有约定或约定不明确的,视为被许可人取得非专有使用权,法律另有规定的除外。对此,《著作权法实施条例》第 24 条进一步规定,专有使用权的内容由合同约定,合同没有约定或者约定不明的,视为被许可人有权排除包括著作权人在内的任何人以同样的方式使用作品;除合同另有约定外,被许可人许可第三人行使同一权利,必须取得著作权人的许可。

4. 转让或许可使用的权利、地域范围。无论是著作权转让还是许可,既可以涉及部分著作财产权,也可以涵盖所有著作财产权,因此需要在合同中约定范围。另外,使用范围是一个地域概念,是指作品在哪些国家、地区使用。作品被使用的范围与权利人的权益有着密切的关系,因此合同中应有约定。

5. 付酬标准和办法。使用作品的付酬标准虽有国家规定,但它有一个幅度,具体多少可由当事人视作品质量等因素加以约定。关于付酬办法,受让人或被许可人一方可采取向转让人或许可人预付部分使用费的办法,也可采用版税或一次付清的付酬办法。

6. 违约责任。著作权转让或许可使用合同依法成立后即具有法律效力,当事人应认真、严格地履行合同的义务。在履行过程中也可能出现违约情况,这就需要当事人在合同中约定,一方当事人违约后该承担什么样的责任。在著作权转让或许可使用合同的履行中,对于转让人或许可人而言,可能出现的违约情况有:转让或许可使用的作品在权利上有瑕疵和未按合同约定的期限交付作品等。对于受让人或被许可人而言,可能出现的违约情况有:未按合同支付报酬和不适当地使用作品等。

7. 双方认为需要约定的其他内容。当事人订立著作权转让或许可使用合同,可按国家版权局提供的标准样式逐项填写。当事人还可根据实际情况约定其他内容,如推迟使用或不能使用的办法、修改稿件的授权范围、丢失作品的赔偿、向作者赠送样书和优惠购书的折扣等。另外,著作权转让合同和许可使用合同是专有许可的,应当采取书面形式。

三、几种具体的著作权合同

1. 图书出版合同。图书出版合同是指图书出版者就出版作品并支付报酬等事宜与作者或其他著作权人达成的协议。图书出版合同是著作权许可使用合同中最常见的一种合同形式,其概念有广义和狭义之分。广义的图书出版合同还包括合作出版合同、报刊刊登作品合同、约稿合同等。在此所指的是狭义的图书出版合同。图书出版合同中,一方当事人是作者或其他著作权人,而另一方当事人是出版者,合同的标的是图书出版权的许可使用,当事人之间签订图书出版合同应采用书面形式。合同的主要条款应包括以下几个方面:(1)合同的当事人。(2)作品的名称、出版形式。(3)期限、范围。(4)主要义务。一般来说,作者或其他著作权人的主要义务有:保证自己是出版作品的著作权人;按照约定的期限交付全部书稿。而出版者的主要义务有:按照合同的约定出版作品;按照合同的约定或法律的规定支付稿酬;对书稿进行编辑出版,不得损害著作权人的著作权;保存好原稿并在作品出版后退还给作者或其他著作权人;作品出版后,应向作者或其他著作权人交付样书若干本;重印、再版作品应通知作者或其他著作权人并支付稿酬。(5)违约责任及其处理办法。根据《著作权法实施条例》第 28 条的规定,图书出版合同中约定图书出版者享有专有出版权但没有明确其具体内容的,视为图书出版者享有在合同有效期限内和在合同约定的地域范围内以同种文字的原版、修订版出版图书的专有权利。

2. 合作出版合同。合作出版合同是指协作者与出版社就分工合作,共同出版某部作品而达成的协议。合作出版合同的主体一方是出版社,另一方不一定是著作权人,而往往是负责组稿、供稿的协作人。出版的作品一般是专业图书。

3. 报刊刊登作品合同。报刊刊登作品合同是指著作权人许可报刊出版者刊登其作品,报刊出版者向其支付报酬而达成的协议。报刊刊登作品合同一般不采用书面形式,但承诺期限严格。我国《著作权法》规定,著作权人向报纸、期刊社投稿,报社应在稿件发出之日起 15 日内通知著作权人决定刊登,期刊社应在稿件发出之日起 30 日内通知著作权人决定刊登。此期限一过,除双方另有约定,著作权人有权将同一作品向其他报社、期刊社投稿。

4. 作品改编合同。作品改编合同是指作者或其他著作权人与改编者就改编权利人的作品和支付报酬等事项而达成的协议。在作品改编合同中,如改编的作品是职务作品,那么,作者所在单位也应成为合同的当事人;如改编的作品是合作作品,所有合作人均应成为合同的当事人。

5. 作品翻译许可合同。作品翻译许可合同是著作权人与翻译者就翻译权利人的作品和支付报酬等事项而达成的协议。将翻译的作品译成何种文字在合同中应有明确的约定。将通用文字作品翻译成少数民族文字作品在国内出版发行,属合理使用范畴,无须与著作权人签订作品翻译许可合同。

6. 表演合同。表演合同是指著作权人与表演者就表演者以表演的方式表演权利人的作品和支付报酬而达成的协议。表演合同可采用书面形式,也可不采用书面形式。在表演的过程中应表明作品的名称、作者的姓名。

7. 音像制作者权许可使用合同。音像制作者权许可使用合同是指音像制作者与使用者就许可使用其音像制品和支付报酬而达成的协议。

结 语

本章讨论了著作权的利用问题。著作权利用,包括著作权的转让、著作权的许可使用、著作权的质押等行为。著作权的转让,是指著作权人将其作品财产权部分或全部转移给他人所有的法律行为。著作权的转让导致著作权主体的变更,著作权的转让与作品载体所有权无关。著作权许可使用,是指著作权人将其作品许可使用人以一定的方式、在一定的地域和期限内使用的法律行为。著作权许可使用不改变著作权的归属,被许可人取得的只是使用权,其并不能成为著作权的主体。著作权许可使用合同又可以分为专有许可使用合同和非专有许可使用合同。

思考题

1. 简述著作权转让的特点。
2. 简述著作权转让合同的内容。
3. 简述著作权许可使用的特征。
4. 简述著作权许可使用合同的内容。

资料链接

1. [日]北川善太郎:《网上信息、著作权与契约》,渠涛译,载《外国法译评》1998 年第 3 期。

2. 熊琦:《著作权合同中作者权益保护的规则取舍与续造》,载《法学研究》2022 年第 1 期。

3. 胡开忠:《关于出版合同立法的反思与重构——兼议著作权法修改草案中的相关规定》,载《当代法学》2013 年第 3 期。

4. 冯刚:《〈最高人民法院关于审理买卖合同纠纷案件适用法律问题的解释〉对著作权重复转移行为的适用》,载《法律适用》2015 年第 11 期。

第十章　著作权管理

学习目的　了解著作权行政管理的概念及内容，熟悉著作权集体管理的概念、意义及内容。

关键词　著作权行政管理　著作权集体管理　职能

导 语

近年来，针对KTV经营者的音乐作品和录音制品维权案件日趋增多。在深圳市声影网络科技有限公司（以下简称声影公司）诉无锡市侨声娱乐有限公司（以下简称侨声公司）案中，原告声影公司认为，其依据与广东播种者投资有限公司（以下简称播种者公司）签订的《音像著作权授权合同》可以自己名义对卡拉OK等公共娱乐场所经营者进行授权使用的独家管理，包括收取使用费以及向侵权使用者提起诉讼。被告侨声公司未经其许可和未缴纳使用费的情况下，以营利为目的，在其经营场所以卡拉OK方式向客户提供点播服务，侵犯其著作权。被告则认为原告不享有涉案作品的著作权，并且其已经向中国音像著作权集体管理协会缴纳使用费，并无过错，不应承担侵权责任。一审法院以证据不足为由，驳回原告诉讼请求；原告提起上诉，二审法院则认为原告不属于集体管理组织，其上述行为已经违反了《著作权集体管理条例》对集体管理组织活动的禁止性规定，遂驳回其上诉请求。但是在福州大德文化传播有限公司（以下简称大德公司）诉宁乡县皇家贵族音乐会所案中，原告大德公司也是依据与华特国际音乐股份有限公司（以下简称华特公司）签订的合同取得了涉案作品的相关著作权以及授权卡拉OK经营者使用和收取使用费的权利，并可以自己名义对侵权者提起诉讼。但最高人民法院认为，原告上述行为并不足以认定为从事了著作权集体管理活动。[1]

上述案件的争议焦点在于市场上其他音乐代理公司，依据合同授权以自己名义进行许可使用费收取和诉讼的行为，是否会构成《著作权集体管理条例》所禁止的集体管理活动情形？如何认定所谓的非法集体管理组织活动？我国现有法律体系下的集体管理组织所具有的垄断地位如何对著作权许可市场产生不利影响？本章的重点就是著作权集体管理组织问题。

---

〔1〕 参见江苏省高级人民法院民事判决书，(2015)苏知民终字第100号。

第一节 著作权行政管理

一、著作权行政管理的概念和特征

著作权行政管理，是指国家著作权主管部门代表国家对著作权工作进行管理的行为。我国《著作权法》规定，国家著作权主管部门负责全国的著作权管理工作；县级以上地方主管著作权的部门负责本行政区域的著作权管理工作。

在《著作权法》颁布以前，我国著作权的管理主要表现为行政管理，行政管理在当时的历史条件下发挥了极大的作用。尽管《著作权法》现已颁布施行，但著作权的行政管理仍是著作权管理不可缺少的一部分。著作权行政管理的特征主要表现在以下两个方面：

1. 著作权行政管理的性质是行政行为。行政行为是指国家行政机关依照法律行使行政权而产生法律效果的行为。著作权行政管理，就是国家著作权行政管理机关依据《著作权法》及相关法规行使行政权的行为。

2. 行政管理工作是以著作权管理为内容的，即运用行政手段协调规范版权市场中的各种行政法律关系。

二、著作权行政管理部门的职能

我国《著作权法》将行政管理分为中央管理和地方管理。中宣部国家版权局作为著作权主管部门，负责全国的著作权管理工作；地方政府版权局主管本行政区域的著作权管理工作。

（一）著作权主管部门的职能

著作权主管部门的职能主要有：

1. 贯彻著作权法律、法规，制定与著作权行政管理有关的办法。此项职能主要指监督和检查《著作权法》实施的情况，向立法部门反映《著作权法》实施过程中存在的问题并提出补充、修改、废止等意见，起草、制定以国务院著作权行政管理部门名义颁布的行政条例、规定、管理办法等文件。

2. 查处在全国有重大影响的著作权侵权案件。著作权主管部门查处的侵权行为主要有：在全国有重大影响的侵权行为；涉外侵权行为；认为应当由其查处的侵权行为。上述侵权行为必须是《著作权法》第 52 条所规定的侵权行为，且这些侵权行为必须损害了公共利益。

3. 批准设立著作权集体管理机构、涉外代理机构和合同纠纷仲裁机构，并监督、指导其工作。如国家版权局批准成立了“中国音乐著作权协会”[2]，由其从事音乐著作权的集体管

---

〔2〕 1993 年 2 月 12 日，国家版权局发布了关于成立中国音乐著作权协会的相关公告。《国家版权局公告（第 2 号）》第 1 条规定：“为有效实施著作权法和国际著作权条约，维护音乐作品著作权人的合法权益和便利音乐作品的合法使用，根据《中华人民共和国著作权法实施条例》第五十四条，国家版权局批准成立‘中国音乐著作权协会’。”

理工作。

4. 负责著作权涉外管理工作，如与外国著作权主管部门商谈互相保护著作权的问题，参加著作权保护的国际活动，管理涉外版权贸易等。

5. 负责国家享有的著作权的管理工作，如负责民间文学作品和丧失著作权人的作品的使用管理工作等。

6. 指导地方著作权主管部门的工作。此项职能主要是：制定要求地方著作权行政管理机关监督实施的有关规定，听取地方著作权行政管理部门的工作汇报，批复地方著作权主管部门的请示报告，帮助地方著作权主管部门开展工作等。

7. 颁发强制许可证。我国《著作权法》虽还没有明确这一问题，但强制许可制度在《伯尔尼公约》和《世界版权公约》中均有规定，而我国已加入这两个公约，因此，国家著作权主管部门应具备这一职能。

8. 承担其他著作权管理工作。

（二）地方著作权主管部门的职能

地方著作权主管部门是指各省、自治区、直辖市的版权局。地方著作权行政管理部门的职能主要有：

1. 检查本地区内《著作权法》的实施情况，了解本地区《著作权法》实施过程中存在的问题，提出解决问题的建议，并及时向国家版权局反映。

2. 对于发生在本地区的侵权行为，行使行政处罚权。

3. 接待来信、来访，并为著作权人及有关部门提供法律咨询、服务。

4. 宣传、普及著作权法律知识，组织本地区内的各种宣传工作，为各行业部门举办讲座、培训，编写出版有关著作权保护的资料、刊物。

5. 在人民法院需要时，为其处理著作权纠纷案件提供帮助。

第二节　著作权集体管理

一、著作权集体管理的概念和作用

著作权集体管理，是指著作权人授权有关组织代为集中管理著作权、邻接权的制度。著作权集体管理制度的功能，旨在通过集中许可的方式，减少交易主体和简化许可程序，一方面分担权利人的监管与执行成本，另一方面降低使用者的搜寻与协商成本。从性质上讲，著作权集体管理是一种民事权利管理制度。有关著作权集体管理组织根据著作权人的授权，以自己的名义来行使管理的权利，并在扣除必要的管理费用后将所获得的收益返还给著作权人。

著作权集体管理制度是随着复制、传播技术的发展，作品使用形式日趋多样化，使用范围日趋扩大的情势而产生的。著作权人由于时间和精力的限制，无法确切了解自己的作品被何人、何时、何地使用，更谈不上收取报酬，在此情况下，著作权人需要一种组织机构，代表自己解决这些问题，维护自己的合法权益，在此背景下就产生了著作权集体管理制度。该制度起源于法国。1847 年,两位法国作曲家和一位作家在巴黎一家音乐咖啡厅发现后者正在演奏他们的作品,于是拒绝为饮料单方面付款,由此引起一场诉讼,结果他们胜诉,并成立世界上第一个管理音乐演奏权的组织,这就是现在的法国“音乐作者作曲者出版者协会”(SACEM)。1926 年,18 个国家的音乐演奏者协会联合组成了“国际作者和作曲者协会联合会”(CISAC)。作为对著作权进行管理的一种制度,集体管理逐渐被世界各国所肯定,在一些国家已相继成立了各种集体管理组织,而且这种管理模式得到了世界知识产权组织领导机构的重视。1989 年,世界知识产权组织领导机构指示该组织国际局准备一份研究报告,就著作权中某些权利的集体管理问题向各国政府提出适当建议。世界知识产权组织著作权和邻接权集体管理顾问小组曾讨论过研究报告的草案,目前该研究报告已由世界知识产权组织国际局用英、法、德、日文出版。从世界各国的集体管理组织情况看,其重点问题表现在以下两个方面:(1)集体管理组织的法律地位问题。世界各国集体管理组织有两种类型,即民间性的私人团体和官方或半官方的机构。第二次世界大战前只有民间机构,官方或半官方机构于第二次世界大战后出现在东欧国家,后来又发展到讲法语的非洲国家。而西欧的新趋势是,国家加强了对集体管理协会的监督和政府的干预。(2)集体管理的布局问题。有的国家按作品的分类分别成立协会,而另一些国家则成立一个包括各创作领域的统一的协会。无论采取何种布局,重要的是管理组织的有效工作,否则著作权人的权利就很难得到保障。值得注意的是,著作权管理机构需要相当程度的垄断性,以求工作的有效性。因此,应避免一类作品由几个协会同时管理的现象出现,否则就会导致重复管理、力量分散、效率降低,给作品的使用者带来种种不便。

著作权的集体管理对权利人的权利实现和保护有着重要的实际意义,主要表现在以下几个方面:

1. 协调著作权人与社会公众的利益关系。一般来说,作品使用者有使用作品的需求,但在无法联系权利人时,可能因未能征得权利人的同意放弃使用作品,从而影响作品的传播;此外,也有可能出现作品使用人使用他人作品不支付报酬,损害著作权人合法权益的情形。对于这种矛盾冲突,集体管理可有效地解决,在保证著作权人利益的前提下,让公众得到大量的文化产品,满足其精神生活的需要。

2. 保证著作权人权利的实现。著作权包括人身权和财产权两个方面,特别是财产权只有在权利人自己使用或许可他人使用的情况下才能实现。而集体管理组织可代表著作权人就作品的使用与使用者谈判、签约,向使用者追索使用费等,以确保著作权人的权益。更重要的是,著作权人可以因此避免耗费大量的时间精力,全身心地投入创作。

3. 减少和避免纠纷。集体管理使得使用作品和支付使用费有了便捷的渠道,可以减少和避免许多因此而发生的纠纷。

二、著作权集体管理组织的建立和职能

(一)著作权集体管理组织的建立

根据《著作权法》第 8 条和《著作权集体管理条例》的规定,我国已经基本构建起了著作权集体管理制度。

根据《著作权集体管理条例》的规定,著作权集体管理组织,是指为权利人的利益依法设

立,根据权利人授权,对权利人的著作权或者与著作权有关的权利进行集体管理的社会团体。著作权集体管理组织应当依照有关社会团体登记管理的行政法规和该条例的规定进行登记并开展活动。依法享有著作权或者与著作权有关的权利的中国公民、法人或者其他组织,可以发起设立著作权集体管理组织。设立著作权集体管理组织,应当具备下列条件:(1)发起设立著作权集体管理组织的权利人不少于50人;(2)不与已经依法登记的著作权集体管理组织的业务范围交叉、重合;(3)能在全国范围代表相关权利人的利益;(4)有著作权集体管理组织的章程草案、使用费收取标准草案和向权利人转付使用费的办法草案。

我国著作权集体管理组织制度产生较晚。1992年,第一家集体管理组织,即中国音乐著作权协会始得成立。1998年,中国版权保护中心下设文字、美术、摄影作品著作权集体管理机构,但中国音像著作权集体管理协会、文字著作权协会与摄影著作权协会却在2008年才正式成立,电影著作权协会的出现更延后至2009年。直到2010年,国家版权局才对外宣布,我国集体管理组织体系基本建立。但体系建立不代表制度运作成熟,我国集体管理组织面临新技术时代诸多问题的挑战。2007年至今,中国音乐著作权协会就卡拉OK与背景音乐著作权问题向一系列商业机构发起诉讼,这在一定程度上反映出我国集体管理组织运作机制的缺陷,集体管理组织与使用者之间就作品的许可问题尚未建立稳定的法律关系。因此,我国集体管理组织许可制度的完善,一方面应借鉴他国制度发展中的经验,解读他国在许可机制变革中的立法变革趋势;另一方面也要分析新技术条件下的新问题与本国产业发展的特点,最终建构适合本国实际的集体管理组织制度。

（二）著作权集体管理组织的职能

集体管理组织的职能,主要是经著作权人授权,集中行使权利人的有关权利,并以自己的名义进行。具体表现为:(1)与使用者订立著作权或者与著作权有关的权利许可使用合同;凡是著作权法规定的表演权、放映权、广播权、出租权、信息网络传播权、复制权等权利人自己难以有效行使的权利,权利人可以交由著作权集体管理组织进行集体管理。(2)向使用者收取使用费。(3)向权利人转付使用费。(4)进行涉及著作权或者与著作权有关的权利的诉讼、仲裁等。

结语

本章讨论了著作权的行政管理和集体管理两大制度。所谓著作权行政管理,是指国家著作权行政管理机关代表国家对著作权工作进行管理的行为。著作权行政管理分为中央管理和地方管理。国家版权局作为国务院著作权行政管理部门,主管全国的著作权管理工作;地方著作权行政管理部门主管本行政区域的著作权管理工作。著作权集体管理,是指著作权人授权有关组织,代为集中管理著作权、邻接权的制度。著作权集体管理制度在实现和维护著作权人合法权益的同时,为作品使用人提供了使用作品方便畅通的渠道,有利于文学艺术和科学作品的广泛迅速传播。因此可以说,集体管理制度既是有效实施著作权法的一项重要制度,也是衡量一个国家著作权法律制度是否完善的标志。

思考题

1. 著作权行政管理的内容是什么?
2. 著作权集体管理的内容是什么?

资料链接

1. 熊琦:《著作权集体管理制度本土价值重塑》,载《法制与社会发展》2016 年第 3 期。
2. 梁志文:《著作权延伸性集体许可制度的移植与创制》,载《法学》2012 年第 8 期。
3. 向波:《著作权集体管理组织:市场功能、角色安排与定价问题》,载《知识产权》2018 年第 7 期。

第十一章　著作权法律保护

学习目的　了解侵犯著作权行为的概念、构成、种类，明确侵犯著作权的法律责任，领会著作权纠纷的调处方式和著作权管理的有关规定。

关键词　著作权侵权行为　行为类型　法律责任

导语

2017年，卡通人物形象"小明"诉"小茗同学"著作权侵权及不正当竞争案中，拥有卡通人物形象"小明"著作权的原告小明公司，认为被告统一公司制作销售的"小茗同学"冷泡茶系列饮品包装上的卡通男孩形象与其拥有的"小明"的卡通造型相似，该形象完全是在"小明"形象设计上的简单改造，会使公众误认其是得到原告授权生产的衍生产品，因此被告的行为构成著作权侵权和不正当竞争。一审法院认为，根据双方提交的证据，可以认定在涉案产品外包装的设计过程中，相关人员接触到了小明公司的系列美术作品《小明》。经比对，"小茗同学"卡通形象与"小明"卡通形象构成实质性相似，被告统一公司应当承担相应的著作权侵权责任，但不构成反不正当竞争。关于卡通美术作品的实质性相似比对，二审法院认为，不能将各个组成要素简单割裂开来分别独立进行比较，而应以普通观察者的角度进行整体认定和综合判断。被控侵权的"小茗同学"与权利人的"小明"两个形象在具体细节上的不同使得两者整体上体现出不同的独创性表达。"小茗同学"卡通形象并未构成对"小明"卡通形象的剽窃，被告不承担著作权侵权责任。[1] 本案的争议焦点，就在于著作权侵权的认定方法。

对著作权进行法律保护，是著作权立法的根本目的之所在。著作权的法律保护，主要是通过对著作权侵权行为的处理来体现的。本章主要论述著作权侵权行为的概念、类型，侵犯著作权的法律责任，著作权纠纷的解决途径。

第一节　著作权侵权行为的认定

著作权侵权行为，是指未经著作权人的同意，又无法律上的根据，擅自对著作权作品进

〔1〕 参见北京知识产权法院民事判决书，(2016)京73民终1078号。

行使用以及其他以非法手段行使著作权的行为。

侵犯著作权的行为可以分为直接侵权和间接侵权两种。直接侵权是指不法行为直接侵犯受著作权法所保护的作品的著作权，如未经授权复制、发行权利人的作品。间接侵权是指不法行为并未直接侵犯受著作权法保护的作品的著作权，但为侵权行为提供条件，从而对著作权造成侵害。

对于侵犯著作权行为的认定，国际上有三种不同的立法体例：(1)正面规定著作权法保护的内容；(2)采取概括性的规定，规定任何人侵犯法律所列的专有权，均视为侵权行为，如意大利和美国著作权法的规定；(3)对那些属于侵犯著作权的行为采取详细的列举式规定。我国《著作权法》采用的是第三种方式。根据《著作权法》第51条和第52条的规定，归纳起来，主要有以下几种。

一、擅自发表他人的作品

擅自发表他人的作品，是指未经作者同意，公开作者没有公开过的作品的行为。此种行为主要侵犯的是作者所享有的著作人身权中的发表权。作品一经作者创作完成，作者即依法取得对其所享有的著作权，至于是否发表，以何种方式发表，是作者行使权利的表现。未经作者同意，擅自发表其作品，即视为侵权行为。

二、歪曲、篡改他人作品

歪曲、篡改他人作品，是指未经作者同意，以删节、修改等行为破坏作品的真实含义的行为。作品是作者思想情感的反映，如作品中人物命运、情节安排和结尾设置都是作者的创作意图，任何人未经许可破坏作品的这种完整性，就是歪曲篡改作品。歪曲、篡改他人作品，侵犯的是权利人所享有的著作人身权。对此，各国著作权法均作了明确的规定，任何人未经作者同意，不得删节、修改、补充其原作，或割裂、变更作品的名目予以发表。歪曲、篡改他人作品的主要表现有以下几点：(1)在改编、翻译、整理、编辑他人作品或者将他人作品摄制成电影电视作品时，没有按照被利用作品的原意进行利用，歪曲原作的原意。(2)出版部门对稿件编辑加工时歪曲篡改作品作者的原意。(3)将作品用于有损作者尊严的场合。歪曲、篡改作品，既侵犯了作者所享有的保护作品完整权，又损害了作者的一般人格权。

三、侵占他人作品

侵占他人作品，是指未经合作作者的许可，将与他人合作创作的作品当作自己单独创作的作品发表的行为。根据我国《著作权法》的规定，合作作品的著作权归合作作者共同享有，任何一个合作作者，在未征得其他合作者同意的前提下，不得擅自发表合作作品，更不能把合作作品当作自己单独创作的作品发表，否则，一方面会侵犯他人所享有的发表权，另一方面则否认了他人的作者资格，非法剥夺了他人对合作作品所享有的著作权。在实践中，这种侵权行为大体分为两种情况：(1)合作作品创作完成后，合作作者之一或者一部分抢先以自己的名义单独发表作品，侵犯了其他合作作者的发表权；(2)将已发表的合作作品又经过改编、加工，形成一部新的改编作品后，未经原合作作者的许可就以本人的名义发表，从而侵犯其他合作作者的改编权。

四、强行在他人的作品上署名

强行在他人的作品上署名，是指自己未参加作品的创作，却以种种不正当的手段在他人创作发表的作品上署名。署名权是作者的一种身份权，是基于创作而产生的。自己没有参加创作，为了谋取个人名利，利用权势、地位等因素，强占他人的创作成果，是对作者署名权的侵犯。同时，冒充作者资格，以此获得著作权，也侵犯了作者所享有的著作财产权。但是，如果作者为了扩大自己的影响而要求一些没有参加作品创作的名人在自己作品上署名，则不以侵权论处。

五、擅自使用他人的作品

擅自使用他人的作品，是指未经著作权人的许可，又无法律上的规定而使用他人的作品。我国《著作权法》规定，擅自使用他人的作品，主要包括以下几种情形：(1)擅自以展览、摄制视听作品的方法及以改编、翻译、注释等方式使用他人作品的；(2)擅自出租权利人的视听作品、计算机软件或者录音录像制品的；(3)擅自复制、发行、表演、放映、广播、汇编、通过信息网络向公众传播权利人作品的。

六、拒付报酬

拒付报酬，是指使用他人的作品，而未按规定支付报酬的行为。我国《著作权法》规定，著作权人对其作品享有著作权，其权利的内容包含人身权和财产权两个方面。获得报酬是权利人享有著作财产权的重要体现。因此，使用他人的作品必须按照规定或约定向权利人支付报酬，否则即是侵犯他人著作财产权的行为。

七、剽窃他人的作品

剽窃他人的作品，是指将他人的作品当作自己创作的作品发表的行为。此种行为表现为两个方面：一是完全照抄他人的作品；二是在一定程度上改变他人作品的形式或内容进行剽窃。不过，对于人所共知的历史素材、自然科学常识、地理知识等反映历史事实或客观事实的素材的利用，对于人类社会的共同文化财富的利用，均不属于剽窃。

剽窃是侵犯著作权的一种常见行为，也是最严重的著作权侵权行为。同时，这种行为在司法实践中较难认定。在认定剽窃行为时，应将其与形式上类似的行为相互区别：

1. 剽窃与模仿。模仿之作，就文字作品而言，是指参考、借鉴他人作品后进行创造性劳动所获得的作品。模仿则是指依照一定榜样做出类似动作和行为的过程。作者在创作作品的最初阶段，均要借助于模仿，以此吸取经验作为进一步发挥创造性的基础，因此，模仿是一种创作方法，不应混同于剽窃。

2. 剽窃与利用著作权作品的思想和观点。任何一种作品都是由思想内容和思想内容的表现形式两个方面组成的。著作权法保护的是思想内容的表现形式，而不是思想内容本身。因此，利用作品中所反映的观点、思想等进行新的创作，这在法律上是允许的，不能认定为剽窃。

3. 剽窃与合理使用。合理使用是作者利用他人的作品有法律上的依据，是一种合法行为。但是，合理使用存在一个尺度或范围问题，超出了法定的尺度或范围，则构成侵权，但并不一定是剽窃。

4. 剽窃与巧合。巧合,是指一部作品包含了另一部作品中的独创性成果,但能证明是其独创的,而非复制或剽窃的。由于著作权法保护的是独创作品,而非首创作品,因此,巧合不能认定为剽窃。

八、侵犯专有出版权和版式设计权

专有出版权,是指出版单位通过与作者订立合同,而在约定的期限或地域内,获得出版作者作品的一种专有权利。专有出版权受法律保护,在此前提下,任何人不得出版同一作品。

版式设计权,是指权利人基于对图书、期刊的字体设计、格式的编排等依法享有的专有权。由于设计者在图书、期刊的字体设计、格式的编排等方面付出了创造性劳动,因此,2001年修正的《著作权法》增加规定了版式设计权。

九、制作、出售假冒他人署名的作品

此种侵权行为的表现形式主要包括以下三种:(1)自己创作的作品,借用他人的姓名进行出售;(2)临摹他人的作品,署以他人的姓名进行出售;(3)将他人的作品署以名家的姓名进行出售。不论以何种方式假冒他人的署名,只要未经他人同意,以营利为目的,即构成侵权。此种行为既侵犯了他人的著作人身权和财产权,也侵犯了他人的姓名权。需要说明的是,该类侵权行为原限于“制作、出售假冒他人署名的美术作品”的行为。2001 年修正后的《著作权法》已将这一侵权行为延及所有假冒他人署名的行为。

十、侵犯邻接权

侵犯邻接权,是指侵犯表演者权,录音、录像制作者权和广播组织权。具体表现为:未经表演者许可,从现场直播或者公开传送其现场表演,或者录制其表演;未经表演者许可,复制、发行录有其表演的录音录像制品,或者通过信息网络向公众传播其表演;未经录音录像制作者许可,复制、发行、通过信息网络向公众传播其制作的录音录像制品;未经许可,播放、复制或者通过信息网络向公众传播广播、电视。

十一、规避技术措施的行为

为了应对网络技术对著作权制度造成的冲击,著作权人开始通过在其数字化作品上增加技术措施的方式来维护自身利益。根据我国《著作权法》第 49 条的规定,所谓技术措施,是指用于防止、限制未经权利人许可浏览、欣赏作品、表演、录音录像制品或者通过信息网络向公众提供作品、表演、录音录像制品的有效技术、装置或者部件。

著作权人企图借此在一定程度上防止未经许可接触或使用作品。但运用技术保护措施需要付出高昂的成本,更会面临新技术手段的突破。为了避免因陷入技术比拼而无谓地增加成本,各国开始逐步通过立法手段来维护自身利益。关于技术措施的立法最早出现于1996 年世界知识产权组织通过的《世界知识产权组织版权条约》与《世界知识产权组织表演和录音制品条约》。《世界知识产权组织版权条约》第 11 条与《世界知识产权组织表演和录

音制品条约》第 18 条中分别规定了"反规避条款"(anti - circumvent doctrine)的制定义务,即要求成员对著作权人所采取的技术措施提供法律上的保护,禁止他人在未经著作权人允许的情况下规避有效的技术措施。一般而言,反规避条款包括两个部分:(1)任何未经授权而规避有效技术措施的行为;(2)任何制造、传播主要用于规避技术措施的设备的行为和提供的服务。前者是"直接规避行为",后者是"准备行为"。

我国《著作权法》第 49 条也已经明确规定,未经权利人许可,任何组织或者个人不得故意避开或者破坏技术措施,不得以避开或者破坏技术措施为目的制造、进口或者向公众提供有关装置或者部件,不得故意为他人避开或者破坏技术措施提供技术服务。

从现有规定看,我国著作权法禁止避开或破坏技术措施的行为包括两类:第一类为直接规避行为,即直接实施的故意避开或者破坏技术措施的行为;第二类为准备行为,即以避开或者破坏技术措施为目的而实施的制造、进口或者向公众提供有关装置或者部件的行为,以及故意为他人避开或者破坏技术措施提供技术服务。可见,规避技术措施的行为除了包括"故意避开或者破坏技术措施"的行为外,还进一步包括故意制造、进口或者向公众提供主要用于避开、破坏技术措施的设备、部件的行为,或者故意为他人避开或者破坏技术保护措施提供技术服务的行为。

十二、间接侵权行为

随着网络技术的发展,互联网商业运营模式改变了著作权市场中的利益格局,网络用户开始利用分享软件分享受著作权保护的作品,而著作权人无法通过既有权利来控制作品的传播,原本通过传统著作权市场获取的收益也无从实现。由于涉及网络侵权的最终用户众多,且赔偿能力有限,著作权人为了提高效率,一直利用间接侵权来起诉 P2P 软件提供商,并在一系列案件中取得了明显效果。1998 年,美国的《数字千年版权法案》(DMCA)率先对间接侵权制度在立法上加以规定,许多国家也随之设计了类似制度,以抑制日趋严峻的网络著作权侵权问题。但随着移动互联网时代的到来,网络环境下的大规模侵权和反复侵权现象日趋严重。

间接责任制度是指在法定条件下,由第三人为直接侵权人的侵权行为承担责任。著作权领域的间接责任制度发源于美国,在网络时代之前即已存在,而美国的成文法中并没有规定间接责任,其源于美国普通法中的替代责任(vicarious liability)和帮助侵权(contributory infringement),并在历次的判例中逐步丰富和完善。

针对网络服务提供者的间接侵权问题,我国《民法典》第 1194 ~ 1197 条专门作了规定。

第一,网络用户利用网络服务实施侵权行为的,权利人有权通知网络服务提供者采取删除、屏蔽、断开链接等必要措施。通知应当包括构成侵权的初步证据及权利人的真实身份信息。网络服务提供者接到通知后,应当及时将该通知转送相关网络用户,并根据构成侵权的初步证据和服务类型采取必要措施;未及时采取必要措施的,对损害的扩大部分与该网络用户承担连带责任。网络用户接到转送的通知后,可以向网络服务提供者提交不存在侵权行为的声明。声明应当包括不存在侵权行为的初步证据及网络用户的真实身份信息。网络服务提供者接到声明后,应当将该声明转送发出通知的权利人,并告知其可以向有关部门投诉或者向人民法院提起诉讼。网络服务提供者在转送声明到达权利人后的合理期限内,未收到权利人已经投诉或者提起诉讼通知的，应当及时终止所采取的措施。

这意味着网络服务提供者在接到权利人的通知后，需要具体承担两项义务：一为“删除、屏蔽、断开链接等必要措施”；二为“通知—转通知及采取必要措施—反通知—二次转通知—（合理期限内未回复）恢复”程序。网络服务提供者接到通知而未能及时采取措施的，则应认定其具有主观过错，须就因未采取措施所造成的扩大损害承担侵权损害赔偿责任。

第二，网络服务提供者知道或者应当知道网络用户利用其网络服务侵害他人民事权益，未采取必要措施的，与该网络用户承担连带责任。

其中，“知道”是指“明知”，即指网络服务提供者“明确知晓”网络用户在平台上实施了具体侵权行为；“应知”是指虽无证据证明网络服务提供者“明确知晓”网络用户在平台上实施了具体侵权行为，但根据其所应承担的注意义务“应当知晓”相关侵权行为的存在。从现有制度安排和司法审判经验出发，要想认定网络服务提供者明知是极困难的。最明显的表现，就是在2012年《关于审理侵害信息网络传播权民事纠纷案件适用法律若干问题的规定》（已修改）中大量存在对应知类型的列举，但专门对明知的解释仅有一处，而且采取的是完全客观化的认定标准，将“明确知晓”等同于著作权人以合规方式通知网络服务提供者。也正因为如此，法院在审理案件过程中更多依靠认定“应当知道”来确定网络服务提供者存在主观过错。2020年修改后的上述司法解释第9条对网络服务提供者“应当知道”网络用户利用网络服务提供者实施侵权行为的判断标准作出了指引性规定。按该条规定，应当知道的认定标准主要有三：其一，网络服务提供者的信息管理能力，该信息管理能力与网络服务提供者的服务类型和服务方式，与平台信息内容联系紧密程度，以及技术水平有关，包括是否具有预防侵权和针对重复侵权的合理措施；其二，侵权信息内容的明显程度，包括对于不同作品的类型、知名度以及平台中侵权信息内容发布、扩散的明显程度，在网络服务提供者信息管理水平一定的情况下，侵权信息内容明显程度越高，所负的注意义务也应当越高；其三，是否有网络服务提供者主动干预内容的情形，包括网络服务提供者是否对作品进行主动选择、编辑、修改和推荐等。

第二节 著作权侵权行为的法律责任

侵犯著作权的法律责任，是指侵权行为人违反著作权法的规定，对他人著作权造成侵害时，依法应承担的法律后果。依照我国著作权法的规定，侵犯著作权的行为应承担的法律责任主要有民事责任、行政责任、刑事责任。

一、民事责任

知识产权法是民法的一个组成部分，著作权是民事权利中的一种。因此，对于侵权行为人，法律要求行为人对受害人承担主要以补偿损失为目的的民事责任。有我国《著作权法》第52、53条规定的侵权行为之一的，承担的民事责任是：

1. 停止侵害。即责令正在侵害他人著作权的行为人立即停止其侵权行为。无论侵权行为人主观上有无过错,只要在客观上构成了侵权行为,都应立即停止。如出版发行侵权作品的,应立即停止出版发行。

2. 消除影响。即责令侵权行为人在一定范围内澄清事实,以消除人们对权利受害人或其作品的不良印象。消除影响是恢复名誉的一种方式。一般侵权行为人在多大范围内给著作权人造成不利影响和损害,就应在多大范围内消除影响。

3. 公开赔礼道歉。即责令侵权行为人在一定的范围内,向受害人公开承认错误,表示歉意。其具体方式有登报道歉、在公开场所声明或借助其他媒体表示歉意等。侵权行为人拒绝道歉的,人民法院可以强制执行。

4. 赔偿损失。即责令侵权行为人以自己的财产弥补受害人因其侵权行为而造成的损失。赔偿损失是最常见的民事责任方式,主要适用于对著作财产权的侵害。《著作权法》第54条规定,侵犯著作权或者与著作权有关的权利的,侵权人应当按照权利人因此受到的实际损失或者侵权人的违法所得给予赔偿;权利人的实际损失或者侵权人的违法所得难以计算的,可以参照该权利使用费给予赔偿。赔偿数额还应当包括权利人为制止侵权行为所支付的合理开支。权利人的实际损失、侵权人的违法所得、权利使用费难以计算的,由人民法院根据侵权行为的情节,判决给予500元以上500万元以下的赔偿。

在《著作权法》第三次修改时,《著作权法》根据《民法典》侵权责任编的规定还增加了惩罚性赔偿,即故意侵犯著作权或者与著作权有关的权利,情节严重的,可以在按照上述方法确定数额的1倍以上5倍以下给予赔偿。

二、行政责任

行政责任,是指国家著作权主管部门依照法律规定,对侵犯著作权的行为人给予的行政处罚。对著作权侵权行为给予行政处罚的机关只能是国家著作权主管部门,其他任何机关都无权行使这种权利。

对于我国《著作权法》第53条规定的侵权行为,由主管著作权的部门责令停止侵权行为,予以警告,没收违法所得,没收、无害化销毁处理侵权复制品以及主要用于制作侵权复制品的材料、工具、设备等,违法经营额5万元以上的,可以并处违法经营额1倍以上5倍以下的罚款;没有违法经营额、违法经营额难以计算或者不足5万元的,可以并处25万元以下的罚款。

同时,我国《著作权法》还规定了著作权主管部门的行政执法权。主管著作权的部门对涉嫌侵犯著作权和与著作权有关的权利的行为进行查处时,可以询问有关当事人,调查与涉嫌违法行为有关的情况;对当事人涉嫌违法行为的场所和物品实施现场检查;查阅、复制与涉嫌违法行为有关的合同、发票、账簿以及其他有关资料;对于涉嫌违法行为的场所和物品,可以查封或者扣押。这为著作权主管部门通过主动行政执法保护著作权提供了明确的法律依据,有助于进一步提高我国的著作权保护水平和效率。

三、刑事责任

刑事责任,是指侵权行为人因其侵犯著作权的行为触犯《刑法》,依照《刑法》而应承担的法律后果。

我国《著作权法》没有规定具体的刑事责任条款，但我国《刑法》规定了侵犯著作权罪。侵犯著作权罪是指以营利为目的，违反著作权管理法规，侵犯他人著作权，违法所得数额较大或有其他严重情节的行为。其特征有：(1)侵犯著作权罪的主体可以是自然人，也可以是单位。(2)侵犯著作权罪的客体是著作权人对其作品所享有的著作权及国家对文化市场的管理秩序。(3)侵犯著作权罪的主观方面表现为故意。(4)侵犯著作权罪的客观方面表现为以下几个方面：第一，未经著作权人许可，复制发行、通过信息网络向公众传播其文字作品、音乐、美术、视听作品、计算机软件及法律、行政法规规定的其他作品；第二，出版他人享有专有出版权的图书；第三，未经录音录像制作者许可，复制发行、通过信息网络向公众传播其制作的录音录像；第四，未经表演者许可，复制发行录有其表演的录音录像制品，或者通过信息网络向公众传播其表演；第五，制作、出售假冒他人署名的美术作品；第六，未经著作权人或者与著作权有关的权利人许可，故意避开或者破坏权利人为其作品、录音录像制品等采取的保护著作权或者与著作权有关的权利的技术措施。

构成侵犯著作权罪，除了具备上述条件外，《刑法》还将“违法所得数额较大”和“有其他特别严重情节”作为犯罪构成必备条件。最高人民法院和最高人民检察院在2004年《关于办理侵犯知识产权刑事案件具体应用法律若干问题的解释》(法释〔2004〕19号)的第5条中，结合《刑法》第217条，专门对“违法所得数额较大”，“违法所得数额巨大”，以及“有其他严重情节”和“有其他特别严重情节”作了明确列举。

以营利为目的，违法所得数额在3万元以上的，属于“违法所得数额较大”；具有下列情形之一的，属于“有其他严重情节”，应当以侵犯著作权罪判处3年以下有期徒刑或者拘役，并处或者单处罚金：(1)非法经营数额在5万元以上的；(2)未经著作权人许可，复制发行其文字作品、音乐、电影、电视、录像作品、计算机软件及其他作品，复制品数量合计在1000张(份)以上的；(3)其他严重情节的情形。

违法所得数额在15万元以上的，属于“违法所得数额巨大”；具有下列情形之一的，属于“有其他特别严重情节”，应当以侵犯著作权罪判处3年以上7年以下有期徒刑，并处罚金：(1)非法经营数额在25万元以上的；(2)未经著作权人许可，复制发行其文字作品、音乐、电影、电视、录像作品、计算机软件及其他作品，复制品数量合计在5000张(份)以上的；(3)其他特别严重情节的情形。

四、执行措施

为了加强对著作权的法律保护，我国2020年修改的《著作权法》在第5章中新增加了执行措施的有关规定，具体包括诉前权利保全、诉前证据保全、人民法院依法处置权。

(一)诉前权利保全

为了与世界贸易组织《知识产权协定》的有关司法保护的内容相衔接，我国《著作权法》第56条规定：“著作权人或者与著作权有关的权利人有证据证明他人正在实施或者即将实施侵犯其权利、妨碍其实现权利的行为，如不及时制止将会使其合法权益受到难以弥补的损害的，可以在起诉前依法向人民法院申请采取财产保全、责令作出一定行为或者禁止作出一定行为等措施。”作出这样的规定，主要是考虑到有时权利人发现了侵权人正在实施侵权行为而想采取制止的行动，但由于行政程序与诉讼的障碍，著作权人或者其他权利人无能为力。因此，为了防止给著作权人或者其他权利人造成不必要的损失，法律授予其起诉前申请权利保全的权利。我国《著作权法》规定的诉前权利保全包括两个方面，即申请采取财产保全的措施和责令作出一定行为或者禁止作出一定行为等措施。

申请诉前权利保全应符合以下条件：(1)申请人应是著作权人及其他与著作权有关的权利人与邻接权人，其他人不能行使此项请求权。(2)提出请求的前提，一是要有证据证明他人正在实施或即将实施侵犯其权利、妨碍其实现权利的行为；二是如不及时制止将会使其合法权益受到难以弥补的损害。(3)提出请求的时间为起诉前。(4)提出请求的对象是各级人民法院。

此条规定的是一项程序比较复杂的司法救济程序，除了严格的程序要求外，还有实体要求。这主要是因为，著作权及有关权利的行使具有大众传播的性质，起诉前如不对有关权利保全，不利于著作权人以及有关权利人的合法权益的保护，但如果不对这项权利的申请进行严格规定，就容易造成诉前权利保全的不当，同样会给无辜者造成难以弥补的声誉和经济损失。因此，法律对诉前权利保全作出慎重规定是适宜的。

(二)诉前证据保全

证据保全是指法院依据申请人、当事人的请求，对可能灭失或今后难以取得的证据予以调查收集和固定保存的行为。证据保全可以在起诉前，也可以在诉讼中即对证据进行调查的过程中。

我国《著作权法》第 57 条规定了诉前证据保全的内容。该条确定了诉前证据保全的权利，即为制止侵权行为，在证据可能灭失或者以后难以取得的情况下，著作权人或者与著作权有关的权利人可以在起诉前依法向人民法院申请保全证据。

(三)人民法院依法处置权

我国各级人民法院是我国的审判机关，有权根据事实和法律对侵权案件进行处理。我国《著作权法》第 54 条第 5 款规定："人民法院审理著作权纠纷案件，应权利人请求，对侵权复制品，除特殊情况外，责令销毁；对主要用于制造侵权复制品的材料、工具、设备等，责令销毁，且不予补偿；或者在特殊情况下，责令禁止前述材料、工具、设备等进入商业渠道，且不予补偿。"人民法院审理案件，对于侵犯著作权或者与著作权有关的权利的，可以没收违法所得、侵权复制品以及进行违法活动的财物，使侵权行为人不能再进行侵权活动。此规定是有关国际公约中强调司法救济的具体体现，也是多年来理论界与实务界呼吁要求从严管理的结果，同时也有利于维护司法权威。

第三节　著作权纠纷的处理

著作权纠纷，是指著作权人与作品使用人或其他任何第三人，就著作权的行使而发生的争执。著作权纠纷主要包括侵权纠纷和合同纠纷两种，前者是指就是否构成侵权而发生的争执，而后者则是指在订立、履行著作权合同中产生的争执。根据我国著作权法的规定，解决著作权纠纷的途径有调解、仲裁和诉讼。

一、调解

调解,是指著作权纠纷的当事人在调解组织的主持下达成和解。

我国主持调解的组织是著作权行政管理部门和其他组织。采取调解这种途径处理著作权纠纷完全取决于当事人的自愿。调解组织在调解的过程中,只能采取说服教育的方式,不得以强迫的方式来促使当事人达成协议。当事人之间是否愿意达成协议、达成什么样的协议,取决于当事人的自愿。同时,调解并不是解决纠纷的法定必需程序,调解协议不具有法律效力。达成协议后一方反悔的,当事人可以采取其他途径解决纠纷。

二、仲裁

仲裁,是指仲裁机构依照一定的仲裁程序和法律,对当事人之间的著作权纠纷进行裁决的一种活动。

仲裁机构受理著作权纠纷仲裁申请,应遵循法律的规定。根据我国《著作权法》和《仲裁法》的规定,当事人向仲裁机构申请仲裁,其依据是合同中的仲裁条款或事后达成的书面仲裁协议,缺少这一条件,仲裁机构不得受理当事人的申请,可告知当事人向人民法院起诉。

仲裁机构对著作权纠纷作出的仲裁裁决具有法律效力。一方当事人不履行仲裁裁决,另一方当事人可向人民法院申请强制执行。同时,当事人一方认为仲裁机构的仲裁在程序上不符合法律的规定,或仲裁员有贪赃枉法裁判的行为,或仲裁裁决适用法律有错误,可以向人民法院申请撤销仲裁裁决,或向人民法院申请裁定不予执行。除此之外,仲裁裁决是终局裁决,当事人不得就裁决结果向人民法院再行起诉。

三、诉讼

通过诉讼程序解决著作权纠纷,是我国《著作权法》所规定的主要程序。根据我国法律规定,当事人之间因著作权发生纠纷可以直接向人民法院起诉。向人民法院请求保护著作权的诉讼时效期间为 3 年,从著作权人知道或应当知道权利被侵犯时开始起算。

结 语

著作权侵权行为,是指未经著作权人的同意,又无法律上的根据,擅自对著作权作品进行使用以及其他以非法手段行使著作权的行为。侵犯著作权的行为可以分为直接侵权和间接侵权两种。

侵犯著作权行为应承担的法律责任主要有民事责任、行政责任、刑事责任。侵犯著作权或者与著作权有关的权利的,侵权人应当按照权利人因此受到的实际损失或者侵权人的违法所得给予赔偿;权利人的实际损失或者侵权人的违法所得难以计算的,可以参照该权利使用费给予赔偿。赔偿数额还应当包括权利人为制止侵权行为所支付的合理开支。权利人的实际损失、侵权人的违法所得、权利使用费难以计算的,由人民法院根据侵权行为的情节,判决给予 500 元以上 500 万元以下的赔偿。解决著作权纠纷的途径有调解、仲裁和诉讼。

思考题

1. 著作权侵权行为有哪些类型?

2. 侵犯著作权的行为应当承担哪些法律责任?

资料链接

1. 吴汉东:《论网络服务提供者的著作权侵权责任》,载《中国法学》2011 年第 2 期。

2. 崔国斌:《论网络服务商版权内容过滤义务》,载《中国法学》2017 年第 2 期。

3. 陈锦川:《著作权侵权诉讼举证责任的分配》,载《人民司法》2007 年第 5 期。

4. 熊琦:《“算法推送”与网络服务提供者共同侵权认定规则》,载《中国应用法学》2020 年第 4 期。

第三编　专　利　权

第十二章　专利制度概述

学习目的　通过本章学习，了解专利制度的起源和发展，熟悉我国专利制度的历史沿革，特别是掌握现行专利法制定与修改情况，掌握专利制度的"技术实施的垄断"与"技术信息的公开"这两大特征。

关键词　专利　专利制度　中国专利制度　垄断　公开

导语

1849年3月10日，时任美国总统的林肯申请了编号为6469号的专利——一种使搁浅船只重新漂浮起来的装置(Buoying Vessels over Shoals)，并于同年5月22日获得授权。他在专利申请书中写道："我发明了一种新的改进方法，它可以将可调节浮力的气囊用于蒸汽船或其他船只，这样做的目的是快速减少船体的吃水深度，使得船只可以顺利通过沙洲或浅水区且不必卸载货物。"尽管该专利的技术方案从未被实际制造出来，但林肯成为美国历史上唯一拥有专利的总统。林肯的发明得益于其天赋。虽然林肯的父亲是一名机械师，但林肯本人一生都没有接受过任何工程学方面的培训，仅仅是一次亲身经历激发了林肯的灵感：1848年，在从华盛顿返回家乡的途中，林肯的船只搁浅在浅水的沙洲。然而，林肯将发明申请为专利的做法却归功于其专利理念。林肯多次在关于"发现与发明"的演讲中谈及："在专利法制定之前，任何人都可以立即使用他人完成的发明，这导致发明人并未因其发明而获得任何专门的好处。专利法的出台确保了发明人能够在有限的期限内排他性地使用其发明，此举无疑是在发现和制造全新有用之物的天才之火上添加了利益的燃料。"演讲的最后一句被广为传颂且简化为："专利制度是在天才之火上添以利益之油。"

林肯的事例形象地阐述了专利法的立法目的：通过向公众公开技术方案，专利权人换取在一定期限内的垄断利益。这种垄断并非源于专利权人的贪婪，而是巧妙地平衡了权利人与社会公众之间的利益：一方面通过授予专利权的方式给予权利人经济利益，激励其投身于发明事业；另一方面允许社会知悉其技术方案，促进科学技术的应用与进步。基于此，本章主要论述专利制度的起源、发展以及专利权的主要特征，并对专利权的相关学说进行了介绍。

第一节　专利制度的起源与发展

专利是知识产权制度中起源最早，也最为重要的类型。在现代社会，专利在世界范围内被普遍认定为一种私权,是基于发明人的申请和公开,根据法定程序和标准授予发明人对其技术方案享有的专有权利。但专利和专利制度并非一直是今天的样子,而是经过了漫长的历史演变,才形成了今天以公开换取一定期限内独占的制度特征。

一、专利制度的起源

在工业革命开始以前,人类赖以生存、社会赖以维持的基础技术主要是农业社会中的耕作技术。这些技术在构成上多以经验为主,极少有人将其归纳、整理,使之系统化、理论化;生产工具作为技术的最主要的载体仅仅表现为一些结构非常简单的农具,如锄头、犁、耙等。在这样的技术发展水平下,人类社会中的竞争更多地表现为体力上的竞争,而不是智力竞争。智力成果的发展水平相对低下,致使其在社会竞争中的作用相对较小,其地位和价值并不十分重要。在这样的社会条件下,很难产生利用法律保护发明创造的需求,也就不可能诞生专利制度。

随着生产力水平的提高,人类凭借技术进步创造的社会财富在总财富中所占的比例也逐渐提高,人们开始意识到技术的重要性。在 13 世纪,英王开始以特许令的方式奖励那些在技术上有创新并且为社会带来利益的人。其奖励方式即是以诏书的形式授予发明人或者将技术引进英国的人在一定期限内对其技术享有垄断权。这种诏书在当时被叫作“公开证书”(letters patent)。在形式上,英王颁发这种文书时并不将该文书封口,而是开启的。这样做是为了让所有的人都能知道该文书的内容。这便是专利制度的萌芽。而“letters patent”中的“patent”(公开)就是现代英文中“专利”一词的语词来源。

到公元 13 世纪,地中海沿岸的贸易交往已日趋发达。贸易交往的频繁必然开阔人们的眼界。有识之士敏锐地意识到,先进的技术可以生产出上乘的商品,并可借此使国力日趋强盛。为了能吸引更多的掌握先进技术的人才,许多国家开始着手建立保护新技术的法律制度。据考证,在 14 世纪早期,亚平宁半岛上就有针对一些具体发明授予专利的个案,比如石磨等。但真正形成制度,则是到 15 世纪。

1474 年,威尼斯城邦元老院颁布了世界上第一部专利法。该法规定,“任何人在本城制造本城邦内先前未曾有人制造的、新颖且精巧的、经改进完善即可使用和操作的机械装置,应向本城行政部门登记,以使该发明得以应用。未经发明人同意,本城其他人在 10 年内不得制造与该装置相同或者相似的产品;若有仿造者,发明人可向本城执行官告发,执行官可令侵权者赔偿 100 枚金币,并处销毁侵权装置”。这部法律文字不多,但已经勾勒出现代专利法的轮廓,具备了现代专利法的基本特征。比如,“本城邦内先前未曾有人制造”“新颖且精巧”“经改进完善即可使用和操作”,以及申请注册原则、损害赔偿机制等均与现代专利法大致相同。因而有人称这部法律为专利法的鼻祖。

到了 16 ~ 17 世纪,工业化革命席卷欧洲,尤其是英伦三岛。英国早期的钦赐特权制度在一定程度上对英国纺织工业等产业的振兴起到了推波助澜的作用。工业化革命又造就了第三等级。这些人大多控制着巨额的资本和先进的工业技术,并借此进一步掌控着国家的经济。他们一方面追求平等,要求限制王权;另一方面又希望建立一套保护其技术的法律制度。这便同原有的英王依其个人喜好而授予特权的制度发生了直接的冲突。这种冲突和斗争的结果之一,便是 1623 年英国颁布的《垄断法案》。这项法案是资产阶级革命的结果,被认为是世界上第一部具有现代意义的专利法。它要求法院对英王授予的所有特权进行审查,只有那些真正的新发明才被认为有效。这就将王权置于法律监督之下,专利成为正当地实施法律的结果,而非君王擅断的特权。正是在这种意义上,《垄断法案》改变了专利权的性质,使之从特权变成了人权。

之后,各国纷纷建立了各自的专利制度。美国在其独立后不久,就在宪法中确立了保护专利技术的原则,并于1790年颁布了专利法;法国在资产阶级大革命胜利后于1791年颁布了专利法,并在序言中明确提出无视他人对技术发明的专利权就等于无视人权,从而确立了专利权作为一种人权的地位。以后,俄国于1812年、西班牙于1826年、德国于1877年相继颁布了其专利法。

二、专利制度的发展

专利制度从萌芽到为各国所接受仅仅经历了400年的时间。因为其历史短暂,人们对其认识也就相当浅薄,从而导致19世纪专利法的发展一度在欧洲的一些地区出现倒退的现象。瑞士曾一度拒绝建立专利制度,其议会数次否决了为制定专利法扫除法律障碍的议案;甚至在1866年和1882年两次全民公决时,仍然拒绝授予议会制定工业产权法的权利。荷兰在1869年甚至废止了已经实施了半个多世纪的专利法。[1] 这种现象的出现,与当时欧洲还完全处于自由资本主义时期密切相关。在自由资本主义时期,自由、平等的观念已深入人心。以此为基础,一些人狭隘地理解"贸易自由""契约自由"的原则,从而提出了"凡是垄断的法律必是恶法"的命题。一些经济学家甚至直接认为"不可能制定出好的专利法"。加之这种思潮在相当范围内得到人们的响应。而依专利法所授予的权利恰恰是一种在外在形式上具有垄断性的权利,故专利法被斥之为恶法。

产业的发展要求务实的态度,法律制度的形成和发展一定是为社会的进步和生产力水平的提高而服务的。经过一段时间,专利法对社会发展的促进作用在那些坚持实施专利制度的国家得到了验证。那些没有实施专利制度的国家在国际贸易和人才竞争方面渐渐处于劣势,所以在19世纪末20世纪初,实施专利制度的国家的数量还是在缓慢地增加。不仅如此,那些废止或者一直未曾建立专利制度的国家也在这一时期逐渐重新或者开始实施专利法。

进入20世纪,特别是在十月革命后,随着国际社会主义阵营的形成,在东、西方对抗的国际形势下,以苏联为首的社会主义国家在诸多法律制度上对资本主义法律制度进行了大刀阔斧的改造,其中包括有关保护技术方案的法律制度。为了充分体现计划经济的优越性,苏联带头在专利制度之外创立了一套发明人证书制度。依照这种制度,发明人一旦获得了发明人证书,国家将给予发明人在精神和物质两方面的奖励,但该发明的权利却归国家所有,其实施亦由国家掌控。苏联曾一度废止专利法,转而实施发明人证书制度,但后来又恢复了专利制度,在其国内实行发明人证书和专利制度并存的双轨制,即由申请人自行选择申请专利还是发明人证书。但实际上,选择申请专利的多为外国人,苏联国民绝大多数选择申

---

〔1〕 联合国及社会理事会、贸易和发展会议秘书处和世界知识产权组织国际局联合报告《专利制度的作用:专利制度在向发展中国家转让技术中的作用》,中译本见中国对外翻译出版公司1985年版,第91～92页。

请发明人证书。随着时间的推移,从20世纪50年代开始,由于市场的要求,东欧的一些社会主义国家相继恢复专利制度的实施,进而废止了发明人证书制度。目前,仍然实施发明人证书制度的国家已为数不多。

在西方国家,进入20世纪后,专利制度本身的存在已经不再成为争议的焦点,但对于专利权的效力以及保护力度的强弱,实践中却存在不同的做法。在第一次世界大战后,多数国家都颁布了专利法。由于当时世界经济处于萧条状况,各国为了发展经济而更加注重发挥专利法鼓励技术进步的作用。以美国为例,在20世纪二三十年代,由于大公司对市场的垄断导致经济发展受到限制,专利权作为一种垄断权从情感上就得不到人们的支持。实践中,美国在这一时期曾通过反垄断法对专利权的效力加以限制,以防止权利人滥用专利权。这种状态一直持续到第二次世界大战结束后近30年。这种状况的出现也是很自然的,任何国家为了在短时间内振兴经济,都希望每项发明的价值能够被充分发挥。其结果自然导致法律的支点偏向技术的利用和传播,相比之下,专利权的保护力度则相对弱化。

20世纪七八十年代后,西方国家已经在技术上取得了领先地位。为了维护其靠着技术优势所建立起来的领先地位,以美国为代表的西方国家则开始采取各种措施,强化对专利权的保护。相应地,利用反垄断法手段来制约专利权人、防止专利权滥用的力度则逐渐弱化。尽管在法律层面上所采用的概念依然如故,但对这些概念的运用却不尽相同,尤其是构成垄断的判断标准完全不同。在专利法内部也引入了许多新规则以强化专利权的保护,比如药品专利的保护期可以延长,增加有关对基因及生物技术保护的规定,甚至引入了商业方法专利的概念。总之,在国内法方面,西方国家对于专利权的保护水平在最近30年里不断提高。

一百多年来,各国在专利法的国际协调方面作出了不懈努力。早在1883年,以法国为首的十多个欧洲国家为了解决工业产权的国际保护问题,经过长期协商终于达成一个协议,即《巴黎公约》。公约从实体法和程序法等多方面对专利、商标等工业产权保护对象规定了法律保护的基本原则和最低标准。从专利法的发展史着眼,该公约开创了专利法国际协调的先河。现在,该公约有一百多个成员,已经成为国际上最重要的知识产权公约。

如今,经济全球化对知识产权法律制度提出了新的要求。各国在专利法方面的协调已经成为知识产权领域极为重要的一个问题。世界知识产权组织正着手制定有关专利法协调的条约。各国对此都给予了充分的关注,并积极参与条约的制定。欧美等发达国家对此更是有着格外的热情。虽然要真正制定出一套全球通行的专利制度还早,尤其是对于发展中国家而言,但专利法的国际协调已成为这一制度的发展趋势,世界贸易组织的《知识产权协定》便是这种国际协调的结果之一。

专利制度从产生到现在已有数百年历史。迄今,世界上大多数国家都相继建立了专利制度。专利制度已成为保护技术方案的最为重要的法律手段。应当指出,专利制度并非保护技术的唯一法律手段,现有法律制度中还有许多法律都可用于保护技术方案,比如,合同法、商业秘密保护法等均为常用的保护技术的法律手段。仅从专利法的角度看,并非所有的技术方案都适合于专利保护。现实中的许多技术领域明确被专利法排斥在保护范围之外;有的技术方案更适合用保密的方法加以保护,这类技术完全不必申请专利,比如可口可乐的配方就是一个实例。

第二节　中国专利制度

一、近代中国专利法律思想及相关制度

长期以来，中国的法律制度一直是“民刑合一”，且“重刑轻民”。在这种法律环境下，民事法律制度一直没有充分发展。专利法律制度中的核心——专利权，属于民事权利的一种，在民事法律制度总体发育不完备的情况下，自然也没有得到发展。

法律制度构成只是中国专利制度不发达的表层缘由。若深挖其根源，这与几千年来中国的集权政治、经济体制和传统文化密切相关。我们不能想象，在一个高度集权的国家，统治者会允许市场经济自由地形成和发展。进一步，我们不能设想，在一个市场经济不甚发达的社会中，统治集团会自发地创立适合于市场经济体制的专利制度。同样地，我们不能指望，在一个技术不够发达的国家会有以法律手段保护技术方案的迫切需求。依照传统，士大夫们应当“修身、养性、齐家、治国平天下”，而“巫、医、百工为君子所不齿”。即使有人有保护其技术的想法，恐怕在“君子不言利”的教条压迫下也只得缄口不言。在这样的文化和经济环境下，专利制度当然不会自发产生。

历史上，中国的发明家们要么依附于集权体制，成为御用工匠，为君主服务，使一切发明创造都成为“宫廷秘方”之类，为皇家所有，黎民百姓无从享用；要么就恪守着“传内不传外”“传子不传女”的古训，以家庭作坊的方式惨淡经营，维持生计。就连在《庄子·内篇·逍遥游第一》所记载的“不龟手之药”的故事中，以百金获得药方者也以献与吴王为荣。[2] 在中国历朝历代，发明人或者知识分子要想成大事，只能依附权贵。从这种意义上讲，这样的社会氛围必然在总体上扼杀知识分子的独立人格，这种文化传统在一定程度上阻碍了中国社会进入工业化，导致近代中国在科学技术和综合国力方面大大地落后于西方列强。技术落后自然也就不会有保护技术的需求了，更进一步，也就不会有专利法产生的土壤了。

到了清末，一些吸收了西方先进思想的学者开始思考中国在科学技术上落后的原因。太平天国总理洪仁玕在其《资政新篇》中称：“倘有人能造如外邦火轮车，一日夜能行七八千里者，准其自专其利，限满准他人仿造。”这种思想实际上就是受西方专利制度的影响而产生的。尽管洪仁玕最终没有能够将这一思想付诸实施，但它在中国专利制度史上的意义是非常重大的，因为这是中国学者在接收了西方思想之后，第一次将其用文字表述出来以告民众。此后，改良思想家郑观应在1873年出版的《救时揭要》[3]一书中的《论中国轮船进止大略》一文中指出：“如朝廷有示体恤商贾，任天下之人自造轮船，尤能制一奇巧之物，于国家有益者，则赏其顶戴，限其自造多少年数，然后别人方能造。”此后，郑观应在《易言·论机器》一文中就西方专利制度作了介绍：“至于泰西定例：凡能别出新才制一奇器，有益于国计民生者，则必赏以职衔，照会各邦，载于和约，限以年数，准其独造，期满之后，别人乃得仿效。

---

〔2〕 参见支伟成编：《庄子校释》，上海泰东图书局1924年版，第6页。

〔3〕《救时揭要》的出版时间还有另一说法，即1862年。

故创始者既获美名，又收厚利。无怪其苦心孤诣，斗巧争奇。中国能踵而行之，未始非振作人才之道也。”清末刘鹗在《老残游记》中也曾就当时流行的吸食鸦片的工具“太谷灯”和“寿州斗”的专利性作了一番评论。[4] 可见，到清末，“专利”这一概念已经为老百姓所知晓。

1898年，在一些启蒙思想家的变法思想的影响下，光绪帝颁布《振兴工艺给奖章程》。光绪帝还依此章程在兵工、纺织、造船等行业中颁发了几项专利。这一章程是改良派变法的成果之一，但随着变法的失败，该章程并未得到很好的执行。不久之后，清王朝即告覆灭。

二、民国时期的专利制度

1912年，中华民国工商部制定了《奖励工艺品暂行章程》。根据该章程，有关发明或改良的制造品经工商部考验合格始予以奖励，但饮食品、医药品、妨害秩序风俗之发明或者改良，以及有相同制品申请在先者除外。凡获奖励者发给褒状，并自颁发执照之日起5年内享有专卖该制品的权利。仿造受奖励制品或者伪称其产品为受奖励之制品者将被科以刑事责任。1923年，工商部修订了《奖励工艺品暂行章程》。章程将奖励范围进行了适当调整：须为首先发明或改良之物或方法，或应用外国成法制造物品者；其中应用外国成法制造者仅可获得褒状。其规定了不授予专利的范围；增加了“有关公益须普及者”的限制条件；专利的保护期分为3年和5年两种；且只有中华民国人民得享有奖励之权利。1928年，国民政府颁布《奖励工业品暂行条例》，并废止先前颁布的有关奖励章程，后又于1932年颁布《奖励工业技术暂行条例》，并先后于1939年及1941年对该条例进行了修订。

1944年，国民党政府公布了中国有史以来第一部专利法。该法的起草经历了大约4年的时间。1940年，当时的经济部组织成立了工业专利办法筹议会，负责草拟专利法工作。1942年完成草案，两年后完成全部立法程序。该法分为发明、新型、新式样及附则四章，共133条。在内容上，它继承了原章程或条例中的合理部分，比如先申请原则、异议程序等；同时还引入了一些当时国际上较为先进的做法和规定，比如同时在一部法律中保护多种专利，确立了专利“三性”、发明专利保护期为15年、复审制度等。从立法技术的角度看，这一法律在当时的世界上算是比较先进的。但是由于国民党政府在抗战胜利后不久便在内战中全面溃败，以致该法在颁布5年后的1949年开始实施时，在全国范围内已经没有了实施环境。此时国民党即将败退至我国台湾地区，自然无暇顾及专利法的实施。因此，这部法律并未能在中国大陆全面实施，但相关规定在我国台湾地区却一直实施到20世纪90年代中期，后来才进行大规模的修订。

三、中华人民共和国专利制度

中华人民共和国成立后，政务院于1950年颁布了《保障发明权与专利权暂行条例》。根据这一条例，申请人可以就一项发明创造自由地在发明权和专利权之间选择其一申请之。但是对于涉及国防或者公众福利需要普遍推广的发明创造、在国家单位完成的职务发明或者接受报酬所完成的委托发明，国家只授予其发明证书，而不授予专利。在条例实施的初期，国家曾经授予过4项专利权和6项发明权。此后，国家颁布了《发明奖励条例》（已失

---

〔4〕 参见（清）刘鹗：《老残游记》，人民文学出版社1957年版，第118页。

效)，对那些具备新颖性、在生产实践中取得重大效益、技术水平在国内或国际上处于领先水平的发明创造发给发明证书。这使中国从过去的专利权与发明权并存的双轨制，转变成为单一的发明权制度。

需要指出的是，由于在相当长的一段时间内国家没有把经济建设作为主要目标，加上决策者对体力劳动和脑力劳动在认识上的错误，发明创造的法律保护制度在这一时期并未被当作重要的问题。在这一段时间里，技术发明实际上得不到应有的保护，对于任何技术，他人均可随意效仿，从而严重影响了人们从事技术开发的积极性。当然，导致这一时期技术发展缓慢的主要原因还是国家的大政方针，专利制度的缺失并非主要原因。

改革开放后，商品经济的发展和对外交往的需求都在呼唤发明创造的法律保护制度。1978 年，国家开始研究在中国建立专利制度的必要性；1980 年，国务院批准成立中国专利局，并开始着手起草中国专利法。但与此同时，由于计划体制长期以来对人们观念的影响，一场围绕着专利制度在政治上姓“资”还是姓“社”、在经济上是利还是弊的大论战也拉开了帷幕。这次论战可谓一波三折。1980 年 10 月和 11 月，国家分别召开了专利问题座谈会和专利法研讨会。会上的主流意见是专利制度是一种技术性的法律制度，在中国建立专利制度利大于弊。然而，1981 年 3 月，在专利法草案第 11 稿送国务院征求意见时，反对之声占了上风，专利法的起草工作一度停滞一年多。1982 年，国家再度启动专利法立法程序。1983 年 8 月，草案经国务院常务会议审议通过，9 月提请全国人民代表大会审议。1984 年 3 月 12 日，在第六届全国人大常委会第四次会议上，历经 24 稿的中国《专利法》终于获得通过，并于 1985 年 4 月 1 日起实施。

中国专利法在立法上吸收了国际上专利立法的最新经验，其结合中国的技术发展水平，对有关技术发明创造给予较为充分的保护。《专利法》的实施不仅得到了世界各国的欢迎，更为重要的是得到了国内广大发明人的支持。《专利法》实施第一天，申请量就达 3455 件。1984 年《专利法》可称得上是在中国真正得到全面贯彻的第一部专利法。1992 年，经过 8 年的实施，有关方面已积累了不少经验，在此基础上，国家对《专利法》进行了修正。修正后的《专利法》提高了对发明创造的保护水平，具体地讲包括以下几个方面：(1)拓展了专利法的保护范围。1984 年《专利法》明确不予保护的饮料、食品、调味品和药品、用化学方法获得的物质等被纳入专利法保护范围。(2)专利权效力得到增强。专利权内容增加了进口权，方法专利的效力延伸到产品。(3)专利权保护期加长。发明专利权保护期由 15 年增加到 20 年；实用新型专利权和外观设计专利权保护期由 5 年增加到 10 年。(4)引入本国优先权制度，使在中国的首次申请人与在外国递交首次申请的申请人处于同等地位。(5)取消了审查中的异议制度，改为授权后的撤销制度，通过这种方式在一定程度上缩短了审查的时间。经过这次修改，中国专利制度已基本达到国际公约要求的最低标准。

2000 年，为了适应国内经济体制改革和技术发展的需求，为了全面满足中国加入世界贸易组织在法律法规方面的最低要求，我国再度对专利法进行了较大幅度的修正。该次修正的内容主要涉及以下几个方面：(1)进一步强化了专利权的效力，在 1992 年修正案的基础上，又将“许诺销售”列入专利权的效力范围。根据这一规定，即使尚未直接以销售侵权产品获利，只要许诺销售专利产品或者依照专利方法直接获得的产品，也构成侵权。(2)将专利审查完全置于司法监督之下。根据 2000 年《专利法》，所有类型的专利行政审查，其终审权都将由人民法院行使,这直接体现了程序公正的原则。这一修正是为了满足世界贸易组织《知识产权协定》第62条的规定。根据这一规定,有关知识产权的取得、维持以及相关程序而作出的任何行政裁决,均应当接受司法审查或者准司法审查。在此以前,按照1984年《专利法》或者1992年《专利法》,只有关于发明专利的申请、无效宣告、撤销或者异议等纠纷可以由法院作出最终的司法裁判;有关实用新型和外观设计专利申请以及无效宣告、撤销或者异议等纠纷,专利复审机关的决定即为终局决定。(3)增加了诉讼保全制度,使专利权人的利益可以得到更充分的保护。对一些即发侵权行为,只要权利人或利害关系人能够提供证据证明,若不及时制止该行为便会造成不可挽回的损失,则法院可以根据当事人申请责令其停止有关行为或者采取财产保全措施。这种制度类似于英美法中的临时禁令。(4)为了简化程序,取消了前次修正引入的撤销专利权的程序,将其一并纳入了无效宣告程序。经过这次修正,我国的《专利法》已经完全达到了世界贸易组织的《知识产权协定》的要求。

为顺应经济和技术的发展对专利法提出的新要求,我国于2005年适时启动了第三次专利法修正工作,并于2008年12月27日通过了《专利法》修正案,该修正案于2009年10月1日起实施。同时,为了落实专利法修改的各方面变化,确保修改后的《专利法》顺利实施,2010年国务院公布新修订的《专利法实施细则》,对于专利法修正案中的一些新规定进行了进一步的细化和落实。此次专利法修正同前两次修正的最大区别就在于启动修法程序的动因不同。第一次修正专利法主要是为了满足中国政府同美国政府订立的关于保护知识产权谅解备忘录的要求;第二次修正专利法主要是为了满足世界贸易组织《知识产权协定》的要求。前两次修正专利法的动因主要来自外部,而此次修正的动因则主要来自内部,即为了满足国内经济技术发展的需求。此次专利法修正首次将"提高创新能力"确定为专利法的立法目的之一,旨在落实《国家知识产权战略纲要》的实施与建设创新型国家的目标。从内容上看,《专利法》第三次修正的内容主要体现在以下方面:(1)为应对专利申请的国际化与一体化,2008年《专利法》及其实施细则简化了专利申请及审批手续,取消了涉外代理机构的限制,并鼓励向国外提出专利申请。(2)提高了授予专利权的条件,增加了现有技术的概念,将专利权的新颖性条件由原来的"相对新颖性标准"改为"绝对新颖性标准"。相对新颖性抛弃了以往仅要求书面公开的世界新颖性,使得我国专利主管机关对专利审批条件的提高能够从全球范围出发,符合国际趋势。(3)扩展了专利权的保护范围,在对外观设计的保护中,增加了禁止"许诺销售"的条款,更为全面地保护了专利权人的利益。(4)细化了不实施专利和非法垄断的专利强制许可,增加了为公共健康目的的专利强制许可,实现了专利强制许可制度的类型化。(5)明确了"一发明一专利原则",旨在防止重复授权,解决了发明和实用新型专利的交叉问题,规定一个技术或设计方案只能授予一种形式的专利权。(6)规范了外观设计专利的授权标准,引入"现有设计"的概念,采用了与发明、实用新型专利申请新颖性类似的表述方式,提高了外观设计的授权"门槛"。(7)细化了专利侵权判断的标准,明确规定了现有技术抗辩,如果实施的技术或者设计属于现有技术或现有设计的,则不视为专利侵权。新增了为行政审批需要,实施专利药品及医疗器械专利等情况不视为侵权的规定。

为了更快实现经济发展方式的转型和经济结构的优化,我国于2014年启动了第四次专利法的全面修改,并于2020年获得通过。本次修正的重点,主要体现在四个方面:(1)进一步强化对专利权人的保护,加入了惩罚性赔偿的规定,并将法定赔偿额的上限提高到了500

万元,也完善了专利的行政保护制度,显著提升了侵权成本。(2)进一步明确专利权的归属,新增了单位依法处置职务发明相关权利和国家鼓励被授予专利权的单位实行产权激励的规定。(3)进一步促进专利的转化与运用,增加了开放许可声明及其生效的程序要件,以及被许可人获得开放许可的法定要件和争议解决路径,提高了专利转化效率。(4)为进一步完善举证责任,本次修正新增了在权利人已经尽力举证,而与侵权行为相关的账簿、资料主要由侵权人掌握的情况下,人民法院可以责令侵权人提供相应证据的举证责任倒置规则。

第三节　专利制度的特征

关于专利制度的特征,学术界对此存在各种说法,比如,认为专利制度具备法律保护、科学审查、公开通报、国际交流等特征。这些说法均在一定程度上反映了专利制度在某一方面的属性。但从制度本身的层面上看,专利制度最为重要并能反映其本质特征的属性可以概括为两点:一是以法律的手段实现对技术实施的垄断;二是以书面的方式实现对技术信息的公开。

长期以来,“垄断”一直被认为是一种不正当、不道德,甚至不合法的行为,因而在语词含义中也包含贬义。现实社会中各种垄断行为多为公众所谴责,为获得高额垄断利润的行为便是一例。但是,依照专利法所授予的专利权与其他垄断行为有着本质的区别。通常的垄断多是单纯地为追逐私利,但是专利法所授予垄断权的终极目的是公共利益。这从专利法的历史发展过程和专利法中有关权利及其限制的规定上可以清楚地得到反映。西方一些国家在19世纪中废除专利法之后,又于20世纪初再度颁布专利法的事实,足以说明专利法对于社会进步和技术发展的意义。现代各国专利法的具体规定中,不仅包括授予发明人以权利的内容,同时还有兼顾公众利益的内容。考虑到促进社会进步和公共利益等方面的因素,专利法对专利权人的权利内容作出了较为严格的限制。这种限制反映了专利法促进技术进步、兼顾公众利益的立法宗旨。应当看到,现代专利法的立法宗旨的演变与20世纪初民法本位由权利本位转向义务本位的过程是完全同步的。

专利制度在20世纪中的几项重大变革直接反映了专利法立法宗旨的演变。首先,先发明制向先申请制的过渡,反映出专利制度对公共利益的倾斜。采用先申请制极大地提早了公众了解最新技术信息的时间,这对于发明人显然不利。其次,改即时审查制为早期公开延迟审查制,不仅提前了公众知晓专利信息的时间,而且将那些不满足专利性要求而又申请了专利的有关技术信息直接划归公有技术范畴。申请人在被驳回之后已丧失了将其技术作为技术秘密保护的机会。这些发生在20世纪中的制度变革显然同专利法的立法宗旨的变化一脉相承。

另外,专利法中所规定的垄断并非对技术的全面垄断,而是仅仅限于对技术的营利性实施方面。首先,专利法绝不限制技术信息的传播,相反还鼓励且有助于专利技术的广泛传播。各国的专利制度中都有相应的公告程序,通过公告程序,公众可以自由地了解专利技术的全部内容。我国法律还规定专利行政部门有职责传播专利信息。据世界知识产权组织的统计,全世界每年的发明创造有95%左右可以在专利文献中找到。[5] 因此,技术开发人员在从事具体项目开发之前应首先进行专利检索,这是了解该领域的发展前沿的最简单、便捷的途径。可见,专利制度对于技术的传播可谓有益无碍。

其次,专利制度绝不禁止在现有技术基础上进行新技术的研究开发,即使在研究开发中需要实施专利技术,专利法也不禁止。专利权人的权利仅限于禁止他人为营利目的而实施专利技术。他人在已有专利技术的基础上从事改进发明,或者利用该专利技术从事更进一步的发明创造,专利法都不禁止。可见,专利权作为一种垄断性权利,其垄断效力是受限制的。应该说,这种垄断效力在正常情况下尚不足以从本质上妨害公共利益。

专利技术的公开性是专利制度的最主要的特征之一。在20世纪80年代初,曾有人一谈及专利便以为专利技术是保密的,甚至在与外商谈判购买专利技术时不敢过问其技术细节,以致在技术引进中遭受重大损失。事实上,无论在哪个国家,依法获得专利权的发明创造都是公开的(有些国家在普通专利之外还另设国防专利,国防专利通常仅在有限范围内公开,其授权的依据在法理上已不是通常意义上的专利法)。各国专利法都要求申请专利的发明创造人必须清楚、完整地公开申请专利的全部技术细节,否则该申请将因公开不充分而被驳回。公开欲申请专利的技术信息,这已经成为各国专利申请人的义务。在后面的内容中将会介绍,专利权保护的内容以公开的专利文件为基础。凡是没有公开的技术内容,绝不可能被纳入专利权保护的范围。从社会的角度看,将有关技术细节进行公开是非常必要的,这可以在很大程度上避免社会财富的浪费。任何从事技术开发的人员在开发某个技术项目之前,可以通过专利文献在全世界范围内了解该技术领域的最新动向,从而使技术开发工作可以站在一个较高的立足点上审时度势,可避免重复开发。

专利的公开性不仅表现为技术信息的公开,还表现为专利权利内容的公开。各国专利法在要求申请人公开其申请专利的技术细节的同时,还要求申请人明确划定其请求保护的范围。在原则上,全面、清楚地公开其技术细节的同时也就明确划定了其权利的范围。但在法律程序上,公开技术细节主要是通过专利说明书实现的;明确权利范围则是通过权利要求书来实现的。因此,在法律上经审查得到批准的权利要求书是确定专利权范围的法定文件,而专利说明书的主要作用则是公开专利的技术内容。但无论是专利说明书还是权利要求书,都属于专利文献。因此可以说,技术细节的公开和权利范围的公开均是通过专利文献的公开发表才得以实现的。

保护技术成果权利人的权益和促进技术信息尽早地公之于众,这是专利法的两个最根本的职能。如果一个社会或者国家对于发明创造不予保护,任何人都可以随意使用他人最新的发明创造,而不给发明人以一定的回报,那么,也就不会有人愿意去从事发明创造活动了。这种局面对于一个国家的技术发展和社会的文明进步是非常不利的。但如果反过来,毫无限制地赋予专利权人以绝对的权利,那将会导致权利人凭借其垄断地位滥用其权利,从而对技术进步构成障碍,这同样不利于国家或社会的进步。从这种意义上看,现代专利法在机制上犹如一架平衡发明人和公众两方面利益的天平,无论忽视哪方面利益都不利于技术进步和社会的发展。

---

〔5〕 参见江镇华编著:《英文专利文献阅读入门》,专利文献出版社1984年版,第14页。

第四节　专利制度的正当性解释

在专利制度的发展过程中,产生了许多关于专利制度的理论解释,总体上看,可以分为两类:一类是批评和反对专利制度的学说,另一类是赞同和支持专利制度的学说。在前面介绍专利制度的历史发展过程时,已经谈到,在19世纪,由于一些反对专利制度的学说盛行一时,专利制度的发展受到遏制。在20世纪80年代初的中国,围绕着中国是否应当建立专利制度、专利制度是姓"资"还是姓"社",曾有一场异常激烈的大辩论。如今,在世界范围内从根本上完全否定专利制度存在的合理性的观点已不多见,但仍有一些持批评态度的意见存在,主要集中在专利制度对发展中国家的技术发展的负面影响和垄断性的专利权对公共利益构成的限制等方面。本节不拟全面讨论有关专利制度的理论学说,主要介绍几种有较大影响的对现行专利制度进行解释的假说。

一、自然权利说

自然权利说是在自然法学派的理论基础上发展起来的。按照自然法学派的理论,法律只是公平、正义等意志的一种体现方式;法律的制定只是为实现这种意志而设置的一种技术手段;权利是天赋的,法律只是对天赋人权加以确认,而不是创制权利。在这一理论下,一些学者进一步将专利权认为是一种自然权利,或者说是一种天赋人权。发明人因其实际完成了发明创造工作,而对其创造的成果当然地享有权利;专利法只是从法律的角度上对这种自然权利给予确认。

自然权利说在专利制度发展的早期曾为各国所接受,这种思想还曾反映在《巴黎公约》的最初文本中。但随着时间的推移,人们逐渐意识到自然权利说在实践中存在一些难以自圆其说的弊端。如果专利权是一种天赋人权,那么,每一个独立完成发明的发明人都应当对其发明创造享有权利。为什么在有两个或者两个以上独立的发明人分别完成相同的发明创造时,只能授予一项专利权,且只有该专利权人对此发明创造享有垄断权?为什么专利法不是以完成发明创造的行为作为判断权利归属的唯一理由,而是以申请专利的时间或者完成发明创造的时间先后作为判断权利归属的标准?为什么专利法只保护在本国申请了专利并得到批准的专利权人,而对未在本国提出申请的外国专利权人却根本不予承认?由于自然权利说不能解释这些问题,故而在进入20世纪后,人们很快放弃了这种学说。尽管如此,自然权利说在专利制度的发展史上还是发挥过积极的作用。这种学说肯定了专利权是一种人权,而不是王权,它对于刚刚脱胎于封建制度的资本主义制度的稳定有着十分重要的作用。此外,这种学说与同时期的民法立法中的权利本位是一致的。上节中提到的先发明制就是建立在自然权利说的基础上的。

二、报酬说

这种学说认为,发明人为了完成发明创造势必要耗费大量的人力和财力,法律授予其专利权是作为对其先前耗费的人力和财力的一种回报。这种学说体现了朴素的“按劳取酬”和“按资分配”的思想。在发明创造过程中,发明人肯定是投入了大量的创造性劳动的,同时为了完成发明创造,通常需要设备、器材、原材料等。专利权正是从法律的角度对这种投入进行确认。

需要说明的是,专利制度中所承认的分配原则并不体现“按劳分配”或者“按资分配”的原则。无论是“按劳分配”还是“按资分配”,在正常状况下,只要有投入就应当有回报。而按照专利法,每一个发明创造只能授予一项专利权。其他的发明人尽管也独立完成了同样的发明创造,付出了相应的劳动或者资本,但在法律上却得不到相应的权利。可见,专利权在性质上绝不是智力劳动的报酬或者资本投入的回报,即无论是“按劳分配”,还是“按资分配”,都不适用于专利制度。因此,这种报酬说事实上并不能圆满地解释专利制度。

三、契约说

按照契约说,专利制度实际上是一种发明人与国家或者社会之间的契约。按照这种契约,发明人以公开其最新的发明创造作为对价,来换取社会对其专利权的承认。也就是说,发明人要想得到法律对其发明创造的保护,必须全部公开其发明创造的内容。

这种契约说反映了专利制度的具体运作机制,体现出法律保护与公开发明创造之间的关系。公开是保护的前提,没有对社会公开的技术内容是不可能受到专利法的保护的。这一假说如今仍为许多学者所接受,在世界上有着广泛的影响。但是也有对契约说提出不同看法的人,认为公开发明创造和保护技术发明都只是专利法促进技术发展的一种手段,而不是目的;专利法的终极目的是促进社会文明和技术进步。这一说法仅从操作层面上反映了专利制度的特质。应当看到,尽管公开发明创造和以授予专有权的方式对发明创造给予保护,都只是法律规范层面上的内容,是一种形式,但这并不影响这种假说在解释专利制度方面的作用。事实上,所有的法律规范都只是一种形式。因此,契约说在解释专利制度方面不失为一个可以被接受的假说,至少在形式逻辑方面,契约说是自圆其说的。

四、发展经济说

前述各种假说都是基于权利本位所提出的。随着20世纪民法立法本位的转移,有关专利法的假说中也出现了一些基于社会本位的学说,发展经济说就是其中之一。根据这一学说,专利制度的建立,其根本目的是发展国家经济;专利权的授予在事实上可以起到鼓励人们从事发明创造的作用;高新技术的诞生客观上可以刺激经济的发展,这已为专利法的发展历史所证明。

目前这种假说无论是在发达国家还是在发展中国家都得到了认可,只是各自分别从不同的角度对这一假说进行诠释。发达国家认为,对高新技术的法律保护水平直接关系到国家经济状况的好坏。发达国家掌握着大量的高新技术,其产业优势不在于传统产业而在于新兴产业。因此,要维护其国家利益、促进经济发展,就必须对高新技术给予较高水平的保护。发展中国家则认为,既然专利法是为发展经济服务的,那么,它的保护水平就应当与本国的技术发展水平相适应,只有这样才能让专利法发挥促进经济发展的作用。对于这一假说的看法,目前世界上并无一致意见,但对于专利法的立法宗旨是促进经济发展各国均无异议。这一说法的提出同专利法在进入 20 世纪后立法本位的移转是一致的。

现实中还有许多其他关于专利法的学说，如制止不正当竞争说、产业政策说等，这里不再详述。

结语

专利技术的内容是公开的，这完全不同于技术秘密。没有公开的技术不能被纳入专利法保护范围。专利权的范围也是公开的，专利权的效力绝对不能延伸到专利文件所记载的范围之外。专利的公开性正是通过这两个方面得以体现。

在专利法的发展过程中，垄断和竞争一直是一对矛盾，只有处理好这对矛盾，才能让公共利益和发明人利益得以平衡。专利法，乃至整个知识产权法实际上是反垄断法的一个例外，是法律认可的一种合法垄断。反之，法律对这种垄断也有着严格的限制。法律允许这种垄断的存在是为了鼓励发明创造，公众忍受这种垄断是为了社会的加速进步。由此可以推知，专利法的立法宗旨或者终极目的是加速社会、科技、经济的发展。这一目的不仅反映在各国的有关法律条文中，比如我国《专利法》第 1 条、美国《宪法》第 1 条等，也反映在有关专利法的学理假说中，比如社会公益说等。

思考题

1. 如何看待具有垄断色彩的专利权在经济发展中的作用?
2. 专利制度的产生同社会经济发展水平的关系是怎样的?
3. 结合上题的思考结果，谈谈中国专利制度在经济建设中的地位和作用。
4. 论述专利制度是否有存在的合理性。

资料链接

1. 吴汉东:《专利法实施的目标任务与保障体系》，载《知识产权》2015 年第 4 期。
2. 王瑞贺主编:《中华人民共和国专利法释义》，法律出版社 2021 年版。
3. 李明德:《论我国专利制度改革的三个维度》，载《知识产权》2019 年第 8 期。
4. [美]罗杰·谢科特、[美]约翰·托马斯:《专利法原理》(第 2 版)，余仲儒组织翻译，知识产权出版社有限责任公司 2016 年版。
5. 尹新天:《中国专利法详解》，知识产权出版社 2011 年版。

第十三章　专利权的主体

学习目的　理解专利权人、申请人、先申请人、发明人等的基本内涵，了解其与相关概念间的区别；掌握各类发明的权利归属，尤其是职务发明、委托发明、共同发明等的权利归属。

关键词　发明人　申请人　专利权人　共同发明　委托发明　职务发明

导语

宋某于2018年4月23日入职郑州新材科技有限公司，此后，公司安排宋某负责微波膨化设备的安装调试、日常维护保养等繁杂而事务化的工作内容。2018年11月14日，宋某申请了名称为“一种圆环形高温微波膨化炉”的实用新型专利。2019年8月20日，该专利获得授权并公告，专利证书上记载的发明人和权利人均为宋某。公司与宋某双方未约定宋某在工作期间发明创造的权属。公司认为涉案专利系宋某在公司承担本职工作中完成的发明创造，且主要系利用了公司的物质技术条件，应属于职务发明，故请求法院判决涉案专利归公司所有。最高人民法院认为，宋某的本职工作与涉案专利无关，且没有主要利用公司在专利法意义上的物质技术条件，故认定涉案专利归属于发明人宋某而非公司所有。[1]

鼓励公民发明创造和科研创作自由是法律规定的基本原则。本案的结果，充分体现了职务发明专利权归属的价值考量：调动发明人（职工）创新热情的同时保护单位的合法权益。只有对专利权的归属作出合理的规定，才能真正实现专利法鼓励发明创造，推动发明创造应用的立法目的。本章的内容围绕发明人、申请人以及专利权人概念的辨析以及不同的专利权归属情形展开。

第一节　发明人、申请人与专利权人

专利权的主体即指专利权人。但由于专利权并非如著作权一般自动取得，而是需要经由申请并审查后由国家授予，因此在不同的阶段，广义的专利权人又分为发明人、申请人和专利权人。以下详述之。

---

〔1〕 参见最高人民法院民事判决书，(2020)最高法知民终1848号。

一、发明人

根据《专利法实施细则》的规定，发明人或设计人是指对发明创造的实质性特点作出创造性贡献的人。专利法上的发明人必须满足如下条件：(1)发明人必须是直接参加发明创造活动的人。在完成发明创造过程中，那些只是负责组织管理工作或者仅仅为发明创造所需物质条件的获得提供方便的人不能被认为是发明人。(2)发明人必须是对发明创造的实质性特点有创造性贡献的人。那些仅仅提出了发明所要解决的问题而没有对如何解决该问题提出具体意见的人，或者仅仅提出过一些非实质性的一般性意见的人，或者单纯从事辅助性工作(如打字、制图等)的人均不能被称为发明人。总之，只有在发明创造完成过程中对发明创造的构思以及构思的具体化提出了创造性见解的人才能被称作发明人。

发明创造行为是一种具有探索性的智力劳动，需要创造性思维。这类行为具有一定的人身属性，只有具体的自然人才能从事，故发明人只能是自然人。发明人作为发明创造完成人的身份在各国的法律中均得到肯定。如英国1977年《专利法》第13条规定："一件发明的发明人或共同发明人有权在该发明获准的任何专利证书中署名。"巴西《工业产权法》、瑞士《发明条例》中均有类似的内容。《巴黎公约》第4条之3规定："发明人有权要求在专利证书上记载自己是发明人。"我国《专利法》第16条第1款规定："发明人或者设计人有权在专利文件中写明自己是发明人或者设计人。"发明人的这种署名权是一种人身权，依照民法有关人身权的原理，它不随专利权的转移而转移。另外，发明人的这种署名权也不属于专利权，它是一种独立于专利权之外的人身利益。这在后面介绍专利权的内容时还将详细论述。

在法律上，发明创造行为是一种事实行为。因此，任何实际创造出技术方案的自然人都可以成为发明人。无论从事发明创造的人作为法律上的主体是否具备完全民事行为能力，只要存在相应的法律事实，即该主体确实完成了发明创造，他就可被认为是发明人。在日本就曾有一个5岁零8个月的孩童获得实用新型专利的例子。

二、申请人

申请人，是指就一项发明创造向国家专利行政主管机关提出专利申请的人。通常，各国专利法都承认发明人有权就其完成的发明创造申请专利。美国《专利法》第115条规定："申请人应当宣誓深信自己是某方法、机器、制造品或物品的组合，或其改进等请求取得专利的原始和最早的发明人。"很多情况下，发明人与申请人是同一人。但是，现实中也确实存在发明人与申请人不一致的情况。在一些国家，这种不一致的情况占全部专利申请量的大多数。造成发明人与申请人分离的原因主要有以下三个方面：

1. 发明人以外的其他人通过合同从发明人那里取得了就发明创造申请专利的权利，并就该发明创造提出了专利申请。一项发明创造在其完成之后是否申请专利，应由发明人决定。这一权利作为民法上的财产权是可以转让的，这已为各国法律所认可。然而，现行专利法所规定的专利申请权的转让，在法律上又可划分为专利申请提出前的转让和专利申请提出后的转让。前者属于普通的民事权利转让，法律对于其转让程序没有特别规定，只要当事人双方达成转让合同即可，且这种转让的效力不可能对抗第三人。如果有第三人独立完成了同样的发明创造并且提出了专利申请，受让人仅仅凭着一纸转让合同是无法与之对抗的。

对于后者，尽管这也属于民事权利的转让，但由于发明人已经提出了专利申请，在法律上，这种转让行为属于要式行为。具体地讲，发明人在提出了专利申请后欲转让其专利申请权的，应当将转让合同交专利局登记，经专利局公告后转让便可对抗第三人。这是因为，一项发明创造一旦提出专利申请，申请人姓名或名称就已作为著录项目之一记载在案，并且将按所记载的内容对社会公告或已经公告。公众通过专利局发布的专利公报了解有关专利信息。如果申请人变更而未经专利局登记、公告，这种变更对公众而言是没有约束力的。因为根据法理，权利变更要产生对世效力，就必须经过公示程序。经公告后的专利申请人变更，其效力将不再局限于当事人之间。所以，法律对提出专利申请后的申请权转让作出了要式规定，即应当公告。许多国家的专利法中均有类似的规定。

我国《专利法》第 10 条已有专门规定，专利申请权和专利权都可以转让。所以，专利申请权的转让意味着将获得专利权的资格让与受让人。受让人在获得专利后，原发明人在无特别约定的情况下，对其所完成的发明创造除享有发明人资格外，不再享有关于该发明的财产性权利，即专利权。在美国，由于法律只承认发明人是专利申请权的原始权利人，故多数申请人都是以合同方式从发明人处取得申请专利的权利，从而成为专利申请人。

2. 发明人的继承人通过继承取得发明创造的专利申请权。只要满足法律规定的条件，继承即可发生。但是，对于正在申请专利的发明创造的权利继承问题，同前面的专利申请转让一样，也必须向专利局提出变更申请人请求。未启动专利申请程序的发明创造的权利继承，则仍属不要式行为，但在法律上无法对抗第三人。日本《专利法》第 34 条就规定："在申请专利之前继承专利申请权时，若继承人未提出专利申请，则不能对抗第三人"，"提出专利申请后的继承……如不呈报专利局长官，则不发生效力"。

3. 法律直接将专利申请权赋予发明人以外的其他人。综合各国法律规定，这种情况主要发生在职务发明创造上。关于职务发明创造，本章将专门论述，故不在此赘述。

由于专利权的效力依附于一国法律效力所及之地域，因此，一项技术要在他国受到保护，必须依该国专利法获得专利。对于外国人（包括自然人与法人）递交的专利申请，在专利制度发展初期并无一般性规定。随着专利制度逐渐国际化，尤其是在《巴黎公约》联盟建立之后，国际逐步形成了一些通行做法。

我国是《巴黎公约》成员国，依照我国《专利法》和《巴黎公约》，只要具备以下三个条件之一的外国人，便可在我国申请专利。条件之一，该外国人在我国或任一《巴黎公约》成员内有经常居所或营业所。这类外国人在专利法上同中国公民或法人享有同等的权利和义务。条件之二，若该外国人不具备前述条件，只要该外国人的所属国同中国签订了专利保护的双边条约或共同参加了有关国际公约，我国《专利法》便对其予以保护。1979 年，我国同美国订立的《中美贸易关系协定》中就有关于专利保护的条款。凡与我国订有这类协议的国家的国民都可依双边条约中所规定的内容在我国获得专利保护。我国 1985 年加入《巴黎公约》，依照该公约，成员方之间在工业产权保护方面应给予国民待遇。《巴黎公约》成员已有一百多个，这些成员的国民可以在其他任一成员地域内申请专利。条件之三，在前两个条件均不满足的情况下，则可以按互惠原则办理。若该外国国民所属国对中国人的专利申请予以保护，则我国也相应地对该外国国民予以保护。由此可见，我国《专利法》对外国人的保护是非常广泛的。

尽管《巴黎公约》规定了成员之间在专利保护方面互给国民待遇，但公约允许在某些具体的程序方面对外国人作出特别规定。我国《专利法》第 18 条第 1 款规定："在中国没有经常居所或者营业所的外国人、外国企业或者外国其他组织在中国申请专利和办理其他专利事务的，应当委托依法设立的专利代理机构办理。"同样地，我国《专利法》对中国人在国内完成的发明创造向外国申请专利，也进行了一些限定性规定。《专利法》第 19 条第 1 款规定："任何单位或者个人将在中国完成的发明或者实用新型向外国申请专利的，应当事先报经国务院专利行政部门进行保密审查……"

这里需要特别指出的是，前述专利申请权作为现行专利法中的一个概念在法理上尚有进一步斟酌的余地。一项发明创造完成之后，就该发明创造提出专利申请的资格也就产生了。这种资格是因发明创造行为而产生的，在性质上可以划归前章提及的自然权利。然而，这种资格在法律上不具有很强的排他性。当有他人也独立完成了同样的发明创造，则该他人同样享有申请专利的资格。在先申请原则下，二者均享有同样的资格。可见，申请专利的资格并非一种排他权。

当一项发明创造向国务院专利行政部门提出申请后，由于国务院专利行政部门确立的该申请的申请日，依照专利法中的先申请原则，该专利申请就可以排斥任何在其申请日以后提出的就相同发明创造的专利申请。从表面上看，此时专利申请似乎具备了排他性，但是这种排他性并非直接以实体权利的形式存在，而是通过专利法上的行政程序来加以保障。可见，即使是一项已经提出的专利申请，其排他效力在理论上也不同于普通对世权所具有的排他效力。

三、专利权人

专利权人即享有专利权的主体。专利权人与专利申请人是两个不同的概念。一项技术申请专利后未必都能获得批准成为专利技术，相应地，专利申请人也就未必都能够成为专利权人。反之，专利权人未必都曾是专利申请人，因为专利权是可以通过转让或继承获得的。在专利申请被授权后，专利权人则成为专利法律关系的焦点，一切有关专利的活动都是围绕着专利权人展开的。专利权人可以通过订立专利实施许可合同的方式许可其他人使用其专利技术；专利权人还可以向他人转让其专利技术；专利权人应当按时向国务院专利行政部门交纳年费，以维持其专利权的有效性；当有人向国务院专利行政部门提出宣告专利无效的请求时，专利权人将作为被请求人出庭应诉；当国务院专利行政部门颁发强制许可或政府有关部门发放"征用许可"时，专利权人也将作为当事人参与该法律关系……总之，专利权人在有关专利的法律关系中处于核心地位，他是专利权的主体，离开了专利权人，一切专利的法律活动便无法开展。需要说明的是，根据我国《专利法》第 49 条的规定，前述政府"征用许可"的实施范围仅限于作为专利权人的国有企业事业单位的发明专利。

第二节 专利权的归属

专利权人的产生存在两种途径,即专利申请被批准后原申请人成为专利权人、从原专利权人处继承或者受让专利权后成为专利权人。可见,原始专利权人只能通过申请专利而产生。从这种意义上讲,专利权的归属与申请专利的资格密切相关。只要弄清了专利申请权的归属,也就解决了专利权的归属。本节将从专利申请权的角度,就几种主要的发明创造的权利归属加以讨论。至于提交专利申请之后,由于先申请原则,或者抵触申请等原因所产生的有关专利权的归属问题,将在后面关于专利申请的程序、授予专利权的条件等章节中进行讨论。

一、自由发明

所谓自由发明,是指发明人完全独立地依靠自己的智力劳动以及设备、资金等外部条件所完成的发明创造。无论在哪一个国家,自由发明的权属都归发明创造的完成人,即发明人。发明人因创造了这一财富而对其拥有权利。这种权利形式上是一种自然权利,在中国专利法上被称作申请专利的权利。但如前所述,如果未申请专利或未经批准,是不能对抗善意第三人的。

二、共同发明

在技术不甚发达时期,人类仅凭着个人的技能就能设计和制作各种新产品、筹划各种新的工艺方法。通常,这种仅凭个人能力便可完成的技术方案,规模不会太大、难度不会太高。工业革命后,大机器、大工业时代的到来,使个人发明的时代逐渐地成为历史。诸多大型项目仅凭个人已不可能完成,需要有一个团体将几十人乃至成百上千人组织在一起,为一个共同的目标共同奋斗。这在法律上自然产生了确立共同发明的法律地位的需求。

当一项发明创造为两人或两人以上共同完成时,这一发明创造即是共同发明。完成发明创造的人即是共同发明人。通常情况下,共同发明的权利为共同发明人所共有。判断什么人可成为共同发明人的标准除了前面已经论述的关于发明人的标准,即是否"对发明创造的实质性特点作出创造性贡献"〔2〕之外。共同发明人之间必须存在共同完成发明创造的共识或者合意。如果两个发明人分别独立地完成了相同的发明创造,或者两个发明人分别独立完成了该发明的互补的部分,该二人并非法律上的共同发明人。类似地,如果一个发明人在完成发明创造之后,愿意将其发明的申请专利的权利部分转让给他人,即与他人共同申请专利,那么在这种情况下,该二人也不构成共同发明人,只能是共同申请人。在获得专利权之后,共同申请人将成为专利权共有人。

共同发明在申请专利时应当取得全体共有人的一致同意。只要有一位共有人不同意申

---

〔2〕《专利法实施细则》第13条。

请专利,其他共有人不得擅自将共同发明申请专利。同样地,在申请专利以后,若要撤回专利申请,也必须经全体共有人达成一致。专利申请权或者专利权的共有人对权利的行使有约定的,从其约定。没有约定的,共有人可以单独实施或者以普通许可方式许可他人实施该专利;许可他人实施该专利的,收取的使用费应当在共有人之间分配。除上述情形外,行使共有的专利申请权或者专利权应当取得全体共有人的同意。

三、职务发明

职务发明创造,是指自然人为履行其本职工作而完成的发明创造。我国《专利法》明确给出了职务发明创造的定义,并对其权利归属作出了规定。《专利法》第 6 条第 1 款规定,"执行本单位的任务或者主要是利用本单位的物质技术条件所完成的发明创造为职务发明创造。职务发明创造申请专利的权利属于该单位,申请被批准后,该单位为专利权人"。由此可知,在我国职务发明创造分为两类:一类是执行本单位任务所完成的发明创造;另一类是主要利用本单位物质条件所完成的发明创造。《专利法实施细则》第 12 条进一步对"执行本单位的任务所完成的职务发明创造"和"本单位的物质技术条件"进行了解释。所谓执行本单位的任务所完成的职务发明创造是指:(1)在本职工作中作出的发明创造;(2)履行本单位交付的本职工作之外的任务所作出的发明创造;(3)退休、调离原单位后或者劳动、人事关系终止后 1 年内作出的,与其在原单位承担的本职工作或原单位分配的任务有关的发明创造。所谓本单位的物质技术条件,是指本单位的资金、设备、零部件、原材料或不对外公开的技术资料等。同时,对于利用本单位的物质技术条件完成的发明创造,专利法还允许单位与发明人或者设计人之间约定申请专利的权利和专利权的归属,在没有约定或约定不明的情况下,才认定其属于单位。在我国《民法典》第 847 条的规定中,亦有完全类似于《专利法》的规定,只是在称谓上略有差异,不叫作"职务发明创造",而采用了"职务技术成果"的提法。

对于职务发明,我国法律规定,其申请专利的权利归职务发明人所在的单位,而不归发明人本人。因此,在专利申请被批准后,单位即成为专利权人。同时,为了鼓励专利的转化和利用,专利法也专门规定了激励职务发明创造转化和保障发明设计人权利的条款,一方面单位可以依法处置其职务发明创造申请专利的权利和专利权,促进相关发明创造的实施和运用;另一方面鼓励被授予专利权的单位实行产权激励,采取股权、期权、分红等方式,使发明人或者设计人合理分享创新收益。相比之下,在美国,即使是职务发明,其原始权利人仍然是发明人,雇主只是通过合同从发明人那里受让申请专利的权利。

尽管在我国《专利法》及其他相关法律中已经就职务发明问题作出了比较详细的规定,但这些规定仍然不能完全满足现实需求。其中比较集中的问题表现为,单位的职工并非履行职务或执行单位指令,但却利用了单位的有关物质技术条件所完成的发明创造,如何确定权利归属?我国现行法律把这类发明中"主要是利用本单位的物质技术条件所完成的发明创造"划归职务发明范围,而其余部分为非职务发明创造。那么,到底怎样才算是"主要"利用呢?对此,学术界有各种观点。我们认为,对于这里的"主要"应进行限定理解。首先,若本单位的物质条件在发明创造过程中未起到关键性或者不可替代的作用,则不能认定为"主要"。具体地讲,若没有本单位的物质条件,发明创造也可能完成,或者通过其他途径也很容易找到同样的物质条件用以完成发明创造，则不应认为是专利法中所称“主要”。其次，尽管单位的物质条件在发明创造完成过程中起了关键性作用，但在发明人按双方约定交纳使用单位物质条件的相应费用的情况下，也不应属于专利法所称“主要”，这应当属于前述与单位就物质技术条件的使用订立合同的情况。

四、委托发明

在我国法律中，所谓委托发明即是以合同方式委托他人完成的发明创造。对于这类发明的权利归属，我国《专利法》和《民法典》均采取了合同优先的原则，即完全依照合同约定来确定委托发明的权利归属。如果合同约定不明或合同未对权利归属予以约定，法律作了对受托方即发明人更为有利的规定，即权利归完成发明创造的一方。

前述对职务发明范围的确定，无论法律规定如何严格，总有一些无法预料的情况出现。若能像委托发明的权属规定这样，充分利用合同制度，不失为解决职务发明创造权属问题的一个最为简便且有效的途径。一些西方国家并不区分职务发明和委托发明，其权属完全由合同约定。在我国的司法实践中，现在也已经有不少以合同方式处理权属问题的实例，比如发明人个人与其所在的单位作为共同申请人一起申请。这在专利法上，既不是职务发明，也不属于自由发明。

需要特别指出的是，现实中有大量的以国家财政资助为主的科研项目。对于在承担这类项目过程中所完成的发明创造，过去大多归国家所有，但现在更多的则是通过项目合同将申请专利的权利划归完成发明创造的项目承担单位，除非该发明创造涉及国家安全或者国家重大利益。但国家对这些成果仍然保留使用权。在国际上，一些西方国家也采取这种做法。比如，美国在 20 世纪 80 年代就曾通过“拜杜法案”将国家资助的项目成果直接划归项目的完成人。

结 语

发明人、申请人、专利权人是专利法中的最为重要的概念。它们之间既有区别又有联系，弄清三者间的关系是本章的一个重要目的。发明人是发明创造的源泉，是否对发明创造的实质性特点有创造性贡献是界定发明人的实质性标准；专利申请是专利权产生的前提，专利申请一旦被批准，申请人即成为专利权人。

根据种类的不同，发明可分为自由发明、共同发明、职务发明和委托发明四种。专利权的归属与申请专利的资格密切相关，掌握上述四种发明种类的概念和特征的区别，才能真正理解不同的发明归属于不同专利权主体的原因。

思考题

1. 发明人的认定标准是什么？
2. 专利申请权的法律属性如何？
3. 职务发明与非职务发明的划分标准是什么？
4. 发明创造的共有人享有怎样的权利？

资料链接

1. 尹新天:《中国专利法详解》,知识产权出版社 2011 年版。

2. 何敏:《职员发明财产权利归属正义》,载《法学研究》2007 年第 5 期。

3. 向波:《职务发明的权利配置与激励比较——基于道德风险的博弈分析》,载《法学杂志》2018 年第 11 期。

第十四章 专利的种类

学习目的 了解各种专利的分类方法，掌握发明、实用新型、外观设计专利的概念和特点、区别和联系，尤其应当理解各类专利的作用和目的。

关键词 发明 实用新型 外观设计 产品 方法 科学发现

导语

世界各国普遍认为专利保护的客体是“发明”，而我国《专利法》第2条在定义专利种类时使用了“发明创造”的表述，出现这一区别的主要原因在于：我国专利的种类不仅包括传统的发明，还同时囊括实用新型和外观设计。我国专利被分为三类，这在制定专利法之初被誉为我国的一大创举，并被大加赞赏。[1] 国家知识产权局发布的统计数据显示：2021年国内发明申请量为1,427,845件，授权量为585,910件；实用新型申请量为2,845,318件，授权量为3,112,795件；外观设计申请量为787,149件，授权量为768,460件。[2] 对比可知，三种专利相应的申请量和授权量之间存在显著不同。为何存在这一数据上的差异？要回答这一问题必须弄清楚不同类型专利的属性。在法律上，根据不同的分类方法可将专利分为发明、实用新型、外观设计、植物专利、补充专利、输入专利、产品专利、方法专利等。各国国情不同，因而在专利法上所直接规定的专利种类也不尽相同。本章分别介绍我国《专利法》规定的发明专利、实用新型专利和外观设计专利。

第一节 发 明

一、发明的概念

在专利法中，发明是一种针对产品或方法的技术方案。所谓技术，是指利用自然规律达到某种效果的方法，所以发明被要求运用技术的手段，解决技术的问题，实现技术的效果。其具备以下特点：

---

〔1〕 参见尹新天：《中国专利法详解》，知识产权出版社2011年版，第15~16页。

〔2〕 参见国家知识产权局战略规划司发布的《知识产权统计年报2021》第2、28页。

1. 发明中应当包含创新。所谓创新就是指与现有技术相比,发明必须是前所未有的,并且相对于现有技术有一定的进步或难度。如果完完全全重复前人的成果,那就不是发明。当然,发明并非不能借鉴前人的成果。利用、借鉴前人成果,在现有技术的基础上进行改进,也是一种创新。现实中,完全意义地自创、独立开拓出一个全新领域,而毫不利用现有技术的发明,在21世纪的今天几乎没有可能。当今世界的任何一项发明都在不同程度上利用了前人的成果。因此,这里的创新只是要求发明人在现有技术基础上的创新。

2. 发明必须利用自然规律或者自然现象。就专利法的角度而言,不利用自然规律或自然现象的创新不能称为发明。发明是一种技术方案。所谓技术则是在利用自然规律或自然现象的基础上发展起来的各种工艺操作方法或生产技能,以及相应的生产工具、物资设备等。从这种意义上讲,发明是利用自然规律的结果,而没有利用自然规律的方案则不属于技术方案,故而也不应称其为发明。比如,财务结算办法、体育比赛规则、逻辑推理法则以及数学运算方法等,均不是专利法意义上的发明。

在20世纪90年代后期,美国开始对商业方法授予专利,这种做法对发明的技术性提出了挑战。因为商业方法未必利用自然规律或者自然现象,很可能仅属于智力活动规则。对于这种做法,无论在国际上还是在美国国内,都存在两种尖锐对立的意见。争论的焦点之一便是商业方法没有利用自然规律或者自然现象。然而,美国联邦最高法院曾在其判例中指出,阳光下一切人类的智力创造都应当受到法律保护。按照这一说法,那些没有利用自然规律或者自然现象的商业方法似乎也应当受到保护。但是,法律制度的发展往往不能像科学或者技术进步那样完全服从逻辑推理。人类社会中的传统、文化、观念、意识等都将对制度的变革产生重大的作用。综观世界各国法律制度的发展历程,一些强力集团的意志即使不合情理,也往往在一定时期内可以通过合法的程序成为法律。商业方法专利之所以为美国专利法所接受,其背后的深层原因就是一些跨国公司的利益驱使。当然,几百年以来,专利法一直是专门保护技术方案的法律,要将其保护对象扩展到非技术性方案,诸如仅仅利用了人文、社会科学规律或智力推理规则的智力创造,自然不可能一蹴而就,所以,美国目前的商业方法专利仍旧限定在与互联网相关的商业方法。相应地,其他国家目前都在根据自己的国情考量法律保护的范围以及法律保护的模式。具体地讲,就是各国有权自己决定是否保护商业方法、以什么法律来保护商业方法以及保护的水平。

3. 违背自然规律的创造也不是发明。现实中有的发明人对自然规律产生认识错误,导致发明方案利用自然规律的基本前提存在错误,即使某些局部正确利用了自然规律,它也不可能成为发明专利,因为这种发明根本不可能实现。至于某些从整体上就违背自然规律的方案,则更不能授予专利权,最为典型的就是违背热力学第二定律的各种第二类永动机。〔3〕比如,抽水机将水抽上山,再利用水从山上流下来因落差而形成的动能来发电,发出的电再供给抽水机将水抽上山。在这个循环中如果没有能量损失,只要为整个系统的启动一次性注入一定的能量,系统便可周而复始地一直运转下去。但是热力学第二定律指出,任何过程中的热耗散是不可逆过程,即在不与外界进行能量交换的封闭系统中,热能不可能百分之百地再转换成机械能或电能等其他能量形式,所以,在整个循环过程中不可能没有能量损耗。

〔3〕 第一类永动机是违背能量守恒定律(热力学第一定律)的永动机,在专利申请中,这类永动机已基本绝迹。

故而这种永动机仍然违背了自然规律,不可能永动,故不成为发明专利。

4. 自然规律或者自然现象本身也不是发明,日常生活中人们常常将“科学发现”与“技术发明”混为一谈。其实,这是两个截然不同的概念。“发现”的对象是自然规律或者自然现象,而发明的对象则是技术方案。爱因斯坦因其发现光电效应和提出狭义相对论而获得诺贝尔物理学奖,这里的光电效应是自然现象,狭义相对论是科学理论,均属自然规律。曾在瑞士专利局工作多年的爱因斯坦深知他对人类的这些贡献属于科学的范畴,而不属于技术,自然也就不是专利法所称之发明,不能申请专利。严格地讲,科学发现是指对自然现象、物质或规律的发现或认识。无论是自然现象或物质,还是某种科学理论或规律,其都不是人类创造的,而是一种原本就存在的客观实在。“发现”只是人类对自然界的认识,并非人类的创造,故而不是发明。事实上,如果将自然规律或自然现象当作发明授予专利,则他人便不能随意应用,这显然是极不公平的,也不具有可操作性。因为规律是客观存在的,既非人为创造,则不应为人所垄断;况且自然规律作用的发挥不会因为人为因素而被影响。比如,万有引力定律,无论人类是否认识它,世间万物总是按照这一规律运动的,这是不以人的意志为转移的,因而也无法通过法律手段加以垄断。所以,科学发现是不能被授予专利的。至于美国《专利法》第 100 条所称“发明包括发明和发现”中的“发现”实为发明的同义语,绝非法律意义上的科学发现。

需要说明的是,前述科学发现不是人类的创造,并不否认科学家在发现自然现象和认识自然规律过程中的创造性劳动。这种创造性劳动的结果是对既存的客观实在的认识,而不是创造了客观实在,因此,法律并不赋予科学家对客观实在的垄断权。从效果上看,垄断科学发现也是违背专利法促进技术进步的宗旨的。

5. 发明是具体的技术性方案。所谓“具体”是指发明必须能够实施,达到一定技术效果并具有可重复性。目前学术界仍流行一种说法:发明是一种思想。不少教科书在给发明下定义时均采用这种提法。事实上,这种提法极不科学,严格地讲这是一种错误。“思想”是人类大脑中的一种思维活动,即使将其作为名词理解,也只能认为其是存在于大脑中的某种观念或意识。如果当事人不以某种具体的方式表露其思想,到目前为止尚没有任何技术手段可以准确地探测其内容。思想是一个十分神圣的领域,其内容对他人而言也是极不具体、具有随意性的;发明专利申请获得批准后,其保护范围则是十分明确具体的,是绝对不能如思想那样以观念或意识的状态存在于大脑之中。从法理上讲,认为“发明”是一种思想也是说不通的。法律是一种行为规范,它规范的对象不能是思想,只能是行为。事实上,思想从来就不需要保护,也不应当有什么强制性规范去约束它。如果真有什么法律要规范思想,那必定是一种社会倒退。欧洲中世纪有宗教裁判所禁止人们随意思想,中国封建时代有“腹诽罪”等,这类状态就是法律去调整思想的结果。所以,发明不应当是一种思想,而应当是可以具体化为使他人可以感知的确定的技术方案。

综上所述,发明是指人类在利用自然、改造自然的过程中所创造出的具有积极意义并表现为技术形式的新的智力成果。在我国专利法上,所谓发明是指对产品、方法或者其改进所提出的新的技术方案。

二、发明的分类

发明根据不同的分类标准可以有多种分类。按发明的完成状况可分为已完成发明和未完成发明。未完成发明是不能被授予专利权的，因为它不具备专利法要求的实用性。即使是在专门实行先发明制的美国也要求其所授予的专利权必须针对已经完成的发明，如果仅仅有发明构思，则只属于未完成发明，不能授予专利权。

按发明间相互依赖或制约关系，又可将发明分为基本发明和改良发明（也称改进发明）。改良发明是在基本发明的基础上进行改进而获得的发明。这类发明在实施上有赖于基本发明，故也有人称其为从属发明。我国《专利法》专门为此规定了一种强制许可。有的国家专门为此设立了增补专利制度，所谓"增补"便是在基本专利的基础上进行增补，自然也就属于改良发明。

根据不同的标准还可将发明进行不同的分类，如以创造性高度的不同分为大发明和小发明等。但在专利法上最为常见的一种分类是将发明分为产品发明和方法发明。划分产品发明和方法发明的原因，在于被授予专利权的产品和方法的权利效力范围不尽相同、诉讼中有关举证责任的规定有所不同等。有关这些法律方面的属性将在后续章节中专门介绍，这里仅就其自然属性作简要介绍。

专利法上的产品既可以是一个独立、完整的产品，也可以是一台设备或仪器中的零部件。其内容主要包括：制造品，如机器、设备以及各种用品；材料，如化学物质、组合物等；具有新用途的产品。方法可以是由一系列步骤构成的一个完整过程，也可以是一个步骤。它主要包括：制造方法，即制造特定产品的方法；其他方法，如测量方法、分析方法、通信方法等；产品的新用途。

区分产品发明和方法发明在法律上有着特殊意义。一般而言，方法和产品的一个主要区别在于，方法在其实施过程中具有时间因素，即方法通常围绕着多个行为或若干现象的组合而构成，其中包含时间延续的因素。比如，制造普通半导体集成电路的方法就是由淀积、刻蚀、扩散、氧化、离子注入、退火等诸多步骤在半导体材料上反复操作而构成。当然，有的方法也可能是数个行为或现象同时进行或发生的，但这毕竟还是需要一个时间过程才能完成。应当承认，要严格地区分产品和方法在一些特定情况下可能十分困难，在方法和产品之间确实存在一个模糊地带。有的发明既可以作为产品，又可以作为方法。比如："一种可以分辨市电和感应电势的试电笔"是产品发明；"一种可以分辨市电和感应电势的方法"则属方法发明。而这两个发明的核心内容却是完全相同的。前述"具有新用途的产品"和"产品的新用途"也常常使对方法和产品进行划分的二分法无可奈何。在美国，这类用途发明一律归为方法（process）发明。

按发明人的国籍，可分为本国发明和外国发明；按发明的权利归属，可分为自由发明和职务发明；按发明完成人的数量，可分为个人发明和共同发明。这些问题在前章已有讨论，故不赘述。

最后，简单说明一下发明与发明专利的关系。某些技术方案虽然满足前面所述的发明的有关特征，但却不一定能够获得专利，因为专利法的保护范围并不覆盖所有的技术领域。只有属于专利法所保护的技术领域范围的发明才能成为发明专利。关于专利法保护的技术领域，在后面关于授予专利的消极条件中将具体介绍。更进一步，即使是专利法保护范围之内的发明创造，也未必一定能获得发明专利，该发明创造很可能因其创造性的高度达不到发明专利的要求而被驳回。当然，也可能存在一项发明创造达不到发明专利的创造性要求，但却满足实用新型专利条件的情况。

第二节 实用新型

实用新型是指对产品形状、构造或者二者的结合所提出的适用于实用的新技术方案。由于实用新型只限于产品，而且其技术含量相对于发明来说较低，因此在一些国家，实用新型又被称为“小专利”。

在一些为实用新型提供保护的国家，很多采取专门的实用新型专利或者特别专利的方式进行单独保护，而在我国，实用新型专利仍然被纳入了专利保护形式之中。与发明专利制度相比，实用新型制度普及范围尚不够广泛。据不完全统计，除中国以外，目前世界上有实用新型制度的国家有德国、芬兰、西班牙、波兰、意大利、葡萄牙、巴西、日本、菲律宾、韩国、马来西亚、澳大利亚、法国、秘鲁、摩洛哥、墨西哥、希腊、危地马拉等。其中，德国、芬兰、日本、韩国等国是采用专门立法的形式来保护实用新型的，其他国家多将其作为专利法的一部分予以规定；也有少数国家将实用新型保护制度与外观设计法合并，如意大利、乌拉圭等国。尽管如此，实用新型制度仍然有其自身的特点，尤其是对于一些发展中国家来说，则更有其特别意义。

一、实用新型制度

实用新型制度的产生与早期的外观设计保护制度有着密切的联系。1843 年，英国制定了《外观设计版权法》(Designs Copyright Act)，该法对以实用为目的的产品新设计给予 3 年的保护。但到了 1883 年，英国修改了法律，将此全部纳入外观设计的保护体系。此后一百多年里，尽管也曾有人提出过所谓“短期专利”的提案，但终未能通过。1876 年 1 月 11 日，德国制定了《玩具形状及模型创作权保护法》，该法规定对具有实用目的或美感目的的新设计可予以保护。但其在随后的判例中又认为，《玩具形状及模型创作权保护法》只保护有关产品形状、图案、色彩的新设计。这就将以实用为目的的设计排除在外，而仅剩下了现在通常所说的外观设计。尽管如此，我们仍可以看出，那种以实用为目的的产品新设计实际上就是现在的实用新型的雏形。

发明专利制度到 19 世纪后半叶已基本完善。但由于发明专利有较高的创造性要求，大量以实用为目的却又不属于外观设计的小发明得不到有效的保护。这导致在发明与外观设计之间有一片空白地带。为弥补这一空白，1891 年，德国制定了第一部正式的《实用新型保护法》，对实用新型给予 3 年的保护。早期实用新型法所保护的是一种模型，这从实用新型(utility model，直译为“实用模型”)的名称上也可以看出，“型”即模型。申请人只需交存其产品模型以及有关图片或图纸，而不需要提交文字形式的说明书和权利要求等。这与外观设计的保护方式相似，不同的是，外观设计法所保护的是富有美感的造型；实用新型法所保护的是具有实用功能的技术造型或结构。实用新型的保护范围长期以来一直局限在具有固定立体形状的某种产品上，正是基于这一历史原因。

随着时间的推移，实用新型保护制度也逐渐地得到完善。尽管实用新型法所保护的是一种造型或结构，但归根到底它是一种技术性方案，因此，仅仅通过模型或图片是难以表明其保护范围的。一些以实用为目的的造型或结构并非一目了然，从而导致公众难以区分哪些属于纯粹的美感造型，哪些属于以实用为目的的构造。这也就有必要要求设计人在申请保护时以文字形式具体说明。发展到现在，实用新型制度也与发明专利制度一样，要求申请人提交有关说明书以及权利要求书等文字形式的技术说明文件。不仅如此，一些国家实用新型法的保护范围也在逐步扩大：在日本，仅以平面图形设计为特征的产品、建筑物、用显微镜才能看见的微观结构以及电路等均可申请实用新型；德国也取消了以前关于“三维形状”“微观结构”等方面的限制性条件；法国和澳大利亚则走得更远，其将实用新型的保护范围扩大到方法，当然在名称上也进行了改动，不再称“型”了，在法国称“实用证书”，在澳大利亚则称“小专利”。在保护方式上，现在实用新型也不再停留在“造型”上，而是同发明一样，保护一个完整的技术方案，只是在“创造性”的要求上略低于发明专利。

二、我国的实用新型制度

在我国专利法中，实用新型与发明一样，均作为专利的一个种类。所谓实用新型，是指对产品的形状、构造或者其结合所提出的适于实用的新的技术方案。与发明相比，它们最大的共同之处在于都属于技术方案，因此在保护方式上基本相同。但依照我国的有关规定，二者之间在许多具体问题上仍然存在较大的差异。

1. 实用新型专利与发明专利的保护范围不同。申请实用新型专利的主题只能是产品；申请发明专利的主题既可以是产品，也可以是方法。这一点从我国《专利法》关于发明和实用新型的定义中就可以直接看出。

2. 即使对产品而言，也不是所有的产品都可以申请实用新型专利。由于实用新型是对产品形状、构造所提出的新设计，因此，申请实用新型专利的产品必须有确定的形状或者固定的三维构造。对于气态、液态、粉末状、颗粒状的物质或材料，其没有确定的形状，故而不能被授予实用新型专利。对于以平面图案设计为特征的产品，如果该图案没有解决具体的技术问题，如棋、牌等，该产品也不能被授予实用新型专利。另外，构成产品的物质分子结构或者组分的变化，不属于产品结构的变化。比如，单纯材料替换的产品，以及用不同工艺生产的同样形状、结构的产品，均不能被授予实用新型专利权。这是因为，这种产品的形状或结构并未发生变化，因此不属于实用新型保护范围。

3. 实用新型专利的创造性要求比发明专利的要求低。建立实用新型保护制度的目的就是保护那些达不到发明专利的创造性高度要求的一些简单的小发明创造。这在我国《专利法》第 22 条关于创造性的规定中已明确。大多数保护实用新型的国家都在其法律中有类似规定。不仅如此，有的国家还在新颖性方面对实用新型采取了较为宽松的标准，如西班牙和德国（从 1981 年 1 月 1 日开始），对实用新型就适用相对新颖性标准。由于对实用新型在授予专利的条件方面降低了要求，与之相适应，对实用新型的保护水平也相应降低，如其保护期比发明专利要短，为自申请之日起 10 年。从世界范围看，大部分国家对实用新型的保护都在10年或10年以下,只有少数国家超过10年,如西班牙规定保护期为20年;葡萄牙尽管规定保护期为5年,但可续展两次,每次续展期分别为5年。我国对实用新型专利的保护期限为10年。

4. 实用新型专利的审查程序比发明专利简单、快捷。就目前而言,我国的实用新型专利申请只要通过初步审查认为符合要求,便公告授权。与发明相比,不进行实质审查(新颖性、创造性和实用性审查,简称"三性"审查),大大加快了专利授权的速度。因为实用新型多为一些简单技术,其市场寿命往往十分短暂,如果经过长时间的实质审查后再授予专利权,或许这种技术早已被淘汰。当然,我国的实用新型专利未进行实质审查导致其质量未必很高,专利性常常不可靠。不过,从程序上讲仍有弥补的办法。即使某项技术已经被授予实用新型专利,任何人如果发现授权不当,均可从授权之日起请求国务院专利行政部门宣告该专利权无效。国务院专利行政部门在受理该请求后,将对请求宣告专利权无效的理由进行审查,对不符合《专利法》规定的实用新型专利权,将作出宣告无效的决定。在一些国家和地区,实用新型专利在授权前也进行实质审查,如日本、墨西哥等国,中国台湾地区对实用新型专利申请也进行实质审查。

由于我国存在大量的小发明,因此实用新型保护制度确有存在的必要,从每年我国实用新型专利申请量大大超过发明专利申请量就可看出,这一制度是有其存在的社会基础的。尽管现在实用新型专利制度尚有不尽如人意之处,但通过加强专利管理、提高公民法律意识,这些问题是可以解决的。比如,现行《专利法》中涉及实用新型的侵权纠纷中,专利权人应当提供由国务院专利行政部门出具的专利权评价报告的规定就是为了弥补实用新型制度中不设实质审查的缺陷。

第三节 外观设计

一、外观设计的概念和特点

外观设计也被称作工业品外观设计,或者工业设计,它是指对产品的整体或者局部的形状、图案或者其结合以及色彩与形状、图案的结合所作出的富有美感并适于工业应用的新设计。这是我国《专利法》第2条给外观设计所下的定义。这一定义从整体上反映了外观设计所具有的特征,且与国际上关于外观设计的通行定义大体一致。如法国《知识产权法典》第L. 511-3条第1款规定:"本卷规定适用于一切新图案、新造型形状,或者通过具有新颖性的、独特的、可辨认的外形或通过一个或若干个具有独特新颖面貌的外在效果使其区别于其他同类的工业产品。"又如日本《外观设计法》第2条规定:外观设计是指"产品的形状、图案或色彩或其结合,通过视觉能够感知其美感的设计"。该定义中所列举的有关基本要素同我国《专利法》中的内容大致相同。

从前述外观设计的定义可以分析出外观设计应当具备如下特点:

1. 外观设计必须以产品外观的整体或局部为依托,离开了具体的产品也就无所谓外观设计了。前面已经提到,外观设计有时也被称为工业品外观设计或工业设计,这一提法译自英语中的“industrial design”。这里的所谓“工业”实际上已经限定了设计的目的，即针对工业产品的设计。当然，对这里的“工业”也应进行广义理解，不应局限于传统工业，而应包括其他产业。对于那些游离于某一具体产品之外的设计，只能将其当作一种纯美术作品，其可以受著作权法的保护，但不能作为外观设计受到专利法的保护。比如，用黑白两色可以构成一个熊猫图案，单纯的熊猫图案无论其设计构图如何美丽可爱，都不能被授予外观设计专利。但如果将这种图案应用到某种产品上去，比如用白色的奶油冰淇淋与含有巧克力或可可的褐色冰淇淋构成有熊猫图案的冰淇淋，此时的设计便已经成为一种不错的外观设计。

2. 外观设计以产品的形状、图案和色彩等作为要素，以美感为目的，不追求实用功能。与之相比，发明和实用新型都是一种技术方案，是具有一定实用功能、能够解决一定技术问题的。这是外观设计与发明和实用新型的最大差异。在上一节中提到，早期的外观设计法并不排斥具有实用目的的结构或造型。但随着外观设计制度的发展，有实用功能和目的的造型逐渐被排除在外观设计范围之外。当然，如果就某种具有实用目的的造型申请外观设计，也并非不可，只是外观设计专利仅仅将其作为一种具有美感的造型来保护。比如，在人们常用的截面为六角形的铅笔刚刚诞生时，这种造型既可申请外观设计专利，又可申请实用新型专利。可以申请外观设计专利是因为六角形的铅笔确实具有一定的美感；与此同时，这种六角形设计因其笔杆沿纵向存在棱角，可以防止铅笔从桌面滚落在地而摔断铅芯，故它又可因这种实用功能而申请实用新型专利。两相比较，申请发明或者实用新型之类的实用专利与申请外观设计专利所达到的目的和效果完全不同。具体地讲，外观设计专利仅仅保护这种造型，并不保护达到这种实用目的的技术特征。假如有人生产了五角形或其他多角形铅笔，只要不是六角形，则不侵犯外观设计专利权；但是这却可能侵犯实用新型专利权。可见，虽然外观设计与实用新型的构成要素中都有“形状”，但该“形状”在专利保护上却有不同的意义，即一个是美感意义上的“形状”，而另一个则是具备某种实用功能的“形状”。法国《知识产权法典》第 L. 511 - 3 条第 2 款规定：“当同一物品既是新的外观设计，同时又是可获专利的发明，且外观设计的新颖性构成要素与构成发明专利的要素无法区分时，该物品只能根据第六卷（有关发明专利的相关规定——编者著）的规定获得保护。”

前面已经谈到，外观设计不考虑实用目的，它所解决的不是技术问题，而是美学上的问题。因此，外观设计专利应当具备美感。但是，美感是人对于客观事物的一种主观反应，不同的人由于其文化修养、个性特征等方面的差异，在审美活动中针对同一客观事物所产生的美感也是有差异的。比如，针对一些现代造型艺术品，不同的人在美与不美的问题上甚至会有截然相反的看法。所以，在判定外观设计是否具有美感的问题上，不应从单一的个人或者纯艺术的角度去狭义地理解“美”，而是应该从更广泛的意义上去看待这一概念。只要这种外观设计是公众可以接受、不违背社会公德或者公共秩序的，便可以认为这种外观设计是具有美感的。

3. 外观设计必须适合于工业应用。这里的所谓工业应用就是指该外观设计可以通过工业手段被大量复制，即可以通过工业手段再现。美术家在创作美术作品时，常常受个人的心境、当时的环境和气氛影响。当作者带着一种创作的激情进行创作，并把这种激情融会于其作品之中时，这与心如止水的状态下绘制作品可能完全是两个境界。正因如此，即使是同一个人也难以创作出完全同样的作品。对外观设计专利的保护不能延及这类作品中反映出的作者的激情,这种东西是无法用工业手段复制的,因而没有用法律加以保护的可能性。即使一个外观设计采用了一幅世界名画,当将其制作在一个工业产品上时,其就已失去了该画作为艺术品所具有的神韵。这是外观设计不同于纯艺术品的又一方面。

二、外观设计保护制度

外观设计保护制度是在工业革命使大量工业品进入市场后应运而生的。一般认为,外观设计的保护始于法国里昂市为保护该市的丝绸织品图案而于1711年10月25日所制定的相关规定。其后,在技术发展的推动下,外观设计依托的产品越来越多,从而保护范围也就越来越宽。到1806年,法国建立了比较完整的外观设计保护制度,并颁布了相应的法律。现在,外观设计在全世界许多地方均受到保护,已有一百多个国家和地区的法律保护外观设计。

就世界范围来看,保护外观设计的法律形式多种多样。一些国家制定了专门的外观设计保护法,如德国、瑞典、瑞士、日本等国;也有一些国家在专利法中规定外观设计的保护问题,如美国、中国等。即使在那些专门制定了外观设计保护法的国家,外观设计作为一种具有美感的设计,在脱离具体产品时原则上是可以作为作品受到著作权法保护的。但这并不意味着有了著作权法后,外观设计保护法就形同虚设,或者根本没有必要存在。事实上,这两种法律在权利效力上有很大差别。著作权法并不排斥他人独立创作出相同或类似的作品,这就是著作权法的独创性原则;外观设计保护法则不允许对相同或类似的设计重复授予权利。由此可见,外观设计权的专有性程度远强于著作权。考虑到这种情况,外观设计专利权的保护期相应地也就短于著作权,这体现了公共利益与设计人利益的平衡。我国现行《专利法》规定外观设计专利权的保护期为15年。

在确定外观设计专利权的保护范围方面,各国均采用以交存的照片或图片为准的方式,而不像发明或实用新型采用文字说明方式,这是与外观设计本身的特点相符的。我国《专利法》第64条第2款规定:“外观设计专利权的保护范围以表示在图片或者照片中的该产品的外观设计为准,简要说明可以用于解释图片或者照片所表示的该产品的外观设计。”因此,每项外观设计专利的形状或者造型都是确定的。奥地利曾有一个十分著名的邮票判决案,邮票发行人申请了十多种不同的邮票外观设计,这些邮票的区别在于其角的数目不同,如三角形、五角形、六角形等。但由于申请人不可能就一切角数的邮票提出申请,因此,他也就不能禁止他人发行其没有申请的那种角数的邮票;况且即使角数相同,每个角的度数也未必相同,仅三角形邮票就可以有各种度数变化。即使同为四边形,也有方形、菱形等的区别,这些形状用在邮票上显然不至于造成外观上的相似。

由于外观设计制度只能保护产品的造型,不保护功能,所以,早期的外观设计保护法甚至不允许对外观设计的图形进行任何文字说明。但在法律实施过程中,人们逐渐发现,在某些情况下如果没有相应的文字说明,仅仅凭借照片或者图片未必能够真正反映权利人希望保护的全部内容。比如,在以家具为产品的外观设计中,常常会有镜子的出现。如果申请人就此外观设计提供的是照片,那么,照片中镜子里面一定会存在因镜面反射而出现的镜像。若机械地认为外观设计保护范围以照片中的内容为准,则这种镜像也构成外观设计的一部分。而事实上,它绝不属于该外观设计的内容。有时,用图片表示外观设计会与实际的视觉效果存在差异。这时只需用文字简单说明即可一目了然。如今，各国都允许申请人在申请外观设计保护时对照片或者图片进行必要的说明。我国《专利法》在实施多年后，为了鼓励设计人创新，在实务中往往要求申请人就外观设计的设计要点予以说明。这样做的好处在于：一方面可以便于专利审查员比较申请外观设计专利的设计同现有设计的区别，另一方面也有利于法院在侵权诉讼中判断被告的产品是否侵犯了外观设计专利权。

结语

我国《专利法》保护三种专利，即发明、实用新型和外观设计。发明是对产品、方法或者其改进所提出的新的技术方案；实用新型是对产品的形状、构造或者其结合所提出的适于实用的新的技术方案；外观设计则是对产品的整体或者局部的形状、图案或者其结合以及色彩与形状、图案的结合所作出的富有美感并适于工业应用的新设计。

这三种专利各有其特点，保护的对象也具有不同的自然属性。比如作为技术方案的发明和实用新型，从专利法的角度看，必须要利用自然规律或者自然现象；作为美感方案的外观设计，其构成要素则一定是形状、图案和色彩这类不具有实用功能的要素。为了更好地保护它们，专利法在制度层面上根据其各自的特点分别规定了不同的权利内容和权利效力，以及各自的保护期。实践中，在选择专利种类时还应当考量被保护对象的属性，以及该发明创造的发明目的和市场价值取向等因素。

思考题

1. 试述发明的概念和特点。
2. 试述技术发明同科学发现的关系。
3. 试述实用新型专利与发明专利的异同。
4. 试述外观设计的概念和特点。

资料链接

1. 管育鹰：《局部外观设计保护中的几个问题》，载《知识产权》2018 年第 4 期。
2. 张韬略：《美国〈专利客体适格性审查指南〉的最新修订及评述》，载《知识产权》2020 年第 4 期。
3. 李小武：《回到外观设计保护制度的起点——从 GUI 的保护谈起》，载《清华法学》2012 年第 5 期。

第十五章　专利权的产生

学习目的　掌握专利申请的原则，以及授予专利权的积极条件和消极条件。

关键词　专利申请　专利审查　新颖性　创造性　实用性

导语

顾某和彭某在2010年4月申请了一项名为"磁悬浮磁能动力机"的发明专利。根据专利申请文件中说明书的记载：该发明替代蒸汽、柴油、电能、风能、水能、太阳能以及核能等传统能源，转而采用目前动力驱动设备中没有使用过的能源——"磁能"，具有环保节能、工艺简单且应用广泛的优点，能够实现令人刮目相看的效果。经实质审查，国家知识产权局于2012年6月驳回了该专利申请，理由是磁性材料所建立的磁场不会成为持续的动力源头，该技术方案明显违背能量守恒定律。申请人不服审查决定，于2012年8月向复审委员会提出复审申请，复审委员会同样认为"磁场只能将外界能量转化为其他形式的能量，但不能向外界提供能量，该动力机无法实现连续运转"，故维持了上述驳回决定。[1] 申请人亦不服该复审决定并向法院提起行政诉讼，一审和二审法院均维持了复审决定。最高人民法院亦认为，依靠所谓的"磁能"实现不间断、连续运转的技术方案违反了能量守恒定律，故驳回了顾某和彭某的再审申请。[2]

不同于著作权的自动取得原则，发明专利的取得必须经过申请和审查两个环节。本案充分体现了发明专利从申请提出到审查决定，以及不服审查决定进行后续救济的历程。专利申请有何原则？应当提交哪些文件？提交申请文件后，专利审查需要经历何种流程？符合哪些要求才能最终取得专利权？若审查结果驳回申请，申请人有哪些救济途径？本章涉及专利的申请和审查等程序性的问题，同时还涉及审查专利申请的具体条件和要求。其内容兼具重要的理论价值和实践意义。

专利的取得，必须同时符合一定的程序要件和实质要件，所谓程序要件主要是指作为专利权取得程序的申请与审批；所谓实质要件是指法律规定授予专利的条件，即新颖性、创造性和实用性。

---

〔1〕 参见国家知识产权局专利复审委员会第68294号复审决定书。

〔2〕 参见最高人民法院行政裁定书，(2016)最高法行申789号。

第一节　专利的申请

一、专利申请的原则

(一)书面原则

专利申请的书面原则是指申请人为获得专利权所需履行的众多法定手续都必须依法以书面形式办理。这一要求显然是为日后发生专利纠纷时能够有据可查。如今电子商务技术已经日臻完善,这为专利申请和审查的无纸化提供了可能,一些国家已经开始受理电子申请案,我国目前也已经开始接受与国家知识产权局订立了《专利电子申请系统用户注册协议》的用户所提交的电子申请案。随着电子证据和认证系统的不断完善,电子申请的适用范围会更为宽广。即使将来完全实现无纸化审查,书面原则仍然具有非常重要的地位。因为在法律上,书面原则并非等同于纸面化,这在我国《民法典》中已经有所体现。

在专利法中,书面原则不仅适用于专利申请,同样适用于专利审查、专利代理以及专利实施等各个有关专利的环节。在专利审查中,审查员与申请人之间的联系通常通过审查意见通知书或意见陈述书等书面形式实现。专利代理人与申请人之间的关系是建立在书面的委托代理合同基础上的。专利技术的实施过程中,更少不了书面的专利实施许可合同,即使是依照专利法而颁发的强制许可或“征用许可”,也必须有国务院专利行政部门或有关政府部门的书面文件的存在。甚至专利权人声明放弃专利权,也必须以书面形式发表声明,否则便不具法律效力。我国《专利法实施细则》第 2 条规定:“专利法和本细则规定的各种手续,应当以书面形式或者国务院专利行政部门规定的其他形式办理。”可见在我国,书面原则不仅仅体现在专利申请过程中,而且贯穿于专利权的产生、存续直至消灭的整个过程中。当然,在法律有明确规定的情况下,也可以采用其他形式,比如在宣告专利权无效请求的审理过程中就允许有口头审理过程。

在实务中,专利申请中的书面原则往往具体落实在专利申请文件上。所谓专利申请文件是指在申请专利时向国务院专利行政部门递交的各类书面文件,主要包括专利请求书、权利要求书、说明书、附图、照片或图片、摘要等。通常,各国专利局对这些文件的格式都有特殊的规定,一般都印制有专门表格,递交的文件必须按表格规定格式填写。在写法上,各国专利局也都有自己的专门规定,如说明书的格式、内容以及这些内容的排列顺序等均必须符合规定。

(二)先申请原则

我国的专利制度自实施以来便采用先申请制,《专利法》第 9 条规定:“同样的发明创造只能授予一项专利权。但是,同一申请人同日对同样的发明创造既申请实用新型专利又申请发明专利,先获得的实用新型专利权尚未终止,且申请人声明放弃该实用新型专利权的,可以授予发明专利权。两个以上的申请人分别就同样的发明创造申请专利的,专利权授予最先申请的人。”从这一规定中还可以看出,采用先申请制的关键在于判断申请时间的先后。

需要说明的是,采用先发明原则的国家目前已经凤毛麟角,绝大多数国家的专利法都实行先申请原则。原因非常简单,采用先申请原则可以促使发明人将其发明的新技术尽早地申请专利,这样最新的技术便可尽快地公之于众,既避免了重复开发,又可给后续开发提供借鉴,另外,还可以大大地提高效率,减少因诉讼造成的社会财富的浪费。此外,采用先申请原则还有利于保障交易安全,因为专利权人未必是最早的发明人,所以在一定期限内其权利尚不稳定。正是上述原因,导致早先采用先发明原则的各国在进入 20 世纪后均改为先申请原则,只有美国例外。

采用先申请原则必然涉及申请时间的具体确定。从理论上讲,判定申请时间的先后可以精确到分、秒,乃至更小的时间单位。但在具体的实际工作中,由于交通、通信等客观因素的限制,不可能做到如此精确。目前国际上通行的判断申请时间先后的标准有两个:一个以时刻为单位,另一个以日为单位。在德国、法国等地,判断申请的先后是以时刻为单位的。这种做法固然非常精确,但却增加了专利局审查工作的工作量,尤其是以邮寄方式递交申请文件时,证明申请的具体时刻往往十分困难。因此,多数国家以日为单位来判断申请的先后。我国专利制度就是以申请日作为判断申请先后的时间标准的。

以时刻为单位判断申请先后一般不会出现同时就同样的发明创造申请专利的情况。若以申请日为单位,则可能遇到在同一日有不同人就同一技术方案申请专利的情况。解决同时申请冲突的通行做法是协商制,即当有两个或两个以上申请人就同样的发明创造在同日提出申请时,申请人应在接到国务院专利行政部门通知后自行协商解决。通过协商,或确定各自的共有份额将发明创造作为共同发明申请专利;或一方在获得相应补偿的情况下放弃申请,由另一方单独申请。但是,如果申请人各方意见始终不一,达不成协议,国务院专利行政部门将驳回各方申请。国务院专利行政部门的这种驳回各方申请的做法看上去似有不近情理之处,但若不是有此规定,申请人各方往往永远无法达成一致。这是一种迫使申请各方协商一致的办法,因为协商不成对申请人任何一方都是最坏的结果。日本《专利法》第 39 条第 2 款明文规定:对于相同的发明于同日提出两件以上的专利申请案,由专利申请人协商确定申请人,唯一申请人可取得该发明的专利。协商不成或无法进行协商时,对任何人均不授予专利权。同样的情况也适用于实用新型之间或者发明与实用新型之间的专利申请冲突。我国专利法在这一问题上也采用协商原则,虽然在法律条文中未明文规定协商不成者均不授予专利权,但实际工作中也采用这种方式,以促成申请人间达成协议。

(三)单一性原则

单一性原则是指一件专利申请的内容只能包含一项发明创造,不能将两项或两项以上的发明创造作为一件申请提出。当今世界,每年的专利申请量以百万计,公布的专利申请文件每年增加逾千万。为了能够管理数量如此浩瀚的专利申请,人们专门制定了各种专利分类法,将专利申请分门别类。目前,比较流行的有国际专利分类法、美国专利分类法、英国专利分类法和德温特(Derwent)专利分类法等。有了这些分类法,各国专利局的管理工作才能顺利进行,各技术领域的审查员才可能找出属于自己技术领域的专利文献。不仅如此,有了这些分类法,公众在查阅专利公报或进行专利技术文献检索时才有章可循,否则便无法找到自己需要的技术。如果有人将两项毫不相干、分别属于不同领域的技术作为一件申请提出,那么,专利局就无法对该案进行管理,因为该申请案无法按专利分类法分类,从而无法进行审查,无法向社会公告。为此,世界各国无一例外地要求一件专利申请只能包含一项独立的发明创造。我国《专利法》第 31 条规定，一件发明或者实用新型专利申请应当限于一项发明或者实用新型；一件外观设计专利申请应当限于一项外观设计。

国务院专利行政部门在受理后发现申请不满足单一性时，还会要求申请人将其申请分案处理。所谓分案，就是将一个不满足单一性的申请案分为两个或多个，使每一个申请案均满足单一性要求。对申请人而言，进行分案处理的申请案不仅耽搁了审查时间，而且还需补交有关费用。退一步讲，即使专利申请属于法律允许的合案情形，通过审查并已授权，专利权人在日后的实务中要处分其权利有时也会十分不便，因为专利权一般是不允许部分转让的。所以从专利策略的角度考量，未必对所有法律允许合案的情形，申请人都要以合案的方式提出申请。当然，合案申请的一大好处是可以节省申请费用。

对于一些不会因两项或多项发明创造合案申请而造成不方便的情形，法律是允许申请人合案申请的。我国《专利法》第 31 条就规定，属于一个总的发明构思的两项以上的发明或者实用新型，可以作为一件申请提出；同一产品两项以上的相似外观设计，或者用于同一类别并且成套出售或者使用的产品的两项以上外观设计，可以作为一件申请提出。这里可以作为一件专利申请提出的属于一个总的发明构思的两项以上的发明或者实用新型，应当在技术上相互关联，包含一个或多个相同或相应的特定技术特征，其中，特定技术特征是指将每一项发明或者实用新型作为整体考虑，对现有技术作出贡献的技术特征。对可作为一件专利申请提出的两项以上外观设计而言，"同一类别"是指产品属于国际专利分类表中同一小类；"成套出售或者使用"则是指各产品的设计构思相同，并且习惯上是同时出售、同时使用，如成套茶具中的茶壶、茶杯等。

（四）优先权原则

优先权原则产生于《巴黎公约》，是该公约的基本原则之一，它为国际的专利申请提供了便利。依照《巴黎公约》，申请人在任一《巴黎公约》成员方首次提出正式专利申请后的一定期限内，又在其他《巴黎公约》成员方就同一内容的发明创造提出专利申请的，可将其首次申请日作为其后续申请的申请日。这种将后续申请的申请日提前至首次申请的申请日的权利便是优先权；在要求优先权时，首次申请日被称作优先权日；享有优先权的一定期限被称作优先权期。

作为巴黎公约成员国，我国《专利法》专门规定了优先权制度。优先权制度的意义集中体现在优先权的效力上。具体地讲，优先权的效力主要反映在两个方面：一是在优先权期内，发明创造不因任何将该发明创造公之于世的行为而丧失新颖性；二是可以排除他人在优先权日后就同样的发明创造提出专利申请。依照目前各国通行的专利制度，同样的发明创造要在他国受到专利保护就必须依该他国专利法申请专利。但发明人在第一次正式申请的申请日（优先权日）后，再向他国提出后续申请时，可能会遇到第三人也在这些国家就同样的发明创造提出专利申请的情况。这时，如果第三人的申请日晚于优先权日，则这些国家的专利局将驳回第三人的申请，将专利权授予享有优先权的申请人，而不论优先权人在这些国家的后续申请的实际申请日是否早于第三人的申请日。当然，享有优先权的申请人必须向相关专利局要求优先权，否则专利局将视为无优先权。可见存在优先权时，专利权的授予并不完全按发明创造在一国提出专利申请的实际申请日的先后顺序。在这种意义上，优先权原则可被视为先申请原则的例外。

优先权请求只能在优先权期内提出。优先权的效力有一定的时间期限，超过了这一特定期限，优先权自然失效。不同种类专利申请的优先权期是不同的，发明专利申请和实用新型专利申请的优先权期为 12 个月，外观设计专利申请的优先权期为 6 个月，均从首次申请日（优先权日）起算。依照《巴黎公约》，商标注册的跨国申请也可享有 6 个月的优先权。

优先权制度的建立为国际专利申请提供了便利，但仅就一国内部而言，其设立优先权制度似乎仅仅是为首次在外国提出申请的人再到国内申请专利提供了方便，并未给在本国首次提出专利申请的申请人带来任何直接利益。为此，不少国家的专利法在这种国际优先权制度的基础上，又建立了本国优先权制度。所谓本国优先权制度，就是指本国人在本国首次提出专利申请后，又就相同的主题再次向专利局提出申请的，可以在优先权期内享有优先权。初看上去，这种规定似乎多此一举，但实际上它对保护在本国提出首次申请的申请人的利益是有益的。比如，当首次申请由于偶然原因成为死案，或者在首次申请递交后又就发明进行了改进，只要还在优先权期限内，均可在再次申请专利时提出优先权要求。世界上不少国家都有本国优先权制度，我国在 1992 年 9 月修正的《专利法》中就发明专利申请和实用新型专利申请也引入了本国优先权制度。依照我国现行《专利法》第 29 条第 2 款规定，"申请人自发明或者实用新型在中国第一次提出专利申请之日起十二个月内，或者自外观设计在中国第一次提出专利申请之日起六个月内，又向国务院专利行政部门就相同主题提出专利申请的，可以享有优先权"。

此外，关于向外国申请专利的问题，我国专利法持积极态度，并同时作了配套规定。根据我国《专利法》第 19 条的规定，任何单位或者个人将在中国完成的发明或者实用新型向外国申请专利的，应当事先报经国务院专利行政部门进行保密审查。保密审查的程序、期限等按照国务院的规定执行。对违反这一规定向外国申请专利的发明或者实用新型，在中国申请专利的，不授予专利权。

二、专利申请文件

发明专利申请的申请文件主要有以下几类。

（一）发明专利请求书

这是申请人用于请求专利局对其发明授予专利权的书面文件。在我国，专利请求书是国务院专利行政部门专门印制的一种标准表格，申请人只能按表格规定的格式或要求填写，否则申请将不被受理或被要求补正。请求书应当写明发明或者实用新型的名称，发明人的姓名，申请人的姓名或者名称、地址，以及其他事项。除这些内容外，请求书中还包括申请文件清单、附加文件清单、申请费交纳情况以及是否存在《专利法》第 24 条规定的情况等。对这些内容，申请人均应根据申请案的具体情况据实填写。

（二）权利要求书

这是具体说明申请人请求专利法对其发明创造进行保护的范围的书面文件。在专利申请被批准后，权利要求书即成为具体说明该专利权效力范围的书面文件。由于权利要求书具有这样的作用，所以其措辞需要十分谨慎。权利要求书应当以说明书为依据，清楚、简要地限定要求专利保护的范围。权利要求书只有将发明的技术特征清楚地加以描述，才能准确无误地反映出专利权的保护范围。一项发明创造的技术特征可以分为必要技术特征和非必要技术特征(也称附加技术特征)。所谓必要技术特征,是指一项发明不可或缺的特征。如果缺少任何一个必要技术特征,该发明就不能成立。必要技术特征和附加技术特征反映在权利要求书中,则表现为独立权利要求和从属权利要求。一份权利要求书中至少应当包含一项独立权利要求,必要时还可有多项从属权利要求。每一项权利要求,无论是独立的还是从属的,都构成一个完整的方案或者该发明的一个实例。

从理论上讲,独立权利要求应当记载发明创造的全部必要技术特征。通常,独立权利要求由前序部分和特征部分构成。前序部分写明发明要求保护的主题名称和发明主题与现有技术共有的或最为密切的必要技术特征;特征部分写明发明区别于现有技术的特征。前序部分中的共有特征和特征部分中的区别特征合在一起构成一个完整的方案,限定了发明要求保护的范围。独立权利要求通常采用这样一种句式:“一种……的产品(装置或方法等),其特征在于……”前半句即是前序部分,后半句属特征部分。当然,将独立权利要求划分为前序和特征部分也并非绝对,某些发明不一定适合采用上述的句式来表达其技术特征,也可采用其他方式。比如,方法发明就常采用这样一种句式:“一种……的方法,其步骤包括A、B、C……”这种权利要求的写法所强调的是顺序,并不强调前序与特征部分的划界。

从属权利要求的核心在于用附加技术特征来限定所引用的权利要求。因此,它是由引用部分和限定部分构成的。引用部分写明所引用的权利要求的编号和发明主题的名称;限定部分则写明发明的附加技术特征。从属权利要求一般采用这样一种句式:“如权利要求1(或2、3……)所述的一种……产品(或方法等),其特征在于……”前半句为引用部分,后半句为限定部分。一从属权利要求引用其他权利要求时,只能引用权利要求书中在本权利要求之前的权利要求,而不能引用位于其后的权利要求;同时不得引用已经引用两项以上权利要求的多项从属权利要求,如“根据权利要求2或3所述的一种……产品……”就属不得被其他从属权利要求引用之列。

(三)说明书

说明书是具体阐述发明创造内容的书面文件。前面已经指出,专利技术的内容是公开的,这种公开性正是通过说明书才得以实现。因为发明专利申请的说明书的内容将自申请日起满18个月后对社会公开,并且公开的说明书应当完整、清楚地反映整个技术方案。如果说明书公开不充分或不完整,不足以支持权利要求,而申请人又拒绝根据说明书对权利要求的内容进行修改,那么将导致申请被驳回。若是根据说明书根本就不可能实现发明目的,则该申请为未完成发明。未完成发明是不可能被授予专利的。

说明书通常应包括以下几个方面:发明的名称、发明所属技术领域、背景技术、发明内容、附图说明、实施例,并且撰写说明书时应当遵从前述各部分的顺序。如果能够节省说明书篇幅或者更便于他人理解,说明书也可不明确划分前述各部分或者也可打破前述顺序。但无论如何,说明书的内容应当足以支持权利要求书,说明书中没有出现过的技术特征,在权利要求书中是不允许出现的。需要强调的是,依赖遗传资源完成的发明创造,申请人应当在专利申请文件中说明该遗传资源的直接来源和原始来源;申请人无法说明原始来源的,应当陈述理由。说明书是权利要求书的基础,说明书的质量同样影响着专利权的保护范围。

对发明专利申请,只要具备以上三种申请文件,国务院专利行政部门便可以受理该专利申请,从而使申请日和优先权得以确立。但一个合格的发明专利申请至少还应有说明书摘要，我国专利法允许在申请案受理后一定期限内补交。

实用新型专利的必要申请文件与发明专利申请基本相同，所不同的是，实用新型专利申请文件中必须包括附图。这是与实用新型本身的特点相适应的。如果申请实用新型专利的产品没有一个固定、立体的形状或结构，也就不能被授予实用新型专利。实用新型专利申请的必要申请文件的其他具体内容与要求同发明专利的一样。

外观设计专利与发明和实用新型专利不同，它不是技术性方案，因此不宜采用上面所述的申请文件。申请外观设计专利的，应当提交请求书、该外观设计的图片或者照片以及对该外观设计的简要说明等文件。因此，外观设计专利的必要申请文件主要有以下两种：

1. 外观设计专利请求书。请求书的内容大体上与发明专利请求书相同，只是应专门注明外观设计所使用的产品和所属类别。

2. 图片或者照片。由于外观设计专利不是技术方案，而是一种造型，因此难以像描述技术特征那样用文字表述。图片或照片是表述外观设计的最佳方式，它可清楚明晰地将外观设计的特点表露无遗。在外观设计专利申请中，图片或照片起着如发明或实用新型专利申请中说明书和权利要求书的作用。因此，申请人提交的有关图片或照片应当清楚地显示要求专利保护的产品的外观设计，如果图片或照片中没有能够反映出来，则专利法将不予保护。递交申请文件时，一张照片或图片若不能反映其全部特征则可以交多张。通常，一个外观设计申请除了提交立体图之外，还根据需要附有主视图、俯视图、仰视图、左视图、右视图和后视图等。

近年来，为了提高外观设计的设计水平，并能够更加明确地界定外观设计专利的权利范围，国家知识产权局要求申请人在提出申请时就其外观设计的设计要点进行说明。一方面这一要求在一定程度上可以起到避免申请人简单模仿他人设计的作用，另一方面也为后续的审查和侵权判断提供了方便。

除了以上所述的必要申请文件外，在专利申请时还可根据申请人的具体要求另外递交各种附加申请文件。比如，优先权证明、发明提前公开申明、实质审查请求书、代理人委托书、著录项目变更申报书、费用减缓请求书、外观设计简要说明等。这些文件是否递交要视申请人需要而定，并非每件申请所必需。

三、专利申请的提出

在就一发明创造提出专利申请之前，首先应当就该发明是否适合申请专利进行评估。申请专利固然是保护发明创造的一种最为有效的方法，但并非唯一的方法。在某些情形下，申请专利未必是最好的选择。比如对于一些可以通过保密方式加以保护的技术来说，未必一定要申请专利。因为一旦申请专利，技术必将被公开，且专利的保护期是有限的。这都是对发明人不利的因素。

其次，要核实一下该发明创造是否属于专利法的保护范围，也就是要核查一下该发明创造是否属于授予专利的消极条件规定的范围。比如，疾病诊断和治疗方法、动物与植物新品种等是不可能被授予专利的。如果将这类发明创造申请专利，非但得不到专利法的保护，有关申请文件还将被公之于众。

最后就是考虑是否委托专利代理人。如果发明人本人既是技术专家，又懂得专利法的有关知识，那当然可以自行起草申请文件，直接向国家专利行政部门递交申请。但通常情况下，很多发明人并不清楚专利法规定的具体程序，这时，最为简单的办法就是委托专利代理人办理申请事宜。专利代理人不仅是技术专家，同时又精通专利法知识，具有充分维护申请人利益的能力。委托专利代理人后，申请人不仅在专利申请中，而且在专利实施以及有关专利诉讼中均可得到帮助。

专利申请文件撰写完毕后，应当尽早向国家专利行政部门递交，只有这样才能尽早地确立申请日。递交申请文件可以直接到国家专利行政部门递交，也可以通过邮局邮寄。直接递交的，以国家专利行政部门收到申请文件之日为申请日；邮寄的，则以寄出的邮戳日为申请日。如果信封上寄出邮戳日期不清晰，国家专利行政部门则以收到申请文件之日为申请日。这时，申请人可以立即提供有关证明材料要求国家专利行政部门更正申请日。需要特别注意的是，只有在申请人接到国家专利行政部门发出的受理通知书（其中载有申请日、专利申请号等）后，一件申请才算被正式受理。

第二节　专利审查

各国专利法都规定了自己的专利审查制度。从世界范围来看，专利审查制度可以分为两大类，即不审查制和审查制。这两种制度又分别可细分为两大类，其中，不审查制可以分为登记制和文献报告制，审查制可分为即时审查制和早期公开延迟审查制。所谓登记制，是指专利局在受理专利申请之后，并不对申请案进行实质审查，即并不审查申请案是否具备新颖性、创造性和实用性，只就申请案进行形式审查后即予以登记授权的专利审查制度。文献报告制也被称作文献检索制，它是指申请案被专利局受理后，专利局除了进行形式审查外，还就申请案的新颖性做一次检索，向申请人提供一份对比文献的检索报告，由申请人自己对照报告内容决定是否坚持申请；若申请人坚持其申请，专利局将予以登记授权。在不审查制下产生的专利权的质量往往不高，在侵权诉讼中常常会伴生请求宣告专利权无效的诉讼。目前，绝大多数国家的发明专利都实行审查制。其中，即时审查制是指专利局接到专利申请后，立即进行形式审查，然后自动启动实质审查程序，对通过实际审查的申请案予以公告授权的专利审查制度。目前，美国专利法即是采用这种制度。早期公开延迟审查制则是指在申请案通过形式审查后，将申请案的内容公开，待一定期限后再进行实质审查，实际审查通过之后再行授权。世界上大部分国家的专利法采用这种制度。我国专利法针对不同的专利类型分别采用了不同的审查制度。对于发明专利采用了早期公开延迟审查制，而对于实用新型和外观设计专利则采用了登记制。下面介绍我国专利的审查制度。

一、发明专利的审查程序

依照现行专利法，发明专利申请被受理之后，国务院专利行政部门将对该申请案进行初步审查。审查的内容包括申请发明专利的申请案是否满足专利法有关形式方面的要求，如专利申请文件的撰写是否合格，文件的种类是否齐全，文件的份数是否足够等；此外还将审查申请案是否明显违反法律、社会公德,是否属于专利法的保护范围等要件。如果该申请案不满足上述要求,国务院专利行政部门将要求申请人予以补正,补正后仍不符合要求的,该申请案将被驳回。符合要求的申请案将在申请日起第 18 个月后被公之于众。公开后,任何人都可以查阅到申请人向国务院专利行政部门递交的关于该申请案的全部申请文件,包括权利要求书和说明书。

自申请日起 3 年内的任何时间,申请人都可以向国务院专利行政部门提出实质审查请求。国务院专利行政部门在接到实审请求之后将对申请案进行实质审查,其中包括新颖性、创造性和实用性的审查。审查过程中如发现有不符合要求的申请案,国务院专利行政部门将通知申请人限期补正修改。修改后仍不符合要求的申请案将被驳回。符合要求的申请案将被授予专利权,并予以公告。实质审查必须在申请案公开之后进行。有时申请人为了早日启动实际审查程序,在申请提出时便要求实际审查。根据规定,在申请日起第 18 个月前提出实际审查请求的申请案,必须同时提出提前公开的请求。

二、实用新型专利和外观设计专利的审查程序

实用新型专利和外观设计专利的审查程序相对简单。国务院专利行政部门在受理申请案后便进行初步审查。审查的内容与前面发明专利的初审内容大致相同。对于符合要求的申请案授予专利权并予以公告。应当指出,由于实用新型和外观设计专利不进行实质审查,因而其专利质量水平不高。许多不具备专利性的申请也在其中滥竽充数,这只能靠授权后的监督程序来弥补。

三、专利的复审与无效宣告程序

国务院专利行政部门的审查结论只可能有两类,即驳回专利申请和授予专利权。应当说,这些结论都是在认真地依法审理之后得出的。但是,无论国务院专利行政部门的审查员如何谨慎仔细,专利审查难免会有失误。为了减少这种失误的数量,降低失误造成的影响,我国现行专利法分别规定了复审和无效宣告程序。

根据现行专利法,专利申请人对国务院专利行政部门驳回申请的决定不服的,可以自收到通知之日起 3 个月内,向国务院专利行政部门请求复审。国务院专利行政部门将对复审请求进行审查,并将复审决定通知专利申请人。如果专利申请人对国务院专利行政部门的复审决定仍然不服的,可以自收到国务院专利行政部门通知之日起 3 个月内向人民法院提起行政诉讼。

从专利申请被公告授予专利权之日起,任何人都可以该专利权的授予不符合专利法有关规定为由,向国务院专利行政部门提出宣告该专利权无效的请求。国务院专利行政部门将会对宣告专利权无效的请求及时地进行审查,作出决定后将立即通知请求人和专利权人。有关当事人对国务院专利行政部门宣告专利权无效或者维持专利权的决定不服的,可以自收到通知之日起 3 个月内向人民法院提起行政诉讼。在这种行政诉讼中,法院将通知无效宣告请求程序的对方当事人作为第三人参加诉讼。

被宣告无效的专利权在法律上应当视为自始即不存在,但为了维护社会关系的稳定,我国专利法规定了几种例外情况,即宣告专利权无效的决定,对在宣告专利权无效前人民法院

作出并已执行的专利侵权的判决、调解书，已经履行或者强制执行的专利侵权纠纷处理决定，以及已经履行的专利实施许可合同和专利权转让合同，不具有追溯力。但是因专利权人的恶意给他人造成的损失，应当给予赔偿。不返还专利侵权赔偿金、专利使用费、专利权转让费，明显违反公平原则的，应当全部或者部分返还。

第三节　授予专利的条件

一、概述

世界上没有哪一个国家对所有发明创造不加限制地给予专利，各国都根据自己的国情，在专利法中规定了授予专利的条件。这些条件可分为积极条件和消极条件。积极条件是指新颖性、创造性和实用性，即人们通常所说的专利“三性”。下面先介绍消极条件：

1. 对违反法律、社会公德或者妨害公共利益的发明创造，对违反法律、行政法规的规定获取或者利用遗传资源，并依赖该遗传资源完成的发明创造，不授予专利权。如果发明创造的目的、效果、作用等违反法律，则不得被授予专利权，如伪造货币的技术、专用于走私金条的背心、“太谷灯”等吸食鸦片的工具等。直接与公共秩序相抵触的发明创造也不能被授予专利。在我国，赌博是一种违法行为，因而生产赌具不仅违背了公共秩序，同时也违背了法律。有的发明创造本身虽然不违背法律，也无害于公共秩序，但从发明的构成或效果来看，如果将其公之于世，任何人都可看出它可用于某种非正常领域，从而可能构成对社会的危害。比如，一种可以打开任何门锁的工具，也就是“万能钥匙”，这一发明本身是一种技术方案，其发明目的在于为丢失钥匙的人提供方便，因而既没违背任何法律，也不与社会公德相抵触，但如果这种技术成为世人皆知的技术，其后果不堪设想。

根据我国加入的《生物多样性公约》的规定，国家对遗传资源享有主权，在我国获取或者利用遗传资源必须遵守我国法律和行政法规的规定。如果发明创造依赖这些违法获取或者利用的遗传资源完成，则不能被授予专利权。我国是生物遗传资源大国，专利法增加的这一规定对于防止非法窃取我国遗传资源进行技术开发并申请专利、保护我国遗传资源意义重大。

2. 科学发现不能被授予专利。科学发现本身不是专利法意义上的发明，因此不能对其授予专利。这在前一章已经专门讨论，故不再重述。

3. 智力活动的规则和方法不能被授予专利。通常，专利法所保护的是技术方案（外观设计除外）。智力活动的规则和方法没有利用自然规律，自然也就不是专利法意义上的发明创造，故不能被授予专利。比如，滑板是一种新的体育运动形式，如果有人设计出一套滑板比赛的评分规则，无论这一规则设计得如何完美，它都不可能被授予专利，因为它不是技术方案。但如果有人将滑板的结构或者材料进行了改进，使其更加灵活、轻便或耐用，这种改进则可能被授予专利。

另外，数学上的算法是不能被授予专利的，因为算法仅仅是数学规则的应用，数学规则不是自然规律，而是思维规则，故算法不是专利法上的发明。与之相关，计算机程序本身由于只是算法的一种表达,其中没有利用自然规律,在多数国家是不能被授予专利的。当然,如果一种计算机程序与某种硬件第一次组合在一起,构成一台具有某种新功能的机器,则这台机器应当可以获得专利。这是目前国际上的通行做法。在某些国家,如美国,已经开始就商业方法授予专利权,比如电子商务领域中的"一次点击"(one click),这种做法不考虑保护对象本身是否真正利用了自然规律,仅仅就适用该方法的外在要素进行限定,比如该方法与互联网相关等,这实际上只是给商业方法披上一件貌似技术的外衣,这与传统专利法的原则是冲突的。因此,各国对于商业方法的保护都持慎重的态度。

4. 疾病的诊断和治疗方法不能被授予专利。疾病的诊断和治疗是一个复杂而多变的过程,其中充满了人为的主观因素。对于不同的患者同样的疾病可能有不同的疗法;不同的医生对同一病人可能提出完全不同的治疗方案。对于这种存在众多不确定因素的对象要采用专利法保护的确存在一定困难,因为它未必能够满足产业上的再现性的要求。更为重要的是,疾病的诊断和治疗方法直接关系到人民生活水平和健康水平。如果对疾病的诊断和治疗方法授予专利,人们看病所需费用必然上涨,这对提高国民的身体素质是不利的。加之在抢救病人的过程中,时间就是生命,很难想象医生还需得到专利权人的同意之后才能对患者施用专利方法。鉴于以上理由,我国《专利法》第 25 条第 1 款第 3 项明文规定对疾病的诊断和治疗方法不授予专利。当然也有人认为,疾病的诊断和治疗方法没有利用自然规律,故不属于技术方案,不应受专利法保护。但客观地讲,现实中确有不少诊断和治疗方法利用了自然规律,所以,这并非专利法不保护这一领域的根本理由。

5. 动物和植物品种不能被授予专利。在我国现行专利法中,动物和植物新品种本身尚不能被授予专利,但对培育或生产动植物新品种的方法,则可依法授予专利。这一规定是与我国现阶段的技术发展水平相适应的。在美国,其专利法中专门针对植物品种规定了植物专利,但这种植物专利仅限于用无性繁殖手段培养的植物新品种。

在专利制度之外,国务院于 1997 年 3 月 20 日已经批准了我国的《植物新品种保护条例》(已修改)。因此,并非所有的植物品种在我国都不受保护。我国目前已经加入了《国际植物新品种保护公约》,但由于我国参加的是该公约的 1978 年文本,所以我国 2014 年的《植物新品种保护条例》只对列入了保护目录的品种予以保护。我国现在正在研究《国际植物新品种保护公约》的 1991 年文本,一旦加入了 1991 年文本,保护范围将大大拓宽,且有关农民留种权的规定也将进行修改。

6. 原子核变换方法以及用原子核变换方法获得的物质不能被授予专利。所谓原子核变换包括原子的自然衰变(就放射性元素而言)和人工核反应。放射性元素的自然衰变非人力所能控制,故不属于专利法保护范围是理所当然的。通过人工核反应所获物质中包含人类的智力劳动,但这种创造在我国依法却不能被授予专利。其原因有二:一是考虑到国家和公众的安全而不对其授予专利;二是为保护本国核工业而不对其授予专利。目前,世界上大多数国家均不对此授予专利,只有美国和日本对此采取了相对宽松的做法。尽管如此,美国《原子能法》中也专门规定对关于核武器的发明创造不得申请专利,并在核技术方面专门规定了强制许可制度;日本也在其专利法中规定有关原子核技术的出口必须遵守政府的限制性规定。

7. 其他不授予专利的技术领域。这些领域包括但不限于:对平面印刷品的图案、色彩或者二者的结合作出的主要起标识作用的设计。需要指出的是，这一规定主要是出于通过提高外观设计的授权标准提高外观设计质量的考虑。我国外观设计专利数量较多，水平偏低，而主要起标识作用的设计与商品的包装装潢功能重叠，如果对之予以专利法保护，实际上会造成双轨保护，造成就同一客体的不平等保护，并且会引起法律适用上的混乱，更重要的是，与专利法鼓励创新的目标不一致。此外，一些国家还将食品技术领域、化工（包括制药）技术领域等列为不授予专利的技术领域。即使是那些现在保护这些技术的发达国家，在其专利法的发展过程中，也有将这些领域排除在专利法保护范围之外的时期。以日本为例，在1976年1月1日以前，饮食品或调味品、药品以及混合方法、化学物质等均被排斥在专利法保护范围之外。像日本这样专利制度已经存在一百多年，且技术相当发达的国家尚且如此，其他一些国家则更不必再提。俗话说"民以食为天"，如果对食品技术授予专利，则可能导致食品价格上涨，对人民生活不利。类似地，药品也是关系到人民身体健康水平的产品。为了保障民众的健康，保持药价的低廉，也不宜对药品技术授予专利。事实上，对于发展中国家而言，更重要的理由是为了保护本国的民族工业。如果对这些领域的技术给予专利保护，外国的技术便会涌入该国，垄断该国市场。其结果是，专利法所保护的全是外国技术，这对本国经济、技术的发展是不利的。一些国家虽然在法律上保护药品专利，但在遇到关系众多民众身体健康的疾病时，往往不再顾及专利的垄断性。比如南非为了降低治疗艾滋病的药品的价格，使普通患者能够买得起药，便由政府发布特许令允许自行生产有关药品。

进入21世纪后，世界贸易组织在多哈议程中提出了公共健康与知识产权的议题。经过多年的艰苦谈判终于发表了《关于知识产权协定与公共健康的宣言》（以下简称《多哈健康宣言》），为解决《多哈健康宣言》第6段涉及的问题，世界贸易组织总理事会通过了《关于实施知识产权协定与公共健康宣言第六段的决议》（2003年8月）和《修订知识产权协定的议定书》（2005年12月），由此构建了实施《多哈健康宣言》第6段的程序和条件。这为那些没有能力生产药品的发展中国家获得廉价药品提供了一个新渠道，即有能力生产相关药品的国家可以强制许可的方式为无能力生产药品的国家生产相关药品。

我国自1985年4月1日起施行专利制度至今已有三十余年。曾经一度，我国专利法明文规定对食品、饮料、调味品、药品和利用化学方法获得的物质不授予专利权。1992年9月4日，第七届全国人大常委会第二十七次会议通过了《关于修改〈中华人民共和国专利法〉的决定》，决定取消我国专利法在食品、饮料、调味品、药品和用化学方法获得的物质等方面的限制。应当看到，相对于我国在相关领域的技术水平，放开这些领域，对其实行专利保护是需要极大的勇气的。促成这一变革的原因，在当时看来主要是来自国际社会的外部压力，但与此同时，这种压力也在一定程度上成为推动国内的体制改革的动力。

二、新颖性

新颖性是授予专利的最基本的积极条件之一，也是必要条件，即不具备新颖性的技术方案是绝不应当被授予专利权的。从一般意义上理解，新颖性的核心在于一个"新"字。申请专利的技术不能与已有技术中的内容一模一样，这即是"新"的含义。在专利法上，判断新颖性的参照系是现有技术。这里所谓的现有技术是指在某一时间之前，在特定技术领域内的已有技术和知识的总和。如果申请专利的方案属于已有技术范围，则该方案不具备新颖性。

而判断一项技术方案是否属于已有技术的范围,就是看该技术的内容是否已经公开、为公众所知。如果能够确定申请专利的技术是否已经公开或者是否与已经公开的技术内容相同,则可以确定其是否具备新颖性。

公开,即公之于众。一项技术处于公开状态,即意味着该项技术已经脱离了秘密状态。任何非特定人只要想知道这项技术,不需要采用任何特殊手段便可以合法地获得该项技术的全部内容。至于该技术有什么人知晓,有多少人知晓,均不影响该技术已经处于的公开状态。专利法中的公开必须是针对非特定人的公开。这里的非特定人或称不特定人是相对于特定人而言的。所谓特定人是指对于发明创造负有保密义务,或者按社会观念应当并且能够保密的人。一项发明创造为特定人所知晓,无论这种特定人有多少,均不构成专利法意义上的公开。

公开的方式有多种,概括起来,可以分为三类。(1)以出版物方式公开,这是最为普遍的一种公开方式。出版物的种类十分繁杂。就载体形式而言,它不仅包括各种印刷、打印或手抄的纸件,而且还包括其他各种以光、电、磁或照相等方式制成的有形载体,如磁带、磁盘、光盘、缩微胶片或平片等。就内容而言,出版物包括专利文献、科技刊物、科技著作、学术论文、专业文献、技术手册、教材、技术专题报告、产品样本乃至产品广告等。国务院专利行政部门在审查新颖性时,将对这些出版物进行全面检索,只有那些在已有出版物中检索不到的技术才有可能被认为具有新颖性。(2)以使用方式公开。一些产品或技术方法虽然没有在任何出版物上发表过,但也未必不是现有技术的一部分。如某工厂将其新开发的产品投放市场,任何人均可在市场上购买到这种产品,则这种产品已经公开,属于现有技术。又如将某种新的工艺方法在公开场合(展览会等)进行演示,公众通过其演示可以清楚地了解其新工艺的技术特征,则该方法也已公开,属于现有技术。在专利法上,公开使用包括为商业目的的制造、使用和销售,以及为使用或销售而进行的展示。(3)以其他方式公开。所谓其他方式,即为“出版物”和“使用”外的其他任何方式,它包括口头方式,广播电台或电视台或电子网络等传播方式。德国专利局就曾以这类理由驳回一种吊车的专利申请。具体而言,该种吊车曾在德国一电视台播放的一部电视片中出现了几秒钟,公众从该吊车的机械结构便可了解这一发明的具体技术内容。在这里,前述第二种和第三种公开方式常被简称为“公知、公用”。

无论采用哪种公开方式,只要对某一技术实施了其中一种方式,该技术便已处于公开状态,已经进入现有技术范畴。判定一项技术的公开状态可以从空间和时间两个角度去考虑。这便引出了公开的地域(空间)标准和公开的时间标准。这里,地域标准即是判定一项技术在怎样的地域范围公开才算进入现有技术领域。时间标准则是判定什么时候公开的技术才可在特定申请案的新颖性审查中作为现有技术。

综观各国专利法,地域标准主要有两个,即相对标准和绝对标准。所谓相对标准,则是只把在本国领域内公开的技术作为现有技术,至于仅仅在国外公开而未在国内公开的技术则不属于现有技术范围。在这一基础上建立起来的新颖性概念被称作相对新颖性或者国内新颖性。所谓绝对标准,是指在世界范围内考察技术的公开状态。不论在哪一个国家,只要一项技术已经公开,则认为该技术已成为现有技术,从而丧失新颖性。以此为基础的新颖性概念被称作绝对新颖性或世界新颖性,也称全球新颖性。现在,德国、法国、英国等国的专利法均已完全采用这种绝对新颖性概念。在“以出版物方式公开”方面采用绝对标准,尽管工作量大,但尚可以实现;在“公知、公用”方面采用绝对标准在审查时就十分困难。尽管一些国家在专利法中规定了这样的原则,但在操作上,只能采取在没有发现相反的证明时,就推定其满足绝对标准的要求。

判断一项技术公开的时间,也是新颖性审查中的一个重要标准。时间标准主要也有两种:一种是以发明完成为界限判定现有技术的范围,称发明标准;另一种则是以申请专利的时间为标准来划定现有技术的界限,称申请标准。这两种标准分别与专利法采用先发明制还是先申请制相对应。目前世界上采用发明标准的国家只有美国等少数国家。以申请专利的时间作为划分现有技术范围的时间界限的做法为世界上大多数有专利制度的国家所采用。

我国《专利法》第22条第2款规定:“新颖性,是指该发明或者实用新型不属于现有技术;也没有任何单位或者个人就同样的发明或者实用新型在申请日以前向国务院专利行政部门提出过申请,并记载在申请日以后公布的专利申请文件或者公告的专利文件中。”从这一规定可以看出,我国专利法对于发明或者实用新型在时间上采用以申请日划分现有技术的标准,即将申请日前的技术作为现有技术,而将申请日或申请日后公开的技术不作为现有技术。为与国际专利制度的发展趋势保持一致及体现公平原则,专利法将原来的“国内外公开出版+国内公开使用”的相对新颖性标准改为“国内外公开出版+国内外公开使用”的绝对新颖性标准。在公开方式的问题上,对于以出版物公开的方式采用绝对新颖性标准,凡在国内外出版物上发表过的申请则不具备新颖性;在“公知、公用”的公开方式上,采用的也是绝对新颖性标准,也就是说,在国内外公开使用或为公众所知的技术方案,在中国不具备新颖性。修改前的相对新颖性标准会造成在国外已经公开的技术仍可以在我国取得专利的法律后果,在市场竞争中不利于我国企业。

对于外观设计,我国专利法的规定与发明和实用新型不尽相同。我国《专利法》第23条规定:“授予专利权的外观设计,应当不属于现有设计;也没有任何单位或者个人就同样的外观设计在申请日以前向国务院专利行政部门提出过申请,并记载在申请日以后公告的专利文件中。授予专利权的外观设计与现有设计或者现有设计特征的组合相比,应当具有明显区别。授予专利权的外观设计不得与他人在申请日以前已经取得的合法权利相冲突。本法所称现有设计,是指申请日以前在国内外为公众所知的设计。”外观设计在公开标准上与发明和实用新型相同,即采用了绝对新颖性标准,要求授予专利权的外观设计在申请日以前在国内外不为公众所知。

另外,由于外观设计不是技术方案,而是由产品整体或者局部的形状、图案、色彩等因素所构成的关于美感的方案,因此可能存在近似的情况。关于如何判断是否近似,除了考察前述形状、图案、色彩等因素的相似性之外,还应当考虑该外观设计的产品是否相同或者相近等多方面的因素。需要特别指出的是,由于外观设计在性质上是一种智力创造,不同于商业标记,因而在判断其相似性时不能完全照搬或者简单地套用商标法或者其他商业标记法中有关近似判断的标准,比如,判断两个外观设计是否近似的主体不应是普通的消费者,而应当是专门从事外观设计工作的普通设计人员。

多数国家在专利法中还规定了一些不丧失新颖性的特例。我国《专利法》中也有类似规定。依照我国《专利法》,在申请日前6个月内有下列情形之一的发明创造,不丧失新颖性:

(1)在国家出现紧急状态或者非常情况时,为公共利益目的首次公开的。(2)在中国政府主办或承认的国际展览会上首次展出的。(3)在规定的学术会议或技术会议上首次发表的。这里所谓的规定的学术会议或技术会议,是指国务院有关主管部门或者全国性学术团体组织召开的学术会议或者技术会议。(4)他人未经申请人同意而泄露其内容的。对于上述情况,虽然现行法规定不破坏新颖性,但其效力却十分有限,它不像前面介绍的优先权那样具有排除第三人申请的效力。如果有他人在这6个月内就同样的发明创造提出申请,则靠这种不丧失新颖性的规定是无法与之对抗的。如果申请人还想在外国就该发明创造申请专利,那就更加困难了,因为各国对于优惠期的规定不尽相同,并非所有国家都承认前述我国专利法上规定的所有优惠期。所以,这一规定只能作为一种亡羊补牢的补救措施,不宜主动适用。

三、创造性

在审查一项发明创造是否应当被授予专利时,仅仅通过新颖性审查还不够,还应当进一步判断这项发明创造是否具备创造性。创造性,在一些国家也被称作"非显而易见性""先进性""进步性""创造高度"等。如果说新颖性的关键在于"前所未有",强调一个"新"字,那么创造性的核心则在于"实质特点",侧重一个"难"字。我国《专利法》将创造性定义为:"与现有技术相比,该发明具有突出的实质性特点和显著的进步,该实用新型具有实质性特点和进步。"专利法上的"现有技术"是指申请日以前在国内外为公众所知的技术。因而,要想真正把握住创造性这一标准,必须对技术方案的"实质性特点"和"进步"这两个概念有深刻的理解。

所谓发明创造的"实质性特点",是指发明创造与现有技术相比所具有的本质性的区别特征,且这种区别特征应当是技术性的。通常情况下,这种区别特征就是该发明创造的发明点之所在。所谓"进步",则是指发明创造与现有技术的水平相比必须有所提高,而不能是一种倒退,如变劣发明或改恶发明是谈不上进步的。为了便于理解,假设这样一个例子:古人席地而坐,因为当时没有凳子,后有人发明了凳子,其特点为四条腿支撑着一个平板,这样人便可以端坐其上。坐在凳子上的人可以不再盘腿或屈膝,双腿可以自在地伸展。凳子的发明无疑是具备创造性的,因为与现有技术相比,它不仅具有自身的实质性特点,而且在技术上有进步,这属于开拓性发明。但是,如果有人在四条腿的凳子的基础上别出心裁地搞出五条腿凳子的设计,并且在功能和效果上也丝毫没有增加或改进,这种设计虽然可能具备新颖性,但却不能认为其具备创造性,因为虽然五条腿的凳子比四条腿的凳子在表层结构上多出一条腿,但它们二者在技术上的实质性特点方面并无差异,仍然是靠立柱(腿)支撑平板。如果说三条腿的凳子已经具备了稳定性和一定的承重能力,那么,四条腿的凳子在稳定性和承重能力方面已有很大程度上的提高;若不是因特殊目的,再多一条腿除了费工费料外,不会再有其他什么效果,故这只能算是一种变劣发明,所以不具备创造性。与此相反,如果在四条腿的凳子上增加一个靠背,便制成了椅子。这种设计虽然在成本上比凳子略高,但在功能上有改进:人不仅可以坐于其上,而且还可以依靠其靠背,因此在技术上有进步。与凳子相比在结构上增加了一个靠背,这一特征在凳子上是找不到的,因而也具有实质性特点。这种在已有凳子的基础上第一个关于椅子的设计是具备创造性的。类似地,在椅子的基础上再进一步增加关于扶手的改进设计同样也具备创造性。虽然这一例子纯属虚构,但通过它可进一步理解创造性所要求的“实质性特点”和“进步”这两个概念,同时也可看出创造性与新颖性的区别。

在实际操作中,各国专利法均要求以普通技术人员的眼光来判断创造性。所谓普通技术人员是专利法实施中虚拟的一个主体,也可以说是判断创造性的主体标准。这种普通技术人员具有极为宽广的知识面,对现有技术无所不晓;但在创造性思维方面能力平平,最多只能将现有技术进行一些简单的组合,或者完成一些浅显的逻辑推理。如果一项发明创造的完成对于普通技术人员而言存在难度,则该发明创造具备创造性。

普通技术人员这一概念的意义并不限于创造性的判断,在前面介绍专利说明书时曾提到,说明书必须清楚详细地公开发明创造的全部技术细节。在判断说明书的公开是否清楚、详细时,同样是以普通技术人员作为判断的主体标准的。如果普通技术人员在阅读了说明书后无法实现说明书中所记载的方案,或者还需再做创造性工作才能实现,则该说明书公开的技术内容不充分。类似地,前述外观设计的相似性判断应当站在普通设计人员的角度来看待,也是同样的道理。

四、实用性

在专利“三性”审查程序中,实用性的审查判断相对较为简单。因此,在审查程序上最先审查实用性,然后再进行新颖性和创造性的审查。所谓实用性,是指一项发明创造能够制造或者使用,并且能够产生积极的效果。专利法中的实用性条件意味着获得专利的发明创造不能是一种纯理论的方案,它必须能够在实际中得到应用。对于产品专利而言,这种应用可表现为产品的制造或者使用;对于方法专利则表现为方法的使用。如果说新颖性、创造性仅仅是授予专利的条件,那么,实用性不仅作为条件而存在,同时也是发明创造的目的。通常情况下,人们完成一项发明创造并申请专利,都是为了能够解决某一实际问题或将其应用于实践中。因此,专利法要求被授予专利的发明创造具备实用性是完全合乎情理的。

当然,专利法所称的实用性是一个比较宽松的概念,这一点不同于我国的《国家科学技术奖励条例》中对申报国家技术发明奖的成果所提出的实用性要求。依照《国家科学技术奖励条例》,申请国家技术发明奖的成果必须是经实施创造了显著经济效益和社会效益等的重大科技成果。专利法仅仅要求能够应用,并不要求已经实施。不仅如此,对已经应用或者实施的发明创造,依照专利法进行新颖性审查时还要仔细审查是否已公开实施,从而判定是否还具备新颖性。至于发明创造应用的效果是否达到最佳程度,甚至应用效果是否与现有技术相当均无关紧要。当然,对于某些发明的违背道德、危害公共利益的应用,可视作无实用性。

判断实用性通常应当遵守如下原则:(1)具备实用性的发明创造应当能够制造或使用,即具备可实施性。一项发明创造要付诸实施,必须具有详实的具体方案,仅有一个构思而没有具体实施方案的发明创造被称作未完成发明。未完成发明是不具备可实施性的,故而也就不具备实用性。这在前面已经提及。可实施性的另一层含义则是要求一项发明创造可以重复实施。有些方案尽管详实具体,但不可能在产业上重复实施,同样也不具备可实施性。比如,武汉长江大桥横跨于万里长江之上、龟蛇两山之间,这种利用了独一无二的自然地理条件的方案是难以重复实施的。(2)具备实用性的发明创造必须能够带来积极的效果,即具备有益性。这里的有益性是指一项发明创造对社会和经济的发展、对物质和精神文明建设所能够产生的积极效果。通常,这种积极效果可以表现为提高产品质量、改善工作和生产环境、节约能源、减少环境污染、降低生产成本等。这里需要注意的是,有益性与前述创造性中所述的技术进步分别有其不同的含义。有益性侧重的是发明创造为满足社会需要所带来的积极效果,而技术进步则仅仅指与现有技术相比在技术特点方面的进步。在判断有益性时需要特别注意,在申请专利时这种发明创造所带来的积极效果可能还没有产生,只要有产生积极效果的可能就行了。贝尔在 1876 年的第 174456 号美国专利就是现代电话的鼻祖,但在当时却被第一流的电气专家贬斥为“连玩具都不如的无用的专利”。同样,爱迪生发明第一只灯泡时,其寿命很短,似乎并无任何积极效果,但经过灯丝材料的改进并辅之以真空工艺,这一问题也就解决了。对于我国专利法中规定的三种专利而言,它们在实用性审查上没有太大差异,就外观设计而言,美感也可以被认为是一种广义的实用性。

结 语

专利权产生的条件可以分为形式要件和实质要件。前述有关申请手续、审查程序等问题均反映了专利权产生的形式要件,比如申请文件的格式、撰写、递交,审查的步骤、原则等均属此类。其中,先申请原则、优先权原则等在专利权产生过程中具有极为重要的作用。而本章第三节中有关授予专利的条件均属于实质要件。实质要件分为积极条件和消极条件。新颖性、创造性、实用性即所谓积极条件,这些概念均为专利法中具有重要意义的概念。对这些概念的把握直接关系到专利权的成立。现实中有关专利的纠纷,尤其是因驳回专利申请或者宣告专利权无效而产生的诉讼大多围绕这些问题展开。有关消极条件在专利法中同积极条件具有同等重要的地位。近年来,有关专利法保护范围的最新变革多集中于此。所有这些内容在专利法中当属最为重要的内容之一。

思考题

1. 试述先申请原则与先发明原则的优劣。
2. 试述单一性原则的意义。
3. 试述优先权原则的作用。
4. 试述新颖性同创造性的关系。
5. 试述授予发明、实用新型、外观设计专利的条件异同。

资料链接

1. 吴汉东:《人工智能生成发明的专利法之问》,载《当代法学》2019 年第 4 期。
2. 石必胜:《专利申请文件修改的直接确定标准》,载《人民司法》2015 年第 17 期。
3. 李雨峰:《论专利公开与排他利益的动态平衡》,载《知识产权》2019 年第 9 期。
4. 刘鑫:《人工智能生成技术方案的专利法规制——理论争议、实践难题与法律对策》,载《法律科学(西北政法大学学报)》2019 年第 5 期。

第十六章　专利权的内容及专利合同

学习目的　掌握专利权所包含的权项内容，了解专利权的效力及其限制，知悉专利权人的义务，领会专利权人实现专利价值的主要方式即专利合同。

关键词　专利权　权利限制　专利实施许可

导语

原告刘某是“水下摄像装置”的发明专利权人。被告新渠道公司从卓顺公司（案外人）处购买“外置高灯摄像头”，并将其与需和摄像头配合使用的配件（配件源于其他供应商）共同组成套装产品在网上进行销售。刘某认为，该套装产品擅自利用了其技术方案，请求法院判令新渠道公司立即停止制造、销售侵害涉案专利权的产品。新渠道公司则辩称没有制造被诉侵权产品，其仅仅是通过合法途径从卓顺公司购买并支付合理对价后进行销售，不构成侵权。最高人民法院认为：就制造行为而言，被诉侵权产品仅为水下摄像头，不包括套装产品中除摄像头之外的其他配件，故新渠道公司没有制造被诉侵权产品。就销售行为而言，虽然销售的套装产品中包含了被诉侵权的水下摄像头，但新渠道公司能够证明其有合法来源，且没有过错，故被告无须承担损害赔偿责任，仅需停止销售涉案套装产品的侵权行为。[1]

与著作权类似，专利法也为权利人规定了排他性的权利：若他人擅自实施权利人技术方案的行为落入排他权的控制范围，则构成专利侵权。同时，这些排他性权利在特定的情形中亦会受到一定程度的限制。专利权人的排他性权利有哪些？这些权利在何种条件下会被限制？限制排他性权利的方式有哪些？除了排他性，专利权人可以通过哪些方式准许他人使用其专利？本章将围绕这些问题展开。

第一节　专利权人的权利和义务

一、专利权人的权利

专利权人的权利大体上可以分为以下几项：

---

〔1〕 参见最高人民法院民事判决书，(2022)最高法知民终873号。

1. 专利权人享有自己实施其专利技术的权利。专利技术的价值是通过实施得以实现的,即实施专利技术可以给实施人带来相应的财产利益。专利权人申请专利就是为了垄断该项技术的实施权。因此,专利权中包含实施专利的权能亦是再自然不过的事情。

2. 专利权人有禁止他人实施其专利技术的权利。这一权能是与前项垄断性的实施权互为补充的,可以看作它的另一方面。事实上,专利权人的利益更多的是通过这种禁止性权利得以实现的。因为在"禁止"的背后还包含"许可"的含义,即当专利权人不禁止他人实施其专利时,便意味着专利权人许可他人实施。现实中,常有专利权人个人的实施能力有限的情况,因此,专利权人为了更大限度地实现其专利技术可能带来的利益,往往会以收取适当费用作为对价,许可他人实施其专利。在实施的过程中,专利技术的社会价值相应地得以体现。当然,基于许可而产生的债权债务关系与禁止权在性质上是完全不同的。仅从效力上讲,一个是基于合同而产生的对人权,而另一个则属于法律直接赋予的对世权。

3. 专利权人有处分其专利的权利。专利权的处分包含专利权人可以将其专利权转让给他人或者放弃其专利权等。专利权人对其专利权的处分与物权的处分有所不同。物权的处分通常伴随对物本身的处分,而专利权的处分丝毫也不影响技术的自然存在状态,仅仅使其法律状态发生了变化。

4. 在产品或包装上注明专利标记或专利号的权利。这种权利是我国专利法上的规定。在正常情况下,只有采用了专利技术的产品可以标注专利标记,否则便构成对公众的欺骗,构成冒充或者假冒他人专利的行为。在理论上,注明专利标记的作用主要是提示公众该产品中存在专利技术,即警示标志的作用。专利权人有权在其专利产品或者该产品的包装上标明专利标识,将注明专利标记的行为当作权利规定,则意味着只有专利权人能够为此行为,即只有专利权人有权提示公众,这可以在一定程度上防止不法者利用专利标记欺骗公众。然而,这种注明专利标记的权利与具有财产性质的商标权或其他财产性权利是不同的,因为其中的财产成分非常弱。故而在法律上与其将它规定为权利,还不如强化其作为警示标记的作用,像注册商标标记或者著作权标记一样,将其作为权利人的一种义务来规定更为妥当,即专利权人有义务在其产品或包装上标明专利标记,以防止他人在不知情的情况下实施专利。在这里,专利标记则起到权利公示的作用。在美国等国,注明专利标记在专利法中就是作为权利人的义务规定的。

在前述四项权利内容中,前三项可以被列入专利权的内容之中,第四项即有关专利标记的权利并不应当属于专利权的内容,但在现行法中其却可归入专利权人的权利。按照通行惯例,专利权指向的对象应当是专利技术,即行使专利权的行为应当是实施专利技术的行为。有关专利标记的权利同专利技术的实施毫不相干,并不涉及对于专利技术的实施,由此推知,有关专利标记的权利不属于专利权的内容。

二、专利权的效力

专利权的效力可以分为两个方面,即正面效力和对专利权的限制,也就是负面效力。首先介绍正面效力。依照我国专利法,若专利是就产品授予的,则任何单位或者个人未经专利权人许可,都不得为生产经营目的制造、使用、许诺销售、销售、进口其专利产品;若专利是就方法授予的,则专利权人有权禁止他人未经许可为生产经营目的使用其专利方法以及使用、许诺销售、销售、进口依照该专利方法直接获得的产品。若专利是就外观设计授予的，任何单位或者个人未经专利权人许可，都不得实施其专利，即不得为生产经营目的制造、许诺销售、销售、进口其外观设计专利产品。在这里，需要对许诺销售进行解释。许诺销售在英文中的表达为“offering for sale”，其本意是为销售目的而提供，或者为销售而发出要约。比如，商家为了扩大其影响，免费向公众提供侵权产品，或者为销售侵权产品向特定客户发出要约的行为均属于这里所称的许诺销售。我国专利法将此叫作“许诺销售”，在文字上容易让人产生误解，因为这里的“许诺”在字面上与合同订立程序中的“承诺”非常近似，而这种侵权行为在行为构成上未必一定包含承诺。一些国家的专利法中常明确、直接地将为销售目的而提供或展示的行为，甚至出租的行为定为侵权行为。这些在我国专利法中都可解释到许诺销售之中。

从前述专利权的正面效力可以看出，专利权是一种非常广泛的权利。权利人发现侵权事件后可以从流通领域中的制造、销售、进口以及使用等任何环节追究侵权人的责任。无论实施了其中哪一种行为，都可能侵犯专利权。由此可知，在现行法律框架下，权利人的利益是可以得到充分保护的。但是，如果法律仅仅规定专利权的正面效力而不对其加以适当限制，则势必造成不公平的状况，这完全可能导致权利人滥用权利。比如，在仅仅考虑前述正面效力的情况下，用户通过正常市场渠道购买了专利产品，难道为商业目的而使用该产品时还需得到专利权人的同意，否则便构成侵权？这种情况显然不合常理。有鉴于此，有必要对专利权的效力进行限制。

关于专利权的限制是多方面的，也可以理解为专利权的负面效力。限制专利权的效力完全是考虑到公共利益，专利权的绝对性效力不如所有权的效力强也正是从这种意义上讲的。对专利权的限制主要体现在以下几个方面：

1. 专利权在时间上不是无限的。发明专利保护期通常为 15 ~ 20 年；实用新型、外观设计专利保护期通常低于 10 年。我国现行专利法对于发明专利的保护期规定为 20 年，自专利申请之日起计算；实用新型和外观设计专利的保护期分别为自专利申请之日起算 10 年和 15 年。法律之所以规定专利权的保护期，完全是为了协调私权与公共利益的平衡。在前面提到，制定专利法是为了促进社会文明和技术进步，保护发明只是促进技术进步的手段。要想充分发挥技术的社会价值，就应当鼓励更多的人掌握并使用先进技术。专利权的存在在一定程度上限制了技术的实施，因此不应当在时间上无限延伸。这是专利权与物权的区别之一。

2. 专利权在权利行使方面也受到诸多限制。在我国专利法上，下列行为不被视为侵犯专利权：(1)专利产品或者依照专利方法直接获得的产品，由专利权人或者经其许可的单位、个人售出后，使用、许诺销售、销售、进口该产品的。在这种情况下，专利权人对这些特定产品不再享有任何意义上的支配权，即购买者对这些产品的再销售、许诺销售或者使用都与专利权人无关。这种情况被称作首次销售；也有人称此为权利耗尽或权利用尽，因为专利权人的利益在产品的首次销售中已经得以实现，故而称用尽或耗尽。需要说明的是，即使在这种情况下，专利权中关于“制造”的权能不属于耗尽或用尽的范围，且耗尽仅限于依附在具体产品上的权能。(2)如果在专利申请日前已经开始制造与专利产品相同的产品或者使用与专利相同的技术，或者已经作好制造、使用的准备，并且仅在原有范围内继续制造、使用的。实施者的这种权利被称作先行实施权或简称先用权。我国专利法并未直接就在原有范围内制造的产品能否销售作出规定,但按照常理,既然制造行为是合法行为,自然也就应当允许销售。(3)外国运输工具临时通过中国领域,依照其所属国同中国签订的协议或者共同参加的国际条约,或者依照互惠原则,为运输工具自身需要而在其设备或装置中使用有关专利技术的。有关运输工具临时过境的规定源自《巴黎公约》,这主要为了解决国际交往中的交通问题。(4)非营利性实施专利技术的。比如,为了科学研究和实验使用专利技术的;为提供行政审批所需要的信息,制造、使用、进口专利药品或者专利医疗器械的,及专门为其制造、进口专利药品或者专利医疗器械的;以及为课堂教学而演示专利技术的行为均不属于侵权行为。因为产品并未进入流通领域,故这种行为并未直接冲击专利权人的市场。(5)在专利侵权纠纷中,被控侵权人有证据证明其实施的技术或者设计属于现有技术或者现有设计的。属于现有技术与现有设计的技术和设计不应该获得专利授权,此类获得授权的专利属于自始无效的无效专利,所以不构成专利侵权。

另外,根据我国《专利法》第 77 条的规定,"为生产经营目的使用、许诺销售或者销售不知道是未经专利权人许可而制造并售出的专利侵权产品,能证明该产品合法来源的,不承担赔偿责任"。在不知情的状态下销售或者使用了侵犯他人专利权的产品的,可不承担赔偿责任,但这并不免除其他相关的民事责任,比如停止侵害等。有国家将这种情况称为善意侵权,但是如果销售商在得到专利权人通知之后仍然销售其库存的侵权产品,则不能认为其不知道,即知情后的销售行为不再是基于善意。还需要指出的是,在我国《专利法》中提到了"合法来源",严格地讲这是一个立法技术上的遣词不当,因为在这里不可能存在"合法来源"。如果产品具有合法来源,那么使用和销售该产品的行为就不可能侵犯专利权。只有当其产品的来源不合法时,才可能出现善意侵权的情况。具体地讲,善意侵权人使用或者销售的产品一定是侵权产品,侵权产品的来源当然不可能合法。应当说,条文的本意只是为了强调使用人的善意,提供产品来源的证明只是为了进一步证明善意的存在,同时也为专利权人进一步追究侵权责任提供方便。作为不承担赔偿责任的前提,善意侵权人只需证明是通过貌似正常的商业渠道获取了侵权产品,比如提供购货发票、购货地点以及正常的交易条件等证据,即可适用善意侵权的免责条款。至于供货商逃之夭夭,并不影响善意侵权条款的适用。

在专利法中有关专利权的限制性规定还有不少。许多国家专利法中都有强制实施许可的规定,《巴黎公约》以及世界贸易组织的《知识产权协定》中也都有强制许可的规定,只是实施条件有所不同。我国《专利法》中也有类似规定。所有这些都可视作专利权的限制。

三、专利权人的义务

专利权人在享有专利权的同时还应当承担相应的义务。专利权人在获得专利权时,应当向专利局缴纳专利年费。这是各国专利法要求专利权人承担的基本义务。不承担这一义务,其专利权将自动终止。年费的作用主要有两个方面:(1)专利年费可直接用于支持专利局的日常管理和服务工作。(2)缴纳年费可以促使专利权人尽早地放弃专利权,从而使技术尽快地进入共有领域。专利年费的数额在设计上是随着时间推移逐渐增高的。有了年费制度就可以促使专利权人放弃那些长期以来一直没有人实施,或者没有市场价值的技术。

公开发明创造也是专利权人的一项基本义务。如果发明创造未在专利申请文件中充分公开,则该项专利申请或专利权将被驳回或被宣告无效。至于公开的详细程度,在前面已有介绍,此处不再重述。

第二节　专利合同

专利权人要想实现其专利价值,固然可以自己实施其专利技术,但在现实中更多的情况却是通过许可他人实施自己的专利,从而获得相应的利益。这种许可行为在法律上是以专利实施许可合同为基础的。有关专利的合同不胜枚举,本节着重介绍几种常见的或重要的专利合同。

一、专利申请权转让合同

所谓专利申请权转让合同,是指就转让方将其享有的就发明创造申请专利的权利移交受让方所订立的合同。专利申请权转让的有关程序性规定在前面专利申请人的有关篇幅中已有论述。专利申请权转让合同通常应当采取书面形式。在合同内容方面一般应当包括以下条款:转让项目及发明创造的名称、内容、性质;技术情报资料的清单;转让费用的数额及支付方式;被转让的发明创造的法律状态,包括专利申请被驳回的责任等;违约责任;争议解决办法等。专利申请权转让合同与随后介绍的专利权转让合同等同属技术转让合同,但在具体内容方面有不同之处。专利申请权转让合同只可能发生在授予专利权之前,而授予专利权之后的技术转让合同,则应属专利权转让合同。

二、专利权转让合同

专利权转让合同,是指就专利权人作为转让方将其发明创造专利权移交受让方,受让方支付约定的转让费所订立的合同。依照法律,专利权转让合同应当向国务院专利行政部门登记、公告之后才能对抗第三人。这是因为,专利权在其产生时曾专门设有公告程序,故在其权利主体发生变更时也应当履行同样的程序;而且在理论上合同只对合同当事人各方具有约束力,不可能对第三人产生任何效力。通常,专利权的转让要求整体转让,不得将一项专利权中的部分权项转让给他人。也就是说,不能因为转让而将一项权利分解为两项权利。专利权转让合同通常应当包含如下内容:专利技术的名称、内容;专利申请日、申请号、专利号以及专利权的有效期;专利实施的状况,包括许可他人实施的状况;有关技术情报资料的清单;转让费用及支付方式;违约责任及其承担;争议解决办法等。

需要注意的是,中国单位或者个人向外国人、外国企业或者外国其他组织转让专利申请权或者专利权的,应当依照有关法律、行政法规的规定办理手续。

三、专利实施许可合同

专利实施许可合同,是指就专利权人或者其授权的人作为一方许可另一方,即被许可人在约定的范围内实施专利技术所订立的合同。一般而言,专利实施许可合同应当包括以下内容:发明创造的名称、内容;专利申请日、申请号、专利号以及专利权的有效期;实施许可的范围;技术情报和资料以及保密事项;技术服务的内容;验收标准和方式;专利实施许可费的数额和支付方式;违约责任及其承担;技术后续改进的提供和分享方式;争议解决办法等。专利实施许可不同于转让,合同生效后专利权仍在专利权人手中,被许可人只享有合同约定范围内的实施权,并不享有完整的专利权。任何单位或者个人实施他人专利的,应当与专利权人订立实施许可合同,向专利权人支付专利使用费。被许可人无权允许合同规定以外的任何单位或者个人实施该专利。

专利实施许可的种类很多,根据不同的分类法可以有许多种类。按被许可人享有实施权的排他程度不同可以分为独占实施许可、排他实施许可和普通实施许可。所谓独占实施许可,是指专利权人在独占实施许可有效期间,许可被许可人享有其全部专利实施权,被许可人以外的任何人,包括专利权人本人,都不得实施该项专利。但专利权仍然属于专利权人,待实施许可期限届满,专利权人将再度享有全部实施权。排他实施许可是指专利权人将许可他人实施专利的权利仅仅授予被许可人,在实施许可有效期间,专利权人不得再度许可任何第三人实施该项技术,但专利权人本人仍保留实施权,即专利权人本人仍可以实施该项专利。独占实施许可和排他实施许可的差别就在于专利权人自身能否实施其专利。普通实施许可的被许可人则不享有任何意义上的专有实施权,专利权人不仅自己可以实施其专利,而且还可不受限制地再许可他人实施其专利。

此外,为促进专利技术实施,实现专利权利价值,我国 2020 年《专利法》新增“专利实施的特别许可”一章,其中补充规定了关于开放许可的专门条款。专利开放许可,也称专利当然许可,是指专利权人自愿提出开放许可声明,经国家专利行政部门审查并公告,任何人按照其声明的条件并向其支付使用费即可实施专利的特殊许可制度。专利开放许可在本质上属于自愿许可,是以合同自由原则为基础,但又能降低许可交易成本的一种许可合同;同时,开放许可在功能上具有推广应用专利的作用,是以年费减免等国家优惠政策为对价换取专利权实施的特别许可形式。这一制度的建立已有百年历史,发达国家的专利法普遍规定了专利开放许可。

根据发放专利实施许可的人是不是专利权人,可将专利实施许可分为主许可和分许可。主许可与分许可互为依存。主许可即专利权人自己颁发的专利实施许可,分许可则是由被许可人依据专利权人在主许可中的授权再向他人发放的专利实施许可。这种许可从属于主许可。如果在主许可中没有特别授权,被许可人不享有发放分许可的权利。另外,根据许可合同的对价是许可使用费还是被许可人自己专利的实施权,还可分出一种交叉许可。所谓交叉许可,是指专利权人之间相互交换自己专利的实施许可而达成的一种许可方式。这种许可方式实际上就是专利领域中的“易货贸易”。目前,这种方式在国际上的大公司间甚为流行。

一般而言,强制许可也属于专利实施许可的一种类型。与其他许可方式不同的是,这种许可合同中的国家干预是一个非常重要的因素。所谓强制许可,是指在法定的特殊条件下,未经专利权人同意,他人可在履行完毕法定手续后取得实施专利的许可,但仍应向专利权人支付专利实施许可费。这种法定手续通常是报国务院专利行政部门审核、批准。

我国现行《专利法》及实施细则规定了如下类型的强制许可：

1. 专利权人不履行实施义务或者构成限制竞争情况下的强制许可。根据我国《专利法》第53条的规定，专利权人自专利权被授予之日起满3年，且自提出专利申请之日起满4年，无正当理由未实施或者未充分实施其专利的，或者专利权人行使专利权的行为被依法认定为垄断行为，为消除或者减少该行为对竞争产生的不利影响的，国务院专利行政部门根据具备实施条件的单位或者个人的申请，可以给予实施发明专利或者实用新型专利的强制许可。

此种情况下申请强制许可应具备的条件是：(1)请求人必须具备实施条件，即具备生产、制造、销售专利产品或使用专利方法的基本条件。(2)专利权人没有实施该专利且无正当理由。对此，《专利法实施细则》专门规定，所谓未充分实施其专利，指专利权人及其被许可人实施其专利的方式或规模不能满足国内对专利产品或者专利方法的需求。(3)自专利权被授予之日起满3年，且自提出专利申请之日起满4年的时间之后才可以提出强制许可请求。在满足前三种条件的情况下，专利权人即不得阻止请求人实施其专利。《专利法》第三次修改将原来的"合理长的时间"明确为专利权被授予之日起满3年且提出专利申请之日起满4年，符合《巴黎公约》的规定。上述三种条件必须同时满足，国务院专利行政部门才能授予强制许可使用权。同时，申请强制许可的单位或者个人应当提供证据，证明其以合理的条件请求专利权人许可其实施专利，但未能在合理的时间内获得许可。

专利权人行使专利权的行为被依法认定为垄断行为，为消除或者减少该行为对竞争产生的不利影响的情况下也可以提出强制许可申请。这需要有在先的案件裁定或者判决，但不一定是终审判决，同时还要能够证明可能有继续构成限制竞争的情况发生。

2. 在国家出现紧急状态或非常情况时，或者为了公共利益的目的实施的强制许可。该类型的强制许可源于我国《专利法》第54条的规定，这是一种特殊的强制许可，没有时间限制和其他附属条件。

3. 药品专利的强制许可。我国《专利法》第55条规定，为了公共健康目的，对取得专利权的药品，国务院专利行政部门可以给予制造并将其出口到符合中华人民共和国参加的有关国际条约规定的国家或者地区的强制许可。对于其中"药品"的范畴，我国2010年修订的《专利法实施细则》中明确规定，依强制许可取得专利权许可的药品，是指解决公共健康问题所需的医药领域中的任何专利产品或者依照专利方法直接获得的产品，包括取得专利权的制造该产品所需的活性成分以及使用该产品所需的诊断用品。

药品专利的强制许可，源于2001年11月14日在世界贸易组织第四届部长级会议上通过的《多哈健康宣言》，宣言中声称实施知识产权协定不会也不应阻止成员方采取保护公共健康的措施。《关于实施知识产权协定与公共健康的多哈宣言第六段的决议》规定，发展中成员和最不发达成员因艾滋病、疟疾、肺结核及其他流行疾病而发生公共健康危机时，可在未经专利权人许可的情况下，在其内部通过实施专利强制许可制度，生产、使用和销售有关治疗导致公共健康危机疾病的专利药品。虽然各方在不同程度上承认强制许可，但是很少有成员真正启动药品专利强制许可。更多的时候，强制许可的意义表现为药品领域降低价格的手段。我国面对不容乐观的公共健康危机，所以我国肯定药品强制许可制度，是享受世界贸易组织赋予的该权利的一种表现。

我国《专利法》自第三次修改后，就明确规定了公共健康问题的强制许可，根据《修改知识产权协定的议定书》,在某些国家没有制药能力或者能力不足的情况下,可以给予为了出口的强制许可。

4. 依存专利的强制许可。根据我国《专利法》第 56 条的规定,一项取得专利权的发明或者实用新型比前已经取得专利权的发明或者实用新型具有显著经济意义的重大技术进步,其实施又有赖于前一发明或者实用新型的实施的,国务院专利行政部门根据后一专利权人的申请,可以给予实施前一发明或者实用新型的强制许可。

由此可见,依存专利强制许可的条件是:(1)前后两个发明创造是已经取得专利权的发明或实用新型;(2)在后发明创造同在前发明创造相比,具有显著经济意义的重大技术进步,而其实施又有赖于前一发明或者实用新型的实施;(3)强制许可由国务院专利行政部门经专利权人的申请而给予。在这种情况下,首先申请强制许可的,一般为在后发明创造的专利权人,因为后一专利的实施必须依赖于前一专利。一般来说,前一专利权人只有在自己的专利技术被强制许可给后一专利权人使用后,才能申请使用后一专利技术的强制许可。这样规定,有利于先进技术的利用。基于依存专利的强制许可的申请前提是,请求人必须提交证据证明其以合理的条件请求专利权人许可其实施专利,但未能在合理的时间内获得许可。

5. 基于公共利益考虑,防止排除、限制竞争行为的强制许可。我国《专利法》第 57 条规定,强制许可涉及的发明创造为半导体技术的,其实施限于公共利益的目的和专利权人行使专利权的行为被依法认定为垄断行为,为消除或者减少该行为对竞争产生的不利影响的情形。

《知识产权协定》规定,对专利权人排除、限制竞争的行为,可以通过实施强制许可,保障申请人的合理利益。我国《专利法》对这一规定并没有体现,而我国《反垄断法》则对排除、限制竞争的滥用知识产权行为作了原则性规定。国务院专利行政部门作出的给予实施强制许可的决定,应当及时通知专利权人,并予以登记和公告。

除了为了公共健康目的和消除或减少垄断行为不利影响外,强制许可的实施应当主要为了供应国内市场。在国务院专利行政部门作出强制许可决定之后,双方当事人还应当就许可使用费进行协商。取得实施强制许可的单位或者个人应当付给专利权人合理的使用费,或者依照我国参加的有关国际条约的规定处理使用费问题。付给使用费的,其数额由双方协商;双方不能达成协议的,由国务院专利行政部门裁决。取得实施强制许可的单位或者个人不享有独占的实施权,属于普通实施许可,无权允许他人实施,且不可转让。

在我国专利法上,除强制许可外,还有一种政府征用许可。所谓政府征用许可,是指政府根据国家需要,可以决定满足法定条件的专利技术在指定单位实施。具体地讲就是,国有企业事业单位的发明专利,对国家利益或者公共利益具有重大意义的,国务院有关主管部门和省、自治区、直辖市人民政府报经国务院批准,可以决定在批准的范围内推广应用,允许指定的单位实施,由实施单位按照国家规定向专利权人支付使用费。需要注意的是,国家征用仅能针对发明专利,不包括实用新型和外观设计专利。此外,还应当遵守报批程序、批准范围、指定实施单位与支付规定费用等相关规定。

结语

专利权是专利法的核心。在专利法上，专利权人可以禁止他人未经其许可为营利目的以制造、使用、销售、许诺销售、进口等方式实施专利。针对方法专利和产品专利，其表现方式还有所不同。应该说，设立专利权的实质意义就在于确立前述禁止权。当然，这种禁止权并非效力无边，法律在诸多方面都对其加以限制。我国专利法中规定了首次销售、先行实施、临时过境、善意侵权以及非营利目的的实施等制度；此外，还有关于专利权保护期等规定。所有这些规定构成了对专利权内容的限制。需要特别注意的是，专利权中的这些限制性规定在物权法中是没有的。从这种意义上讲，专利权的绝对性显然不及物权。本章中还专门介绍了有关专利的合同。其中，专利实施许可合同是现实中最为常见，也是最为重要的一种。针对不同的专利实施许可方式，我国《民法典》和专利法都进行了相应的规定。这些规定对于专利的实施有重要的意义。

思考题

1. 试述发明人的权利与专利权的区别。
2. 专利权同所有权的异同。
3. 试述专利权限制的具体表现。
4. 试述专利实施许可合同的种类。

资料链接

1. 闫文军:《专利权的保护范围》(第 2 版)，法律出版社 2018 年版。

2. 林广海、邱永清:《专利权、专利许可使用权与专利许可合同　以物权法原理借鉴为视点》，载《法律适用》2008 年第 6 期。

3. 张吉豫:《禁止专利权滥用原则的制度化构建》，载《现代法学》2013 年第 4 期。

第十七章　专利权的保护

学习目的　明确如何界定专利的权利范围和判定专利侵权行为，掌握有关专利纠纷解决的途径和程序。

关键词　权利要求　中心限定　周边限定　纠纷解决

导语

原告中森公司是“电动绿篱机”（绿篱机是修剪、美化园林绿植的设备）发明专利的权利人。被告格瑞德公司的经营范围包括园林机械的制造，其生产并销售的一款“宽带修剪机”被原告主张侵犯其专利权。被告认为其销售的产品是以燃油发动机作为动力源驱动的，而原告的专利技术方案却是以电机作为动力源驱动的。原告则认为无论是采用电机或者是燃油机，对于绿篱机的一个整体结构和功能而言没有明显的区别和影响。因此，本案的争议焦点之一便是界定涉案专利权保护范围。对此，法院认为专利权人在涉案专利权利要求书中仅强调电机驱动，即明确表示涉案专利的驱动方式仅限于电机驱动，而非燃油发动机驱动，且从说明书的相关内容可以看出，专利申请人在撰写涉案专利权利要求书时，基于对环保效果的追求，专利申请人并不寻求保护以燃油发动机作为动力源的技术方案。因此，被诉侵权产品未落入涉案专利权的保护范围，不构成侵权。[1]

界定专利权的保护范围既事关被诉侵权行为的成立与否，又涉及保护专利权人利益与维护专利公示公信功能的价值取舍。如何根据专利申请文件中的说明书和权利要求书来确定专利权的保护范围？在确定保护范围后，如何将其与被诉侵权产品或方法进行比对？除了侵权纠纷，还有哪些专利纠纷的类型？本章主要介绍专利侵权的认定和专利纠纷的类型。

第一节　侵权行为的判断

一、权利范围的界定

在前面专利制度的特征部分曾专门论述了公开性的含义。其中含义之一便是权利范围

〔1〕 参见最高人民法院民事判决书，(2021)最高法知民终192号。

公开。对于发明和实用新型专利而言,在法律程序上,这种公开是通过公开权利要求书来实现的,因为各国法律都承认权利要求书是界定权利范围的法律文件。我国《专利法》第 64 条规定:“发明或者实用新型专利权的保护范围以其权利要求的内容为准,说明书及附图可以用于解释权利要求的内容。外观设计专利权的保护范围以表示在图片或者照片中的该产品的外观设计为准,简要说明可以用于解释图片或者照片所表示的该产品的外观设计。”《欧洲专利公约》第 69 条规定:“欧洲专利和欧洲专利申请的保护范围取决于其权利要求书的内容,说明书和附图可用于解释权利要求书。”判断专利侵权不弄清权利范围便是无的放矢,故解释权利要求的含义以确定权利范围,便成了判断侵权的前提。

考察各国专利法的实施,在对权利要求的解释方面有两种较为典型的做法。一种是“中心限定”,另一种是“周边限定”。所谓“中心限定”,是指在解释权利要求时,以权利要求所陈述的内容为中心,向外进行适当的扩大解释。这种做法在效果上使专利权的范围略宽于权利要求书的字面范围。这种做法的好处在于可以给予专利权人以较为充分的保护。发明人在申请专利时,通常很难将权利要求书写得天衣无缝、滴水不漏。多数情况下,人们无法预测将来可能出现的所有侵权行为,即使再三斟酌也难免会有遗漏。为了防止有人利用权利要求在撰写方面的缺陷,采用以权利要求书为中心向外进行适当的扩大解释的做法,即可较为充分地保护专利权人的利益。需要说明的是,采用“中心限定”固然有利于专利权人,但对公众而言似有不公平之嫌。因为公众在阅读了权利要求书之后无法准确地判断该专利的保护范围到底有多大,其边界处于模糊状态。

另一种做法“周边限定”,与“中心限定”完全相反。它要求解释权利要求只能按照权利要求书的字面含义来进行,任何扩大解释都是不被允许的。这种做法的优点和缺点都正好与“中心限定”相反。公众在阅读了权利要求书之后便可清晰地了解该专利的保护范围,但对于专利权人来说则可能因其权利要求撰写方面的缺陷,导致其技术不能得到充分的保护。

纵观专利制度的发展历史,早期的专利制度大多采用“中心限定”的做法。那时权利要求书的地位并非特别重要,法官在判定专利保护范围时多以说明书为基础。那时的专利法的立法本位同民商法的立法本位一样,是以保护个人权利为中心的。随着立法本位的转移和法律理论的发展,一些国家的专利法开始采取“周边限定”的做法,因为“周边限定”的做法是在考虑到公众利益之后的选择。从另一角度看,“周边限定”也是前述“契约说”理论的要求。因为专利权是社会或国家用以换取技术公开的对价,作为契约对价,其权利边界理所当然应当清晰、确定。从这种意义上讲,“周边限定”是“中心限定”的发展和进步。

当然,如前所述,“周边限定”确实存在对专利权人保护不利的缺陷。对此采用“周边限定”的国家,如美国等,也都通过其他办法加以弥补。后面将要介绍的等同替换原则便是弥补办法之一。美国的这种做法实际上已是对“周边限定”的一种折中或修正。事实上,前述的“中心限定”和“周边限定”均为一种理论概括。目前世界上绝对采用某一种做法的国家并不多见。即使是采“中心限定”的典型代表德国,如今在其司法实践中也已经开始注重权利要求的文字表述,而不是简单地完全以权利要求为中心结合发明目的、效果等向外进行扩大解释。从《欧洲专利公约》的补充议定书关于前述第 69 条的解释中已经可以看出,欧洲各国的专利实践已经朝着妥协或折中的方向发展。该议定书规定:“公约第 69 条不应当被解释为:欧洲专利给予的保护范围必须按照权利要求书文字的字面含义来理解,说明书和附图仅限于用作解释权利要求书中含混不清之处;另外,第 69 条也不应被解释为权利要求只是一个指导,而将保护范围扩大到所属技术领域的技术人员仔细研究说明书和附图后所能理解的范围,也就是专利权人所希望的保护范围。相应地,应在两个极端状况之间寻求该条的解释,既考虑给予专利权人以公正的保护,又给第三者以法律的稳定性。"尽管各国在解释权利要求的具体标准上尚存差异,但在总体上,无论是大陆法系国家还是英美法系国家都已开始步入"中庸之道"。

前述我国《专利法》第 64 条规定了我国的做法。从其条文以及近年来我国的司法实践看,我国在权利要求的解释上一直采取的是折中主义,或曰"中庸之道",即既考虑权利要求书措辞的字面意思,又参考说明书和附图对权利要求作出的适当的解释。

二、侵权行为的判断

凡技术方案必然由若干技术特征构成。专利法所保护的技术方案即是通过权利要求书加以描述的。在判定侵权与否时,需将侵权物(这里所称侵权物包括产品和方法)与权利要求书所描述的技术方案加以比较。比较的方法即是进行特征分析,即将权利要求书中独立权利要求的若干技术特征与侵权物逐一比较。

在权利要求书中的诸多权利要求中,独立权利要求的范围最宽。因此,在进行侵权比较时只需考察侵权物是否落入独立权利要求的范围即可,而不必费心验证是否侵犯从属权利要求。在理论上,独立权利要求所包含的技术特征应当是该发明的全部必要技术特征。

判断侵权须按如下步骤进行特征分析:(1)分析被指控侵权的方案的技术特征,其特征是否包含专利方案独立权利要求中的全部技术特征。这是因为在所有权利要求中,独立权利要求的范围是最大的,所以,只要没有落入独立权利要求的范围,就不会落入其他引用该独立权利要求的从属权利要求的范围。(2)比较前述所有与独立权利要求相同的技术特征是否都与专利独立权利要求所述方案具有相同的功能或形式、所有特征间的相互关系是否亦相同。现实中,完全可能存在一些外在形式上完全相同,但其功能或作用却完全不同的发明创造,比如同一产品在两个完全不同的领域的用途发明。作为药品的磺胺原来曾被用作染料,这就是说,构成该药品和染料这两项不同发明的物质却是完全相同的。所以,必须对技术特征的作用或功能进行判断。(3)判断所有特征按这种关系的组合所产生的效果是否相同。即使是两个由若干相同技术特征构成的发明,由于这些特征组合的方式不同,完全可能构成不同的发明。如果上述问题的答案均为肯定,则构成侵权。在分析比较和概括技术特征的过程中,应当运用前述对权利要求的解释方法。

还需要注意的是,实际操作中,比较对象应当是被指控侵权的技术方案和经国务院专利行政部门审定公告的授权独立权利要求书中所载的方案。现实中经常有人以专利权人所生产的产品或者以申请日后第 18 个月后公开时的发明专利权利要求书作为比较对象。所有这些做法都是错误的。

第二节　专利纠纷的解决

专利纠纷多种多样，除前述侵权纠纷之外，还有因专利授权等而产生的行政纠纷，因专利权属或专利许可、转让而产生的民事纠纷，因假冒专利等犯罪行为所产生之刑事纠纷。本节主要介绍有关纠纷的解决程序。

一、专利行政纠纷

依照我国专利法，有关专利的行政纠纷有许多种。在专利审查的各个环节都有可能产生纠纷。比如，国务院专利行政部门对于优先权证明不予确认、国务院专利行政部门未确认申请人所期望的申请日等都可能成为行政纠纷的案由。下面介绍几种主要类型：

1. 因不服驳回专利申请而产生的行政纠纷。根据我国《专利法》，对于国务院专利行政部门驳回申请的决定不服的，可以在接到通知之日起 3 个月内向国务院专利行政部门申请复审。若申请人不服国务院专利行政部门的决定，还可向人民法院起诉。专利申请千奇百怪，任何一个国家的专利局、任何一个审查员都可能在专利审查中出现失误。为了弥补这种可能出现的失误，各国专利法都规定了类似的补救程序。在我国 2000 年《专利法》修正案生效之前，只有发明专利的审查结论有机会接受司法监督，实用新型和外观设计专利申请决定最多只能申请专利复审委员会复审，复审决定即为终局决定。2000 年《专利法》修正案将所有类型的专利申请审查决定置于司法监督之下，有利于提高专利审查的质量，增强国民对专利制度的信心。

2. 因宣告专利权无效而产生的纠纷。一项专利在被授权之后，任何人认为授权不当均可向国务院专利行政部门提出宣告专利权无效的请求。国务院专利行政部门将依照专利法的要求对无效宣告请求的理由进行审查，最后作出宣告专利权无效、宣告专利权部分无效或者维持专利权的决定。根据我国《专利法》，对于国务院专利行政部门驳回宣告专利权无效请求维持专利权的决定或者宣告专利权无效或部分无效的决定不服的，有关申请人可以在接到通知之日起 3 个月内向人民法院起诉。无效宣告制度是一种授权后的监督制度，它将所有的专利权置于公众的监督之下，这一制度可以在一定程度上纠正因审查失误造成的授权。各国专利法都有类似的制度。一些国家还在无效宣告制度之外建立了授权之前的异议制度。我国 1984 年《专利法》中就规定了异议制度。1992 年第一次修正《专利法》时，为了加快授权的速度，将授权前的异议制度改为授权后的撤销制度。2000 年《专利法》修正案为了简化程序，将撤销制度一并吸收到无效宣告制度中。

3. 因强制许可决定而产生的行政纠纷。关于强制许可的条件，前面已有详细介绍。根据我国《专利法》第 53 ~ 56 条的规定，国务院专利行政部门可以依法作出是否给予强制许可的决定。若当事人对国务院专利行政部门的决定不服，可以自收到通知之日起 3 个月内向人民法院起诉，状告国务院专利行政部门。

4. 因国务院专利行政部门作出的强制许可费用裁决而产生的行政纠纷。在国务院专利行政部门作出给予强制许可决定之后,有关当事人可以就强制许可的费用进行协商。若协商不成,国务院专利行政部门可以就强制许可的实施费用问题作出裁决。依据我国《专利法》第 63 条的规定,如果当事人不服国务院专利行政部门所作出的关于强制许可费用的裁决,可以在收到通知之日起 3 个月内向人民法院提起行政诉讼。

需要特别说明的是,我国专利制度中专门规定了地方政府设立的管理专利工作的部门。《专利法》第 3 条第 2 款规定:"省、自治区、直辖市人民政府管理专利工作的部门负责本行政区域内的专利管理工作。"地方政府的管理专利工作的部门享有调解或处理有关专利侵权等纠纷的权力。管理专利工作的部门处理纠纷时,认定侵权行为成立的,可以责令侵权人立即停止侵权行为,当事人不服的,可以自收到处理通知之日起 15 日内依照《行政诉讼法》向人民法院起诉。侵权人期满不起诉又不停止侵权行为的,管理专利工作的部门可以申请人民法院强制执行。在这里,地方政府的管理专利工作的部门在性质上属于行政机关,它所作出的决定自然属于行政决定。一般而言,行政部门不宜介入民事纠纷的解决中,除非该纠纷同时违反了社会公共秩序。管理专利工作的部门在处理有关专利纠纷时只能就有关行为违反社会公共秩序的问题进行处罚,其所作出的决定只能是行政处罚决定,不能涉及民事赔偿。如果涉及民事权利的救济问题,只能向人民法院提起诉讼。

二、专利侵权纠纷

对于专利侵权纠纷的解决途径,被侵权人可以有两种选择:一是行政程序,即请求管理专利工作的部门调解或者处理;二是司法程序,即向人民法院起诉。行政程序的履行最终可以实现制止侵权行为的目的。管理专利工作的部门可以作出停止侵权并处罚款的决定。而要想获得民事赔偿,就只能向法院起诉。当然,当事人也可以自行达成和解协议或者在管理专利工作的部门的协调下达成协议。

侵权诉讼一般适用"谁主张,谁举证"的原则,但如果专利侵权纠纷涉及新产品制造方法的发明专利,制造同样产品的单位或者个人应当提供其产品制造方法不同于专利方法的证明。在这里,法律将举证责任直接加在被告一方,这是因为专利权人通过正常的渠道无法了解他人使用的方法,只能从其产品上推定其使用了专利方法。法律如果不允许这种推定,则方法专利事实上无法得到充分的保护。

专利侵权纠纷涉及实用新型专利或者外观设计专利的,人民法院或者管理专利工作的部门可以要求专利权人或者利害关系人出具由国务院专利行政部门对相关实用新型或者外观设计进行检索、分析和评价后作出的专利权评价报告,作为审理、处理专利侵权纠纷的证据。因为在我国,实用新型专利申请不进行实质审查,这必然会影响实用新型专利的质量。为了保证纠纷处理结果的公正,要求权利人提供检索报告是合理的。

在司法实践中,被指控侵权的被告一方常常会在侵权诉讼过程中,以专利授权不当为由向国务院专利行政部门提出宣告专利权无效的请求。如果该专利权被宣告无效,侵权之诉也就成了无源之水。因此,在有关当事人提出宣告专利权无效的请求之后,人民法院可以中止侵权案件的审理,待专利权的有效性得到确认之后再恢复审理程序。实践中存在许多侵权人利用这一方式拖延诉讼时间的情况,有时可以拖延三五年,个别案件甚至更长;有时在法院做了大量调查工作,已经查明事实即将结案时,被告方突然向国务院专利行政部门请求宣告专利权无效,使法院的工作陷于被动。为了充分保护专利权人的利益,维护正常的审判秩序,目前各法院通常要求当事人在答辩期内明确是否就专利权的有效性进行确认。如果在答辩期之后再提出宣告专利权无效的请求,审判程序可不予中止。

为了加强对专利权的保护,我国在2000年和2008年修正的《专利法》中还分别新增了“诉前保全”和“诉前证据保全”,包括财产保全和证据保全。

财产保全是指专利权人或者利害关系人有证据证明他人正在实施或者即将实施侵犯专利权的行为,如不及时制止将会使其合法权益受到难以弥补的损害的,可以在起诉前依法向人民法院申请采取财产保全、责令作出一定行为或者禁止作出一定行为的措施。这种诉前保全措施类似于英美法中的临时禁令,在我国《民事诉讼法》中已有专门规定。《民事诉讼法》第104条规定:“利害关系人因情况紧急,不立即申请保全将会使其合法权益受到难以弥补的损害的,可以在提起诉讼或者申请仲裁前向被保全财产所在地、被申请人住所地或者对案件有管辖权的人民法院申请采取保全措施。申请人应当提供担保,不提供担保的,裁定驳回申请。人民法院接受申请后,必须在四十八小时内作出裁定;裁定采取保全措施的,应当立即开始执行……”我国《专利法》也专门引入了这一规则,规定“专利权人或者利害关系人有证据证明他人正在实施或者即将实施侵犯专利权、妨碍其实现权利的行为,如不及时制止将会使其合法权益受到难以弥补的损害的,可以在起诉前依法向人民法院申请采取财产保全、责令作出一定行为或者禁止作出一定行为的措施”。这一规定对保护专利权人的利益具有非常重要的意义。

证据保全则是指为了制止专利侵权行为,在证据可能灭失或者以后难以取得的情况下,专利权人或者利害关系人可以在起诉前依法向人民法院申请保全证据。

关于侵犯专利权的赔偿数额的计算方法,侵犯专利权的赔偿数额按照权利人因被侵权所受到的实际损失或者侵权人因侵权所获得的利益确定;权利人的损失或者侵权人获得的利益难以确定的,参照该专利许可使用费的倍数合理确定。针对故意侵犯专利权,情节严重的,我国专利法还专门规定了惩罚性赔偿,即对于此类侵权行为可以在按照上述方法确定数额的1倍以上5倍以下确定赔偿数额。

在通常情况下,侵犯专利权的诉讼时效与其他侵权行为的诉讼时效相同,均为3年,自专利权人或者利害关系人知道或者应当知道侵权行为以及侵权人之日起计算。诉讼时效的起算及中止等都应当适用《民事诉讼法》的规定。由于侵犯专利权行为的侵权状态可以在相当长的时间里持续存在,故司法实践中往往在不违背《民事诉讼法》的前提下对于这种情况的诉讼时效问题予以特别处理。因此,我国《民法典》第188条特别规定,向人民法院请求保护民事权利的诉讼时效期间为3年,法律另有规定的,依照其规定。诉讼时效期间自权利人知道或者应当知道权利受到损害以及义务人之日起计算,法律另有规定的,依照其规定。这说明,专利侵权诉讼时效是3年,自专利权人或者利害关系人得知侵权行为之日起计算。专利权人应在3年内及时提起专利侵权的民事诉讼,否则对方会有诉讼时效的抗辩权。

三、有关专利的权属纠纷

有关专利的权属纠纷常发生于发明人和其所在单位之间,有时也会因共同发明而发生权属纠纷。关于专利的权属纠纷,在解决程序上可以直接向人民法院提起诉讼。有关专利的权属纠纷可以分为专利权属纠纷和专利申请权属纠纷。这两类案件尽管案由不同,但核心是相同的。事实上,它们只是同一事由在专利申请批准前后的具体表现而已。在具体办理这类案件时,主要应把握的是发明人的资格或者条件以及职务发明创造和非职务发明创造的区别和界限。有关发明人和职务发明的认定问题在前面已有介绍,此处不再赘述。

四、专利合同纠纷

专利合同多种多样,并非所有的专利合同都是有名合同。但在总体上,有关合同纠纷的解决途径却并无大异。合同是当事人经协商订立的,因此,协商解决合同纠纷应当是最为简便的方法。如果经协商无法解决,有关当事人在法律程序方面可以有两种选择:一是请求合同各方当事人认可的仲裁机构仲裁,二是向法院起诉。需要指出的是,这两种程序是相互排斥的,只能选择其一。若选择了仲裁程序,即意味着排除了司法管辖,仲裁机构的裁定即具有终局效力。但若要选择仲裁程序,当事人之间必须达成仲裁协议,即当事人各方同意将其合同纠纷交予某仲裁委员会仲裁。仲裁机构的管辖权来自当事人各方的约定。仲裁协议可以在合同订立时一并达成,比如直接写入主合同或者在主合同之外单独订立仲裁协议;也可以在纠纷发生时再行约定。如果当事人各方在纠纷发生后仍没有达成仲裁协议,那么,纠纷的解决途径就只剩下向法院起诉了。

五、发明专利临时保护使用费的纠纷

我国专利法对发明专利采取“早期公开、延迟审查”的审查制度,必然导致发明专利申请在公开之后、授权之前期间技术的权属处于或然状态。一方面,技术公开之后申请人可以向国务院专利行政部门要求实质审查,从而进入专利申请审查的关键阶段。另一方面,技术公开之后可能致使他人无偿实施该项技术。我国《专利法》第 13 条规定:“发明专利申请公布后,申请人可以要求实施其发明的单位或者个人支付适当的费用。”学者们把这一规定的内容概括为发明专利的临时保护。在这里,法律条文采用了选择性规范。原因仅仅因为申请人尚不享有对技术的绝对支配权。当申请人要求技术实施人支付相应的技术使用费时,实施人可以拒绝支付,这必然导致纠纷的产生。

这种纠纷完全是因为审查制度的设计造成的。在基本制度无法调整的情况下,纠纷的解决取决于专利申请的结果。在申请专利的技术的权利状态未定的情况下,无论作怎样的选择都可能造成不公平。故纠纷的最终解决必须等到专利申请程序结束,除非当事人自愿达成协议。如果专利申请未能通过专利审查,即专利申请被驳回,申请人自然没有任何理由再向实施人索取技术使用费。因为该技术根本就不具有专利性,在被公开之后即进入了共有领域。既然是共有技术,则无须支付任何费用。如果专利申请被批准授予专利权,根据法律规定,专利权人可以对该技术享有专有权。此时,专利权人可以就公开之后、授权之前期间实施其技术的使用费纠纷向人民法院起诉或者请求地方政府管理专利工作的部门调解。在这里,诉讼时效同侵权诉讼一样,也是 3 年。时效自专利权人得知或者应当得知他人使用其发明之日起计算。但如果专利权人于专利权授予之日前即已得知或者应当得知他人已实施其发明,时效自专利权授予之日起计算,因为授权之前专利权人不可能以专利申请人的身份提起诉讼。

应当指出的是,我国专利法规定的专利保护期均自申请之日起计算。如果他人在申请日之后开始实施发明专利技术,则专利权人可以要求该实施人停止实施,但却不能要求其支付在技术公开之前的实施费用。法律作出这种规定主要是考虑到公平。申请日在这里只是专利权有效期的一个起算点,并不意味着申请日后就可以要求他人支付费用。具体地讲,法律在申请日后、公开之前所给予的保护主要表现为一种被动方式,即排斥他人就同样技术申请专利,不包括主动向他人要求实施费用的权利。

六、关于假冒专利的纠纷

在我国,由于专利法律知识的普及程度尚不够高,许多人对被授予专利的技术抱有神秘感,以为专利技术一定比非专利技术更有价值,致使有人为利益驱动而假冒他人专利或者冒充专利技术。我国《专利法》第68条规定:"假冒专利的,除依法承担民事责任外,由负责专利执法的部门责令改正并予公告,没收违法所得,可以处违法所得五倍以下的罚款;没有违法所得或者违法所得在五万元以下的,可以处二十五万元以下的罚款;构成犯罪的,依法追究刑事责任。"

所谓假冒专利的行为,是指将未经专利权人许可的技术谎称为得到许可的技术,或者将他人专利技术或者专利号谎称为自己的专利技术或者专利号的行为。假冒人所实施的技术有可能就是专利技术,也可能根本就不是专利技术。认定假冒行为的关键在于假冒人的行为是否让公众或者其行为的相对人误以为他就是专利权人。可见,假冒行为所假冒的并非技术本身,而是专利权人的身份。从这种意义上看,假冒专利行为本身所侵害的除了正常的市场经济秩序外,还包括专利权人的人身权。根据我国《专利法实施细则》,假冒专利包括下列几种行为:(1)在未被授予专利权的产品或者其包装上标注专利标识,专利权被宣告无效后或者终止后继续在产品或者其包装上标注专利标识,或者未经许可在产品或者产品包装上标注他人的专利号;(2)销售前述产品;(3)在产品说明书等材料中将未被授予专利权的技术或者设计称为专利技术或者专利设计,将专利申请称为专利,或者未经许可使用他人的专利号,使公众将所涉及的技术或者设计误认为是专利技术或者专利设计;(4)伪造或者变造专利证书、专利文件或者专利申请文件;(5)其他使公众混淆,将未被授予专利权的技术或者设计误认为是专利技术或者专利设计的行为。但是,专利权终止前依法在专利产品、依照专利方法直接获得的产品或者其包装上标注专利标识,在专利权终止后许诺销售、销售该产品的,不属于假冒专利行为。另外,销售不知道是假冒专利的产品,并且能够证明该产品合法来源的,由管理专利工作的部门责令停止销售,但免除罚款的处罚。对于假冒专利的制裁,《专利法》专门规定,假冒专利的,除依法承担民事责任外,由负责专利执法的部门责令改正并予公告,没收违法所得,可以处违法所得5倍以下的罚款;没有违法所得或者违法所得在5万元以下的,可以处25万元以下的罚款;构成犯罪的,依法追究刑事责任。

与假冒行为相关的冒充专利的行为,则是指将非专利技术谎称为专利技术的行为。这种行为相对于假冒专利的行为而言比较简单,因为它不涉及专利权人的利益,所以在法律责任方面只应承担公法上的相关责任。需要指出的是,如果冒充行为人主观上并不想假冒某一特定的专利权人,只是其编造的专利号与某专利权人的专利号碰巧相同。那么,对这种情况是否可以认定为假冒专利行为,学术界存在不同的看法。我们认为,是否构成假冒行为应当看其行为是否产生了假冒他人专利的效果,即是否对专利权人的人身利益构成了侵害。如果没有对专利权人的人身利益造成损害,则无论如何不应当将其归入假冒专利的行为之列。

还需说明的是,我国专利法上规定专利权人有在专利产品或该产品的包装上标明专利标识的权利。前面已经谈到,这种权利在一些国家被规定为专利权人的义务。即使在中国,其意义也仅仅在于可以在一定程度上防止他人利用专利权人的身份。故而,前述自行编造专利号却偏与某一实际专利号相同的行为定性问题,应当视具体情况而定。即若是利用了专利权人的身份,则属于假冒专利的行为,否则,仍不能划归于假冒专利的行为。

结 语

专利权的保护是多方面的,其中最为重要的是制止侵权行为。要制止侵权行为首先必须要能够判定侵权行为。本章着重介绍了侵权判定的一般方法,即以权利要求为对象将涉嫌侵权的产品或者方法与之进行对比。由于侵权人不可能完全比照权利要求的撰写方式为侵权行为,因此,比对时必然涉及对权利要求的解释。由此引出中心限定和周边限定两种解释权利要求的方式。

从实务的角度看,解决专利纠纷的途径也直接与专利权的保护相关。因此,本章对一些常见的专利纠纷的解决途径和程序进行了介绍。其中不仅有侵权、权属、合同等民事法律纠纷,还包括行政法律纠纷以及刑事法律纠纷等的解决途径。

思考题

1. 如何理解权利要求的作用?
2. 分别采用中心限定和周边限定两种方法,在解释权利要求时有何差异?
3. 根据我国《专利法》,侵犯专利权可能会承担哪些法律责任?
4. 常见的专利行政纠纷有哪些? 如何解决这些纠纷?

资料链接

1. 张广良:《论我国专利等同侵权原则的适用及限制》,载《知识产权》2009 年第 5 期。
2. 管育鹰:《标准必要专利权人的 FRAND 声明之法律性质探析》,载《环球法律评论》2019 年第 3 期。
3. 李雨峰:《专利确权的属性重释与模式选择》,载《中外法学》2022 年第 3 期。

第四编　商　标　权

第十八章　商标与商标法概述

学习目的　掌握商标的概念、商标与其他商业标识，如商品装潢、地理标志的联系与区别，商标的类别及分类的意义，商标法律制度的演进，我国《商标法》的发展历程和修改情况。

关键词　商标　相邻标记　商标法

导语

商标与经济形式密切相关。在原始社会中，"自给自足"的小农经济导致生产力的水平受限，难以剩余可供交易的产品，自然难有商标可言。而在近代社会中，以商品生产与交易为特征的商品经济极大地发展了生产力，商品数量和类型的激增为商标的出现奠定了基础。在商业空前繁荣的宋朝，"济南刘家功夫针铺"的"白兔捣药图"顺势成为我国最早的商标。"白兔捣药图"是一种图形商标，其周围附有的文字说明恰如其分地说明了商标的含义与功能：其中的"认门前白兔儿为记"表明商标是标示商品来源的标识，"收买上等钢条，造功夫细针，不误宅院使用，转卖兴贩，别有加饶（大意为量大从优），请记白"[1]表明商标具有的保证品质与广告宣传功能。

商标的含义和功能使其成为一种普遍的现象，以至于近代以来，世界上几乎每个国家的法律都予以承认。商标或因作为市场和消费者保护的固有特征而受法律保护，或被认为有助于提高商品质量因而受法律保护。商标与市场经济有何关系？其含义为何？具有何种功能？有哪些种类？与其他商业标识有什么区别？商标法如何成为知识产权法的又一分支？这是本章的主要内容。

第一节　商标的含义和特征

一、商标的含义

根据《知识产权协定》第15条的规定，商标（trademark），是指能够将一企业的货物和服务区别于其他企业的货物或服务的任何标志或标志的组合。商标一般由文字、图形或其组

〔1〕 为简化后的文字。——编者注

合、颜色、声音等可感知的对象构成,附注在商品、商品包装、服务设施或者相关的广告宣传品上,显著而醒目,有助于消费者将一定的商品或者服务项目与经营者联系起来,使其与其他经营者的同类商品或者服务项目相区别,便于认牌购物,也便于经营者展开正当竞争。商标作为一种识别性标记,具有以下基本特征:

1. 商标是指商品或者服务项目的标志。在社会生活中,人们为了识别某种事物,常常需要使用某种标志,以便与相同或者类似的事物相区分,各种标志的共性是具有代表、象征或者识别某种事物的功能。商标依附于商品或服务而存在,与一定的经营对象密不可分,其识别对象是商品或者服务。

2. 商标是经营者用来区别商品或者服务来源的标志。有许多生产者、经营者制造或销售同一种商品,他们使用不同的商标为的是相互区分。消费者根据商标识别商品,以决定购买谁的产品。为了起到区分来源的作用,商标必须是不同的,而且相互间的区别应当是明显的,商品或者服务项目的通用名称当然不能用作商标,直接描述商品或者服务内在特点的标志符号也不适宜作为商标。

3. 商标以工商业活动为基础。单纯从图文设计上看,构成商标的符号图案可视为一项美术作品得到著作权保护。然而商标与美术作品不同,它是一种识别性标记,具有标记所固有的指代、象征等基本功能。由于商标与一定的经营对象密不可分,被用来标识、宣传、推荐商品或服务,体现商品或服务提供者的独特个性,帮助消费者辨认、记忆该标识,因而构成商标的文字、图形或者其组合必须从商业竞争的角度出发,考虑产品的特点、消费者心理等。离开一定的经营对象,无论符号构思如何巧妙,设计如何新颖,只要不是以识别商品或者服务为目的,脱离工商业活动的就不是商标。

二、商标的功能与作用

商标的功能是指由商标的自然属性决定的特有的作用。商标的发展经历了一个漫长的过程,从烙印在牲口上作为所有权象征的标志、工匠在器具上留下作为产品来源和质量保证的记号,到商品或服务的表彰标志、信誉保证。随着商业和贸易的发展繁荣,商标的功能在不断扩展,其重要性也越来越受到重视。

(一)商标的功能

1. 标示来源

商标最原始最基本的作用是表明来源。不同经营者的商品或服务项目使用不同的商标,特定的商标总是和特定的经营对象联系在一起。有商标作媒介,消费者可以将不同来源的商品或者提供的服务区别开来;经营者可以让消费者同自己的商品或者服务联系起来,并将自己商品的信誉和名声集于商标,使商标产生“顾客吸引力”。

商品来源即出处,不仅仅是商品的生产、制造,也包括商品的加工、拣选或者经销。因此,“标示来源”并非仅表示商品的生产者,有时也表示加工者、销售者和进口者。

2. 保证品质

商标是商品质量的可靠指示器。这并非意味着商标必然标示着商品或服务必须是高档的、优质的,但它却标示着一定经营对象持续稳定的品质。如果没有商标,消费者购买商品时必须弄清每种商品的性能和质量,而有了商标,消费者可借此将过去的经验用在选择相同商标的商品上,而经营者为维护自己商标在消费者心目中的信誉,就要努力保证使同一商标的商品质量相同。有一事例可以说明:当苏联取消区别各种消费品生产厂的标志以后,那些产品的平均质量都下降了。[2] 凭借商标,消费者将特定产品与品质、信誉之类联系起来,从而能够在知情的前提下选择产品。商标的这一功能特别有利于维护消费者的利益,反之,消费者对品牌的认知又激励商标所有人精心维护在品牌价值上的投入。

3. 广告宣传

商标简洁明快,具有显著性,便于呼叫和记忆,是进行广告宣传的便利工具。商标的广告功能主要通过两种途径产生:一种是消费者口碑相传。商标不仅对再次购买起到引导作用,还会通过消费者之间的介绍,使商标广为人知而扩大商品的销路。另一种是对潜在消费者进行广告宣传。广告中突出使用商标,使人对商标产生好感并及于商品或者服务,从而激发人们的购买欲,有利于推动商品销售和扩大商标的知名度。在传播十分发达的信息社会,商标的广告作用越来越重要。借助广告宣传、公关活动,商标对商品的影响被大大强化,品牌深入人心造成偏好,成为强有力的营销工具。传统的商标与商品名与实、标与本的关系也在逐渐发生变化。

4. 彰显个性

随着社会经济的发展,生活水平的不断提高,人们对商品的需求不再仅停留于货真价实、讲求实用,而且要能满足一定程度的精神需求。这时候的商标就不单纯是识别出处的手段,同时也承担着彰显个性风格、代表时尚品位的功效。某种品牌代表的是生活阶层、社会地位、个性风格甚至生活方式。商标,特别是著名商品的商标,能够赋予其使用者精神享受、情感满足。购买者对品牌的追求,客观上拓展了商标的功能,提升了商标的价值,使其从固有的指示来源成为彰显主体身份、地位,满足荣誉感、成就感的象征性符号。

(二)商标的作用

商标的作用是指商标发挥自身功能而对经济生活产生的影响。商标最重要的经济作用是降低消费者的搜寻成本。由于商标具有帮助购买者认牌购物、指导消费的作用,为吸引和保持顾客,企业有了维持持续稳定的商品品质的激励,而一个品牌的质量持续稳定时,购买者会把这个商标和将来的消费活动联系起来,依赖于商标选择商品,这样就可以节约搜寻成本,即以较少的时间、精力和金钱找到所需要的商品。消费者搜寻成本的降低,也有助于交易的及时、高效,这对于提高社会经济效率是有益的。商标的另一重要作用是维护消费者权益。商标具有品质保证的功能,持之以恒的质量品质是消费者认可和追随商标的原因,一旦品质降低或发生改变,消费者就不再愿意付出更高价格去购买该品牌商品。这样,不仅消费者没从商标指代功能上受益,企业也会因此受到损失。所以,从实际效果来看,商标能够促使企业关注产品质量,理性的生产经营者会有动力在产品品质、服务上下功夫,以维护商标声誉。生产经营者都能够重质量、讲信誉,受益的首先是消费者,整个社会的经济效率也在健康运行中提高。

---

〔2〕 参见[美]罗伯特·考特、[美]托马斯·尤伦:《法和经济学》,张军等译,上海三联书店、上海人民出版社 1994 年版,第 197 页。

三、商标的性质

商标首先是一种符号，一种信息传递之媒介，其初始功能为表现产品出处，代表商品声誉。传统商标法始终注重商标的标识性质，保护商标的区别功能——防止和制止混淆。在知识产权中，专利及版权包含较高程度的创造性劳动，保护发明创造和独创性作品是为了激励创作出更多的智慧产品；商标则不同，商标所采用的符号元素往往来自公有领域的词汇、图形、颜色或者声音。保护商标的目的并非激励创造，而是保护经营成果和劳动回报，通过酬劳机制鼓励经营者正确标明商品来源以保护消费者，并促进经营者提高商品和服务品质。正是由于上述原因，商标在很长时间里不被承认为知识产权。美国是世界上唯一一个在基本法中直接规定知识产权的国家。美国《宪法》第1条第8款第8项被称为"版权与专利条款"，其规定，"为了促进科学和实用技术的发展，国会有权保障作者和发明者在有限的期间内对他们的作品和发明享有专有权利"。根据这一条款，美国1790年就制定了版权法、专利法。然而，1870年美国国会根据"版权与专利条款"颁布的第一部商标法，却被最高法院宣布为违宪，理由是商标既不是可获版权保护的作品，也不是可获专利保护的发明。也就是说，商标是非创造性成果。的确，商标可以是而且经常是把已经存在的东西"拿来"，而不是依赖于任何智力劳动或新颖性而取得的。因此，商标进入知识产权领域遇到了困难。后来美国国会依据其《宪法》"贸易条款"制定了《联邦商标法》和《反不正当竞争法》。依据的理由是，与商标联系在一起的绝大多数商品或服务，都是美国对外贸易及各州之间贸易的客体；商标与对外贸易和州际贸易密切相关，属于"贸易条款"规范的对象。[3] 这才使得商标法立法具有宪法依据。从这段历史故事中我们可以领悟到：商标属于知识产权中识别性标志一类，与创造性成果相比较，它的受保护利益不在于闪现天才之火的发明创造或凝结心智的文学艺术创作，而是与工商业活动密切相关的商品经营者的合法利益和消费者利益。

商标的价值源于商标的使用。随着商标的市场使用，经营者在商标上的投资逐步增加，商标的记号本质被弱化，商标本身成为一种独立的财产、交易的对象，而且其价值会远远大于商品本身的价值。商标的价值与商标的投入相关。对商标投入的成本越多，商标知名度越高。商标投入主要是广告宣传、事业赞助。商标所有者的投资必须有所回报，这个回报就是商标声誉的提升、企业信誉的提升，从而使企业实力增加，商品的市场占有率扩大。可以说，商标的财产价值源于商标的持续性使用和各种生产要素的注入，未经实际使用和大量投入的商标不可能凝集财产价值。

综上所述，商标首先是一种标记，然后才是一种财产；标记可源于公有领域，财产属性产生于商标使用、商标投入、商标信誉。市场是商标财产化的"温床"，只有在市场中，才能将本是标识的商标转化成为具有巨大经济价值的财产。经过市场竞争的洗礼，能够给其所有人带来经济效益和社会效益的商标，构成了企业的无形资产，并成为工业产权的保护对象。

---

〔3〕 参见李明德：《美国知识产权法》，法律出版社2003年版，第2页。

第二节 商标与其他商业标识

商品上除了使用商标之外,还有其他一些标识,如商品装潢、企业名称、产地等。这些标识和商标一起统称为商业标识。它们和商标既有联系又有区别。了解它们和商标之间的关系,有助于进一步认识商标的特征。

一、商标与商品装潢

商品装潢,是指为宣传和美化商品而附加的装饰,其构成为文字、图案、色彩、造型或其他组合。美观大方、新颖别致的装潢设计能够引起消费者的注意和兴趣,激发购买欲望。经过一段时间的使用,当购买者仍然根据某一装潢选择商品时,已不再为它的美观所吸引,而是它所标识的商品令人放心。可见,装潢也具有识别商品的作用。如果一个装潢长期使用,保持一致,产生了识别来源、表彰商品的作用,那么其就成为事实上的未注册商标,其所有人阻止他人仿冒使用的请求就可以受到反不正当竞争法的保护。但是,装潢和商标存在明显的区别:

1. 使用目的不同。使用商标的目的主要是区别不同经营者的商品或者服务;使用商品装潢的目的主要在于说明或美化商品,刺激消费者的购买欲望。

2. 构图设计不同。商标构图力求简洁、明快,突出其显著特征,以达到识别经营对象的目的;而商品装潢着力于渲染、美化商品,浓墨重彩,图案绚丽,以便吸引消费者。

3. 选材要求不同。商标的选材不得与商品内容相同,如不能用“牛”的文字或图形作为牛肉罐头的商标;而商品装潢则不受此限制,如“人参蜂王浆”的包装上绘以“人参”的图案,说明该商品的主要原料是人参,而不是其他物品。

4. 使用要求不同。商标的使用受到法律的限制和保护,而商品装潢则不然。因此,必须在核准注册的范围之内对商标进行使用,非经主管机关核准不得随意改变商标的样态。未注册商标的使用也受到商标法的约束,而对商品装潢,使用者可以根据市场销售的需要,随意变动装潢图案和文字。

二、商标与商号

商号,即企业名称中的特征部分。在现实中,不少企业的商号和商标相同,例如,“海尔”是原青岛海尔股份有限公司(现海尔智家股份有限公司)的商号,同时也是其生产的各类电器的商标,类似的还有“柯达”“松下”“双星”等;还有不少企业的商号和产品商标并不一致,如广州宝洁公司的商号是“宝洁”,但是其生产的产品却有“玉兰油”“舒肤佳”“潘婷”等商标。商号和商标有如下不同:

1. 识别的对象不同。企业名称是区别市场的标志,由行政区划、字号、行业或者经营特点、组织形式构成,其中字号是区别不同企业的主要标志,亦即商号。一个企业只能有一个商号,甚至没有自己的商号(计划经济体制下我国一些国有企业只有名称却没有商号,诸如第二汽车制造厂、自行车一厂)。商标是区别商品或服务来源的标志,一个企业可以有若干个商标。

2. 使用要求不同。商标注册大都实行自愿原则,需要取得专用权的商标应当注册,不经注册的商标可以使用,但一般情况下不享有专用权。商号不经登记不得使用。企业名称登记是工商业组织取得市场主体资格的前提条件,在企业名称名义下,经营者从事工商业活动,享受权利和承担义务。从这个意义上讲,商号具有人身权的属性。

3. 登记注册的法律效力不同。商号依2020年颁布的《企业名称登记管理规定》进行登记后,所享有的企业名称专用权仅限于登记主管机关所辖范围;而商标经注册登记后,在全国范围内享有注册商标专用权。

4. 使用企业名称可能和商标冲突。将与他人注册商标相同或近似的文字作为企业名称中的字号注册使用,使商标与字号发生冲突,或者将与他人企业名称中的字号相同或近似的文字注册为商标,引起商标与字号发生冲突。处理此类冲突首先应看相同或近似使用是否可能造成混淆,从而构成不正当竞争。如果是,则本着保护依法在先取得的权利、诚实使用和保护消费者利益的原则,制止恶意注册或者恶意使用。

三、商标与商务口号

商务口号或商务标语是用于商品或者服务中的一个短句,它常常与商标相配合出现在广告、商品宣传材料上。商务口号使用的语言文字简练形象、生动活泼,其构思主要从商品或服务的性能、特点出发,多为赞美、称颂之辞,如"海尔"产品的"海尔真诚到永远"、"鄂尔多斯"产品的"鄂尔多斯温暖全世界"等。商务口号一般不宜作为商标,因为其往往不具有商标的显著性,如一些现成的短语、普通的口号很难让人将其和特定的产品或服务相联系。雀巢公司拥有"have a break,have a kit kat"(休息一会,来块奇巧)的口号商标。2002年该公司向英国专利局申请注册其中的"have a break"口号商标,被竞争对手玛氏公司提起异议,审查官驳回了该申请,理由是"have a break"口号商标缺乏显著性。消费者看到标有这个口号的商品并不能就此认出是雀巢公司。[4] 有的商务口号反复使用具有一定影响之后,如有他人仿用,可根据反不正当竞争的法律请求保护。也有些商务口号具有创造性、文学性,可以成为著作权法的保护对象。

四、商标与地理标志

地理标志是指标示某商品源于某地区,该商品特定质量、信誉或者其他特征主要由该地区的自然环境或者人文因素所决定的标志。我们耳熟能详的地理标志如,"吐鲁番葡萄""涪陵榨菜""烟台苹果"。地理标志其实就是一个地名,可是把它用于商品和服务的经营活动中,特别是用在农产品和地方特色产品上,就会产生重要的经济意义,包括:(1)带来产品增值。地理标志具有表明商品质量、信誉的作用,一旦和产品结合起来就可以产生品牌效益,使产品附加值提高。市场情况确实如此。农产品在没有地理标志和有了地理标志以后是完全不同的价格。(2)促进规模经营。地理标志用来标示产品或服务的特定来源。凡是产于

---

〔4〕 参见《雀巢口号商标注册被拒》,载《中华商标》2005年第2期。

同一地区的商品,达到一定标准质量的,都可以使用同一标志,从而将小型、分散的生产经营活动通过地理标志组织起来形成专业化生产和现代市场营销,使一个地区生产和经营的同一种商品增加同样的附加值,共同受益。(3)扩大出口。农产品、土特产品没有地理标志难以进入国际市场。我国地大物博,历史文化悠久,自然人文因素也很多样,因而有丰富的地理标志资源。在市场经济条件下,促进农产品走向市场参与激烈市场竞争,地理标志具有不可估量的作用。当然,一个地名能够具有商标法上地理标志的意义完全取决于该地方地理环境与地方产品之间的关系。俗话说,"一方水土养一方人",天然产品和地方农副产品亦是如此,地理标志就是在长期历史发展过程中形成的,代表一个地区传统文化和地方特色的无形资产。

地理标志可以用作商标,但和普通商标的区别在于:

1. 含义不同。地理标志表明商品产地、商品质量和特色品质。商标表明商品的生产经营者,并不直接反映商品质量特色。由于地理标志是一地方、区域的名称,故不宜作为普通商标,不该由某一个企业或个人申请注册。

2. 归属不同。地理标志可以作为集体商标或者证明商标,由该标志所标示的代表性机构,如行业协会申请注册,由该地区内的经营者共同使用。商标由独立的民事主体申请注册取得专用权,可排除任何第三人的使用。

五、商标与特殊标志

所谓特殊标志,是指在经国务院批准举办的全国性或国际性的文化、体育、科学研究及其他社会公益活动中所使用的,由文字、图形组成的名称及其缩写、会徽、吉祥物等标志。例如奥林匹克五环图案、奥林匹克旗、奥林匹克格言、奥林匹克徽记等奥林匹克标志,希望工程标志等,均属于特殊标志。特殊标志也可用于商品包装、商品广告,但它与商标有着明显区别:

1. 特殊标志的所有人是文化、体育、科学研究及其他社会公益活动的主办者,而不是以营利为目的的经营者。如奥林匹克五环图案标志、奥林匹克旗、奥林匹克格言、奥林匹克徽记、奥林匹克会歌等标志的所有人是国际奥林匹克委员会;第29届奥林匹克运动会的吉祥物、会歌、口号等标志的所有人是中国奥林匹克委员会和第29届奥林匹克运动会组织委员会。

2. 特殊标志的所有人对其标志享有专有权,可以在与所有人公益活动相关的广告、纪念品及其他物品上使用该标志,并可许可他人为商业目的而将该标志用于商品或者服务上。

3. 在商品上使用特殊标志并不为表示产品的出处,而是表明该商品或者服务的经营者取得了标志所有人的许可,或者与标志所标示的事业或者活动之间有支持关系、赞助关系。经营者在商品上使用特殊标志的同时,还应当使用商标,以便确定商品来源。

上述商业标识经常出现在商品上,我们日常生活消费中稍许留意就可以观察到。从构成元素上说,商标和特殊标志都采用视觉可感知的文字、图形或者两者的组合,从使用目的上看,都是为了表彰商品、说明商品,引起消费者注意,帮助消费者作出购买选择。以商标法的角度来看,凡经过商标注册的标识即可取得专用权,商标注册人有权禁止他人在相同或类似商品上使用与其注册商标相同或近似的商标。未经商标注册的标识一般不具有对抗他人使用的权利。但是,如果一个商标具有一定影响力、知名度,那就可能获得特殊保护,就可以对抗他人将商标作为商品装潢、商品名称、企业字号使用的行为。实践中发生的与商标相冲突的商品名称、商号等大多是瞄准信誉良好、有市场影响力的商标“搭便车”，这些不正当竞争行为一方面可以通过驰名商标保护加以制止，另一方面还可以通过反不正当竞争法的规定加以制裁。

六、商标与域名

域名是互联网上地址的表示形式，由字母、数字组成。从技术角度看，域名与互联网地址对应的外部代码符号，为网络上的信息传输提供技术支持。从商业角度看，域名把用户引导到网络上某个特定位置，成为识别网上主体身份的标志。因此，将域名称为“网上商标”并不为过。虽然域名具有商业标志的某些功能，但和商标之间存在明显的区别：

1. 域名具有国际性。“互联网无国界”也使得域名具有不受地域限制的特征，更没有商品或服务类别的限制。域名中的类别域名只是表示注册人所属行业、机构性质。商标具有地域性，只在特定国家和地区范围内受法律保护，并且以商品或服务类别为界。

2. 域名具有唯一性。域名一经在先申请注册就在事实上排除了相同域名存在的可能性。这种强有力的“排他性”是由域名技术属性决定的。商标所要避免的混淆和冲突以一定商品或服务为界，然而相同或近似的商标却可以为不同人所拥有，如使用“天坛”“熊猫”“长城”之类商标的商品有很多种类，但只要各自的商品类别不同，就可以平行使用，相安无事。

3. 域名的先注册先占。所有的域名都必须注册才能使用，一旦注册就在网络空间内获得唯一存在的权利。商标不经注册也可以使用，经注册而取得商标权。

域名和商标是两个不同的符号，二者完全可以区别开来看待。但是现实中，把他人商标当作域名的一部分去注册就产生了二者的冲突，而如何解决类似权利冲突属于知识产权领域一个较新的问题。概括地说，注册商标专用权有法定的保护范围，一般情况下并不能用来对抗他人的域名注册。但如果争议所涉及的商标具有一定知名度，而域名注册人主观具有不正当竞争的恶意，则注册商标所有人就有权禁止相关的域名注册行为。

第三节 商标的种类

一、注册商标和未注册商标

根据商标是否登记注册，商标划分为注册商标和未注册商标。注册商标是经商标行政机关核准注册的商标。注册商标和未注册商标都可以使用，但一般而言，未注册商标的使用不得对抗注册商标，未注册商标一旦被他人注册便会被禁止使用。因此，需要取得商标专用权的，应当向商标管理机关申请商标注册。凡是实行注册制度的国家，注册商标都受法律保护，注册是取得商标权的根据。未注册商标一般不受商标法保护，但是也有例外。当一个长期使用的标识具有识别作用，取得消费者的认可，享有一定声誉的时候，该未注册商标也可获得商标法一定程度的保护，如通过驰名商标制度给予未注册商标保护。我国商标法实行自愿注册制度，且注册申请由于种种因素会历经多年而未果，因此，市场上使用的商标必然有一部分是未注册的。另外，商品装潢、特有名称等标识，凡能够起到识别来源作用的，都属于“商标”,在满足一定条件的情况下,这些未注册商标可以获得商标法或反不正当竞争法的保护。

二、商品商标和服务商标

根据商标标示对象不同,商标划分为商品商标和服务商标。商品商标是用于生产、制造、加工、拣选或者经销的商品上的商标。服务商标是提供服务的经营者在其向社会提供的服务项目上使用的标志,也称为“服务标志”,如中国民用航空局的CAAC标志、中国人民保险集团股份有限公司的PICC标志。“服务”是看不见但可独立成为市场交易对象的无形商品。可作为标志对象的服务项目包括广告、运输、旅游、建筑、金融、法律服务等11个类别。[5] 我国《商标法》第4条第2款规定,“本法有关商品商标的规定,适用于服务商标”。

服务商标与传统意义上的商品商标一样,通常是由文字、图形或文字与图形的组合构成。它既是某种服务项目的专用标志,也是代表服务项目提供者的专用标志,具有区别服务出处、表明服务质量的功能。与商品商标相比,服务商标的特殊之处主要表现在使用方式和宣传效果方面。商品商标的使用以附置于商品的实际使用为主,因而随着商品的流转而广为传播,使消费者易于识别、辨认;而服务是无形的,不像商品那样可以流通,因而服务商标只能在服务场所显示或者借助服务过程中的器具、用品来宣传显示,以及通过广告来扩大商标的公众认知度。

三、平面商标和立体商标

根据形态的不同,商标可划分为平面商标和立体商标。平面商标是一种最为主要的商标形态,又可细分为文字商标、图形商标及文字图形的组合商标。立体商标是指以商品形状或者其容器、包装的形状构成的三维标志,例如,“奔驰”车的标志是一个环,中间是一个三角星;“劳斯莱斯”汽车的张开手臂、迎风飞翔的纯银的飞翔女神;“麦当劳”线条非常圆滑的大“M”等。在《商标法》第二次修正后,我国正式将三维标志列入商标法定类型中,其可以作为商标申请注册。

四、可视商标和非可视商标

根据感知方式的不同,商标可划分为可视商标和非可视商标。可视商标是指能够通过视觉感知的商标,市场中绝大多数的商标都是可视商标。非可视商标在现阶段是指通过听觉或嗅觉感知的商标。商标的本质功能,在于区分商品或服务的来源,因此只要是能够实现这一功能的感知方式,理论上就可以作为商标。我国《商标法》在第三次修正后,已经将声音商标纳入商标法定类型。与具有可视性的文字和图形相同,声音也能够做到易识别和有个性,同样可以区分商品及服务的来源。实践中,腾讯QQ登录时“嘀嘀嘀嘀”的声音、酷狗音乐启动问候语“hello kugou”、美国米高梅电影公司出品电影片头的狮吼声音等,都是具有代表性的声音商标。在英国等发达国家,还允许气味作为商标类型加以申请,而且已有气味作为商标被申请成功的案例。我国暂时还没有将气味纳入商标法定类型。

---

〔5〕《商品注册用商品和服务国际分类尼斯协定》,简称《尼斯分类》,将商品分为34个类别,服务分为11个类别。

五、集体商标和证明商标

根据商标具有的特殊作用，商标分为集体商标和证明商标。集体商标是指以工商业团体、协会或者其他组织名义注册，供该组织成员在工商业活动中使用，以表明使用者在该组织中的成员资格的标志，例如合作社、行业协会注册的商标供合作社成员、协会成员使用。集体商标的作用是向消费者表明使用该商标的集体组织成员所经营的商品或服务具有共同特点。

证明商标是指由对某个具体商品或者服务有检测和监督能力的组织注册，而由注册人以外的人使用于其商品或者服务，用以证明该商品或者服务的原产地、原料、制造方法、质量或者其他特定品质的标志。使用证明商标必须经商标注册人认证许可，被许可使用人经营的商品或服务必须符合证明商标使用章程规定的条件。证明商标的使用，可以提高商品的质量，加强商品的竞争力，保护消费者权益。国际羊毛局注册并负责管理的纯羊毛标志就是著名的证明商标，还有绿色食品标志、真皮标志，都是市场上常见的证明商标。

六、制造商标和销售商标

根据商标使用者在商品的生产、流通过程中所处的环节不同来划分，可以将商标划分为制造商标和销售商标。制造商标又叫生产商标，是商品生产者在其制造的商品上使用的商标，例如，熊猫电子集团有限公司在生产的收录机上使用的“熊猫”商标；重庆啤酒有限责任(集团)公司在自己生产的啤酒上使用的“山城”商标。使用制造商标的目的，在于区别不同的生产厂家，而且还可以在商品销售中突出表明制造者，有利于增强顾客对生产厂商的信任感。

销售商标又叫商业商标，是商品经营者使用的商标。比较常见的有“屈臣氏”“家乐福”“国美电器”“超市发”等，这些都是商业企业所使用的商标。使用销售商标的意义在于宣传销售商的商业信誉，用来说明商标的使用者是销售者而不是生产厂家，从而使自己经营销售的商品与别的同类商品相区别，与别的经销商销售的同类商品展开商业竞争。当一种商品既使用了制造商标，又有销售商标的时候，则此种商品上的两种商标就分别起到了宣传生产厂家和经销商的作用。这种情况大都反映了生产厂商与经销商之间的良好的合作关系。

七、等级商标和防卫商标

等级商标是指同一个企业对同类商品因规格、质量不同而使用的系列商标。企业的同类商品可能在质量、等级、价格上差异较大，为了满足不同层次消费者的需求，等级商标能严格区分高中低档产品，便于产品进行合理的市场定位和进入，方便消费者酌情购买。例如，“劳力士”“卡地亚”是一类一等名表商标，对应的是高档市场；“欧米茄”“积家”是一类二等名表商标，对应的是中档市场；“帝舵”“浪琴”是二类一等名表商标，对应的是中档市场；“雷达”“英拉格”是二类二等名表商标，对应的是低档市场。又如，德国“奔驰”“宝马”汽车商标是高档汽车代名词，“大众”汽车商标则是普及型汽车的代名词。我国注册等级商标战略措施做得比较好的是“东风雪铁龙”商标，如东风雪铁龙“C5”对应的是高档轿车市场；东风雪铁龙“凯旋”对应的是中档轿车市场；东风雪铁龙“世嘉”“爱丽舍”对应的是低档轿车市场。[6]

---

〔6〕 参见魏纪林、胡神松、李明星：《关于我国企业商标战略措施的基本思考》，载《知识产权》2010年第5期。

防卫商标是指为了防止他人使用或注册而对自己的核心商标所进行的注册,包括联合商标和防御商标两种形式。

联合商标是指同一企业在同一或类似商品上申请注册两个或者两个以上的近似商标。其中一个指定为正商标,与其他近似的商标一起构成具有防卫性质的联合商标。例如,杭州娃哈哈集团就注册了"娃哈哈""哈哈娃""娃娃哈"等一系列商标。商标所有人对正商标的使用,即视为全部联合商标的使用。联合商标中的每一个商标都不能单独转让,而必须全部一同转让或许可他人使用。

防御商标是指同一商标所有人把自己的商标同时注册在其他非同种或非类似的商品上的商标,例如,"海尔"商标可以在家用电器之外的其他商品,甚至所有类别商品上进行注册,以阻止他人的注册和使用。防御商标的注册可以保护知名商标,不必担心因不使用而被撤销,也不必担心他人申请注册在先,可以追究他人在指定商品上使用该防御商标的侵权责任,延伸注册商标的权利。

第四节 商标法概述

一、国际商标制度的产生

早期的商标制度是通过法院的判例形成的。第一个经法院判决保护商品提供者的案例是发生在1624年的英国塞克斯诉塞克斯(Sykes v. Sykes)一案。[7] 本案中,英国法院在判例法上确立了通过欺诈之诉保护商标的先例。之后,在英美国家,商标制度作为公平竞争法的一部分,从反假冒侵权基本规则发展起来,逐步形成独立的商标法律制度。按照公平竞争法,一个生产者把自己的商品假冒成另一个生产者的商品出售,让消费者误认的,其行为就构成"假冒"。假冒诉讼的意义在于阻止一个低级生产者冒用一个高级生产者的商誉进行商业活动。[8] 在各种假冒活动中,假冒他人商标是一种典型的、主要的不正当竞争行为,因此早期的假冒诉讼,可称为普通法上的商标法,换言之,假冒侵权行为与商标法有共同的根源。[9] 随着商业的发展,假冒行为又出现了其他形式,不公平竞争的范围扩大了,有关防止商品来源混淆、保护商业标识不被侵犯的法律从公平竞争法独立出来,形成有别于公平竞争法的商标法律制度。大陆法国家早期对商标的保护适用民法侵权责任制度。1804年法国《民法典》第一次肯定了商标权应与其他财产权同样受到保护,无法律上之原因而使用他人商标者,应负损害赔偿及刑事责任。[10]

与商标的国内立法不同,商标法属于最早的纳入国际协调进程的法律之一。根据学者研究,这是因为国际贸易为其提供了先决条件。[11] 19世纪以后,由于国际交通发达,国际贸

---

〔7〕 See *Sykes v. Sykes*, 107 Eng. Rep. 834 (K. B. 1824).

〔8〕 参见[美]阿瑟·R.米勒等:《知识产权法概要》,周林等译,中国社会科学出版社1998年版,第102页。

〔9〕 参见沈达明编著:《知识产权法》,对外经济贸易大学出版社1998年版,第256页。

〔10〕 参见曾陈明汝:《商标法原理》,中国人民大学出版社2003年版,第4页。

〔11〕 参见曾陈明汝:《商标法原理》,中国人民大学出版社2003年版,第6页。

易兴盛,各国来往频繁,带有商标的商品已跨过国际边界,而商标作为一种符号标记,不像有形的动产、不动产那样能够占有一定的空间而为排他的占有,且其随着商品流通超越本国地域极易造成国际侵害。所以,对外贸易较为发达的西方各国出于维护本国商标利益,消除国际不正当竞争,积极倡议讨论保护工业产权。1883 年《巴黎公约》应运而生,成为知识产权国际保护的第一个世界性的公约。此后,多国又依据《巴黎公约》制定了数个有关商标的国际协定。

随着国际经济贸易的发展和各国知识产权法的一体化进程,在《巴黎公约》制定后的一个多世纪的 1995 年,世界贸易组织成立,该组织制定的《知识产权协定》成为知识产权国际保护领域影响力最大、保护范围最广、最具权威性的一个国际公约。其中有关商标的规定,总结了该领域历年发展的重要成果,提出了新的保护标准。

二、我国商标立法沿革

我国至清末开始商标立法。清朝末期,清政府迫于外来压力,为了保持和资本主义列强的通商贸易,开始对商标进行保护。1902 年清政府和英国政府签订《续议通商行船条例》,其中规定建立牌号注册局。1903 年清政府与美国和日本签订了《续议通商行船条约》,美、日两国政府也提出了与英国类似的要求。1904 年清政府在外国列强的压力下,颁布了《商标注册试办章程》,这是我国历史上第一个商标的成文立法,尽管该法最后未正式施行,但还是为后来的商标立法奠定了基础。1927 年 12 月 1 日国民政府在南京设立全国注册局,专门办理商标等注册事项。1930 年国民党政府公布了《商标法》及《商标法实施细则》,其于 1931 年 1 月 1 日起施行。

中华人民共和国成立后,废除了民国时期的商标法,并于 1950 年颁布了第一个商标法规定,即《商标注册暂行条例》(已失效)。该条例简明扼要,特别强调了对商标专用权的保护,现行商标法的诸多规定实际上都可以说脱胎于此。1963 年,我国通过《商标管理条例》(已失效),实行商标强制注册。该条例完全将商标作为"代表商品一定质量的标志",其立法宗旨也相应修改为"加强商标的管理,促使企业保证和提高产品的质量",并确立了强制注册的原则,具有浓厚的计划经济色彩。1982 年 8 月 23 日,我国通过《商标法》,其于 1983 年 3 月 1 日生效。该法是我国知识产权领域的第一个法律。它综合了前两个条例的精神,反映了计划经济和商品经济的双重需要,目的是通过"加强商标管理,保护商标专用权",从而"促使生产者保证商标质量和维护商品信誉,以保障消费者的利益,促进社会主义商品经济的发展"。该法强调保护商标专用权,同时也要求"商标使用人应当对其使用商标的商品质量负责",此外还保留了个别商品强制注册的规定。这反映了当时的立法指导思想仍带有将商标作为经济管理的一种手段的痕迹。

在改革开放中,商标法对我国商品经济的发展起到了重要作用。随着我国市场经济的发展,为了适应"对内搞活、对外开放"的需要,1993 年 2 月 22 日第七届全国人大常委会第三十次会议通过了《关于修改〈中华人民共和国商标法〉的决定》,对 1982 年《商标法》进行了第一次修改。主要修改之处是,增加了保护服务商标和对不当注册商标撤销的规定,加强了对商标侵权行为的打击力度。修改后的商标法更好地贯彻了保护公平竞争、保护注册商标专用权的原则。随着我国社会主义市场经济的发展,也为了适应我国加入世界贸易组织的需要,2001 年 10 月通过了《商标法》第二次修正案。2002 年 8 月 3 日新的《商标法实施条例》也由国务院公布。修正后的《商标法》在以下几个方面有显著的变化:(1)扩大了商标权的客体和主体。三维标志可作为商标注册,商标注册申请人不再排除自然人。(2)明确规定了驰名商标的认定和保护。(3)增设地理标志的保护,明确了地理标志和商标的关系。(4)完善了商标权的取得和维持程序,禁止恶意抢注商标,将行政裁决置于司法审查之中。(5)强化商标权的保护,增加了新的侵权行为类型。

2013 年 8 月,第十二届全国人大常委会第四次会议通过了《关于修改〈中华人民共和国商标法〉的决定》,标志着我国《商标法》的第三次修正顺利完成。不同于前两次旨在回应国际贸易要求和加入相关国际条约的修改,本次修法完全是为了应对本国市场经济发展和知识产权战略实施的需要。因此,本次修法的重点在于应对国内商标制度在实践中遭遇的问题。其在优化商标注册申请和异议程序,强化商标行政保护手段,明确驰名商标保护目的以及提高商标侵权赔偿标准等方面,都作出了明显改善。

2019 年 4 月 23 日,第十三届全国人大常委会第十次会议审议通过了《商标法》的又一修正案。本次修改是适应我国本土市场和产业需求,推动知识产权高质量发展的重要举措,主要围绕三个方面的内容进行调整:一是为更为有效地遏制恶意商标注册申请和商标囤积的问题,专门明确注册商标须以使用为目的;二是为更为有效地抑制商标恶意侵权和反复侵权的问题,专门通过增加法定赔偿额和惩罚性赔偿额的方式加大对商标侵权的惩罚力度;三是针对商标侵权产业化和专业化的问题,进一步强化商标保护行政执法,落实对侵权材料工具的销毁。

结语

能够将一个企业的商品或服务与其他企业的商品或服务区别开来的任何标识,即构成商标。商标的首要功能是识别商品的来源,商标的派生功能是保证质量、广告宣传等。在现代社会中,商标的功能不断扩展。商标是商业标识的一种,与商标共存的商业标识还有商品名称、商品包装或装潢、地理标志等。它们之间既有区别又有联系,区别是相对的,相互转化是有条件的。使商标具有财产价值的决定性因素是实际使用,市场是培育商标价值的"温床"。商标法律制度的产生和发展与市场息息相关。

思考题

1. 商标的基本功能是什么？它对商标保护产生何种影响？
2. 怎样看待商标所具有的财产价值？

资料链接

1. 杜颖:《社会进步与商标观念:商标法律制度的过去、现在和未来》,北京大学出版社 2012 年版。
2. 郎胜主编:《中华人民共和国商标法释义》,法律出版社 2013 年版。
3. 孔祥俊:《商标法:原理与判例》,法律出版社 2021 年版。

第十九章　商标权的保护要件

学习目的　认识商标标志的构成要素和注册条件，对商标法的核心概念“显著性”有所理解，了解我国商标法有关商标注册的法律规定。

关键词　商标标志　显著性　非冲突性

导语

2010年11月12日，创博亚太公司向商标局提出第8840949号“微信”商标的注册申请，指定使用在第38类“信息传送、电话业务、电话通讯、移动电话通讯”等服务上。2011年8月27日，该商标经商标局初步审定公告。（“微信”即时通讯服务应用程序由腾讯公司于2011年1月21日首次推出，晚于被异议商标申请日2个月，早于被异议商标初审公告日7个月）。公告期间，张某对该商标提出异议，商标局作出不予核准注册的裁定。创博亚太公司不服裁定，向原商标评审委员会[1]申请复审。商标评审委员会以“如核准被异议商标注册，将会对多达4亿的微信注册用户以及广大公共服务微信的用户带来极大不便乃至损失”为由维持了上述裁定。创博亚太公司不服评审裁定，向法院提起行政诉讼。一审法院以相同的理由维持了评审裁定。二审法院则认为“微”具有“小”“少”等含义，与“信”字组合使用在第38类服务上缺乏显著特征，不易被相关公众作为区分服务来源的商标，但依然维持了一审判决。再审申请中，最高人民法院与二审法院持相同观点。[2]

类似于专利的申请与审查，商业标识的内容只有符合商标法的规定才能成为注册商标。不予注册为商标的理由有哪些？这些理由之间是否存在效力上的差异？相比于注册平面商标，注册其他类型的商标有无特殊的规定？本章将围绕上述内容展开。

第一节　商标的构成与类型

一、商标的构成

商标的构成，指商标的内容必须符合商标法的规定。

---

〔1〕 2019年国务院机构改革后，原国家工商行政管理总局商标局、商标评审委员会已连同相关部门整合为国家知识产权商标局。为与《商标法》保持一致，本书仍采用《商标法》相关论述。

〔2〕 参见最高人民法院行政判决书，(2016)最高法行申3313号。

我国《商标法》第 8 条规定:“任何能够将自然人、法人或者其他组织的商品与他人的商品区别开的标志,包括文字、图形、字母、数字、三维标志、颜色组合和声音等,以及上述要素的组合,均可以作为商标申请注册。”因此,我国《商标法》所认可的商标构成,包括文字、图形、字母、数字、三维标志、颜色组合和声音等,以及上述要素的组合。然而,各国对商标构成要素的规定并不相同,有的国家将可视性作为商标的保护前提,世界贸易组织《知识产权协定》第 15 条中也规定,视觉上的可感知可作为商标的注册条件。

2013 年我国修正后的《商标法》使商标的构成得以突破可视性要件,将声音也视为商标的构成内容之一,进一步扩大了商标构成的范围,这种做法无疑是符合商标法本旨的。因为随着市场经济的发展,对商标类型的需求必然呈多样化趋势,任何一种标识只要能够成为消费者区分商品或服务来源的工具,就应将其视为商标的合法构成。在现有市场环境和技术条件下,声音已能够作为区分商品和服务来源的工具,发达国家将声音视为商标也早有先例可循,因此 2013 年修法将声音纳入商标构成符合社会的需求。

二、商标的类型

根据商标构成的规定,商标可具体分为如下类型。

(一)平面商标

平面商标是一种最基本的商标形态,包括文字、图形或文字和图形的组合。文字作商标的范围很广,可以是中国文字,也可以是外国文字。文字商标可臆造词汇,如“柯达”“施乐”“尼康”,也可选用普通词汇,如“苹果”“绿叶”等。文字中的姓氏、地名、字母、数字作为商标标志会受到一些限制,除非经过使用特定化,且不妨碍他人正常使用,否则难以作为商标注册和使用。从文字的选用来看,文字商标可分为臆造商标、暗示商标、描述性商标。

书名、报纸名称、杂志名称属于文字。这类文字能否作为商标注册,需从商标的功能以及书籍和刊物的性质来分析。通常认为,单行书的名称不可注册商标,而报纸和杂志的名称可以注册商标。商标的基本功能为表示出处和保证商品质量,看到商标即可识别某种商品及其来源和质量。书名仅仅表示书的内容,既没有识别出处(出版社)的作用,也没有保证书的版式设计、装帧设计、编校质量、印刷质量的作用。所以,将书名作为商标保护与商标功能不符。报纸、杂志是汇编作品,它的名称并不表示每个作品的内容,每个作品的内容由其标题来表示。相反,报纸、杂志的名称用于区别生产者。报社和杂志社不间断地生产具有固定栏目、不同内容、不同版面的期刊产品,报刊名称就是产品品牌。所以,定期刊物的名称具有商标的属性。我国和其他国家一样允许将报纸、杂志名称作为商标注册。

图形的取材范围非常广泛,可以由几何图形、想象物的图形等创造性题材或者动物、植物、日月星辰等自然题材设计出的图案所构成。图形商标形象生动、立意明朗,不仅具有识别作用,还可使人赏心悦目。但图形商标不便于口称,因而被单独使用者日益减少,多为与文字相结合而构成组合商标。

(二)立体商标

立体商标出现较晚,但它比平面商标更形象、更直观,对视觉具有较强的吸引力。三维形象可分为以下几类:(1)与商品无关的立体形状;(2)商品的容器、包装的形状;(3)商品本身的外形。前两种三维形象的商标注册没有什么障碍,因为它们和所标识的商品或服务没有直接关系，也不是商品的一部分。而第三种三维标志必须符合一定条件才可以注册为商标，如该主体形态是非功能性的，或者有选择余地的。

立体商标是在20世纪90年代相继进入各国商标法的，其主要是基于维护市场竞争秩序的需要。商标是便利购销的商品交易工具，商品竞争日益激烈必然促使经营者最大限度地发挥商标先声夺人的作用，无论是标志的设计选择还是宣传使用，都呈现从平面向立体扩张、从静态向动态扩张、声形并茂、多姿多彩的形态。随之而来，侵权假冒也无孔不入，当一些企业的产品造型或者包装具有显著特点，在市场上得到广泛认同，拥有大量的用户，从而成为仿冒者觊觎的对象时，仅仅保护商品的平面标志不足以制止侵权假冒，此时便产生了保护立体标志的问题。较早保护立体商标的一些欧美国家正是经历了这样一个过程。20世纪90年代以来，许多国家和地区都对商标法进行了修改，其中一项内容就是吸收立体标志、颜色组合等其他可视性标志作为商标。我国《商标法》曾不含立体标志，在商标实务中，行政主管部门就曾拒绝过美国可口可乐公司将“可口可乐”牌饮料容器进行商标注册的申请。但是这并不意味着我国法律排除了对立体标志的保护，某些商品的容器、包装和形状如果是设计新颖、富有美感的，就可以获得外观设计专利的保护。同时，这些标志如果是知名商标所特有的，还可以获得反不正当竞争法的保护。《商标法》第二次修正时，在商标构成要素中增加了三维标志，同时又对这种标志的可注册性进行必要的限制，以防止不适当的注册。

（三）颜色商标

颜色商标是指由两种以上颜色排列、组合而成的商标，但不包括单一颜色。颜色是视觉可以感知的，颜色的组合可具有显著特征，如“麦当劳”快餐厅的标志除了使用文字之外，还使用红黄颜色组合，形成强烈的视觉冲击，十分引人注目。在某些场合，颜色组合是辨认事物的主要手段，如加油站特有的色彩招牌对行车的司机来说格外醒目，比文字、图形等其他记号的识别作用更强。不过，颜色作商标仍然存在一些困难，如单一的颜色、商品本身的颜色就不宜作为商标，而且由于颜色的数量有限，允许其作为商标可能会妨碍其他经营者对颜色的正当使用。穷尽了颜色后便只能以色差区分，而色差是难以辨认的，不像文字、图形那样具有直接的标示作用。所以，颜色商标往往是在经过使用产生了识别作用以后，才允许注册。

（四）声音商标

声音商标，指足以使相关消费者区别商品或服务来源的声音。事实上，实践中已经有很多声音商标，并在消费者中享有广泛知名度，如米高梅电影公司出品电影片头中的狮吼，英特尔公司广告中那段具有识别性的音乐，以及具有识别性特点的人声、手机铃声等。声音商标的出现，是传媒技术进步和商业文明发展的产物。在现代社会中，随着商家营销手段的日趋丰富，越来越多的要素开始为宣传商品和服务所用，声音能够成为商标构成的原因，即在于多媒体技术在商品和服务宣传中的普遍运用，从而使声音的表达具有了稳定性和可区分性。但需要注意的是，声音商标的可识别性，必须源于声音本身，而不能是声音所代表的文字。对于文字呼叫类声音商标，注意分辨在使用过程中真正起识别作用的是呼叫的文字，还是声音本身。如果声音商标是以平常语调或极其简单的旋律呼叫文字的构成形式，在使用过程中，很可能令人印象深刻、起到识别作用的仍为文字，声音仅被视为文字辅助背景。虽然此类声音商标可能被证明经长期或广泛使用已被相关公众熟知，但声音本身是否被作为识别和区分商品或者服务来源的商标，需要根据实际情况分析判断。〔3〕

第二节　显　著　性

一、显著性的含义

商标最基本的作用是区别商品来源，保护商标的出发点和归宿在于防止混淆，因此，一个标记是否可以作为商标受到保护，其核心要件在于是否具有显著特征，便于识别。商标显著性的有无，以及显著性的强弱，将影响及商标之可注册性以及其受保护之范围。〔4〕

在学理上，商标的显著性又称为“识别性”“区别性”。识别性，是指某个标志能使人识别出是谁的商品。区别性，是指能够将不同经营者提供的相同或类似商品相互区分开来。如此看来，商标的显著性包括了指示来源显著性和区别显著性两个方面，二者密切相关，相辅相成。一个标识不能将特定的产品指向特定的经营者，该标识就不可能起到区别不同来源之商品的作用。反之亦然，一个标识不能将不同经营者提供的商品区分开来，它就不能将特定的商品指向特定的经营者。简言之，来源显著性是区别显著性的基础，而区别显著性又服务于来源显著性。实务中，一个商标只有与众不同、个性突出、特征明显，才能让人过目不忘、印象深刻，达到和同类商品相区别的目的。由此可见，商标法上的显著性，完全不同于著作权法上的独创性和专利法上的新颖性。显著性并不要求商标的设计新颖或者独创，只要能够做到与其他商业标识相区分就达到标准。

显著性是商标的核心要件，缺乏显著性的标志不能作为商标注册，各国商标法及国际公约都毫无例外地将显著性规定为商标构成之必要条件以及商标注册的积极条件。我国《商标法》第9条第1款规定：“申请注册的商标，应当有显著特征，便于识别，并不得与他人在先取得的合法权利相冲突。”什么是显著性，如何判断商标是否具有显著性，这在各国商标法中均没有明文规定。因为这种判定带有一定主观色彩，无法通过一个肯定的表述来确定。但商标显著性是客观的，它取决于商标的构成、商标与商品或服务的关系、商标的使用情况。实务中，判断一个商标是否有显著性往往需结合各种因素加以综合考虑，一般包括以下几点：

1. 使用的商品或服务。商标与商品的联系越密切，商标的显著性越弱；反之，商标的显著性越强。例如，“薄脆”使用在饼干上就缺乏显著性，而将其用于其他商品上，就可能是一个具有显著特征的商标。

2. 商标的实际使用。以市场为背景，考察商标使用的时间，广告宣传的力度，商品的销售范围、时间以及市场占有率。这一判断要素和驰名商标的认定相类似，都是由商标功能决定的。商标是用来证明商品来源的，因此总是和商业活动相联系。凡经过市场使用，被消费

---

〔3〕 参见国家知识产权局制定：《商标审查审理指南》(2021)，知识产权出版社2022年版，第304页。

〔4〕 参见曾陈明汝：《商标法原理》，中国人民大学出版社2003年版，第131页。

者认知，就意味着该商标产生了区别能力。即使在设计上缺乏固有显著性，也可以因为实际使用而获得显著性。

3. 整体认定原则。将商标构成要素作为一个有机整体加以观察。整体形象上给人留下牢固印象，便于识别的，即具有显著特征。组成要素中虽无显著性成分，但与其他成分组合在一起，整体上能够产生识别作用的，也被视为具有显著特征。

显著性有强弱之分，又是可变动的，可以从有到无、由强变弱，也可能从无到有、由弱变强。商标显著性又可从固有显著性、通过使用获得显著性、显著性的消失三个方面具体论述。

二、固有显著性

（一）固有显著性的含义

固有显著性是指一个标志由于其创造性或者正确选用而具有天然的显著特征。从商标创设的角度而言，由法律正面表述商标的显著性几乎不可能，因此各国立法均从反面规定不得作为商标使用的文字、图形，从而对显著性进行解说。固有显著性代表着特定商业标识在用于特定商品或服务时的一开始就具有显著性，因此不需要通过商标的使用来获得或判断，而且也不会随着商标的使用而发生变化。

（二）固有显著性的程度

不含禁用元素的标志是具有内在显著特征的商标，符合注册的条件。即便如此，商标显著性程度也是有差别的。按照显著性强弱来划分，依次为：臆造商标最具有显著性，任意性商标次之，暗示性商标显著性较弱。

1. 臆造商标

臆造商标是由杜撰的文字、词汇所构成的无特定含义的商标。杜撰的词汇从未在字典上出现过，是由设计者为了作为商标使用而创造出来的，例如“kodak”（柯达）、“Exxon”（埃克森）、“xerox”（施乐）就是这种商标的典型。由于杜撰的词汇、文字本无任何含义，与其标示的商品或服务不存在任何联系，其他经营者如果不是出于恶意也就不会使用，因而，这种词汇的唯一性和独特性使其成为理想的商标标识，且有助于行使商标独占权，是显著性最强和受保护力度最强的商标。

2. 任意商标

任意商标是由一个现成的、具有字典含义的词汇构成的商标，其文字意义与所表述的商品或服务没有特别联系。在美国司法实践中，任意商标被解释为这样一些字词，发明它们的唯一目的就是将它们作为商标来使用，是常用的字词以非同寻常的方式来使用。[5]“娃哈哈”用于儿童食品、“苹果”用于计算机、威士忌酒的商标“BLACK & WHITE”等，都是将普通词汇用作商标，但词汇本身与商品之间又没有什么关联性。任意商标的显著性程度低于臆造商标，但仍属于显著性较强的商标。

3. 暗示性商标

暗示性商标由常用词汇构成，它以隐喻、暗示的手法提示商品的属性或某一特点。典型

---

〔5〕 参见李明德：《美国知识产权法》，法律出版社2003年版，第283页。

的例子有:饮料商标“健力宝”、自行车商标“野马”、捕虫器商标“Roach Hotel”等。“显著特征”要求商标的组成要素不得涉及产品的属性和功能,不得直接描述产品的种类、质量、主要原料、产地等。暗示性商标尚未违反这一最低限度要求,因此是具有显著特征的商标,但其显著性较弱,同时也很容易演变成通用名称。尽管如此,还是有很多经营者倾向于选择暗示性商标,其中的原因就在于,暗示性商标向消费者传达了更多的商品信息,不仅有关于来源的信息,还有关于商品特征的信息,这无疑构成了广告的一部分,减少了产品宣传成本和进入市场的时间。此外,地名商标、姓氏商标也都属于显著性弱的商标。

三、获得显著性

(一)获得显著性的含义

获得显著性或称“第二含义”是商标法的一个术语,意指一个缺乏固有显著性的标志通过长期连续使用而产生新的含义,当其具备识别商品的能力时,该标志即被视为具备了显著特征。在商业活动中,通用名称、描述性词汇或者地名使用于商品之上,直接功能在于告知商品的用途、特点、成分和其他特性,而并无使其商品与其他商品相区别的作用,故不合乎商标显著性要求。然而,当这些文字、词汇被独家长期使用于商品之上,在行业内及相关消费者中间已为人所知,并使人能够将它和一种商品相联系时,这个标志就在其原始意义上产生了“第二含义”。例如,一个描述性词汇,它的第一含义是字面含义,即描述产品特征的含义,第二含义则是指示产品来源。如果描述性商标经过长久持续的使用,消费者已将其识别为代表某一特定厂商,具有了识别来源的能力,该描述性词汇就称为“第二含义商标”。

获得显著性在《巴黎公约》和《知识产权协定》中均有所规定,《巴黎公约》第 6 条之 5 规定:“在决定一个商标是否符合条件时,必须考虑所有实际情况,特别是商标使用时间的长短。”《知识产权协定》第 15 条第 1 项在《巴黎公约》基础上更进一步规定,“如果标志不具有区别相关商品或者服务的固有属性,成员可以根据其通过使用取得的显著性,给予注册”。获得显著性的合理性在于,使用者对于一个本属于公有领域的词汇进行长期投资,付出了代价,法律对此予以承认并赋予使用者专有性权利,这不仅是对市场主体经营成果的认可,也扩大了商标注册标志的资源,有助于维护消费者利益。

我国《商标法》原没有获得显著性的规定,但商标主管部门运用这一规则处理过某些特例。如对“黑又亮”(鞋油)、“两面针”(中草药牙膏)、“五粮液”(酒)等商标准予注册,均考虑到这些商标在长时间的实际使用中已经取得了标识能力。

2001 年《商标法》的第二次修正,从立法上确认了使用获得显著性。现《商标法》第 11 条规定,仅有本商品的通用名称、图形、型号,或者仅直接表示商品的质量、主要原料、功能、用途、重量、数量及其他特点的以及其他缺乏显著特征的,不得作为商标注册。上述标志经过使用取得显著特征,并便于识别的,可以作为商标注册。这一规定将获得显著性规则(第二含义)确立为一项法定规则。

值得一提的是,商标法理论上的“第二含义”与我国《商标法》关于地名商标的“其他含义”意义不同。根据《商标法》第 10 条第 2 款的规定,县级以上行政区划的地名或者公众知晓的外国地名,不得作为商标,但是地名具有其他含义的除外。这里的“其他含义”,是指某些地名词汇本身的寓意或多重字面含义,如长安(县)、凤凰(县)、同心(县)、保安(县)等,这类地名从文字本身看，一般公众首先联想到的是其他含义，即日常生活中该词汇所包含的意思或字典、辞书中解释的含义，而不是一个地方的名称。这样的地名由于具有多重含义，其指示地理位置的意义反而被淡化了，故而可以作为商标使用。这与前述通过使用产生第二含义是不同的。

取得第二含义的商标虽可给予注册使其受到保护，但其商标专用权的效力范围较之强商标受到更多的限制。他人对于该商标的使用只有在具有恶意，或不正当使用的情况下，商标注册人才可加以禁止。对于善意的、正当的使用，商标注册人应当容忍。[6]

（二）获得显著性规则的应用

依《商标法》第11条的规定，获得显著性规则适用于下列标志：(1)通用名称。通用名称一般不适宜作为商标注册。只有当其在商业活动中因使用产生了原有含义之外能够辨认商品来源的第二含义时，才可以作为禁止注册的例外。(2)描述性标志。和通用名称一样，描述性标志是公有公用的，如果允许进行商标注册，就会妨碍其他经营者用来说明自己的产品。但是，当描述性标志在市场上经过长期使用产生了表明产品出处的第二含义时，就可以作为禁止注册之例外。(3)其他缺乏显著性的标志，如纯粹的颜色组合，单纯的字母、数字，过长的商务口号、广告用语等。这些标志一旦经商业使用获得了第二含义，就可允许注册。

在国家知识产权局2021年颁布的《商标审查审理指南》中，下编第四章第2.4条专门对如何判定获得显著性作了规定。该条规定，判定某个标志是否经过使用取得显著性特征，应当综合考虑下列因素：(1)相关公众对该标志的认知情况；(2)该标志在指定商品或者服务上实际使用的时间、使用方式、同行业使用情况；(3)使用该标志的商品或者服务的销售量、营业额及市场占有率；(4)使用该标志的商品或者服务的广告宣传情况及覆盖范围；(5)使该标志取得显著特征的其他因素。判断某个标志是否属于经使用取得显著特征的标志，应以相关公众的认知为准。

此外，《商标法》第10条规定的禁用标志，如国家、国际组织的名称、徽记，官方标志以及违反公共秩序和社会伦理道德、带有不良影响的标志等，不适用获得显著性规则，含有这些因素的标志无论是否取得显著性，都不能作为商标使用，更谈不上注册。

实践中，某个缺乏显著性的商标是否具有了第二含义是一个事实判断问题，判断的标准在于消费者是否已经将该标识作为商品来源的指示。实务中，由负责商标注册、商标管理的机关及处理商标侵权纠纷的人民法院在个案中加以认定。根据《商标法》的规定，申请人在商标注册时无须提供其商标使用的证明，但申请商标仍需要以使用为目的。为了防止对商标的恶意注册和囤积，2019年修正的《商标法》和2021年国家知识产权局颁布的《商标审查审理指南》都专门新增要求，即不以使用为目的的恶意商标注册申请，应当予以驳回。

因此，注册申请的实质审查仅限于通过商标检索而作出判断，并不涉及该商标的实际使用情况，以及审查中对通用名称和描述性标志一般会引用商标禁用条款予以驳回。如果申请人对驳回申请的决定不服，可向商标评审委员会请求复审。在复审中，商标评审委员会根据申请人提供的证据材料，综合考虑商标构成和实际使用情况，以及相关公众对该标识的认知情况，对该标识是否已通过使用获得了显著性作出判定。

---

〔6〕 详见本书第二十一章第五节“商标权的限制”部分。

四、显著性的退化和消失

商标的显著性是一可变因素，缺乏固有显著性的商标可通过使用获得显著性，具有显著性的商标经过使用也可能导致显著性的退化或丧失。一个商标无论注册与否，都有可能变成商品通用名称。导致商标变为通用名称的原因有商标使用人主观上的疏忽大意，也有客观环境的影响。例如，一个非常著名的商标，由于商标所有人的使用和管理不当，逐渐成为同种商品的代名词，而商品广告以及媒体也把该商标作为普通名称使用；为了利用驰名商标的信誉，同行业竞争者也将此商标指代同类商品，最终使该驰名商标失去了识别功能而成为一个普通名词。从商标的显著性程度看，描述性商标比臆造商标更容易变为通用名称，因为一个臆造商标仅仅指代其特定的使用者，而一个描述性或者暗示性商标更具有指示意义的则是针对一个类别。[7] 这从另一个角度说明了描述性词汇不宜作为商标的道理。例如，"Thermos"原是一家企业就真空玻璃保温瓶享有的商标，但由于这家企业在其他商业活动中的不谨慎，"Thermos"逐渐演变为该类产品的通用名称，而不再是产品来源的指示者。[8] 类似的例子还有"aspirin"（阿司匹林）、"cellophane"（玻璃纸）、"dry ice"（干冰）等，它们原来是商品商标，后来演变为通用名称。

商标退化的法律后果是注册商标被注销。在考虑是否撤销商标注册时，需要对以下两个事实加以确认：(1)该商标是否变成了商品通用名称。其标准是看该标志的主要含义是指称产品的来源，还是产品本身。[9] (2)显著性退化是否由商标所有人的过失而导致。只有因为商标使用者的不当使用或者不善管理导致商标成为产品或服务的普通名称的，才可撤销注册。为了防止商标变成通用名称，在使用商标时尤其是在广告宣传中，应始终坚持表明它是一个商标，而不是一个产品或服务的名称，同时还要防止他人对商标的淡化或其他不正当使用。

我国《商标法》对商标退化及其法律后果未作规定。针对实际中曾遇到的此类情况，商标主管部门根据商标的使用情况、是否为驰名商标等因素综合考虑后，慎重对待，对由于商标所有人意志以外无法控制的原因而造成的显著性退化，采取积极的挽救措施，保留该商标注册，从而避免商标被当作通用名称的后果。

五、不得注册为商标的标志

我国《商标法》第9～12条对显著性作出了规定，根据这些法律规定，商标标识中凡含有下列要素的，均属于缺乏显著特征。

（一）官方标志、徽记

具体包括：(1)同中华人民共和国的国家名称、国旗、国徽、国歌、军旗、军徽、军歌、勋章等相同或者近似的，以及同中央国家机关所在地特定地点的名称或者标志性建筑物的名称、图形相同的；(2)同外国对国家名称、国旗、国徽、军旗等相同或者近似的，但该国政府同意的

---

〔7〕 参见[美]威廉·M.兰德斯、[美]理查德·A.波斯纳：《知识产权法的经济结构》，金海军译，北京大学出版社2005年版，第247页。

〔8〕 参见李明德：《美国知识产权法》，法律出版社2003年版，第287页。

〔9〕 参见李明德：《美国知识产权法》，法律出版社2003年版，第278页。

除外;(3)同政府间国际组织的名称、旗帜、徽记等相同或者近似的,但经该组织同意或者不易误导公众的除外;(4)与表明实施控制、予以保证的官方标志、检验印记相同或者近似的,但经授权的除外;(5)同"红十字""红新月"的名称、标志相同或者近似的。上述标志不可以注册为商标,也不得作为商标而使用,其目的主要是维护国家、国际组织或团体的尊严和权威。

(二)通用名称

通用名称是表示某一商品或服务的种类或者型号的通常名称或者约定俗成的称谓。通用名称是一类商品的统称,不具有那种使人识别出商品来源的作用。并且,这类名称或图形、图案处于公有领域,任何经营者均有权将其使用在商品交易过程中,用来称呼其产品。由于它们的通用性,消费者也视其为商品的通称或通常的商品信息,而难以将它们和某个特定的商品经营者联系在一起。正是出于这个原因,通用名称一般不适宜作为商标注册和使用。《商标法》第11条第1款规定,仅有本商品的通用名称、图形、型号的标志不得作为商标注册。通用名称有两种情况:一种是本来就是商品的名称、称谓。例如,酒类商品的通用名称是"酒",指用谷物、水果等含淀粉或糖的物质经发酵制成的含乙醇的饮料,按品种区分为白酒、啤酒、黄酒、果酒等,"酒"的同义词"醇""酿"也是指含有酒精的饮料。这些产品的通用名词就不能用作酒类商品的商标。另一种是原本具有显著特征的标识,但在使用中变成了普通名称,为同一行业所共同使用,这样的词汇也不适宜再作为商标。

(三)描述性标志

描述性标志是指由直接表示商品属性或特点的词语构成的标记,如表示商品主要原料的"鸭绒""纯棉",表示产品功能的"热得快""保暖"等字样,以及表明产品的用途、重量、数量及其他特点的词语。《商标法》第11条第1款规定,仅仅直接表示商品的质量、主要原料、功能、用途、重量、数量及其他特点的标志不得作为商标注册。如实准确地提供商品信息是经营者对消费者应尽的义务。《产品质量法》第27条规定,产品或者其包装上的标识应根据产品的特点和使用要求,标明产品规格、等级、所含主要成份的名称和含量。《消费者权益保护法》第8条规定,消费者有权根据商品或者服务的不同情况,要求经营者提供商品的价格、产地、生产者、用途、性能、规格、等级、主要成分、生产日期、有效期限、检验合格证明、使用方法说明书、售后服务,或者服务的内容、规格、费用等有关情况。而要让消费者了解这些情况,就需要在产品或产品的包装上对商品进行说明,也需要在产品或产品的包装上使用各种标识。从企业经营者自身利益出发,通过商标向消费者传达商品或服务信息是企业选用商标时的必然倾向。观察市场上绚丽多姿的商标,其无不遵循着一个共同法则:商标与商品之间有着若即若离、或明或暗的关系,从酒类商品上的"云南红""新疆红",到化妆品上的"小护士""美加净",从药品上的"康源""咳必停",到餐饮业的"小肥羊""九头鸟",试图描述产品用途、特点的商标比比皆是。其中,采用间接的、暗示的手法对产品进行描述的文字、图形,属于暗示性标志,通常被认为具有获得注册的最低限度显著性。直截了当地说明产品的主要原料、功能或某一方面的特性的,就属于描述性标志,其无法满足最低限度显著性的要求。例如,"黑又亮"牌皮鞋油、"脱脂"牌奶粉、"莲蓉"牌月饼等,因为直接表示了商品的主要原料、功能和其他特点,属于描述性标志,原则上不允许作为商标注册。暗示性标志和描述性标志之间的区别在于是否"直接"反映了产品的特性,这需要在个案中进行审查判定。

(四)地名

地名不得作为商标,这是各国商标法的通行做法,我国也不例外。《商标法》第10条第2款规定,“县级以上行政区划的地名或者公众知晓的外国地名,不得作为商标”。以地名指示某一商品,无从识别商品的生产经营者,而会给人以商品或服务来源地的印象,如果确实如此,地名商标便产生了两个问题:(1)产品或服务确实来自地名所指的地方,允许该地名作商标,就意味着该地方的其他企业不能在产品或服务上使用这一地名。这无异于授予一个企业不合理的垄断权。(2)如果产品或服务并非来自地名所指的地方,该地名商标就会带有欺骗性。可见,限制地名商标的目的在于保证地名与特定产品之间的联系、产地与地域内所有经营者的联系不被垄断。而地名不得作为商标的根本理由在于,地名所固有的描述性特征使其不能满足商标显著性的要求。地名商标构成对商品地理来源的客观描述,决定了应将其保留在公有领域,为地域内的所有经营者共同使用,用以标明产品的来源或经营场所,对经营者来说,这是如实告知商品信息的一项义务,对消费者来说则是获知商品信息的知情权。如果允许一个经营者使用而禁止其他人使用,并因此妨碍其他经营者标示产品产地的信息,将会导致不公平竞争。

但是,地名主要是地理标志用作集体商标,证明商标则与其集体属性相吻合,因而,集体商标、证明商标含有地名是允许的。另外,具有其他含义的地名可以作为商标。“其他含义”是指地名意义之外、人们最容易联想到的地名用词的字面含义。

(五)功能性三维标志

《商标法》第12条规定:“以三维标志申请注册商标的,仅由商品自身的性质产生的形状、为获得技术效果而需有的商品形状或者使商品具有实质性价值的形状,不得注册。”该条规定所排除注册的标志即功能性三维标志。举例来说,一个轮胎的制造者不能以其圆圈形状作为商标,却可以用一个不规则形状的毂盖作为商标。一把牛排刀的制造者不能以锯齿形刀刃作为商标,但可以用一种嵌入刀柄的阿拉伯式复杂纹饰作为商标。[10] 根据《商标审查审理指南》下编第六章第3.3条的规定,禁止具有功能性的三维标志注册商标的目的在于“确保具有实用价值或美学价值的商品特征不能通过获取可无限续展的注册商标专用权的方式被永久保护,以鼓励合法的市场竞争”。试想,所有的商品都有外形结构,许多商品还需要包装、容器,这些立体的外观设计有的是商品用途或质量所必需的,没有选择余地,如果允许某个人借商标注册对其进行独占,将会妨碍同业者对商品的制造和销售。还有的产品的外观设计属于可申请专利的对象,专利权一到期,受保护的对象将进入公有领域,人人都有权使用。同时,随着技术的发展,最开始属于商品的特定形状可能发展成通用形状,如果允许作为商标注册获得无期限的保护,就会冲击专利制度的实施,并会妨碍市场竞争所需的适度模仿。因此,三维标志既可获得商标注册又要进行必要限制,这种限制就是,功能性三维标志禁止注册。

---

〔10〕 参见[美]威廉·M.兰德斯、[美]理查德·A.波斯纳:《知识产权法的经济结构》,金海军译,北京大学出版社2005年版,第254页。

第三节 非冲突性

本节所讲的条件也称为消极条件，指商标法上关于不能取得注册的情形。

一、不得违反公序良俗

商标附着于商品行销市面，又借助广告宣传使公众普遍知晓，必然兼有传播信息、引导时尚和推广风气的社会功能，因此是否符合公共秩序和社会道德风尚，是商标注册条件中必须予以考虑的。公共秩序和道德的要求为所有国家所公认。《商标法》第10条第1款第6～8项三项规定将有悖于社会道德和具有不良影响的标志作为绝对禁止条件。据此，带有民族歧视性的、夸大宣传并带有欺骗性的、有害于社会主义道德风尚或者有其他不良影响的文字或者图形，不得作为商标使用。

可能欺骗消费者或引起混淆的标志不能注册为商标，这是基于商标的作用和社会功能的考虑。欺骗性标志的例子包括：暗示地理来源的标志，暗示商品性质、品质的标志。带有民族歧视性的标志不得作为商标使用，更不得予以注册，这首先因为我国是个多民族的国家，民族团结是我国社会经济健康发展的保障。因此，带有民族歧视性的词语都不能作为商标使用。其次，商标是商品的代言者和企业的形象，在国际贸易、国家交往中应当尊重各国各地区风俗习惯、宗教信仰等，任何不友好的表示都会带来不良后果。例如，20世纪90年代初期，原国家工商行政管理局等曾发出通知，要求各地查处带有“DARKIE”“DARLIE”商标的进口商品，因为“DARLIE”一词源于“DARKIE”，而“DARKIE”意为“黑鬼”，是对黑人的蔑称，属于种族歧视性语言。

判断一个标志是否有害于社会道德风尚或者有其他不良影响，应采用客观标准，即根据社会的通常看法或者一般公众的道德观念来判断，而商标使用人设计或选择标志时的主观愿望不作为判断标准。例如，某企业申请注册“乡巴佬”商标，被商标局以该商标有贬低人的含义，具有不良影响为理由驳回。申请人认为，“乡巴佬”出自农民自谦之词，是对农民的善意称颂，没有贬低人的含义，不会产生不良影响。复审中商标评审委员会认为：商标一旦进入市场，将面对广大消费者，而消费者并不了解“乡巴佬”一词是申请人的心愿。客观上，“乡巴佬”是对农民的鄙称，反映出对农民群众的不尊重，用其作商标易产生不良影响。商标评审委员会终局决定，驳回“乡巴佬”的注册申请。又如，1997年6月，长江中游某市一家企业使用“福尔摩萨”商标，遭到当地各界的谴责后，该企业又将商标改为“福摩萨”，引起公众更为强烈的愤慨，因为这一词语是当年荷兰殖民者对我国宝岛台湾的蔑称。当地工商部门对该企业的商标行为果断予以查处，停止其使用，并令其销毁所有商标标识。上述两个案例中，商标评审委员会和地方工商行政管理部门所依据的正是《商标法》第10条之规定。

二、不得与在先合法权利相冲突

在先权利,是指在申请商标注册之前他人已有的合法权利,其对象可能涉及其他知识产权或者民事权利。根据最高人民法院司法解释的界定,在先权利,包括当事人在诉争商标申请日之前享有的民事权利或者其他应予保护的合法权益。诉争商标核准注册时在先权利已不存在的,不影响诉争商标的注册。[11]

概括起来说,凡是可用来作为商标的主题都可能产生在先权利,如利用已有的绘画、图案作为商标,创作者享有的著作权即为在先权利。在先权利包括但不限于下列权利:商标权、著作权、地理标志权、商号权、外观设计专利权、姓名权、肖像权,这些权利客体的共同性在于:均为文字、图形、图案、数字或组合的形象化标识,适合于商标的选材。需要特别说明的是在先商标。在先商标是最容易与在后商标发生冲突的一种在先权利,先注册商标和后注册商标的冲突也称为商标混同,发生在商品相同或类似而商标相同或近似的情况下。在先商标又可分为:在先注册的商标、在先初步审定的商标、先申请的商标、被代理人或被代表人的商标、在先使用并有一定影响的商标以及驰名商标。

《商标法》第 9 条第 1 款规定:"申请注册的商标,应当有显著特征,便于识别,并不得与他人在先取得的合法权利相冲突。"不与在先权利相冲突,是商标注册应满足的条件,它要求申请人遵循诚实信用原则,在从事商标法律行为时,顾及他人合法利益。然而,尊重在先权利应当始于商标的设计和选材。凡是商标主题涉及已有创作成果或者他人权利的,商标使用人应征得权利人的许可再加以利用。例如,将已有的著作权作品(摄影、图形、图案)作为商标使用或注册的,应事先取得著作权人的授权许可,如果擅自拿来作为商标使用,便有可能导致注册失败或者注册被撤销。又如,地理标志是一种可以对抗商标注册的在先权利,如果商标中含有地理标志,而该商品并非源于该地理标志所标示的地区,则构成虚假产地名称商标,不仅会给利害关系人,即在真实产地的经营者造成侵害,还会欺骗和误导公众,使人轻信商品质量与心目中具有良好声誉的产地有联系。对于此种商标注册行为,与该地理标志有利害关系的人可以行使请求权,阻止不当注册。

结语

商标为表彰商品的标识。经营者使用商标是为了与他人相同商品相区别,消费者则借助商标购买称心如意的商品。这一功能的实现倚赖于标志的显著特征。显著性是商标构成的核心,也是商标注册的积极要件。又因商标随商品流通于市面,且便于媒体、广告的宣传和促销,不可避免地影响社会风气和道德观念,故而商标构成还应符合公共秩序和善良风俗,并不妨碍他人在先权利。商标构成的条件可以概括为"三性":显著性、合法性、在先性。

思考题

1. 商标的后天显著性是怎样产生的?

---

〔11〕 参见最高人民法院《关于审理商标授权确权行政案件若干问题的规定》第 18 条。

2. 地名是否可以作为商标？怎样把具有商业价值的地理标志和商标保护结合起来？

资料链接

1. 孔祥俊：《论商标的区别性、显著性与显著特征》，载《现代法学》2016 年第 6 期。
2. 冯术杰：《论商标固有显著性的认定》，载《知识产权》2016 年第 8 期。
3. 刘铁光：《商标显著性：一个概念的澄清与制度体系的改造》，载《法学评论》2017 年第 6 期。

第二十章　商标权的取得

学习目的　理解商标注册的意义，商标注册中的申请在先原则、自愿注册原则、优先权原则；了解商标注册的审核标准，商标注册制度与商标使用的关系。

关键词　商标注册　类似商品　近似商标　商标评审

导语

株式会社迅销系"UNIQLO"商标所有人，其旗下的子公司优衣库商贸有限公司（以下简称优衣库公司）与迅销（中国）商贸有限公司（以下简称迅销公司）共同经营该品牌。株式会社迅销在日本注册了UL商标，并曾向中国商标局申请UL商标领土延伸，但被驳回。在中国，广州市指南针会展股份有限公司（以下简称指南针公司）和广州中唯企业管理咨询服务有限公司（以下简称中唯公司）注册了包括UL商标在内的2600多个商标，并将多个注册商标转让他人。指南针公司、中唯公司曾在华唯商标转让网上公开出售UL商标，并向迅销公司要求800万元的转让费。2014年3月，指南针公司发出律师函，要求优衣库公司、迅销公司立即停止侵权并赔偿。之后，指南针公司、中唯公司以优衣库公司和迅销公司及它们的下属分公司侵害指南针公司、中唯公司涉案注册商标专用权为由，分别在全国多家法院提起诉讼。最终，最高人民法院提审后判决撤销一审、二审认定优衣库公司侵权的判决，驳回指南针公司和中唯公司全部诉讼请求。[1]

本案的结果，体现了我国商标法秉持的"申请注册和使用商标，应当遵循诚实信用原则"。虽然我国《商标法》采取的是注册取得商标权制，但商标权的取得有着严格的程序安排，对于恶意取得和其他非法取得商标权的行为，商标法都作了明确的禁止性规定。本章的重点，就是商标取得的原则、要件和程序。

第一节　商标权取得的方式

商标权的取得分为原始取得和继受取得，原始取得又有使用取得和注册取得两种方式。

〔1〕 参见中华人民共和国最高人民法院民事判决书，（2018）最高法民再396号。

以下着重阐述商标权的使用取得和注册取得。

一、使用取得

商标创设后须被实际使用于商业活动,商标权基于商标的使用事实而形成,此即被称为使用原则。使用原则在历史上曾是商标权产生的唯一依据,这是由商标功能决定的。商标是作为证明某个商人商品的手段而出现的,如果该商品不出售,商标既不证明来源又不证明商品,其存在就毫无意义。基于此,商标上的权利是凭借使用获得的,而不能仅仅由于选定了某个标记。最早保护商标的成文法律即以使用为基础并按照使用的先后决定商标权利的归属。法国是第一个制定商标法的国家,其 1857 年《以使用原则和不审查原则为内容的商标法律》是现代意义上的首部商标法。依据该法,第一个公开地、不含糊地使用商标的人取得商标上的权利。申请注册只起宣告作用。同样的商标,先使用的优先于先申请的。直到 1964 年法国改用申请注册制,商标权由注册而产生,申请注册才成为商标权产生的依据。[2]

(一)使用原则的发展

现时仍保留使用原则的只有英美法系的极少数国家,最典型的是美国。根据普通法,任何商家、个人只要在商业活动中采用了具有显著性的商标,就可以获得商标权。美国商标法源于普通法中的"假冒诉讼"——法律禁止把一个商人的商品假冒成另一个商人的商品出售。这种保护显然是为了阻止一个低级生产者冒用一个高级生产者的商誉进行商业活动。提起假冒诉讼的条件是,原告必须证明自己已获得一定商誉。就商标而言,只有实际使用的商标才能产生商业信誉,如果没有商业活动,商标就不存在,商标信誉也无从谈起。这就是说,只有经过使用的商标才能通过假冒诉讼获得保护,因而获得一种商标上的权利。在制定了商标成文法(《兰哈姆法》)以后,美国建立了联邦商标注册制度,但是,商业上的使用仍是进行注册的先决条件。商标权的最终取得,必须要凭借对商标的使用。"商业上的使用"是指在州际贸易或对外贸易上的使用。使用必须是在商业上的实际使用,即把商品投放市场,使商标和消费者发生接触,使商标发挥识别商品来源的作用,而不是象征性使用。已经使用的商标可以申请注册,但注册并不决定权利的产生,而是给予注册人程序上和实体上某些额外的好处。[3] 注册的效力在于:(1)推定通知。经过联邦注册即推定向以后的使用者发出了通知,后来的使用者不得以不知情而证实他的善意。(2)商标权利不受地域限制。联邦注册就是向全国发出的公示,注册人的商标权在全国范围内都有效力,尽管该商标在某些地区并未使用。(3)商标权利有效的初步证据。商标注册证书是注册人享有对该商标专有权的初步证据,当另一方主张商标权无效时,法律据此免除侵权诉讼中注册人的举证责任。(4)不可争议的法律地位。注册商标在注册后连续使用 5 年,将取得不可争议的权利,即他人不能以某种理由提出否定该商标权的请求。此外,根据美国《贸易法》第 1337 条的规定,商标所有人可依据联邦注册向美国海关提出申请,阻止侵权物品的进口。自 1988 年美国《商标法》修订以后,使用原则发生了一些变化,"实际使用"和"意图使用"都符合使用原则的要求。厂商只要具有真诚使用某一商标的意图,就可以申请联邦商标注册。对外国申请人来说,商

---

〔2〕 参见沈达明编著:《知识产权法》,对外经济贸易大学出版社 1998 年版,第 305 页。

〔3〕 参见李明德:《美国知识产权法》,法律出版社 2003 年版,第 292 页。

标在其本国注册即视为已经实际使用。

使用原则反映了商标功能的要求,但也不可避免地存在某些弊端,主要表现在:首先,使用事实即可产生权利,那么如何使他人知晓这一事实?使用人的经营活动限于某一地区,那么所产生的权利是限于该地区还是遍及全国所有地区?如果遍及其他地区,又怎样通知大家?其次,由于不知情而善意使用相同商标引发争议时,不易查明究竟谁是首先使用商标的人,为了解决争议,当事人和商标主管部门都将付出较高成本。正因如此,目前世界上绝大多数国家不再采用使用原则。

(二)使用原则的特例

使用原则的一个特例是因驰名而取得权利。某些商标尚未注册,但基于其已享有的知名度可以对抗他人的注册或使用,这就是驰名商标保护制度。驰名商标是指为相关公众知晓并享有较高声誉的商标。商标之所以驰名,是长期使用、持续投入的结果。相反,一个从未使用过的、与市场和消费者相脱离的商标是无法达到广为知晓的程度的。正是从这个意义上说,因驰名而取得的权利是使用原则的一个特例。驰名商标制度也是对注册原则的补充。注册原则即"不注册,不保护",在某些情况下可能导致很不公平的结果。例如,某个商标在其本国或相关国家已经注册并为相关公众所熟知,却未在国外注册,对外国来说,该商标即为未注册商标。当该商标在国外被他人抢先注册时,必然会对该商标所有人造成损害。此类商标抢注是知识产权地域性和注册制度下不可避免的一个国际性问题。又如,某个商标已经申请注册,但尚未被核准注册或者在注册程序中发生了异议,复审或司法争议致使申请周期延长,在这期间,未获核准的商标一直在实际使用,事实上其已成为驰名商标。此外,有一些未以"商标"称呼但具有商标功能的标识,如商品装潢、商品特有名称都可归入未注册商标之列,经营者对此所做的使用和宣传也可使其成为事实上的驰名商标。对这些未注册但经实际使用业已驰名的商标,如果因为注册原则而一概拒绝保护,显然对付出劳动和投资的经营者是不公平的,也不利于鼓励诚实经营和促进市场竞争秩序的建立。驰名商标保护制度的初衷就是解决未注册商标的保护问题,尤其是商标的域外保护。为此,在1911年的《巴黎公约》修订会议上,法国率先提出对驰名商标予以特殊保护,但其建议未被此次会议通过;在1925年的修订会议上,一些国家再次提出驰名商标保护问题,由此终于在《巴黎公约》增订了关于驰名商标的第6条之2;1934年伦敦会议上又对该条进行了调整,形成现在的第6条之2。该条规定:对外国驰名商标,构成复制、模仿或者翻译,且用于相同或类似商品,易于产生混淆的,成员方应拒绝或撤销注册并禁止使用。该条款的基本精神是:未经注册但享有知名度的商标应当和注册商标一样,具有禁止他人注册使用的效力。换言之,驰名商标所有人享有的"撤销他人的注册、禁止他人使用"的权利,并非来自注册,而是来自商标的知名度。

商标因驰名而获得保护这一特例,在某些国家甚至得到了立法上的肯定。例如,德国原来是一个只承认注册制的国家,但法院后来承认了在市场上获得声誉的使用也具有与注册同样的效力,接着立法机关肯定了这一原则。德国《商标法》第4条规定,商标保护产生于:(1)一个标志在专利局设立的注册簿上作为商标注册;(2)通过在商业过程中使用,一个标志在相关商业范围内获得作为商标的第二含义;或者(3)具有《巴黎公约》第6条之2意义上的驰名商标的知名度。依据德国法律这一规定,商标权既可以通过注册而获得,也可通过在市场上使用而获得。但这种使用必须是使公众能将商标与使用者联系起来的使用。简单的没有得到公众承认的使用,是不足以产生实质性商标权的。[4]

我国《商标法》对使用取得的规定,主要集中在驰名商标上。2001 年《商标法》在第二次修正后新增第 13 条,明确规定了驰名商标的保护。2013 年第三次修正时,又增加了对驰名商标的界定和认定程序。该条首先将驰名商标界定为"为相关公众所熟知的商标",随后对驰名商标的保护方式加以规定:"就相同或者类似商品申请注册的商标是复制、摹仿或者翻译他人未在中国注册的驰名商标,容易导致混淆的,不予注册并禁止使用。就不相同或者不相类似商品申请注册的商标是复制、摹仿或者翻译他人已经在中国注册的驰名商标,误导公众,致使该驰名商标注册人的利益可能受到损害的,不予注册并禁止使用。"这一规定的第 2 款和第 3 款将驰名商标区分为注册的和未注册的,两者的保护水平有所不同。如果某一驰名商标是未注册的,其权利范围限制在相同或类似商品上;如果某一驰名商标是注册的,则其权利范围就不以相同或类似商品为限,可以扩大到不相同或不类似的商品上。无论是注册的驰名商标还是未注册的驰名商标,都享有特殊保护。其特殊保护可以概括为:有权禁止他人注册,有权禁止他人使用。这一特殊保护的效力和注册商标的并无差异。特殊保护所产生的这一效力,无疑可看作驰名商标拥有人所享有的专有权利。

二、注册取得

注册取得是指商标权取得必须经过登记注册,注册商标受法律保护,未经注册的商标,一般得不到法律的保护。

(一)注册原则的发展

在商标保护的历史上,注册原则的出现晚于使用原则,但却为世界上绝大多数国家所采用。其主要原因是,经济的发展使市场不再限于一定的地理范围,如本地区,而是扩大到全国和本国以外,以商标的实际使用作为向他人发出权利通知的前提难以满足市场需求。首先,在扩大了的市场上,商标使用的事实难以查证,相同或近似标志的混同也就难以避免,而通过登记注册的方式进行权利推定和权利公示是最安全、最简便的。其次,法律所保护的商标权具有排他性,权利人对某一标记享有权利即排除他人使用相同或近似商标。为了准确地确定权利的归属和存在状态,保障权利获得者是唯一的权利人,使公众对某一标记的权利状态有据可查,就必须以公众可以得知的方式进行通知,这就是商标的登记注册。最后,注册还有助于商标权人行使商标权利。注册商标可以通过权利转让、许可使用、质押等方式实现商标权的价值。在上述商标权交易中,唯有通过注册进行权利公示才能确保交易安全。

注册原则也有其制度上的缺陷。首先,从制度的基础来看,使用原则强调商标总是和商业活动联系在一起,如果商品不出售,商标就毫无意义,商标也不会存在,商标权也没有保护的必要,这是使用原则的合理性所在。相比之下,注册制度强调注册保护、申请在先,因此容易产生一些注册而不使用的垃圾商标,这些没有生命的商标反而会给市场公平竞争带来一些障碍。其次,"注册原则"必然要和"申请原则"相结合,注册原则必然按照注册申请时间

---

[4] 参见[德]阿博莱特·克里格:《商标法律的理论和历史》,载李继忠、董葆霖主编:《外国专家商标法律讲座》,工商出版社 1991 年版,第 12 页。

上的先后决定权利的归属。这就有可能出现利用程序进行不正当竞争的行为，如抢先注册，阻碍他人正当注册、损害先使用人的利益，以及利用程序拖延、阻碍竞争对手等现象。

（二）我国商标法规定

我国商标法实行注册制度和先申请原则。《商标法》实施三十多年来，利用注册程序进行不正当竞争，损害未注册商标所有人正当权益的现象一直存在。为了确保公正性，维护诚实信用原则在商标注册中的根本地位，《商标法》在1993年和2001年的两次修改都从立法角度对未注册商标予以一定程度的保护。1988年第一次修改的《商标法实施细则》（已失效），增加了关于撤销注册不当商标的有关规定（第25条），1993年和2001年修改的《商标法》，对未注册商标的保护进一步加强，形成现行《商标法》第13、32、45条等规定。这些涉及未注册商标的法律规定的基本内容为：对未注册商标实行有条件的适度保护。以不正当手段抢先注册他人驰名商标或使用在先并有一定影响的商标的，商标局在异议程序或商标评审委员会在商标评审程序中应予撤销；以不正当竞争目的使用他人驰名商标的，应当制止。以"红双喜"商标为例，沈阳双喜压力锅厂最早使用"红双喜"商标并使其享有一定知名度，但是由于其未能及时注册而被他人抢先取得"红双喜"商标的专用权，这是否公平？从程序上来看，抢先注册者并无不当，但从实质正义看，这无疑伤害了实际上为"红双喜"商标投入大量成本的最先使用者。针对这种情形，我国《商标法》2013年修改时，新增第59条，该条第3款明确界定了商标使用与商标注册的关系，规定商标注册人申请商标注册前，他人已经在同一种商品或者类似商品上先于商标注册人使用与注册商标相同或者近似并有一定影响的商标的，注册商标专用权人无权禁止该使用人在原使用范围内继续使用该商标，但可以要求其附加适当区别标识。这一规定意味着在先使用并且获得一定影响的商标，可以不受在后被注册了的同一商标的影响，在原有使用范围内继续使用，但需要应注册商标持有人的要求附加适当区别标识。在2019年《商标法》第四次修改后，针对实践中广泛存在的恶意申请、囤积注册等不当行为，其第4条第1款中又专门新增加了规制恶意注册的内容，规定不以使用为目的的恶意商标注册申请应当予以驳回，同时在第19条中明确要求商标代理机构审查商标申请使用目的，至此，将商标使用意图全面纳入我国当前的商标注册体制。

第二节　商标注册的原则

一、申请在先原则

（一）申请在先原则的含义

申请在先原则又称注册在先原则，指两个或两个以上的申请人，在相同或类似的商品上以相同或者近似的商标申请注册时，申请在先的商标，其申请人可获得商标专用权，在后的商标注册申请应予以驳回。

从制度构成上讲，申请在先原则是商标注册原则的延伸。既然商标权的取得以注册为依据，而不考虑商标是否使用，那么自然就是谁先申请注册，谁就最有可能取得商标权。申请在先原则意味着，任何经营者如果只是一味地使用商标，而不去申请注册，就不能获得受法律保护的对该商标的独占权。而后来者将该商标进行注册申请,就有可能取得商标专用权,进而阻止第一个使用者继续使用该被注册的商标。申请在先原则用来处理两个以上的申请者申请注册相同商标时的关系,《商标法》第 31 条规定:“两个或者两个以上的商标注册申请人,在同一种商品或者类似商品上,以相同或者近似的商标申请注册的,初步审定并公告申请在先的商标;同一天申请的,初步审定并公告使用在先的商标,驳回其他人的申请,不予公告。”该规定明确了我国实行的是以申请在先原则为主、以使用在先为补充的商标审核制度。申请日不同的,申请在先的商标不论其使用与否,优先审查,优先注册,申请在后的商标则应无条件地予以驳回。申请日为同一天的,采用使用在先的原则,优先考虑首先使用该商标的申请人。申请人应当提供最早使用该商标的日期的证据。同日使用或者均未使用的,申请人可以自行协商解决。协商不成的,申请人以抽签方式确定一个申请人。

与申请在先原则相对应的是使用在先原则,它是依附于使用原则而存在的。在实行使用原则的美国,一个商标须经过商业上的使用才可能获得注册。申请商标注册时,申请人应提交商标使用情况的证明。如果有两个以上的申请人申请注册相同商标,则根据使用时间的前后来决定谁可能获得注册。不过,对于外国商标来说,只要已在其本国注册,均被视为“已在商业上使用”。

(二)申请在先原则的正当性

申请在先原则亦有不足之处,抢注他人商标或恶意阻拦他人注册商标就是注册制度下容易发生的不正当竞争行为。前述关于“红双喜”牌压力锅的遭遇,以及现实中屡屡发生的中国老字号、著名商标在境外被抢注的案例,不排除注册人利用申请在先原则的程序规则行恶意竞争之实。固然,注册制度和申请在先原则作为商标权产生的基础不可动摇,但是,申请在先原则应建立在诚实信用原则的基础之上。诚实信用原则作为民法基本原则,其核心为要求人们在契约的订立和履行、权利的取得和行使过程中应心存善意,不欺不霸,不以损害他人利益为取得自己权利的条件。诚实信用原则包含了市场经济的一般道德要求,体现公平、正义的价值取向,其抽象性和基础性的特点决定了其应被无一例外地适用于所有民事行为、经营活动。现行《商标法》在商标的确权程序方面体现诚实信用原则,该法第 32 条规定:“申请商标注册不得损害他人现有的在先权利,也不得以不正当手段抢先注册他人已经使用并有一定影响的商标。”这一规定明确提出了申请在先原则的正当性,包含两层含义:一是对在先权利给予保护。此既属遵循法理和国际惯例,也是我国商标实务中一贯奉行的原则。“在先权利”指他人享有的其他知识产权和某些民事权利。二是对未注册商标给予有条件的适度保护,即赋予先使用人制止他人恶意抢注的权利。“抢注”就是将他人尚未注册的商标申请注册,在时间上,抢在他人之前,在对象上,将他人的商标作为自己的商标来注册。如前所述,抢注行为在程序上符合申请在先原则以时间先后决定商标权归属的出发点,但从抢注的目的和社会效果看,被抢注的商标往往是他人经过使用、在一定范围内具有影响的或者已在其他类别的商品或服务上注册的商标,使用人投入了一定人力、物力才使商标产生财产价值。抢注人无偿利用他人经营成果获取利益或者企图阻止实际使用人获得商标权,构成对先使用人合法权益的损害,如不对此加以约束,将会助长某些损人利己、违反诚实信用原则的不当行为。2020 年最高人民法院《关于审理商标授权确权行政案件若干问题的规定》中还规定,如果申请人明知或者应知是他人已经使用且具有一定影响的商标而予以抢注，即可认定申请人构成“以不正当手段抢先注册”，而且将“一定影响”定义为：“有一定的持续使用时间、区域、销售量或者广告宣传”，有证据证明在先商标有一定的持续使用时间、区域、销售量或者广告宣传等的，可以认定其具有一定影响。但是，对于已经使用并有一定影响的商标，不宜在不相类似的商品上的使用给予保护。因此，对商标抢注行为进行适当限制是完全必要的。

二、自愿注册原则

自愿注册，是指商标使用人是否申请商标注册取决于自己的意愿。自愿注册原则是一种国际惯例，符合知识产权的私权本质。商标使用人申请或者放弃商标权利，都是在行使自己的民事权利，不受他人非法干涉，也不应当受行政权力的制约。依自愿注册原则，商标无论注册与否均可使用，但注册商标和未注册商标在法律上的地位不同。注册商标享有专用权，未注册商标不具有受法律保护的专用权。即使如此，商标使用人依自愿注册原则仍可以根据自身需要决定是否申请注册商标以及确定企业商标战略，如一些地产地销、试产试销的产品和短期经营的产品所使用的商标多不申请注册。而对那些长期生产经销、质量稳定可靠、有市场潜力的商品使用的商标就应及时申请注册。

实行自愿注册原则的同时，商标法律对极少数商品仍保留了强制注册要求。《商标法》第6条规定，法律、行政法规规定必须使用注册商标的商品，必须申请商标注册，未经核准注册的，不得在市场销售。依此强制性规定，使用的商标必须注册是一种义务，违反此项义务的，将产生相应的法律责任。目前要求必须使用注册商标的商品是烟草制品。

三、优先权原则

优先权是《巴黎公约》赋予其成员方国民申请工业产权时在申请日期上的优先利益。根据《巴黎公约》第4、11条的规定，商标注册申请的优先权，时间为6个月；对在国际展览会上首次展出的商品的临时保护，可以给予优先权，时间也是6个月。世界上大多数国家都实行先申请原则，而且要求申请客体具有新颖性，所以，申请人要在几个国家申请同样内容的保护，如果没有优先权，就必须同时在几个国家提出同样内容的申请，否则后提出的申请有可能得不到保护。但同时在国内外几个国家提出同样的申请，事实上很难办到。优先权制度就是为了适应这种需要而建立的。我国在2001年之前的《商标法》中没有优先权的规定，只是在《商标法实施细则》有相关内容。实务中，商标主管部门承认和保护外国申请人的优先权，但是没有涉及展览会临时保护的优先权形式。2001年《商标法》修改后完善了优先权的规定，不仅对其作出专门规定，并且分别规定了申请优先权和展览优先权。

商标注册申请的优先权是指，商标注册申请人在外国第一次提出商标注册申请之日起6个月内，若向中国提出同样申请的，将优先于他人在该申请日后提出的申请，取得申请在先的地位。产生优先权的根据有两个：一个是首次申请，另一个是首次使用。因首次申请而产生的优先权，也可称为申请优先权，[5]即在国外提出商标注册申请后又在中国提出商标注册申请的，可以享有优先权。《商标法》第25条规定，商标注册申请人自其商标在外国第一

---

〔5〕 参见黄晖：《商标法》，法律出版社2004年版，第90页。

次提出商标注册申请之日起6个月内,又在中国就相同商品以同一商标提出商标注册申请的,依照该外国同中国签订的协议或者共同参加的国际条约,或者按照相互承认优先权的原则,可以享有优先权。这就是所谓的申请优先权。

因首次使用而产生的优先权,也可称为展览优先权,〔6〕是指在展览会展出商品上首次使用的商标,可以享有优先权。《商标法》第26条规定,商标在中国政府主办的或者承认的国际展览会展出的商品上首次使用的,自该商品展出之日起6个月内,该商标的注册申请人可以享有优先权,即展览优先权。

优先权并不自动产生。申请人要求优先权的,应当在提出商标注册申请的时候提出书面声明,并且在3个月内提交第一次提出的商标注册申请文件的副本或者展出其商品的展览会名称、在展出商品上使用该商标的证据、展出日期等证明文件;未提出优先权声明或者逾期未提交证明文件的,视为未要求优先权。

四、诚实信用原则

我国《商标法》已经明确规定了申请注册商标和使用商标,应当遵循诚实信用原则。商标代理机构亦应当遵守诚实信用原则。此外,《商标法》增加了对商标申请人和代理机构违反诚实信用原则禁止性和惩罚性规定。

诚实信用原则为私法的基本原则之一,是指民事活动中的当事人在行使权利和履行义务时,应当遵循诚实信用的道德准则,秉持诚实,恪守承诺,这也是市场经济活动中的道德准则。〔7〕 商标申请的诚实信用原则,是指行为人在注册和使用商标时应秉承善意,不得侵害他人与社会的利益。今天的商标法如此强调诚实信用原则,原因在于市场中恶意抢注、囤积商标和攀附他人商誉的情况日益严重。一方面这些行为扰乱了市场秩序,持续损害企业和消费者的合法权益,另一方面大量的申请和诉讼挤占了公共资源,造成商标申请和案件的积压。有鉴于此,2019年《商标法》修正后增设了第4条第1款后半段,即规定"不以使用为目的的恶意商标注册申请,应当予以驳回"。其针对的就是实践中抢占商标稀缺资源和恶意注册商标囤积商标等违反诚实信用原则的行为,从源头上打击恶意注册商标的乱象,在事前就阻止那种自身不使用,而仅以抢占商标为目的的注册行为,弥补了先注册原则存在的漏洞。

国家市场监督管理总局2019年颁布的《规范商标申请注册行为若干规定》第3条,专门列举了商标注册过程中违反诚实信用原则的行为,包括:(1)不以使用为目的恶意申请商标注册的;(2)复制、摹仿或者翻译他人驰名商标的;(3)代理人、代表人未经授权申请注册被代理人或者被代表人商标的;基于合同、业务往来关系或者其他关系明知他人在先使用的商标存在而申请注册该商标的;(4)损害他人现有的在先权利或者以不正当手段抢先注册他人已经使用并有一定影响的商标的;(5)以欺骗或者其他不正当手段申请商标注册的;(6)其他违反诚实信用原则,违背公序良俗,或者有其他不良影响的。该规定的第8条,还界定了不以使用为目的的恶意商标注册申请的判定要素,包括:(1)申请人或者与其存在关联关系的自然人、法人、其他组织申请注册商标数量、指定使用的类别、商标交易情况等;(2)申请人

---

〔6〕 参见黄晖:《商标法》,法律出版社2004年版,第90页。

〔7〕 参见梁慧星:《民法总则讲义》,法律出版社2021年版,第15页。

所在行业、经营状况等；(3)申请人被已生效的行政决定或者裁定、司法判决认定曾从事商标恶意注册行为、侵犯他人注册商标专用权行为的情况；(4)申请注册的商标与他人有一定知名度的商标相同或者近似的情况；(5)申请注册的商标与知名人物姓名、企业字号、企业名称简称或者其他商业标识等相同或者近似的情况；(6)商标注册部门认为应当考虑的其他因素。

第三节　商标注册的申请

商标注册是指商标使用人为了取得商标专用权，将其使用的商标向商标行政主管机关提出申请，商标行政主管机关经过审核登记备案的制度。对申请人来说，商标注册是一种法律行为，必须依照法定程序和条件向商标主管机关申请注册，方能取得商标权；从商标主管机关的角度看，对商标申请的审查属于行政许可行为，商标局、商标评审委员会的审查工作关系到相对人的重要民事权益，其应当依照法定程序行使职权。

一、商标注册申请人

任何民事主体都可以申请商标注册。依《商标法》第 4 条的规定，自然人、法人或者其他组织对其生产、制造、加工、拣选或者经销的商品或者对其提供的服务，需要取得商标专用权的，应当向商标局申请商标注册。

在过去很长一段时间里，我国商标法不承认自然人的商标注册申请人资格。但随着市场经济的发展，商标申请人自然也扩大到了自然人。允许个人申请商标注册使广大农村种植户、养殖户和城市自由职业者有可能成为商标权人，这不仅满足了公民使用商标的需求，更重要的是，它尊重个人的市场主体地位，有利于推动城乡经济全面繁荣。实际生活中，个人申请商标主要基于以下一些考虑：计划在 3 年内从事经营活动，先以个人名义注册商标，待正式经营时商标已核准注册，既不耽误使用，也可在一人公司或合伙经营中将其作为无形资产进行投入；在非营利、公益事业的个人网站上注册的个人商标，除了可作为识别标识外，还可作为个人资产加以运作。

申请人也可以是两个以上的自然人、法人或者其他组织。多个主体共同向商标局申请注册同一商标的，共同享有和行使该商标专用权。

外国人在我国申请商标注册的，应当按其所属国和我国签订的协议或者共同参加的国际条约办理，或者按对等原则办理。我国在 1985 年加入了《巴黎公约》。由于《巴黎公约》对于商标的跨国保护有明确规定，公约的成员已包括了世界上绝大多数国家。因此，我国对待外国申请人主要依《巴黎公约》的规定，凡属公约成员方的自然人和法人都可以在我国申请商标注册。

申请商标注册的国内申请人可以自己直接到商标局办理注册申请手续，也可以委托商标代理组织办理。外国人或者外国企业在我国申请注册商标和办理其他商标事宜的，应当委托我国政府认可的商标代理组织代理。对外国申请人这一程序上的要求是为了保护外国申请人的合法权益，保证商标法律事务的质量和提高商标注册机关的工作效率。其他国家也都对外国申请人规定了强制委托代理制度。

二、商标注册文件

首次申请商标注册,申请人应当提交申请书、商标图样、证明文件和申请费。

(一)商标注册申请书

申请商标注册应当向商标局提交一份商标注册申请书。商标注册申请书应当列明当事人的基本情况,加盖申请人的章戳,自然人必须签字。

申请注册的商标应当按规定的商品分类表填报使用该商标的商品类别和商品名称。商品分类表是划分商品及服务类别,以便商标注册管理的重要依据。我国现采用的是《类似商品和服务区分表》,为2009年原国家工商行政管理总局商标局根据尼斯分类的商品和服务项目划分的类似群。2022年,国家知识产权局商标局根据尼斯分类第11版对《类似商品和服务区分表》作了调整,划分了45个类别项,包括34类商品和11类服务。正确填报商品名称或服务项目是注册申请工作的重要一步,这有助于注册进程的顺利进行,保证申请人及时获得注册。此外,它还决定了日后商标权的保护范围。

(二)商标图样

每一件商标注册申请应当向商标局提交一份商标图样。以三维标志申请商标注册的,应当在申请书中予以声明,说明商标的使用方式,并提交能够确定三维形状的图样,提交的商标图样应当至少包含三面视图。以颜色组合申请商标注册的,应当在申请书中予以声明,说明商标的使用方式。商标为外文或者包含外文的,应当说明含义。

(三)证明文件

与申请书同时提交的证明文件包括:自然人的身份证,法人的营业执照副本或登记机关颁发的证件。

使用人物肖像作为商标申请注册的,申请人必须提供经公证机关公证过的肖像权人的授权书。

申请集体商标注册的,应当附送申请人主体资格证明和商标使用管理规则;申请证明商标注册的,应当附送申请人主体资格证明文件并应当详细说明其所具有的或者其委托的机构具有的专业技术人员、专业检测设备等情况,以表明其具有监督该证明商标所证明的特定商品品质的能力。

申请人要求优先权的,应当提交有关国家主管机关予以证明优先权的证明文件。

三、其他情形的注册申请

商标注册涵盖的范围很广,为取得商标专用权而进行的首次注册是一种最基础的注册,除此之外,需要办理注册手续的商标事务还有下列方面:

1. 另行注册。注册商标需要在核准使用范围之外的商品上取得商标专用权的,应当另行提出注册申请。2013年修正的《商标法》,优化了商标申请的程序,表现在第22条所规定的商标注册申请人可以通过一份申请就多个类别的商品申请注册同一商标。这意味着商标申请人无须就同一商标在多个类别的商品上注册时逐一另行注册,而是能够一次性在多类别的商品上注册同一商标。另行注册的适用范围因此而缩小,这有助于节约商标审查的资源。

2. 变更注册。注册商标需要变更注册人的名义、地址或者其他注册事项的,应当提出变更申请。这里所涉及的商标变更是指注册人因某种原因需要改变名义或姓名、地址或者其他事项,而不包括使用商标的商品范围的变更和商标权利的转让。注册人自然状况发生变化,应及时进行变更注册,保证商标注册簿中的记载与实际情况一致。这是维护商标权正当行使所必需的。

3. 转移注册。商标权的转移,是指因商标权人死亡或消亡、法院判决执行质押等原因而发生的商标权转移。根据《商标法实施条例》第 32 条的规定,注册商标专用权因转让以外的继承等其他事由发生移转的,接受该注册商标专用权的当事人应当凭有关证明文件或者法律文书到商标局办理注册商标专用权移转手续。这里所说的移转手续即转移注册。

第四节 注册申请的审查与核准

一、形式审查

形式审查是对商标注册申请的文件、手续是否符合法律规定的审查。通过形式审查认为文件填写准确、规范,手续齐备的,即予以受理,并编写申请号,发给受理通知书。

1. 申请日的确定。形式审查主要是为了确定商标注册的申请日期。申请日以商标局收到申请文件的日期为准,申请人享有优先权的,优先权日为申请日。申请日是一个十分重要的期日,由于商标法实行申请在先原则,如有两个或两个以上的申请人,在同一种商品或者类似商品上,分别以相同或近似的商标申请注册的,申请日的先后就成为确定商标权归属的法律依据。如有两个或两个以上的申请人,在同一种商品或者类似商品上,分别以相同或近似的商标在同一天申请注册的,则按使用时间的先后确定先申请人。

2. 申请的补正。在形式审查过程中,商标局发现申请文件中存在非实质性问题的,通知当事人加以补正,例如,申请人名称与章戳或证件不一致、申请书未附商标图样等情况。申请人接到商标局的补正通知后,应及时按规定进行补正,并按时将申请文件寄回商标局。

3. 申请的退回。商标局经过形式审查,对申请手续不齐备或者未按规定填写申请文件的,予以退回,申请日期不予保留。商标局要求补正的,如申请人未做补正或者超过期限补正的,商标局也予以退回,申请日期不予保留。

二、实质审查

实质审查是对商标是否具备注册条件的审查。《商标法》所说的审查主要是指实质审查。实质审查的内容包括在先性等积极条件和禁止注册的消极条件。

积极条件的审查主要针对商标标志是否可为视觉感知,是否具有显著特征、便于识别,是否违反公序良俗,是否符合诚实信用原则。我国 2021 年颁布的《商标审查审理指南》下编第一章第 2.2 条专门列举了商标注册实质审查工作的审查范围,即“审查商标注册申请是否存在法律禁止使用的情形、是否具备商标的显著特征、三维标志商标是否具备功能性、与他人在先申请或者注册的商标权利是否冲突，同时负责对不以使用为目的的恶意商标注册申请、商标代理机构超出代理服务范围的商标注册申请予以驳回。主要适用《商标法》第四条、第十条、第十一条、第十二条、第十六条第一款、第十九条第四款、第三十条、第三十一条、第五十条”。这方面的审查工作往往与在先权利人或者利害关系人的请求有关。相关内容在前一章有详尽阐述，此不赘述。下面仅就待审商标是否和已注册商标构成相同或近似展开说明。

（一）商标近似

商标相同或者近似是商标法的一个重要概念。明确商标近似的判断标准，是适用商标法的一个重要问题。即便是对商标近似的判断标准在商标法的条文中加以明确规定，由于标准的抽象性，实践中也需要通过个案进行解释，并需要不断从商标实务中总结出一些经验性、惯例性的标准。早在20世纪70年代末，世界知识产权组织就对某些国家近似商标的判断标准作了研究。结果表明，所有国家的某些基本标准是十分接近的，如对于文字商标的字形、字意和发音近似的判断，这些判断似乎存在于每个国家的标准之中，即使这些并不是商标法本身所提到的标准。2020年我国最高人民法院在《关于审理商标民事纠纷案件适用法律若干问题的解释》中，对何为相同和近似都作了专门的解释。商标相同，是指被控侵权的商标与原告的注册商标相比较，二者在视觉上基本无差别。商标近似，是指被控侵权的商标与原告的注册商标相比较，其文字的字形、读音、含义或者图形的构图及颜色，或者其各要素组合后的整体结构相似，或者其立体形状、颜色组合近似，易使相关公众对商品的来源产生误认或者认为其来源与原告注册商标的商品有特定的联系。同时强调认定商标是否近似，既要考虑商标标志构成要素及其整体的近似程度，也要考虑相关商标的显著性和知名度、所使用商品的关联程度等因素，以是否容易导致混淆作为判断标准。具体而言，认定商标相同或者近似应遵循以下原则：(1)以相关公众的一般注意力为标准；(2)既要进行对商标的整体比对，又要进行对商标主要部分的比对，比对应当在比对对象隔离的状态下分别进行；(3)判断商标是否近似，应当考虑请求保护注册商标的显著性和知名度。

（二）商品类似

商标近似是基于商品的关系而作出判断的，因此，商品类似也是商标法上的一个重要概念。

根据最高人民法院《关于审理商标民事纠纷案件适用法律若干问题的解释》的规定，类似商品，是指在功能、用途、生产部门、销售渠道、消费对象等方面相同，或者相关公众一般认为其存在特定联系、容易造成混淆的商品。例如，冰柜和冰箱、运动服和旅游鞋、照相机与摄像机，每组中的两个商品互为类似商品。类似服务，是指在服务的目的、内容、方式、对象等方面相同，或者相关公众一般认为存在特定联系、容易造成混淆的服务。商品与服务类似，是指商品和服务之间存在特定联系，容易使相关公众混淆。

根据2020年最高人民法院《关于审理商标民事纠纷案件适用法律若干问题的解释》，审查判断商品或者服务是否类似，应当根据相关公众对商品或者服务的一般认识综合判断，其中主要是考虑：商品的功能、用途、生产部门、销售渠道、消费群体等是否相同或者具有较大的关联性；服务的目的、内容、方式、对象等是否相同或者具有较大的关联性；商品和服务之间是否具有较大的关联性，是否容易使相关公众认为商品或者服务是同一主体提供的，或者其提供者之间存在特定联系。同时,《商标注册用商品和服务国际分类表》《类似商品和服务区分表》可以作为判断类似商品或者服务的参考。因此,综合考虑相关因素,认定商品或者服务是否类似,应当遵循以下原则:

1. 以相关公众的一般注意力为标准。商品是否类似和商标是否近似的判断最终取决于消费者的认知。消费者是商品的购买者和最终评判者,凡在市场上销售的商品都以使消费者接受为最终目的。因此,在商标审查过程中,审查人员应当以普通消费者的眼光、心态作出判断。

2. 既要进行对商标的整体比对,又要进行对商标主要部分的比对,比对应当在比对对象隔离的状态下分别进行。整体观察是指在比较商标是否相同或近似时,要注意商标给消费者带来的整体印象。部分观察则是指在比较商标是否相同或近似时,要注意从商标的主要部分来进行对比。其中应以整体比对为主,辅以主要部分的比对。[8]

3. 以商品分类表为参考。《商标注册用商品和服务国际分类表》与《类似商品和服务区分表》是为了方便商标注册而建立的供行政主管部门使用的分类标准。判断商品是否类似是以消费者认知为基准的,其目的是确认消费者是否会对两种商品的来源产生混淆,或误以为它们的生产经营者之间具有某种联系。所以,商品分类表虽具有参考作用,但不能成为判断商品类似的标准。即使是在商品分类表中被列为一类的商品,如果在上述几项因素方面有明显区别,也不应划为类似商品;反之,一些消费习惯中密不可分的商品,尽管在分类表中被划分为不同类别的商品,也应考虑认定为类似商品。

三、初步审定和公告异议

申请注册的商标经过实质审查,凡符合《商标法》有关规定的,予以初步审定和公告。初步审定不等于核准注册,还需要经过公告异议程序才能决定是否核准注册。将初步审定的商标在《商标公告》上公布,这一程序称为审定公告。自公告之日起3个月内,对于初步审定的商标,相关主体可以提出异议。

公告异议程序的目的,一方面在于维护有关当事人的合法权益,及时纠正商标审查工作中的偏差,另一方面在于借助社会力量加强对商标审查工作的监督。对于有权提出异议的主体范围,《商标法》根据异议的原因进行了区分。对于违反驰名商标规定、被代表人或被代理人提出异议、滥用地理标志、涉及在先商标、同时申请,以及损害在先权利(《商标法》第13条第1款,第15条、第16条第1款、第31~32条)这类违反相对异议条件的,仅有在先权利人和利害关系人才能提出异议;而对于违反合法性、显著性和功能性,不以使用为目的的恶意注册申请、商标代理机构违法申请或者违法接受委托申请商标注册(《商标法》第4条、第10~12条、第19条第3~4款规定)这类违反绝对异议条件的,则任何主体均可提出异议。《商标法》将相对理由的异议主体限定为在先权利人和利害关系人,其目的在于防止实践中频频出现的将异议程序作为阻止他人商标申请的手段的行为。其中,在先权利人和利害关系人是指拥有在先权利的著作权人、外观设计专利权人,或者与申请注册的商标有利害关系的公民或法人。

---

[8] 参见北京市高级人民法院《关于审理商标民事纠纷案件若干问题的解答》第13条。

从异议申请程序看,相关当事人的异议申请由商标局受理。商标局在对异议进行裁定前,必须听取异议人和被异议人陈述事实和理由,经调查核实后,自公告期满之日起 12 个月内作出是否准予注册的决定,并书面通知异议人和被异议人。如果有特殊情况需要延长的,必须经过国务院工商行政管理部门批准,才能延长 6 个月。商标局对商标注册异议进行审查后,依法可以直接作出准予或不予注册的决定。如果认定异议不成立的,直接准予注册;异议人如果不服决定,可以根据法定程序向商标评审委员会请求宣告该商标无效。如果认定异议成立而不予注册,被异议人可以自收到通知之日起 15 日内向商标评审委员会申请复审。被异议人对商标评审委员会作出的复审决定不服的,可以在收到通知之日起 30 日内向人民法院起诉。上述异议程序是 2013 年《商标法》修改后所作出的调整,旨在避免因商标异议程序的繁杂而导致商标权长期难以确立,既提高了商标注册效率,也保留了异议人寻求其他救济方式的权利。

经裁定异议不能成立而核准注册的,还涉及申请人取得商标权的时间从何时起算的问题。如果以核准注册之日起算,注册人的权利取得时间会因异议审查程序而延误,其中也不排除有人利用异议程序故意延迟他人注册日期的可能。对此,《商标法》规定,经裁定异议不能成立而核准注册的,商标注册申请人取得商标专用权的时间自初步审定公告 3 个月期满之日起计算,这样就避免了因他人不能成立的理由而影响申请人的合法权益。同时,对于因异议不成立而取得注册商标专用权的时间问题,《商标法》还特别规定自该商标公告期满之日起至准予注册决定作出前,对他人在同一种或类似商品上使用与该商标相同或近似的标志的行为不具有追溯力,但因该使用人的恶意给商标注册人造成的损失,应当给予赔偿。

四、核准注册

初步审定的商标公告期满无人提出异议或异议不成立的,商标局予以正式核准注册。所谓注册,指将核准的商标和核定使用的商品在商标注册簿上登记、编号,在《商标公告》上刊登注册公告,并向申请人颁发商标注册证。商标注册申请人自其商标核准注册之日起成为注册商标专用权人。商标注册证是国家商标主管机关发给商标注册人的具有法律效力的权利证书,是商标注册人合法使用注册商标的依据。商标注册证如果遗失或者破损,应当向商标局申请补发。商标注册证遗失的,应在《商标公告》上刊登遗失声明。伪造或者变造商标注册证的,依照《刑法》关于伪造、变造国家机关证件罪或者其他罪的规定,依法追究刑事责任。

五、商标评审

商标评审属于商标审查制度的重要组成部分,是指由特定机构对商标争议事宜进行复审的制度。在商标注册申请的审查核准工作中,由于种种原因,不可能保证所有审定公告上的商标或核准注册的商标完全符合法律规定。为了保护当事人的合法利益,同时也为加强对商标局确权工作的内部监督,商标法设置了商标评审程序。《商标法》第 2 条规定:"国务院工商行政管理部门商标局主管全国商标注册和管理的工作。国务院工商行政管理部门设立商标评审委员会,负责处理商标争议事宜。""商标争议"的含义比较宽泛,既包括商标权确认过程中商标主管机关与申请人、注册人之间的争议,又包括申请人、注册人与其他平等主体之间因商标权属问题而产生的争议。在商标确权过程中，商标申请人申请注册的商标因商标异议成立而导致不予注册的，商标申请人可以请求商标评审委员会复审；而在异议不成立准予注册的情形下，异议人虽然不能阻止商标的正常注册，但可以请求商标评审委员会宣告商标无效。

商标评审委员会属于行政执法机构，其处理的争议是与其行政管理事务有关的民事权利争议。由行政机关作为处理民事争议的机构，主要是因为这些争议涉及专门知识。商标评审委员会和商标局都是国家知识产权局下设的行政机关，级别相同，互不隶属，但在职能上既相互关联又相互制约。商标局承担普通程序的商标注册审核（确权）工作，商标评审委员会承担特殊程序的商标复审（确权）工作。从程序上看，商标评审是商标局注册审查、异议、无效、撤销等程序的后续程序，而商标评审委员会作出的评审决定又是人民法院司法审查的对象。

归纳起来，商标评审委员会负责处理的商标争议案件包括：(1)不服商标局驳回商标注册申请的决定，申请复审的案件；(2)不服商标局的异议裁定，申请复审的案件；(3)对已经注册的商标，认为注册不当或者与在先合法权益发生冲突而请求裁定无效或撤销的案件；(4)不服商标局宣告注册商标无效或裁定撤销注册商标的决定，申请复审的案件。

商标评审委员会审理商标评审案件实行合议制度，进行书面审理。商标评审委员会作出的评审决定为行政终局决定，当事人不服的，可以自收到通知之日起30日内向人民法院起诉。

结 语

商标权的原始取得有使用取得和注册取得两种方式，就世界范围而言，商标权的取得方式经历了一个由使用取得向注册取得发展的过程，现在保留使用取得制度的代表国家是美国。注册制度和使用制度不是根本对立的，两者是商标权确认上采取的不同途径，两种制度有基本相同的立法宗旨，即维护商标领域的公平竞争，保障诚实商人通过商标从事正当经营，创立商标信誉并取得合法收益。商标注册实行申请在先、自愿注册和优先权原则，注册申请的审查以实质审查为主，包括积极条件的审查和消极条件的审查。商标注册程序中的异议、复审是商标法的通行制度。

思考题

1. 简述注册原则和使用原则两种商标权取得制度的不同之处以及它们各自的利弊。
2. 如何判断商标近似？如何判断商品类似？

资料链接

1. 祝建军：《囤积商标牟利的司法规制——优衣库商标侵权案引发的思考》，载《知识产权》2018年第1期。
2. 王太平：《我国普通未注册商标与注册商标冲突之处理》，载《知识产权》2020年第6期。
3. 吴伟光：《商标权注册取得制度的体系性理解及其制度异化的纠正》，载《现代法学》2019年第1期。

第二十一章 商 标 权

学习目的 了解注册商标专用权、商标权的不同含义，掌握注册商标专用权的权能，未注册商标保护的条件和方式。准确理解商标权限制制度，特别是其中的商标合理使用制度。

关键词 商标权 注册商标专用权 未注册商标保护 商标合理使用

导 语

原告上海万翠堂餐饮管理有限公司（以下简称万翠堂公司）取得了“青花椒”文字的注册商标专用权，核定服务项目为第43类，包括饭店、餐厅等。被诉侵权的龙泉驿区龙泉街办馋猫鱼火锅店（以下简称馋猫鱼火锅店）的店招为“重庆青花椒鱼火锅自助”，且其在美团网站上使用了被诉侵权的“青花椒”标识。万翠堂公司认为馋猫鱼火锅店使用其商标的行为构成侵权。一审法院认为，被告完整地使用了“青花椒”三字，虽在“青花椒”前添附了“重庆”二字，但“青花椒”的标识仍为店招的主要识别部分，其读音、含义均相同，构成商标侵权。二审法院认为，在我国民间，将特色菜品名称直接标注在餐馆店招上，是一种惯常做法，特别是在川渝地区以川菜为特色的众多中小微餐馆，无论是店招、店名还是菜单上使用“青花椒”字样，相关公众都习惯将其含义理解为含有“青花椒”调味料的特色菜品。万翠堂公司对馋猫鱼火锅店就“青花椒”字样的正当使用和诚实经营行为，无权干预和禁止，其诉讼请求不应得到支持。[1]

本案清楚地表明：不能仅依据被告在其商品或服务上使用了与注册商标相同的标识就直接认定商标侵权，还应进一步考察被告使用商标的正当性。如何正确理解注册商标专用权？如何根据商品或服务类别界定商标权的边界？法律对商标权规定了哪些限制？商标权的存续期间如何计算？法律是否保护未注册的商标？本章将针对这些问题展开介绍。

第一节 商标权的概念

商标权是商标法的核心概念，商标法的基本任务就是确认并保护商标权。但是我国商标法并没有“商标权”这一概念，而是以“商标专用权”代之。理论上对商标权的含义也有分

〔1〕 参见四川省高级人民法院民事判决书，(2021)川知民终2153号。

歧,其主要分歧在于:商标权的客体是仅为注册商标,还是包括未注册商标在内?

我国的商标法理论长期以来把注册商标专用权和商标权当作同义语,把注册商标当作商标权的唯一客体。例如,较有影响的观点认为,“商标权是商标注册人对其注册商标所享有的权利”〔2〕,“法律赋予商标所有人对其注册商标进行支配的权利”〔3〕。上述观点都将商标权与注册商标联系在一起,甚至有学者非常明确地指出,“对于未注册商标,只要不是禁止用作商标的标志,也允许使用,但使用者不享有商标权,故得不到法律保护”〔4〕。按照上述观点,商标权实际上应是“注册商标权”。长期以来,这似乎已经成为我国知识产权法学界的一种“共识”。

从商标制度的历史沿革看,商标使用是商标制度产生的基础。商标作为区别来源和表彰质量的手段,是和商品的市场交易联系在一起的,离开商品和商业活动的任何标记都不属于商标。因此,不能仅仅由于选定了某个标志就取得了商标权,一个标志要得到法律保护,必须要通过使用。只有通过使用,一个商标才能实现其功能;只有通过使用,才能产生商标的财产利益并使法律保护成为必要。简言之,关于商标的权利只能通过使用才能取得。早期的商标制度就是在使用的基础之上建立起来的。直到今天,在只承认使用产生权利的国家以及同时承认使用和注册都产生权利的国家,商标权的客体不仅是注册商标,未注册商标也可以受到商标法和反不正当竞争法的保护。可以说,商标的生命就在于使用。在市场使用中,未注册商标和注册商标具有同样的功能,如识别商品来源、表彰商品信誉、促进商品营销。经过使用的未注册商标不仅包含其所有人的投资利益,也赢得了消费者的认可,对于这样已经具备法律保护基础的商标,如果仅仅以缺少程序条件为由不予以保护,有悖于商标法保护合法使用、维护公平竞争这一实质正义。具有可保护利益的未注册商标的情况复杂而多样,除了极少数可归于商标使用人松懈大意的情形之外,大多数是由于注册受阻久拖不决,如遭受恶意异议,还有些是制度设计上的某些缺陷导致商标确权周期较长。对于这样的未注册商标,如果将其排除在法律保护之外,就有可能助长商标领域中的不正当竞争行为。

从现行商标制度来看,将未注册商标排除在保护范围之外与商标法规定和实际情况不符。世界上大多数国家的商标法都实行注册制度,即使如此,商标法所保护的对象也并不局限于注册商标。最典型的例子莫过于驰名商标的特别保护。各成员遵照《巴黎公约》的要求给予驰名商标某些特殊保护,其目的就是保护未注册商标。鉴于国际公约的要求和我国实践的需要,我国《商标法》也在不断完善对未注册商标的有条件保护和适度保护:

首先,禁止商业合作伙伴违反诚实信用原则申请与他人在先使用的未注册商标相同或近似的商标。《商标法》第15条第2款规定:“就同一种商品或者类似商品申请注册的商标与他人在先使用的未注册商标相同或者近似,申请人与该他人具有前款规定以外的合同、业务往来关系或者其他关系而明知该他人商标存在,该他人提出异议的,不予注册。”

其次,规定了未注册商标在先使用者的抗辩权。《商标法》第59条规定,申请商标注册

〔2〕 张序九主编:《商标法教程》(第3版),法律出版社1997年版,第47页。
〔3〕 刘春田主编:《知识产权法》,中国人民大学出版社2000年版,第291页。
〔4〕 张序九主编:《商标法教程》(第3版),法律出版社1997年版,第47页。

前,他人已经在同一种商品或者类似商品上先于商标注册人使用与注册商标相同或者近似并有一定影响的商标的,注册商标专用权人无权禁止该使用人在原使用范围内继续使用该商标,但可以要求其附加适当区别标识。

再次,禁止他人抢注具有一定影响的未注册商标。《商标法》第 32 条规定,申请商标注册不得损害他人现有的在先权利,也不得以不正当手段抢先注册他人已经使用并有一定影响的商标。

最后,对未注册的驰名商标加以保护。《商标法》第 13 条第 2 款规定,就相同或者类似商品申请注册的商标是复制、摹仿或者翻译他人未在中国注册的驰名商标,容易导致混淆的,不予注册并禁止使用。

综上所述,商标权应是商标所有人对其商标的使用所享有的支配权。商标权的客体以注册商标为主,同时包括未注册商标。商标法以保护注册商标专用权为重点,同时有条件地适度保护未注册商标。商标权在权利内容上分为注册商标专用权和未注册商标的正当权益。注册商标专用权即通常意义上的商标权,包括专用权、禁止权、转让权、许可使用权等。其中,注册商标专用权是一项最基本的权利,其他权利则是由专用权派生而来。未注册商标的正当权益是指对抗不正当注册的权利和在先使用权。

第二节 注册商标专用权

一、商标专用权

(一)商标专用权的含义

在我国商标法上,“商标专用权”专门用来描述注册商标受保护的法律后果和状况。“商标专用权”即“注册商标专用权”,其所提供的保护无法及于那些未注册的商标。对于注册商标来说,使用“商标专用权”还是“商标权”的说法,似乎并无实质性区别;但对于未注册商标而言,由于其不享有“商标专用权”,故而“商标权”这一概念似乎更有法律意义。

专用权即商标权人对其注册商标享有独占性使用的权利。我国《商标法》第 56 条将这一权利表述为:在核定使用的商品上使用核准注册的商标。赋予注册商标所有人独占使用权,是为了通过注册建立起来特定商标与特定商品的固定联系,从而促使生产经营者保持商品声誉,保证消费者能够避免混淆并能接收到准确无误的商品来源信息。[5] 商标权人除了自己使用商标外,也可以将注册商标转让给他人或许可他人使用。允许权利人利用其商标,商标权的这种效力叫作商标权的积极效力。

“使用”是商标法的一个重要概念,商标权的获得与使用有关,商标专用权的维持须以使用为前提,侵犯商标权的行为也是因为对商标的非法使用。因此,何谓商标使用,应由法律作出解释。《商标法》第 48 条已经明确将使用界定为“将商标用于商品、商品包装或者容器以及商品交易文书上,或者将商标用于广告宣传、展览以及其他商业活动中,用于识别商品

---

〔5〕 参见黄晖:《商标法》,法律出版社 2004 年版,第 113 页。

来源的行为”。根据这一规定,符合以下情况之一的都属于商标的使用:(1)直接附着于商品、商品包装或者容器上的使用或者在商业广告、产品说明书等其他商业文件中的间接使用;(2)注册商标所有人的自行使用或者是商标权人以外的第三人被许可使用,与商标所有人有业务关联的人的使用;(3)商品或服务经销中的使用或者是产品销售前的使用,如广告宣传。

上述任何一种形式的使用,都可满足商标法对使用的要求。虽然商标使用的方式有多种,但从使用目的来看,商标应当真实有效地使用,只有这样才能够使商标发挥区别作用,提高商标承载信誉的能力。

(二)商标专用权的范围

与财产所有权不同,商标权是一项无形财产权,基于其客体非物质性特点,法律须对权利范围进行明确划定,以便权利人正当行使权利,也有利于他人知悉这是属于私权的领地,避免因闯入而造成侵权。商标专用权的范围是从商标和商品两个方面加以界定的。《商标法》第56条规定:“注册商标的专用权,以核准注册的商标和核定使用的商品为限。”这表明,商标法对注册商标专用权的保护有很强的确定性,是以注册登记的事项,即核定使用的商品和核准注册的商标文字、图形或者两者的组合为准的。注册商标所有人在此范围内的使用行为可受法律保护,超出该核定的商品范围或者改变核准注册的商标形态的使用行为,法律不予保护。

商标保护范围是判断商标侵权行为的基础,只有明确了商标专用权的范围,才可能依此认定他人行为是否构成侵权。商标的标识力和区别力是商标的生命所在,保护商标实质上就是保护商标的标识功能和区别功能,即商标的显著性。如果他人的注册或使用行为致使消费者不能区分不同经营者提供的商品或服务,导致混淆、误认或欺骗,商标所有人和消费者都将因此遭受损失。因此,他人的行为是否导致发生混淆,是判断其行为是否构成商标侵权的最基本标准。而最有可能导致消费者发生混淆的情形,莫过于在相同或类似商品上使用相同或近似的商标。所以,只有明确了商标专用权的范围,才能对他人的注册或使用行为是否构成侵权作出判断。

二、禁止权

(一)禁止权的含义

禁止权即指商标权人有权禁止他人未经许可使用其注册商标。商标权是一种绝对权,具有较强的排他性。排除他人干涉,在商标法上即表现为禁止他人非法使用、非法印制注册商标以及禁止他人非法销售侵犯注册商标的商品。禁止权和专用权是彼此联系的两个权利,专用权涉及的是商标权人使用注册商标的问题,禁止权涉及的是其他人非法使用注册商标的问题。

专用权和禁止权是商标专用权不可分割的两个方面。首先,专用权是积极权利,禁止权是消极权利。专用权从积极权利方面确认注册人的权利范围,在这一范围内,注册人得自由支配商标及商标权利。禁止权从消极权利方面规范第三人的行为,使之处于一种对注册人负义务、责任状态。第三人的商标活动在这一约束之下,保证了专用权的实现。如若没有专用权作为基础,禁止权的行使便无法律依据,而如若没有禁止权,专用权的实现则会失去保障。具体而言,假如没有专用权界定商品范围和标识的范围,第三人的使用行为是否构成侵犯注册商标专用权便无从界定;假如不能排除他人对注册商标的非法使用,注册人的专有使用权就会形同虚设。其次,专用权是一种实体权,禁止权是一种请求权。在注册商标的专用权没有受到他人的干涉和侵害时,商标注册人就不需要提出针对特定人的请求权,其注册商标事实上的状态和应然状态是一致的。但只要有人侵入了专用权的保护范围,并由此使注册人的权利受到损害,商标专用权就有了针对特定人的特征,注册人就可以要求停止侵害和赔偿损失,即行使禁止权。这时,禁止权是以请求他人不作为的形式来保护商标专用权的应然状态。从上述意义上讲,禁止权源于专用权,是专用权的对象化,故禁止权不可脱离专用权而独立存在。将禁止权单独出来的意义在于:有权利便有救济,商标专用权的实现在执法层面体现为禁止权,即请求权的行使,若没有禁止权的关照,专用权的存在便无以体现。

(二)禁止权的范围

禁止权的效力范围大于专用权的范围。根据《商标法》第57条之规定,商标权人对于未经许可在同一种商品或者类似商品上使用与其注册商标相同或者近似的商标的,均有权禁止。这就是说,禁止权的效力范围及于“类似商品”和“近似商标”。

禁止权的效力范围宽于专用权的范围是由商标法防止混淆的宗旨决定的。为了保障商标权人的专用权,仅仅排除他人使用该注册商标的行为是不能实现这一立法目的的。因为近似的标识和标识对象的类似,都会使人发生辨认困难甚至产生混淆。如果允许他人在与注册商标近似的范围内和与核定商品类似的范围内使用商标,是无法制止商标混淆,以保护商标权人的权利和维护消费者的权益的。在现实生活中,利用商标近似制造混淆并从中获利,是一种惯用的侵权手段。大量近似商标的存在必然会对注册商标所有人的合法权益造成直接损害。从消费者利益考虑,在近似的范围内使用商标极易造成混淆甚至使消费者上当受骗。如果容忍在类似商品上并行使用若干近似商标,以致消费者非悉心辨认不可免除混淆和受骗,商标就会失去其本来意义。

三、许可权

使用许可,是指注册商标所有人将其对注册商标的专用权许可他人行使。许可他人使用注册商标是商标所有人利用商标权的一种重要方式,行使此项权利的法律形式是商标所有人作为许可人与被许可人签订许可使用合同。

四、转让权

转让,是指注册商标所有人将其对注册商标的所有权转移给他人所有。注册商标转让的法律后果是商标权利主体变更。转让权是商标所有人对其商标权最重要的一种处分方式。转让注册商标应由双方当事人签订合同,并共同向商标局提出申请,经商标局核准公告后方为有效。

第三节　未注册商标的法律地位

商标注册制度决定了法律保护的对象主要是注册商标，对未注册商标有条件的适度保护是这一制度的例外。一般的未注册商标，法律并不予以保护。有条件保护指对未注册商标中的驰名商标和有一定影响的商标，在注册制度之外给予特别保护。

一、保护未注册商标的必要性

一个商标受到保护的并不是它的标识，而是它和市场上商品之间的联系，以及和商品生产者之间的联系，这种联系就是商标声誉和商标所有人的利益所在。一个商标是否为公众所知并享有声誉，是在市场竞争中形成的一种客观事实，与其是否注册并无直接关系。事实上，商标一旦驰名之后，更容易受到不正当竞争行为的侵害，因此，对驰名商标的保护应该成为商标法律的重点。追溯保护驰名商标的法律渊源，其最早出现在《巴黎公约》1925 年的修订文本中，后逐步形成有关驰名商标的规定，即《巴黎公约》第 6 条之 2。《巴黎公约》增订驰名商标条款的根本原因在于，考虑到商标注册的地域性，某些商标没有在请求保护国注册，但事实上已经广为人知。从商标的功能和消费者的利益出发，商标已经驰名了，消费者也认为它是一个代表特定来源的标识了，因此法律有必要制止与其相抵触的商标注册。按照《巴黎公约》的要求，成员方对驰名商标给予的保护，应当是按照其所有人的请求拒绝或撤销与其相同或近似商标的注册。由此可见，驰名商标保护的精髓正是保护未注册商标。《巴黎公约》第 6 条之 2 的规定是协调注册制度和使用制度两种确权制度以避免二者相互冲突的产物，是在普遍实行以注册确定商标权的情况下，对未注册商标采取的一个有限例外。

从实际情况来看，未注册商标只是在程序上未完成注册，它们之中有的是外国商标，在其原属国或者其他国家已经注册，只是对中国来说是一个未注册商标。中国企业中未注册商标的情况比较复杂，既有未提出注册申请的，也有注册申请被驳回的，还有许多商标是处在注册程序之中尚未获得核准注册的。最后一种情况在现实中十分普遍。一个商标已提出注册申请，却因在注册程序中遇到商标异议、商标评审等争议解决程序而久久不能获准注册。而这个商标早已使用，商标使用人在商标上的投入也日益增多，已形成了商标上的财产利益。如果法律对这种正当利益不能给予适当保护，显然不利于商标的合法使用，也不利于维护市场的公平竞争秩序。

二、保护未注册商标的条件

注册取得权利是商标法的一项基本原则，这一制度选择不是偶然的。注册制度对于权利归属和权利范围的明确具有公示公信、高效便捷的优点，同时它固有的弊端也需要从不同角度加以弥补，保护未注册商标就是在坚持注册制度前提下实行的一个例外。因此，未注册商标的保护需要满足一定条件，否则就可能导致未注册商标保护的泛化，从而动摇作为商标法根基的注册制度。

（一）驰名商标

《巴黎公约》提出保护驰名商标，其本意是保护未注册的驰名商标。驰名商标所有人可以通过商标异议或者撤销程序来对抗他人对冲突商标的注册申请，并可以禁止他人使用，这是对注册原则的补充。由于凭借商标的知名度可以对抗他人对冲突商标的注册和使用，因此，认定一个商标是否已经驰名成为驰名商标保护的前提。对驰名商标的认定主要是依据商标的使用情况。根据有关国际公约和国际惯例，我国《驰名商标认定和保护规定》将驰名商标定义为"驰名商标是在中国为相关公众所熟知的商标"，我国《商标法》同样在第 13 条中明确了驰名商标的界定标准，即只需满足"为相关公众所熟知"这一要件。因此，对驰名商标而言，无论其是否被注册，都具有禁止他人注册、使用与该驰名商标相同或近似的商标的效力。

（二）在先使用且有一定影响的商标

有一定影响的商标在知名度上未达到驰名商标的程度，但在一定范围内为相关消费者所知，具有一定知名度。根据《商标侵权判断标准》第 33 条的界定，"有一定影响的商标"是指在国内在先使用并为一定范围内相关公众所知晓的未注册商标。判断一个商标的影响力如何，重点要看它是否已经"使用"。《商标法》第 32 条即规定，申请商标注册不得损害他人现有的在先权利，也不得以不正当手段抢先注册他人已经使用并有一定影响的商标。使用是商标为消费者认知的必经途径，因而，这里的"使用"应当作严格解释。首先是实际使用，即商标附着于行销市面的商品或服务上的使用，而不是仅将商标用于广告宣传或其他交易文书中；其次是公开使用，即以普通消费者可以接触到、可感知的方式使用，而不是仅在生产或销售活动中商标所有人和相关联企业的内部使用；最后是持续使用，即带有商标的商品在市场上连续销售一段时间，持续时间足以达到被相关消费者认知的程度。总之，有一定影响和商标的商业使用密不可分，只有在使用过程中，商标的声誉才能得以积累，而这种声誉正是商标财产性质的基础，没有这一利益基础又未获得注册的商标，便没有给予法律保护的理由。

（三）明知他人在先使用

在市场环境中，诸多商标抢注行为发生在有合作或合同关系的商业主体之间，抢注者往往是利用与他人合作中获得的商业信息来抢注他人在先使用的商标。因此，《商标法》第 15 条专门对此类行为予以规制，其目的在于更为全面地涵盖商业合作关系中的当事人类型，以抑制实践中恶意抢注客户或其他商业合作主体在先使用商标的行为。

三、未注册商标的法律保护

（一）禁止注册和使用

我国商标法律对符合一定条件的未注册商标予以保护的主要方式之一，是禁止注册和使用。《商标法》第 13、15、32 条对此有规定。禁止使用的权利可以通过向法院提起民事诉讼或者请求工商行政管理部门查处的途径得以实现。

（二）先使用权

先使用权，是指某个商标虽由他人取得注册，但在其申请注册前已经有一定影响或者为驰名商标,该商标的先使用人可在原使用范围内继续使用,不受注册商标专用权的拘束。

先使用权是为了保护已经享有信誉的非注册商标的使用人的利益,[6]也是对“注册商标”和“申请在先原则”的一个重要补充。如前所述,注册制度和申请在先原则有使成立的商标权稳定、权利主体和权利范围明确等优点。但是,如果先使用的商标已享有信誉,具有财产价值,仅仅因为未取得注册而使善意使用该商标的人丧失已取得的利益,似不公平。这就需要法律在一定条件下对两者的利益作一调整:既要坚持和维护商标注册制度,又要给予已驰名或有一定影响的未注册商标适度保护。“禁止注册和使用”赋予未注册商标所有人消极权利,但是这些“禁止权”还不能使先使用人的利益得到充分保护。而先使用权是积极权利,对于平衡利益具有积极作用。当然,先使用权应当符合一定条件,包括但不限于:(1)在他人申请注册前,已实际使用该商标并持续一定时间。先使用权成立的条件是已经实际使用并产生一定影响。“实际使用”要求在特定商品或服务上使用,与消费者有直接联系。使用期间应以消费者知悉、认可该商标的必要时间为基准。(2)在他人商标注册前,先使用的商标已在市场上产生一定影响,为相关消费者所知悉。在考虑该商标是否具有一定影响时,使用期间是一重要参考因素。“一定影响”是一个较为主观的标准,原则上应当是以在商品主要销售地为相关公众中所知。根据《商标侵权判断标准》第 33 条的规定,有一定影响的商标的认定,应当考虑该商标的持续使用时间、销售量、经营额、广告宣传等因素进行综合判断。(3)继续使用的范围应限于原使用商品上,先使用权的效力为继续使用。本来,未注册商标在相同或类似商品上使用是为注册商标专用权所禁止的,但如果具备上述条件,则可允许先使用人继续使用。“继续使用”所保护的是既有事实,因此,使用人不得以任何形式扩大使用范围。(4)继续使用必须基于善意。如按照商标专用权人的要求,在使用该商标的同时附加适当标识加以区别,避免造成消费者混淆。此外,先使用权所涉及的商标应当是属于先使用人自己的商标。如果商标是许可人、被代理人的,即使使用该商标的时间再长也不能取得先用权。

(三)未注册商标的其他法律保护

未注册商标的范围很广,商品上具有显著特征的商业标志都可被视为商标,如商品的名称、包装、装潢均属于此类商业标志,且属于未注册商标。对于这样一些未注册商标,不仅有商标法的保护,还有反不正当竞争法的保护。但从保护方式上看,商标法并未对未注册商标提供侵权救济性的保护,因此在权利的救济方面更多依靠反不正当竞争法实现。我国《反不正当竞争法》第 6 条第 1 项规定,不得“擅自使用与他人有一定影响的商品名称、包装、装潢等相同或者近似的标识”。从标识功能和市场作用来看,这实际上指的就是未注册商标。反不正当竞争法的保护和商标法一样,需要满足一定的条件,譬如,商品为知名商品,而非普通商品;商品名称、包装等为特有的,而非通用的。此外,两个法律的保护方式也有共同之处:一个未注册商标能否得到保护以及保护的范围有多大,都需要在个案中加以确定。

---

〔6〕 参见[日]纹谷畅男编:《商标法 50 讲》,魏启学译,法律出版社 1987 年版,第 233 页。

第四节 商标权的续展和终止

一、商标权的续展

(一)续展的概念及意义

商标权的续展又称注册商标的续展,是指通过法定程序延续注册商标的有效期限。注册商标的有效期为10年,自核准注册之日起计算。在有效期内,商标注册人对该商标之利用享有排他性权利,有效期届满,商标注册人的权利即告终止。但是,续展可使商标权继续维持。因此,注册商标续展制度的作用在于将有期限的商标权延续下去。

商标权续展还可以补充其他知识产权保护的不足。带有技术含量的产品或方法可以申请专利保护,但防止他人仿造专利品的效力只有20年或10年。如果对产品进行商标注册并且及时续展,就可以借助商标权的继续保持对产品销售的"市场垄断"。产品外观设计除了专利保护之外还可以申请立体商标注册,并以续展延长保护期限,以防止他人在专利保护期10年届满后任意仿造。续展制度还有利于企业为培育驰名商标而加强对商品和服务的质量予以改进提高的重视,从而有利于维护消费者利益和建立公平竞争的市场秩序。

(二)续展注册

续展注册商标应依法履行必要程序。续展注册应当在注册商标有效期届满前12个月内办理,这12个月为续展期。如果在续展期未能提出续展注册申请,可再给予6个月的宽展期,在此期限内,商标所有人仍可以申请续展注册。如果在宽展期仍未提出续展注册的申请,宽展期届满后,则由商标局注销该注册商标。该注册商标的所有权利在有效期届满时自动失效。法律之所以规定续展期,旨在慎重地保护商标所有人的权利,使商标所有人不致因不可抗力或者其他正当事由错过时机而丧失商标权。

进行续展注册时,申请人应当交送1份商标续展注册申请书,5份商标图样,交回原来的商标注册证,并按规定缴纳费用。商标局收到续展注册申请后,原则上不进行实质审查,而是只对续展注册申请进行必要的形式审查。商标局认为符合规定的,即予以核准,并将原来的商标注册证加注返还,并予以公告;认为不符合规定的,不准其续展,并以书面形式驳回申请。申请人对商标局驳回续展注册申请不服的,还可以申请复审。

二、商标权的终止

商标权的终止,是指因法定事由的发生,注册商标所有人丧失其对注册商标的权利。注册商标因注销或者撤销而终止。

(一)因注销而终止

注销指商标局对注册商标所有人自愿放弃或因故不能使用注册商标的事实的确认行为。注册商标在下述情况下,因注销而终止:

1. 未申请续展注册。注册商标有效期届满,宽展期已过,而商标所有人仍未提出续展申请的;或者虽提出续展申请,但被依法驳回续展注册申请的。

2. 自动放弃。商标权可以自由放弃,放弃权利时须办理注销手续。申请注销注册商标或者注销其商标在部分指定商品上的注册的,应当向商标局提交商标注销申请书,并交回原商标注册证。

3. 主体消亡。商标权如无继承人或者继受人的,商标权随之被注销而终止。商标注册人死亡或者终止,自死亡或者终止之日起 1 年期满,该注册商标没有办理移转手续的,任何人都可以向商标局申请注销该注册商标。

(二)因撤销而终止

撤销指因商标注册人未遵守注册商标使用的规定而导致其商标权消灭。具体地说,包括以下三种情形:

1. 违法使用注册商标。违法使用主要是指这样的行为:自行改变注册商标;自行改变注册商标的注册人名称、地址或者其他注册事项的;自行转让注册商标的。这些使用行为超出了商标保护的范围,影响了商标作用的正常发挥,容易引起出处混淆或质量误认。因此,为了维护商品交易秩序,可由商标局撤销该注册商标。

2. 不使用注册商标。商标取得注册后不使用,将妨碍他人使用该商标,无法使商标发挥其本来的作用,甚至还可能给"商标掮客"造成可乘之机。为了避免这种弊端,《商标法》规定,无正当理由,连续 3 年未予使用的注册商标,可由商标局予以撤销。

3. 使用注册商标的商品质量不符合要求。商品质量是商标信誉之基础,商品质量与消费者有密切的关系,因此,商标管理也是管理商品质量、维护消费者利益的辅助手段。对那些使用注册商标的商品,如果粗制滥造、以次充好、欺骗消费者的,商标局可以撤销该注册商标。

撤销注册商标是较为严厉的行政处罚,故只有违法使用行为较为严重且拒不改正的,才可给予撤销注册商标的处罚。

注册商标被注销或者撤销的,其商标专用权即时终止。但是为了防止发生商品出处的混淆,自注销或者撤销之日起 1 年内,商标局对与该商标相同或者近似的商标注册申请,不予核准。这样规定并不是为了保护已被撤销的或注销的商标,而是从保证商标正常发挥作用和维护消费者利益的角度出发,避免造成不必要的混淆。如果被撤销的注册商标是连续 3 年停止使用的,则不受上述限制。

(三)因无效而终止

此种情形是指商标通过注册商标无效程序使本不具备注册条件但取得注册的商标的商标权归于消灭。注册商标无效的原因有以下几种:(1)注册商标含有禁止使用的标志;(2)以不正当手段取得注册;(3)与在先权利冲突;(4)损害驰名商标;(5)不以使用为目的申请商标注册;(6)商标代理机构违法申请或者违法接受委托申请商标注册。

第五节　商标权的限制

商标权限制,是指在某些情况下,因注册商标所有人享有的权利与他人正当权利或公众利益产生冲突,为了协调权利人与社会公众之间的利益关系,而对商标权的行使和保护作出的必要约束。

商标权利限制主要分为合理使用和非商业性使用。大部分国家的法律都只明文规定了商标在商业上的合理使用。非商业性使用的法律依据为商标法以外的法律,如宪法关于言论自由的规定、市场竞争法保障商品正常流通的基本理念等。此外,商标权利限制还包括权利用尽和比较广告。

一、合理使用

合理使用是指他人在经营活动中以善意、正当的方式使用描述性商标的,不视为侵犯商标专用权的行为。允许经营者对描述性商标进行使用,是现代商标法权利限制中最为常见的一种方式。世界贸易组织《知识产权协定》第 17 条对此作了一个原则性的规定,即成员可以对商标权规定有限的例外,如描述性词汇的合理使用,只要此种例外考虑了商标所有人和第三人的合法权益。我国《商标法》第 59 条第 1 款也有此类规定:"注册商标中含有的本商品的通用名称、图形、型号,或者直接表示商品的质量、主要原料、功能、用途、重量、数量及其他特点,或者含有的地名,注册商标专用权人无权禁止他人正当使用。"所谓"商标合理使用"可分为两种情况:一种是对商标的叙述性使用,另一种是对商标的指示性使用,分述如下。

(一)叙述性使用

合理使用作为一种最重要的侵权抗辩事由,主要针对的是描述性商标。描述性商标通常是由直接表示商品质量、主要原料、功能、用途等普通词汇构成的商标,或者是含有地名的商标。尽管描述性商标经过使用可能产生第二含义,并获得商标注册,但这仍无法改变描述性商标缺乏显著特征的本质。也就是说,描述性商标在取得第二含义的情况下,它的"原有含义"并未消失,由于该商标所用的文字词汇是惯常的、公用的,因而不可避免地被人在原有意义上进行使用,从而用来说明商品的质量、主要原料、功能、用途及其他特点。例如,"通化"是行政区划名称,不具有商标应具备的显著特征,但由于历史的原因,"通化"二字被某一企业作为商标注册。吉林省通化市的企业在他们生产的商品上使用"通化"二字以表明商品真实产地,是完全正当的、合理的。描述性词汇如果被垄断,社会就失去相应的共有物。从商标注册人的角度看,既然选择了一个不适宜独占的共有物作为权利客体,那么就没有理由对其能获得的保护期望过高。因此,对描述性商标应当有必要的权利限制,否则会妨碍其他经营者对公共资源的使用,商标法上的获得显著性规则也会因此而失去存在的合理性。叙述性使用作为商标权利的例外,允许商标权利人以外的经营者对描述性商标作善意、正当的使用。

认定叙述性使用需要考虑以下两个因素:(1)使用是不可避免的。商标注册人以外的经营者使用该商标是为了说明本商品的型号、质量、主要原料、功能、用途、数量及其他特点,如不使用则无法说明产品或服务的真实情况。(2)使用是善意的。使用的仅仅是为了说明产品或服务所必需的文字、词汇,并未涉及商标中其他成分,且同时标有自己的商标;使用方式中不含有任何与商标注册人之间存在某种关系的暗示。

(二)指示性使用[7]

指示性使用是指为指明产品、服务的种类而使用他人的商标。允许指示性使用主要考虑的是消费者对于与产品有关的真实信息的需要,以及某些行业惯例。指示性使用多见于零配件销售、保养维修(汽车、电子消费品的维修服务),如“大众汽车维修”“联想耗材营销”。这种在店铺名称或服务招牌中使用商标是为了表明本店经营的零部件、耗材及服务项目,即属于指示性使用。指示性使用作为商标权利的例外也需要满足一定条件,如不得使人误认为该经营者与商标所有人有商业上的联系,尤其不得使人误以为其是商标所有人的特约经销商。《商标法》及《商标法实施条例》没有明确指出这种例外性使用,但为了解决一些地方的汽车零部件销售商店、汽车维修站点未经商标所有人许可,擅自在店铺的招牌上使用某些中外汽车企业的注册商标的问题,原国家工商行政管理总局曾于1995年发出通知,要求:汽车零部件销售商店和汽车维修站点,为了说明本店经营汽车零部件品种及提供服务的范围,应直接使用叙述性的文字,如“本店销售某某汽车零部件”“本店维修某某汽车”等字样,字体应当一致,不得突出其中的文字商标部分,也不得使用他人的图形商标或单独使用他人的文字商标。此外,作为招牌使用、企业名称使用的,应当经过商标注册人允许。这些规范性规定的出发点,是在保证避免消费者混淆、维护商标专用权专有性的前提下,使相关经营者合理使用商标指示商品种类和服务范围。

二、比较广告

允许比较广告使用注册商标属于权利限制的一种。比较广告是指使用人在广告中将自己的产品与商标所有人的产品相媲美。[8] 比较广告是后来的竞争者进入市场的一种手段,它借助一个消费者熟悉的商品和自己的商品进行比较,而广告中往往会涉及商标。比较广告具有两面性,有利的一方面是向消费者提供更多的信息,从而有利于消费者了解商品并作出选择。不利的一面是,它可以用来攀附名牌、提高自己,还可能会出现贬低他人、抬高自己的现象,因而可能给被比较的经营者造成损害。权衡比较广告的利弊,各国立法对涉及商标的比较广告多采取肯定其合理性的同时附加一系列限制的态度。例如美国,对于利用竞争对手的商标所做的广告一般认为并不构成对商标的侵权,因为这种使用不会产生商品来源的任何混淆。只有当存在发生混淆的危险或者可能会给竞争对手的商誉造成不利影响时,比较广告才应予禁止,商标权人才有理由阻止他人在广告中使用其商标。

我国法律对比较广告没有正面规定,即并未一概禁止比较广告。考虑到比较广告具有的两面性特点,实践中只要是不违反以下原则的比较广告,就应当允许:对比内容真实、客观、全面,不得造成对竞争对手商业信誉和商品声誉的贬低、损害。

三、商标权用尽

商标用尽,也称为商标权利用尽,是指经商标所有人或其本人同意将带有商标的产品投放市场后,任何人使用或销售该产品,商标权人无权禁止。易言之,将带有商标的商品投放

---

〔7〕 参见黄晖:《商标法》,法律出版社2004年版,第170~172页。

〔8〕 参见欧盟有关比较广告的指令。

市场后，商标权人的权利即告终结，其再无权以商标权禁止在该商品上使用商标。商标权的核心是专用权和禁止权，商标权人有权排除他人在可能引起混淆的情况下，在相同或类似的商品或服务上使用与注册商标相同或近似的商标。然而，一旦商标所有人自己或许可他人使用商标并将商品售出，任何人均可在贸易活动中继续使用该注册商标销售商品，因为商标权人已经行使了他应有的权利，权利因行使而穷竭。由此可见，商标用尽的意义在于保障商品正常流通，保证交易安全。如果没有商标用尽的限制，商标权人就可能利用商标控制商品流通，分割市场，保持垄断地位或维持高价。这对其他经营者以及消费者来说显然是不利的。

商标权利用尽后，其他人可在贸易活动中继续使用该商标分销或转销已经售出的商品，但须以该商品未发生变化、未经过重新包装为条件。因为在流通过程中重新包装或改变商品都容易破坏商标指示来源和保证质量的功能，同时对消费者来说，如果根据熟悉的商标而选择的商品并不是其所期望的，势必影响他们对商标的信赖程度。

四、非商业性使用

合理使用、比较广告、商标用尽都属于商标的商业性使用。在符合一定条件的情况下，上述商业性使用即构成侵犯商标权之例外。除此之外，商标还可以用于非商业性使用，即与标识商品或服务无关的使用，这类使用通常属于商标侵权之例外。

（一）新闻报道及评论

商标的非商业性使用主要发生在新闻报道及评论当中。新闻报道和新闻评论中提及商标是一种正当使用，一般不得视为对商标权的侵害。新闻媒体在新闻报道和新闻评论中不可避免地提及某个商标，即使是对该商标商品的批评指责，只要是基于事实进行客观报道和评论，商标所有人都不能以商标侵权为由阻止此种非商业性使用。如果媒体的报道严重失实，批评不当，构成新闻侵权，商标所有人可依法维护自己的名誉权。

（二）滑稽模仿

滑稽模仿是指对一部严肃作品的荒唐可笑的模仿。在著作权领域，滑稽模仿可能被认为是演绎作品的一种。与一般演绎作品不同的是，滑稽模仿借助于一个作品，通过对其片段、人物对话或者特定情节进行调侃或嘲弄，以达到幽默或讽刺的效果。正是由于滑稽模仿具有讽刺性，所以就出现了可能引起著作权人指控其侵犯著作权的问题。在一些国家，滑稽模仿被列入著作权限制的范围内，条件是这类模仿不应是原作品的复制品，不应与原作品混淆并不得损害其声誉，如法国。〔9〕

商标一般不涉及滑稽模仿，但是当一个商标驰名以后或者代表着某种社会观念、生活时尚时，便可能会成为模仿者的模仿对象或者批评讽刺的目标，这在国外已不乏其例，国内也已经出现这种现象。例如，在某部贺岁片中，剧中人物多次拿现实中的某些著名商标演绎、搞笑，将“报喜鸟”说成“报丧鸟”，“娃哈哈”说成“乐哈哈”，听到这样的字眼，观众很容易将影片中虚拟商标与现实生活中的某个商标相联系。这种情形就叫作商标滑稽模仿。在滑稽模仿中，喜剧效果是由模仿和被模仿对象之间的强烈反差造成的。模仿所追求的喜剧效果

---

〔9〕 参见法国《知识产权法典》第 L. 122－5 条(4)。

是否能够实现,取决于被模仿对象的知名度,越是广为人知的,越容易使人产生联想和共鸣。因此可以说,对商标的滑稽模仿主要与驰名商标有关。

从滑稽模仿的特征来看,其所突出的是模仿与被模仿对象的不同,强调的是二者之间的区别。同时,被模仿商标并非用于商品或服务的交易活动中,使用的方式不是作为识别标记,这就决定了商标滑稽模仿并不存在混淆的可能,因此很难将其认定为侵犯商标权的行为。但应注意的是,除了混淆的危险以外,商标滑稽模仿可能会造成对驰名商标的玷污,贬低驰名商标的声誉。例如,一个T恤衫的销售者在其商品上印着"I like cocaine",并且其书写风格就像可口可乐(Coca – Cola)的广告语,这里的问题不再是商品来源混淆而是讽刺的问题,也就是说,滑稽模仿的主体是非竞争对手,商标所使用的对象也不是竞争性商品,因此,大多数消费者并不会认为可口可乐公司是该T恤衫的生产者或者许可人(产生混淆),但是可能会因为这个滑稽模仿污损了可口可乐的商标,而使可口可乐公司获得法律救济。[10]可见,只有在不存在混淆的可能,也不会造成对驰名商标声誉的损害的情况下,商标滑稽模仿才是商标侵权行为的例外。

结 语

商标权是权利人独占性使用特定商标的权利。我国实行商标注册制度,商标权在通常情况下就是注册商标专用权,但是这并不意味着商标权等同于注册商标专用权。注册商标专用权的对象为注册商标,其权利内容包括专用权、禁止权、许可使用权、转让权。未注册商标一般情况下得不到商标法的保护。但是对于驰名商标,以及那些有一定使用历史并产生一定影响的商标,商标法会给予适当的保护,同时,对于因不正当使用和抢注未注册商标构成不正当竞争的,还可以依据反不正当竞争法加以制止。商标权的限制是平衡商标权人和其他经营者及社会公众利益的重要机制,是商标权内容的组成部分。商标权限制包括合理使用和非商业使用。

思考题

1. 商标权包括的权利内容有哪些?
2. 对于未注册商标给予保护的条件是什么? 商标法应如何完善对未注册商标的保护?

资料链接

1. 杜颖:《商标法律制度的失衡及其理性回归》,载《中国法学》2015 年第 3 期。
2. 王太平:《我国未注册商标保护制度的体系化解释》,载《法学》2018 年第 8 期。
3. [日]纹谷畅男编:《商标法 50 讲》,魏启学译,法律出版社 1987 年版。
4. 李雨峰:《未注册在先使用商标的规范分析》,载《法商研究》2020 年第 1 期。
5. 李琛:《商标专用权概念考辨》,载《知识产权》2022 年第 1 期。

---

〔10〕 参见[美]威廉·M. 兰德斯、[美]理查德·A. 波斯纳:《知识产权法的经济结构》,金海军译,北京大学出版社 2005 年版,第 205 页。

第二十二章　商标注册的无效

学习目的　掌握违反绝对条件无效和违反相对条件无效导致商标注册无效的两类事由，以及注册无效的效力；了解宣告注册商标无效的程序。

关键词　商标注册无效　违反绝对条件　违反相对条件　宣告无效的程序

导语

申请人美国教育考试服务中心于1994年11月7日取得“TOEFL”商标的注册商标专用权，该商标被核定使用在第41类“发展管理英语语言能力测试”等服务上。被申请人南京筑梦堂教育咨询有限公司于2013年1月16日申请注册“TOEFL”商标，并于2015年12月21日获得授权，核定使用在第43类“咖啡馆”等服务上。申请人提交的证据显示：托福考试中的“TOEFL”商标最早在我国（不含港澳台，下同）进行使用的时间为1981年12月，最早在我国进行宣传的时间为2002年12月，托福考试网点遍及全国大部分省市及地区。因此，申请人主张：被申请人的注册商标易产生不良社会影响，易导致消费者的误认，请求商标评审委员会宣告被申请人的注册无效。商标评审委员会认为：在被申请人申请注册之前，申请人的商标已经进行了长期宣传和广泛使用且为相关公众所熟知，属于驰名商标，被申请人与申请人均从事教育培训服务行业，其在明知申请人商标的情况下仍将相同的“TOEFL”商标申请注册在饭店等服务上，具有明显的主观恶意，申请人的合法利益可能受到损害。最终，被申请人的商标被宣告无效。[1]

本案充分说明了商标无效宣告的提出方式与无效理由。已经获得注册的商标会因为哪些事由被宣告无效？哪些主体有资格提出无效宣告的请求？被宣告无效的商标有何法律效果？若不服无效宣告请求的裁定，双方当事人还有何种救济途径？本章内容将围绕以上几方面展开。

第一节　商标注册无效的事由

一、商标注册无效的概念

商标注册无效，指商标不具备注册条件但取得注册的，依法定程序使其商标权归于消灭

〔1〕　参见商标评审委员会无效宣告请求裁定书，商评字［2019］第0000264931号。

的制度。注册无效,或称商标权无效,是一种通行的制度,依各国法例,注册无效的事由分为两大类:(1)不符合显著性等绝对条件;(2)不符合相对性条件,如与在先权利冲突、损害驰名商标等。在宣告注册无效制度之外,撤销注册也可使商标权归于消灭,但撤销注册在请求事由、请求主体、审查机构和撤销程序以及撤销之效力方面,均与注册无效有所不同,属于两种性质的问题。

长期以来,我国《商标法》并未使用商标无效的概念,而是将其纳入商标撤销中。2013年修正《商标法》时,明确区分了无效和撤销程序,并分别规定了发起程序和决定效力。根据可以请求宣告无效主体的差异,《商标法》分别在第44条第1款和第45条第1款规定了商标绝对无效和相对无效的要件,其中绝对无效是指“使用不得作为商标的标志”(第4条,第10~12条,第19条第4款),相对无效是指“侵害他人驰名商标”(第13条第2、3款)、“抢注被代理人、被代表人或其他商业伙伴在先使用商标”(第15条)、“滥用地理标志”(第16条第1款)、“与已注册、初步审定或在先申请的商标混淆”(第30、31条)、“以不当手段抢注他人已使用并有一定影响的商标或损害他人在先权利”(第32条),以下详述。

二、因违反绝对条件无效

使用不得作为商标的标志,是导致注册无效的主要原因。

《商标法》第10条列举了八项禁用标志,它们分别属于:国家及国际组织的名称或标志,官方标志,有碍于公共秩序、带有不良影响的标志。这些是商标注册的绝对无效条件,禁用标志既不得作为商标注册,也不得作为商标使用。已注册的商标含有其中任何一项的,其注册都应被宣告无效。

《商标法》第11条禁止将商品的通用名称、图形、型号和仅仅直接表示商品内在因素的标志作为商标注册。但这些标志不是绝对被禁止注册,当它们经过使用取得显著特征,便于识别时,就可以考虑将其作为商标注册。不过,由于申请注册时并不要求申请人提交商标已使用的证明,此类申请有可能被驳回、异议,因而,只有在后续的复审或异议审查程序中才会对该标志是否已取得了显著特征进行确认。此类标志获得商标注册后,任何人可依据《商标法》第11条的实体规定请求宣告该商标注册无效。

《商标法》第12条是关于三维标志/立体商标的规定。三维标志可以作商标,但功能性三维标志,即仅仅是由商品自身性质产生的形状、为获得技术效果而需要的商品形状或者使商品具有实质性价值的形状,不得作为商标注册。如果上述三维标志已经被注册了,其就含有被宣告无效的因素。

《商标法》第4条和第19条第4款,都是关于不以使用为目的的商标注册申请的禁止性规定。之所以将不以使用为目的申请注册商标作为商标绝对无效的前提之一,是因为此种商标的获取方式违背了商标的价值源于使用的基本法理,目的在于抑制商标囤积和恶意抢注行为,回归商标申请和使用的诚实信用原则。

商标无效制度存在的理由,正是使这些本不应当注册的商标经过法定程序归于消灭,从而保障商标注册制度的正当性、合法性。上述违反绝对条件的商标,由于审查人员认识水平的局限性或者技术上的原因而不当注册在所难免。因此作为绝对无效的要件,任何单位和个人皆可请求宣告此类商标无效。

三、因违反相对条件无效

注册商标损害他人合法在先权利，是导致其被宣告无效的重要原因。《商标法》没有对在先权利作出列举。概括地讲，凡是可用作商标的文字、图形、图案以及三维标志都可能成为在先权利的客体。在先权利包括但不限于著作权、外观设计专利权、商号权、原产地名称权，以及姓名权、肖像权等。此外，已经使用并有一定影响的未注册商标，尤其是驰名商标，在一定条件下可构成商标法保护的正当权益。文字图形等符号的抽象性、公共产品特性决定了它们可在同一时间被不同主体占有利用，因而导致权利冲突。解决权利冲突的基本原则是尊重在先合法权利。据此，凡与合法在先权利抵触的注册商标，均应依法被宣告无效。商标评审实务中，与“在先权利”冲突是宣告注册商标无效的最有力的事实依据。

（一）他人在先权利的主要类型

1. 著作权

著作权的客体为作品。其中，可作为商标注册的可视性标志主要是绘画、书法、摄影作品。从权利产生的方式看，著作权自作品创作完成之日起产生，而商标权须经注册而取得，这就决定了在同一对象物上的著作权往往先于商标权产生，成为“在先权利”。如果他人创作的作品仍处于著作权保护期内，商标注册申请人未经许可即将该对象作为商标注册，就可能侵犯在先著作权。

2. 外观设计专利权

外观设计专利权的客体是在中国取得外观设计专利保护的色彩、形状、图案或者其组合。外观设计本身可以成为著作权保护的对象；当其与产品相结合，成为装饰美化产品的外观并能够在工业上制造时，就又可成为专利权保护的对象。外观设计由于其自身性质，可能会和注册商标互为在先权利。将他人外观设计中的图案、形状或三维标志作为商标申请注册，就可能损害他人的专利权。

3. 肖像权、姓名权

自然人对自己的姓名、肖像享有专属性权利，能够禁止他人未经许可而使用。若想用自然人的姓名、肖像作为商标注册，须获得本人的书面授权。如果未获得本人的书面授权就将其姓名、肖像作为商标注册，则属于侵害姓名权、肖像权的行为，同时构成商标注册不当。

姓名和肖像的功能均在于标记和彰显人格，所不同的是，肖像直接反映自然人的形象，与个人的生活信息乃至隐私有密切关系；而姓名作为标示自然人的文字符号，是自由择定的结果，与所标示的人的自然状况并无直接联系。又因为用作姓名的文字多为常用字，故重名现象十分普遍。因此，姓名商标的注册应当着重考虑姓名本身的独创性程度和本人的社会影响，那些重名率高的姓名、具有其他含义的姓名以及普通人的姓名，即使未得到本人许可而作为商标注册，也很难被认定为侵害姓名权。

4. 商号权

商标中的文字和企业名称中的字号相同或者近似，使他人对市场主体及其商品或者服务来源产生混淆，从而构成不正当竞争的，应当依法予以禁止。所谓混淆，指将与他人企业名称中的字号相同或近似的文字注册为商标，引起相关公众对企业名称所有人与商标注册人的误认或误解。处理商标与企业名称的混淆，应当适用维护公平竞争和保护在先合法权利人利益的原则。受保护的商号一般应当是有独创性并为公众熟知的厂商字号，若是普通的字号则难以对抗注册商标。

5. 注册商标专用权

注册商标与他人注册在先的商标相同或者近似，造成两个商标权利冲突，根据保护在先权利的原则，在先的商标注册人可以请求撤销后注册的商标。从法律条文的逻辑看，我国商标法所称的在先权利并不包括在先的商标权。商标权作为一项民事权利，当一件在后注册的商标与在先注册的商标相同或近似，且两个商标所指定的商品或服务相同或类似时，就是两个商标权利之间的冲突。以保护已有的在先权利为本，允许注册在先的商标权人对冲突商标提出宣告无效请求，是顺理成章的事情。

（二）他人合法权益

1. 驰名商标

在相同或类似商品上申请注册的商标是复制、摹仿、翻译他人驰名商标的，该驰名商标持有人可请求宣告无效。复制是指与驰名商标完全相同或者基本相同；摹仿是指与驰名商标主体部分相同或基本相同；翻译是指与驰名商标语言文字不同但含义相同。

驰名商标所有人或者利害关系人认为已经注册的商标属于抢注其驰名商标的，可以向商标评审委员会提出注册无效的请求；提出请求时，应当提交其商标构成驰名商标的证据材料。使驰名商标受特殊保护，是《巴黎公约》成员应尽的义务。

2. 有一定影响的未注册商标

有一些商标虽未达到驰名商标的程度，但其标志特征显著，且有一定使用历史和使用范围，为相关消费者所熟悉和认可。这样的未注册商标也可能成为某些人抢注的目标。对这类商标的保护，过去一直缺少相应的法律规定，导致一些不公平竞争行为发生。根据《商标法》第 32 条的规定，对未注册商标的保护需满足两个条件：一是商标自身已具有一定影响；二是他人的抢注行为是出于不正当竞争之目的。在确认这两个条件时会有一定的主观性和一定的弹性空间，需依个案中的证据材料把握。应当注意的是，由于我国商标起名习惯于选用吉祥祝福词语，对图形图案的选择偏爱风景名胜、亭台楼阁，因而会造成许多近似雷同的商标。对这种情况，很难说是谁抄袭模仿谁的，也并不都是恶意抢注，不能简单凭一个商标“已经使用”就宣告另一个商标的注册无效。应当分析抢注的具体情况，从制止违反诚实信用、商业道德的行为这一基本准则出发，对拥有一定市场声誉的未注册商标给予有条件的适度保护。这样才能在不动摇注册原则的基础上促进商标的合法使用，维护正常的市场竞争秩序。

3. 地理标志

地理标志主要是原产地名称，是用来说明某商品源于某地区，该商品的特定质量、信誉或者其他特征，主要是由该地区的自然因素或者人文因素所决定的标志。地理标志可以作为对抗商标注册的在先权利。

依照《商标法》第 3、16 条的规定，地理标志可以作为证明商标或集体商标注册，申请地理标志商标注册的团体、协会或者组织应当由来自该地理标志标示的地区范围内的成员组成。注册后，凡符合该证明商标或集体商标使用条件的人都可以要求使用该商标。上述法律规定明确了地理标志在商标法上的地位，其宗旨是禁止虚假地理标志的注册和使用，保护消费者使其不对产品真实来源和产品特有品质发生误解，使该地域的生产经营者从地域优势和历史贡献中获益。地理标志如果被不适格主体注册,将直接损害产地的声誉和当地经营者的利益,而且会给消费者利益造成影响。因此,应当禁止地理标志商标的不当注册;已经注册的即属于注册不当商标,利害关系人有权提出注册无效的请求。

4. 未经授权,抢注被代理人、被代表人或其他商业伙伴商标

代理人基于和被代理人之间存在的贸易关系,如产品加工定做关系、产品销售代理关系,而享有使用商标的权利。在没有授权的情况下,代理人以自己的名义注册被代理人的商标,是一种严重违反商业道德的行为,也必然会损害被代理人的利益。商标代表人,指代表本企业办理商标注册和其他商标事务的人。在代表本企业办理有关事宜时,代表人应忠实履行职责,不能将企业交办注册的商标据为己有,注册在自己名下。

根据最高人民法院《关于审理商标授权确权行政案件若干问题的意见》的规定,代理人与代表人应作广义上的解释,经销、代理等销售代理关系意义上的代理人、代表人未经授权,以自己的名义将被代理人或者被代表人商标进行注册的,也应当认定属于代理人、代表人抢注被代理人、被代表人商标的行为。审判实践中,有些抢注行为发生在代理、代表关系尚在磋商的阶段,即抢注在先,代理、代表关系形成在后,此时也应将其视为代理人、代表人的抢注行为。与上述代理人或者代表人有串通合谋抢注行为的商标注册申请人,可以视其为代理人或者代表人。对于串通合谋抢注行为,可以视情况根据商标注册申请人与上述代理人或者代表人之间的特定身份关系等进行推定。对代理人、代表人的抢注行为:如果被代理人、被代表人未提出异议,商标局可予以注册;如果被代理人、被代表人提出异议,商标局应不予注册并禁止使用;如已取得注册,被代理人或被代表人可以请求宣告该注册商标无效。

为了进一步涵盖可能因相关商业活动抢注他人在先使用商标的情形,《商标法》还规定了在代理人和代表人以外,申请人与他人之间具有其他合同、业务往来关系或者其他关系而明知他人商标存在的情形。

第二节 商标注册无效的程序

一、无效程序的启动

(一)申请人

以不同理由提起商标权无效申请的,申请人资格有所不同。因绝对条件提出的无效请求,任何人都可以作为申请人,商标局也可依照职权主动宣告不当注册的商标无效。对商标局作出的宣告注册商标无效的决定,当事人不服的,可以在收到通知之日起 15 日内向商标评审委员会申请复审。因相对条件提出无效请求的,申请人应为在先权利人或者利害关系人。凡当事人提出注册无效请求的,均由商标评审委员会进行评审裁定。申请人对核准注册前已经提出异议并经裁定的商标,不得再以相同的事实或者理由提出申请。

(二)时限

依据《商标法》第 44 条第 1 款、第 45 条第 1 款的规定,以不同理由提起商标权无效申请的时限不同。因绝对条件,即违反商标禁用条款和采取不正当手段取得的注册商标,提出无

效请求的没有时间限制。因相对条件,即侵犯他人已有的在先权利或者合法权益的不当注册,提出无效请求的期限限于自该商标核准注册之日起5年内。注册满5年后,该注册商标即具有不可争议的法律效力。但对恶意注册的,驰名商标所有人不受5年的时间限制,驰名商标所有人任何时候发现他人不当注册商标并构成对驰名商标侵害的,都可以提出宣告无效请求。没有时限的宣告无效请求应当符合两个条件:一是抢注者具有恶意,二是被抢注对象为驰名商标。抢注者的主观恶意由商标主管机关认定。对于恶意的构成首先应考虑的是,注册人在注册时是否已经知道或者理应知道驰名商标的存在。在已知或应知的前提之下,常见的恶意情形有:(1)毫无使用意图地注册,且注册后并未进行任何实际使用;(2)注册后以高价出售,如向商标所用人转让以获取非法利益;(3)故意造成混淆,使人误认为注册人与驰名商标所有人之间存在某种关系;(4)阻止商标所有人注册以达到阻碍其凭借驰名商标进入相关市场的目的。被抢注的商标是否为驰名商标,应由宣告无效申请人提供证据加以证明。

(三)申请的途径

关于宣告无效的程序,申请人可以直接请求商标评审委员会裁定,也可以在侵权诉讼中提出商标权无效抗辩而启动商标评审程序。在商标侵权诉讼中,一旦被控侵权人质疑商标权的效力,法院便可以中止侵权诉讼,待商标行政机关对商标权的效力作出裁定后再决定侵权诉讼是否继续。这和专利权无效的程序并无不同之处,只是商标权无效抗辩在实践中不及专利权无效抗辩那么多见罢了。在商标侵权诉讼中,由被告提出商标权无效抗辩的典型案例是"PDA"商标案[2]。该案的结果为:商标评审委员会支持申请人(被告)的请求,撤销了"PDA"商标的注册;法院也因此驳回了原告的诉讼请求。

二、无效宣告裁定及其司法审查

(一)无效宣告裁定的性质

商标评审委员会收到宣告注册商标无效的申请后,在规定时间内作出维持或者撤销注册商标的裁定。商标评审活动按照商标评审规则,以书面形式进行,实行合议制和少数服从多数的原则。商标评审委员会的决定在行政程序上是终局的。

商标评审委员会是商标行政执法机构,担负着商标无效宣告审查、商标确权复审以及商标撤销复审等职能。从程序上看,商标评审工作是商标局商标注册审查、异议审查、商标撤销等程序的行政后续程序。从法律性质看,商标评审委员会无效宣告的决定属于具有司法性质的行政裁决。商标评审委员会作出的决定和裁定,有的属行政复议决定,有的属行政裁决,两者的性质有所区别。行政复议是行政争议的解决程序,复议对象是行政机关在行使行政职能过程中与行政相对人之间发生的争议,复议申请人为行政相对人,被申请人是作出具体行政行为的行政机关。商标评审委员会依法处理的商标争议事宜中有一部分属于此类,

---

[2] "PDA"商标的注册人为北京市小秘书电子集团石家庄福兰德事业发展公司(本案原告),该商标核定使用的商品范围为第9类计算机和数据处理装置。在原告准备将"PDA"注册为域名时,发现被告已在先注册了"pda. com. cn"域名。原告以商标侵权、不正当竞争起诉,被告抗辩的理由之一是原告的注册商标为电子记事簿产品的通用名称,不应获得注册。被告向商标评审委员会申请宣告"PDA"商标注册无效,法院中止了该案件的审理。最后,"PDA"商标被撤销注册,商标侵权案件也被法院驳回。

如申请人不服商标局驳回注册的复审案件,以及商标注册人不服商标局撤销注册商标的复审案件,即属于行政相对人与行政机关之间的争议。行政裁决是一种兼有行政性和司法性的程序,裁决的对象是与行政职责有关的处于平等地位的双方当事人之间的民事权益纠纷,如商标权属纠纷、商标确权纠纷等。行政裁决是行政机关以第三人身份主持裁处民事争议的活动,裁决的结果是直接对当事人之间的民事权利进行分配。民事主体之间的民事权益之争本属于司法裁判的范畴,法律将部分由司法机关管辖的事项授权行政机关处理,是为了迅速有效地处理专业性、技术性较强的管理事务,但并不因此改变争议事项的民事纠纷性质。商标评审委员会对商标注册无效请求的裁定,其评审的对象是双方当事人因注册商标专用权而产生的民事权益之争。商标评审委员会裁决者的地位相当于行政司法机构(准司法机构),评审活动属于行政裁决。属于此类行政裁决的商标评审活动还有商标异议复审。

(二)无效宣告裁定的司法审查

司法审查是指依当事人请求,由人民法院对行政机关作出的行政裁决进行合法性审查的行政诉讼活动。为了保证当事人的民事权利得到公正对待,商标法设置了司法审查制度,从程序上保证实体公正。《商标法》第 45 条第 2 款规定:“……当事人对商标评审委员会的裁定不服的,可以自收到通知之日起三十日内向人民法院起诉。人民法院应当通知商标裁定程序的对方当事人作为第三人参加诉讼。”这一规定设置了商标评审裁决的司法审查程序,是《商标法》在商标权利取得和维持上发生的最重要变化。司法审查的意义不只是使我国商标法更符合《知识产权协定》关于“当事人应有机会将行政终局裁决提交给司法当局复审”的要求,更重要的是,它使以司法救济为中心的私权救济制度得到进一步的完善。

商标评审裁决接受司法审查之所以必要,是因为商标评审毕竟是行政机关在履行准司法职能,尽管有办案经验丰富、程序简便的优势,但也隐含着某些其自身无法克服的弊端,主要表现在,商标评审委员会和商标局隶属同一个行政部门,它们之间实际存在的牵连关系使商标评审委员会难以保证作为第三者的中立地位,裁决结果的客观公正性也会因此受到影响。而设置司法监督程序,为当事人主张民事权利提供最后一道救济途径,既有助于在程序正义之中追求实体权利的公正,也有利于对行政权力进行有效监督。因此,司法审查制度既有民事权利救济的功能,也有行政权力监督的功能。

为了实现设置司法审查制度的目的,以有利于保护当事人的合法权利,提高商标确权和争议解决的效率,司法程序的设置应当对不同性质的商标争议加以区分,分别采用行政诉讼程序和民事诉讼程序。目前的做法是,凡是由商标评审委员会作出的决定,当事人不服的,一律采用行政诉讼模式加以审查。这样做的主要弊端在于,一些原本属于民事纠纷的商标争议案件需要经过两道行政审查、两道司法审查,程序冗长,不仅加重了商标确权的社会成本,也因为大大延长了审查周期而给当事人的正常生产经营活动带来了不利影响。司法审查制度改革的方向应当是:对行政复议性质的司法审查适用行政诉讼模式,对行政裁决性质的司法审查适用民事诉讼模式,还其民事纠纷的本来面目。具体而言,如果商标评审委员会的审查是由行政相对人或相关人对商标局决定不服而引起的,如对驳回注册的复审,商标评审委员会的评审就属于行政复议,相对人对复审决定不服的,应以作出决定的商标评审委员会为被告向法院提起行政诉讼,法院应按照行政诉讼法对有关行政决定进行审查。如果商标评审委员会评审和裁定的对象是民事纠纷,如商标权无效案件、商标异议复审案件,最终的司法审查就应当按照民事诉讼法对有关行政决定进行审查。以商标权无效裁定为例，当事人一方请求宣告某一商标的注册无效，其实质是对被申请人商标专用权的质疑。商标评审委员会以中间人身份主持评审，是对当事人民事权利之争的裁决。当事人对行政裁决不服而求助于司法救济，需要解决的仍然是双方当事人的民事权利之争，只不过其中附加了一个行政裁决而已。如果将这种性质的裁决纳入行政诉讼，将居中裁决人作为被告，那么审理和裁判的对象就是被诉的行政行为，而不是原程序中双方当事人之间的民事纠纷。即使行政诉讼完结了，真正需要解决的民事纠纷仍没有得到解决。

三、注册无效的效力

无效宣告具有绝对效力。被依法宣告无效的不当注册商标，其商标权视为自始即不存在，自商标注册之日起就无效。与商标使用管理中的可撤销注册不同，注册无效的商标权从一开始就带有缺陷，因此，宣告无效的决定具有溯及力，能使不当注册恢复到原有状态。可撤销的注册不是因为商标权存在瑕疵，而是因为商标权人在后来的商标使用中具有违法行为。因此，撤销注册的效力不能追溯到注册之时，只能及于后来缺陷产生之时。

注册无效具有溯及力这一原则也有某些例外。宣告注册商标无效的决定或者裁定对人民法院作出并已执行的商标侵权案件的判决、裁定，工商行政管理部门作出并已执行的商标侵权案件的处理决定，以及已经履行的商标转让或者使用许可合同，不具有溯及力。但是，因商标注册人的恶意给他人造成损失的，应当予以赔偿。

结语

商标注册无效是使不正当的注册商标归于无效的一项补救制度。导致注册商标无效的原因既有商标标识本身违反法律的禁止性规定而无效，亦有因采用欺骗等手段获得注册而无效。在商标实务中，注册无效主要是由和在先权利相冲突而引起的。注册商标的无效具有追溯效力，一旦宣告无效，则自注册之日起无效。商标权作为私权可能受到行政权力的侵犯。为了保证商标评审委员会有关商标确权行为的公正性，商标法将商标评审裁决纳入了司法审查的范围。但是，如何协调行政裁决和司法审查的关系以保证行政裁决的效率和公正，是商标法需要进一步研究的课题。

思考题

1. 商标注册不当被宣告无效和商标违法使用被撤销两者有何不同?
2. “在先权利”为什么会成为宣告注册商标无效的主要事由?

资料链接

1. 钟鸣:《〈商标法〉第 44 条第 1 款评注》，载《知识产权》2020 年第 2 期。

2. 冯术杰:《〈商标法〉第 4 条中“不以使用为目的的恶意商标注册申请”的认定》，载《知识产权》2022 年第 6 期。

3. 张鹏:《规制商标恶意抢注规范的体系化解读》，载《知识产权》2018 年第 7 期。

第二十三章　商标权的利用

学习目的　了解注册商标使用的意义，掌握注册商标使用许可和转让、移转的有关规定，熟悉商标权质押的基本含义。

关键词　商标的使用　使用许可　商标权转让　商标权质押

导语

天丝医药保健有限公司（以下简称天丝公司）与他人签订合资合同，共同成立了红牛维他命饮料有限公司（以下简称红牛公司），合同当事方曾约定红牛公司产品使用的17枚“红牛”系列商标的商标权人为天丝公司。此后，红牛公司和天丝公司均对“红牛”系列商标进行过维权及诉讼事宜。红牛公司向北京市高级人民法院提起诉讼，请求确认其享有“红牛”商标权。一审法院裁定驳回红牛公司的全部诉讼请求。红牛公司不服，上诉至最高人民法院。最高人民法院二审认为，根据合资合同，天丝公司对红牛公司是商标许可使用而非商标转让，天丝公司作为红牛技术配方和商标的提供者，应保有对红牛配方、技术工艺以及商标的控制权。在许可使用关系中，被许可人使用并宣传商标，以及维护被许可使用商标的声誉的行为，均不能当然地成为其获得商标权的事实基础。[1]

在实践中，商标的使用往往超出了商标所有者的范围，而是以许可或转让等方式交由他人使用，因此产生了许可人与被许可人、转让人与被转让人的关系。本案中最高人民法院所厘清的商标权许可和转让的差别问题，是理解商标使用的关键。

第一节　注册商标的使用

一、商标使用的含义及意义

根据我国《商标法》第48条的规定，商标的使用，是指将商标用于商品、商品包装或者容器以及商品交易文书上，或者将商标用于广告宣传、展览以及其他商业活动中，用于识别商品来源的行为。

---

〔1〕 参见最高人民法院民事判决书，(2020)最高法民终394号。

商标的使用,是指将商标用于商品、商品包装、容器、服务场所以及交易文书上,或者将商标用于广告宣传、展览以及其他商业活动中,用以识别商品或者服务来源的行为。[2] 由此可见,商标使用的范围很广泛,既包括商标直接附着于商品、商品包装或者容器上的使用,也包括商标在商业广告、产品说明书等其他商业文件中的使用;就服务商标而言,在服务场所、服务招牌、服务工具和为提供服务所使用的其他物品上使用商标,均视为商标的使用。国家知识产权局发布的《商标侵权判断标准》中,也专门以不完全列举的方式解释了商标使用的范围。

首先,用于商品、商品包装、容器以及商品交易文书上的商标使用,包括但不限于:(1)采取直接贴附、刻印、烙印或者编织等方式将商标附着在商品、商品包装、容器、标签等上,或者使用在商品附加标牌、产品说明书、介绍手册、价目表等上;(2)商标使用在与商品销售有联系的交易文书上,包括商品销售合同、发票、票据、收据、商品进出口检验检疫证明、报关单据等。

其次,用于服务场所以及服务交易文书上的商标使用,包括但不限于:(1)商标直接使用于服务场所,包括介绍手册、工作人员服饰、招贴、菜单、价目表、名片、奖券、办公文具、信笺以及其他提供服务所使用的相关物品上;(2)商标使用于和服务有联系的文件资料上,如发票、票据、收据、汇款单据、服务协议、维修维护证明等。

最后,用于广告宣传、展览以及其他商业活动中的商标使用,包括但不限于:(1)商标使用在广播、电视、电影、互联网等媒体中,或者使用在公开发行的出版物上,或者使用在广告牌、邮寄广告或者其他广告载体上;(2)商标在展览会、博览会上使用,包括在展览会、博览会上提供的使用商标的印刷品、展台照片、参展证明及其他资料;(3)商标使用在网站、即时通讯工具、社交网络平台、应用程序等载体上;(4)商标使用在二维码等信息载体上;(5)商标使用在店铺招牌、店堂装饰装潢上。

在商业活动中使用商标,使其发挥应有的经济功能,是对商标提供保护的根本理由。商标使用对商标保护具有重要影响,关系着商标权的维系。在大多数实行注册原则的国家,虽然并不要求申请商标注册时提交使用证明,但却无一例外地要求注册后应当使用。各国商标法一般都将无正当理由连续3年或5年未使用注册商标作为注册商标被撤销的理由。在实行使用原则的国家,如美国,"商标在贸易中使用"是取得注册的条件,并且适用于注册以后商标权的维持。商标所有人如果不继续使用注册商标,又无法恢复使用的意图,便构成对商标的实际放弃;如果商标所有人未采取措施致使其商标失去了显著性,则推定其放弃商标权。为了避免实际或推定放弃的裁决,须有实际的商标使用,而不是象征性的使用。使用的要求也体现在有关商标保护的国际公约中。《巴黎公约》第5条C款规定:"在任何国家,如果注册商标的使用是强制的,只有经过合理的期间,并且有关当事人不能证明其不能使用有正当理由的,才可以撤销注册","合理的期间"由国内法规定。《知识产权协定》第19条有关商标使用的规定,更加明确了合理的期间为3年。也就是说,一个商标如果没有正当理由,连续3年不使用,则可以宣布被撤销。我国实行商标注册原则和申请在先原则,但是对商标注册以后的使用也有明确规定。《商标法》第49条规定,注册商标成为其核定使用的商

〔2〕 参见《商标侵权判断标准》第3条第2款。

品的通用名称或者没有正当理由连续 3 年不使用的，任何单位或者个人可以向商标局申请撤销该注册商标。

商标的使用还会对商标的受保护水平产生影响。依据《巴黎公约》的规定，各成员方乃至于国际社会都应承担给予驰名商标特别保护的义务。保护驰名商标首先要对商标是否驰名作出认定，目前已为各国达成共识的认定标准，包括商标使用的时间和范围、广告持续的时间和覆盖范围、商标商品销往的地区等商标的使用情况。我国《商标法》第 14 条即规定，认定驰名商标应考虑的因素包括：相关公众对该商标的知晓程度；该商标使用的持续时间；该商标的任何宣传工作的持续时间、程度和地理范围；该商标作为驰名商标受保护的记录；该驰名商标的其他因素。上述因素都与实际使用有直接联系，反映了使用的时间、程度和广度等。由此可见，商标的使用足以决定其是否能够成为驰名商标而享受特殊保护。

二、商标的正确使用

商标无论是直接使用于商品，还是以促销为目的在商品广告、商业文书中使用，都应遵守法律规定，符合商业惯例并考虑到有利于商标权的保护。具体地说，应注意以下几点：

1. 注册商标的使用应严格限制在核准注册的商标标识和核定使用的商品或服务上，商标注册人不得自行作出改变，否则，其使用不被视为注册商标的使用。依据我国《商标法》的规定，自行改变注册商标的，该注册商标还有被撤销的危险。

2. 使用注册商标时应尽量标明注册标志。使用注册商标应当标明“注册商标”字样或者标明注册标志。不便在商品上标明的，应当在商品包装或者说明书以及其他附着物上标明。标明注册标志，有利于防止侵权行为，当发生侵权时，容易证明侵权人的主观意图，还可以防止商标变为商品通用名称。

3. 防止商标显著特征退化。国外已有不少案例表明，商标所有人的不恰当使用有可能导致其商标演变为商品通用名称，尤其是在一种新产品问世，没有其他名称可以用来称呼该产品的情况下，用商标作为商品的名称更容易造成商标退化。防止商标退化的有效方法首先是应注意区分产品名称和商标，避免将商标作为产品名称使用。其次应当正确使用商标，如以特别字体使用商标，突出商标和注册标志，以标明该标志是一个商标而不是其他商业标识或者商品名称。此外，还应注意保存商标使用的相关证据，诸如显示商标最早使用时间、商品销售量和销售额、商标广告宣传情况的发货单、销售合同等，在发生侵权或其他纠纷时，它们都可以用来作为使用的证据。

第二节 注册商标的使用许可

一、使用许可的概念及其意义

注册商标使用许可，是指注册商标所有人允许他人在一定期限内使用其注册商标。在使用许可关系中，商标权人为许可人，使用注册商标的人为被许可人。使用许可关系建立以后，商标权人并不丧失该注册商标专用权，被许可人只取得注册商标使用权。许可权是商标权的一项重要内容,没有这一权利,商标权作为一种“产权”是不完整的。同时,它又是一项从属权利,是从专用权派生出来的一项权利,商标权人可以行使,也可以不行使。

注册商标的使用许可的重要意义主要表现在以下两个方面:

1. 有利于企业促销增利,为社会提供更好的产品。许可他人使用注册商标,是企业以无形资产扩大市场的竞争策略;对被许可人来说,使用他人已享有一定声誉的商标,实为以较先进技术和管理模式经营企业,从而减少了创业风险和产品进入市场的障碍,使短期内获得的经济利益有一定保障。在使用许可过程中,为了保证许可使用商标商品的质量,许可人和被许可人在企业管理、生产技术、产品营销及售后服务各个环节互助互惠,不仅带动企业素质的全面提高,同时还可满足消费者需求,促进市场繁荣。

2. 有利于对外经济技术合作。在国际贸易尤其是国际技术转让活动中,商标使用权的流转具有随附性,即商标使用许可并非独立的合同或者在合同中并不居于支配地位,而是随着技术转让、合资经营等一并发生的。国内企业被许可使用外国商标,往往是引进国外技术、生产线进行产品制造加工的“副产品”,或者是定牌加工等贸易形式所产生的结果之一。所以,商标使用许可对大企业来说是开拓国外市场、对外投资经营的一种方式;对中小企业来说,则是吸收劳动力就业、赚取外汇、创造经济效益的一条有效途径。

二、使用许可的方式和种类

(一)合同许可

以合同方式确立使用许可关系最为普遍。商标使用许可合同既包括独立的许可协议,也包括在其他合同中的商标使用许可条款。如前所述,许多情况下,商标许可是技术转让合同、成套设备进口合同等综合性的、含有知识产权其他方面内容的合同的组成部分。通过技术转让合同,被许可人采用专利技术或非专利技术生产经营某项产品,因而可以使用许可方的注册商标。除了技术合同外,特许经营、连锁经营也包含商标的使用许可。在特许经营关系中,商标使用许可是构成双方权利义务关系的基础之一,被许可方使用许可方的商标等从事经营活动,许可方向被许可方提供技术指导、人员培训、物流配送,使被许可方的产品或服务达到许可方的统一标准。此外,在定牌加工合作关系中,加工方生产并销售带有委托方注册商标的商品,也是一种商标使用许可合同关系。

根据被许可人使用权的效力范围,商标使用许可合同可分为以下三种类型:(1)普通许可,即许可人允许被许可方在规定的期限、地域内使用某一注册商标。同时,许可人保留自己在该地区内使用该注册商标和再授予第三人使用该注册商标的权利。(2)排他许可,即许可人允许被许可方在规定期限、地域内使用某一注册商标,许可人自己可以使用该注册商标,但不得另行许可他人使用。(3)独占许可,即许可人允许被许可方在规定的期限、地域内独家使用某一注册商标,许可人不得使用,也不得将同一注册商标再许可他人使用。

上述三类许可形式又可大致概括为独占许可和非独占许可。从合同法上看,非独占许可相当于一个免予起诉被许可人侵权的契约,它不禁止许可人向第三方作出新的许可或自己使用许可标的,也不禁止许可人在非独占被许可人的利益受到侵害时保持沉默。相反,独占许可为被许可人提供了更多的保证。它要求许可人在许可合同的范围内抑制竞争，从而使被许可人在这一范围内对权利标的进行排他性的使用。[3] 正是基于使用许可的性质，注册商标专用权被侵害时：独占使用许可合同的被许可人可以向人民法院提起诉讼；排他使用许可合同的被许可人可以和商标注册人共同起诉，也可以在商标注册人不起诉的情形下，自行提起诉讼；普通使用许可的被许可人经商标注册人明确授权，可以提起诉讼。[4]

（二）其他方式的许可

合同许可是一种正常的贸易方式，实际中还有作为争议的解决方式而产生的使用许可。例如，某家公司、企业追究一起商标侵权纠纷，向法院起诉或者向行政主管机关投诉，最后的解决方式可以是双方达成协议，由商标权人将商标使用权有偿许可给侵权者。当然，侵权者也可以对此前未经许可的非法使用行为进行补偿。这样，原来的侵权者就成为被许可人，当事人的关系转变为使用许可关系。

还可能有另外一种情况，即商标申请人发现自己欲申请注册的商标已有人使用，该申请人可以与使用在先的经营者取得联系，收购这一商标，同时为在先使用者留下一段时间使其逐渐停止使用该商标。在这一期间内，双方当事人实为使用许可关系。

商标许可使用不得强制进行。强制许可存在于专利权、著作权领域，当自愿许可交易成本过高或者在公众利益所需的特定情况下，可以对专利权、著作权实行强制许可。商标的强制许可是不被允许的，这是因为商标是用来区分来源的标志，使用的商标差异越明显，区别效果越好，而强制性地让某个商标被他人使用，无论怎么说都是毫无意义的。

三、当事人的主要权利和义务

依照许可证贸易的国际惯例和我国有关法律的规定，凡包含专利技术使用权、专有技术（know - how）使用权和商标使用权在内的许可证贸易，属于技术转让合同。仅仅涉及商标使用权的许可，不能视为技术转让。但无论是单独的商标使用许可合同还是包含在技术转让合同中的商标使用许可条款，其主要内容均包括以下两点。

（一）商品质量控制

商标是企业的一项无形资产，商标的价值在于它的声誉。商标声誉并非一朝一夕能够取得的，而是商标所有人经过长期努力，投入大量资金和辛勤劳动培育而成的。许可他人使用商标即意味着把商标声誉寄附于被许可人的行为和其提供的商品之上。因此，使用许可协议中质量控制条款是一项最重要的内容，使用许可作为一项商标战略，其成败完全取决于商品质量控制。

对于许可人来说，商标质量控制就是监督被许可人保证其产品质量。为此，在授予许可使用权之前，许可人应对被许可人的法人资格、生产能力、经营管理、产品质量等进行考察、测试，达不到与自己产品水平相同的，不能授予许可证。许可使用合同签订以后，许可人应密切注意被许可人的生产销售情况，防止被许可人的产品质量、销售服务发生任何有损商标信誉的状况。在整个合同期限内，许可人都有责任对被许可人的生产过程、工艺制作、产品

---

〔3〕 参见[美]Jay Dratler，Jr.：《知识产权许可》（下），王春燕等译，清华大学出版社 2003 年版，第 692 页。

〔4〕 参见最高人民法院《关于审理商标民事纠纷案件适用法律若干问题的解释》第 4 条。

检验和企业管理等方面提供必要的援助及实施必要的监督。

对被许可人而言，质量控制条款就是保证使用注册商标商品的质量，保证不出现因质量问题或使用商标不当而损害许可人利益的情况。被许可人的产品若达不到许可使用的商标的商品质量，许可人有权终止合同，收回商标许可使用权。

商品质量保证是一项法定义务。《商标法》第 43 条第 1、2 款规定："商标注册人可以通过签订商标使用许可合同，许可他人使用其注册商标。许可人应当监督被许可人使用其注册商标的商品质量。被许可人应当保证使用该注册商标的商品质量。""经许可使用他人注册商标的，必须在使用该注册商标的商品上标明被许可人的名称和商品产地。"这一规定尽管比较原则性，但它明确划分了双方当事人对商品质量所负有的责任：许可人具有"监督"的权利和义务，被许可人负有"保证"的义务。这一规定对商标注册人和被许可使用人双方在商品质量方面的权利、义务及责任具有规范和指导作用。

（二）商标权的维护

该项内容主要表现为许可人的义务，即许可人有义务保证商标权的确定性，维护被许可人的使用权。具体而言，许可人应保证许可合同项下的商标权真实可靠，是经商标主管机关核准注册的商标，并且该商标仍处于法律保护的有效期限内。许可人不得在同一地区内与两个以上的人签订独占许可合同。在合同有效期间，许可人不应将该注册商标任意转让给第三人。如转让商标，应向被许可人说明情况，取得被许可人同意或者是与被许可人解除使用许可协议。许可人还应采取有效措施维系其商标权，并承担所需费用。

四、使用许可合同的管理

注册商标的使用许可是商标权人行使和实现商标权益的重要方式，它往往发生在具有一定影响的商标的使用上。因而，如何保护商标所有人权益，维护驰名商标的信誉，防止使用商标的商品质量失控而给消费者带来损害，成为商标管理工作的一项重要任务。使用许可合同的管理主要通过备案制度来实施。

1. 许可合同的标的必须是注册商标。商标一经注册即获得专用权，受到法律保护。未注册商标不享有专用权，从理论上说，任何人可以自由使用而无须得到先使用人的许可。如果将未注册商标与他人订立使用许可协议，收取使用费，则是一种欺骗行为。

2. 使用许可合同应备案。商标注册人许可他人使用其注册商标，必须签订使用许可合同，并将合同副本报送商标局备案。商标使用许可合同至少应包括下列内容：(1) 许可使用的商标及其注册证号；(2) 许可使用的商品范围；(3) 许可使用期限；(4) 许可使用商标的标识提供方式；(5) 许可人对被许可人使用其注册商标的商品质量进行监督的条款；(6) 在使用许可人注册商标的商品上标明被许可人的名称和商品产地的条款。申请商标使用许可合同备案应当提交下列书件：(1) 商标使用许可合同备案表；(2) 商标使用许可合同副本；(3) 许可使用商标的注册证复印件。

有下列情形之一的，商标局不予备案：(1) 许可人不是被许可商标的注册人的；(2) 许可使用的商标与注册商标不一致的；(3) 许可使用商标的注册证号与所提供商标注册证号不符的；(4) 许可使用的期限超过该注册商标的有效期限的；(5) 许可使用的商品超出了该注册商标核定使用的商品范围的；(6) 商标使用许可合同缺少《商标使用许可合同备案办法》第 6

条所列内容的;(7)备案申请缺少《商标使用许可合同备案办法》第7条所列书件的;(8)未缴纳商标使用许可合同备案费的;(9)备案申请中的外文书件未附中文译本的;(10)其他不予备案的情形。

第三节 注册商标的转让和移转

一、注册商标的转让

(一)注册商标转让的概念及方式

注册商标的转让是指注册商标所有人将其所有的注册商标转让给他人所有。通过转让,受让人成为新的商标权人,原商标权人不再拥有注册商标所有权。转让是继受取得商标权的重要途径。

商标也是商品,商标的交易即商标权转让已经成为产权交易的一个组成部分。因企业产品调整、企业倒闭等原因而闲置的商标可能发生商标转让。一种新出现的情况是,在商标法允许自然人注册商标后,一些个人设计出商标进行注册后再进行出售,以此作为一种投资手段。

转让注册商标既可以是连同生产该商品的企业或企业信誉一起转让,也可以是脱离原企业和经营整体而单独转让,前者称为连同转让,后者称为单独转让。商标的单独转让曾是受限制的,即当商标的功能以区别来源为主时不允许单独转让,而只能连同企业一同转让。《巴黎公约》第6条第4项规定,商标的转让只有与其所属企业或商誉同时转让方有效。现代各国商标法均允许商标的单独转让,这是因为,商标已从表示商品来源的标记演进为一种重要的财产权益。商标权的转让、使用许可是商标所有人行使财产权利、满足经济利益的重要方式。从消费者角度而言,其更关心的是商品的质量,而不是商品的生产者。只要商品或者服务的质量没有发生变化,经营者即使有所变更,消费者也同样予以认可。可以说,商标的单独转让是商标功能改变扩展的结果。《知识产权协定》承认了商标的单独转让,该协定第21条规定:各成员可以决定商标的许可和转让的条件,应当理解为,不得允许商标的强制许可,且注册商标法所有人应当有权将其商标与其使用商标的营业一并转让或者单独转让。我国《商标法》对转让的方式未作限制,这就意味着注册商标可以脱离原经营者而单独转让。

按照《商标法》的规定,转让注册商标须签订书面合同,转让人和受让人应当向商标局提交转让注册商标申请书。转让注册商标须经商标局核准注册、公告后才能生效。受让人自公告之日起享有商标权。

(二)转让注册商标的限制

1. 在同一种或类似商品上注册的相同或者近似商标必须一并转让。商标注册中核定使用的商品可以是两种以上,如果它们属于同种或者类似商品,则不得分割转让。如果分割转让就会出现同一商标在相同或类似商品上有两个人在使用,这样势必会造成不同出处产品的混淆。所以,按照一并转让之规定,转让人继续从事类似产品的生产经营时,不得再使用已转让的注册商标。

2. 联合商标必须一并转让。联合商标是指注册使用在同一种或类似商品上的两个以上的近似商标。联合商标是商标所有人为了保护已取得较高声誉的本商标而注册的防护性系列商标。我国《商标法》虽未明文规定联合商标注册，但实务中商标主管机关曾给予一些企业的系列商标在相同或类似商品上注册。联合商标如果发生转让，应一起转让，否则就会产生两个商标所有人在同种商品上使用近似商标的情形，造成商品来源混淆。

3. 已经许可他人使用的商标不得随意转让。商标注册人已经许可他人使用的商标，在许可期内如果将其商标权转让给他人，必须征得被许可人的同意。转让注册商标经核准以后，被许可人仍与受让人保持使用许可关系；如果被许可人不同意转让，就应该先解除许可使用合同，再办理转让注册。总之，不得因转让商标而损害在先被许可使用人的利益。

4. 受让人有保证注册商标商品质量的义务。首先，受让人必须具备商标注册申请人的资格，受让烟草制品、人用药品的注册商标时，必须取得有关部门准许其生产或经营的证明文件。其次，受让人还应具备保证使用该注册商标的商品质量的能力，以维护该商标的声誉和消费者利益。

二、注册商标的移转

注册商标的移转，是指因转让以外的其他事由而发生的商标权利转移。移转有两种情况：一是注册商标依继承而移转。作为商标权人的公民死亡，由其继承人按照继承法的有关规定继承其商标权。二是企业合并、被兼并，其商标权由合并或兼并的新企业继受。引起注册商标移转的事由发生后，接受该注册商标权利移转的当事人应当凭有关证明文件或者法律文书到商标局办理注册商标专用权移转手续。

注册商标的移转同样受到一并移转的限制，即注册商标专用权人在同一种或者类似商品上注册的相同或者近似商标应当一并移转；未一并移转的，由商标局通知其限期改正；期满不改正的，视为放弃该移转注册商标的申请。

第四节　商标权质押

一、商标权质押的含义

商标权质押是指商标注册人以债务人或者担保人身份将自己所拥有的、依法可以转让的商标权作为债权的担保，当债务人不履行债务时，债权人有权依照法律规定，以该商标权折价或以拍卖、变卖该商标权的价款优先受偿。

质押是担保的一种方式。按照质押物的不同种类，可将质押分为动产质押、不动产质押及权利质押。《民法典》第440条规定了可以质押的权利，其中第5项是“可以转让的注册商标专用权、专利权、著作权等知识产权中的财产权”。因此，商标专用权的质押属于权利质押。

二、商标权质押的条件

根据《民法典》第440条的规定，对商标权进行质押需要满足的条件是该商标权依法可以转让。商标权是否可以依法转让应注意以下几个问题：

1. 出质商标应当是有效注册商标。因此，应该了解清楚质押商标是否在注册有效期内，是否已被注销、撤销而丧失商标专用权。

2. 没有“限制转让”的情形存在。被人民法院查封的商标，在查封期内，人民法院限制该商标转让、许可或质押，因此不能办理质押。已办理过质押登记的商标，在其剩余价值内不足以再次质押时，也不能办理质押登记手续。再次质押时，只能在先位质权人得到清偿后才能受偿。

3. 对同一注册人在与质押商标相同或类似商品或服务上注册的相同或近似商标，应一并办理质押登记。

按照《商标法实施条例》第31条的规定，转让注册商标的，商标注册人对其在同一种或者类似商品上注册的相同或者近似的商标，应当一并转让。因此，在办理质押登记申请时，同一注册人在与质押商标相同或类似商品或服务上注册的相同或近似商标应一并办理质押登记，以保证质押商标可以依法转让，从而保证质权人在债务人不履行债务时可以将质押物变现以优先受偿。

三、商标权质押的办理

根据《商标法》及《商标法实施条例》的规定，当事人可以直接办理商标专用权质押申请，也可以委托国家认可的具备商标代理资格的组织代理办理（由于质押申请是由双方办理的，因此，委托代理时双方可以各自委托代理组织，也可以委托共同的代理组织）。但在中国没有经常居所或营业所的外国人或外国企业应当委托代理组织代理办理，而不能由自己直接办理。

根据《民法典》第440、444条的规定，以依法可以转让的注册商标专用权中的财产权出质的，质权自办理出质登记时设立。

1. 质押登记的申请。出质人与质权人应当订立书面合同，共同向国家知识产权局提出质权登记申请，并提交相应的文件。申请登记书件齐备、符合规定的，国家知识产权局予以受理并登记。国家知识产权局自登记之日起2个工作日内向双方当事人发放商标专用权质权登记证。对提交文件不全、共有人未一致同意等不符合法律规定的质押登记申请，国家知识产权局应当通知申请人，并允许其在30日内补正。申请人逾期不补正或者补正不符合要求的，视为其放弃该质权登记申请，国家知识产权局应当通知申请人。

2. 质押登记的撤销、变更。质权登记后，有下列情形之一的，国家知识产权局应当撤销登记：(1)发现有属于《注册商标专用权质押登记程序规定》第8条所列情形之一的；(2)质权合同无效或者被撤销；(3)出质的注册商标因法定程序丧失专用权的；(4)提交虚假证明文件或者以其他欺骗手段取得注册商标专用权质权登记的。撤销登记的，国家知识产权局应当通知当事人。

申请人名称、地址发生变更及因主债权债务转移或其他原因发生质押权利转移的，应当办理商标专用权质押变更登记、补充登记或重新登记。申请变更登记或补充登记，应当提交变更的证明和登记机关发给的商标专用权质押登记证。

结语

商标权的利用是实现商标所有人利益的最重要的方面，商标权的利用包括注册商标的专有使用，也包括注册商标的许可使用以及注册商标的转让和移转。此外，商标权也是权利质权的对象之一。

思考题

1. 企业在商标使用中应如何防范商标显著性的退化？

2. 商标使用许可合同当事人的法定义务是什么？

资料链接

1. 张玉敏：《注册商标三年不使用撤销制度体系化解读》，载《中国法学》2015 年第 1 期。

2. 彭学龙：《论连续不使用之注册商标请求权限制》，载《法学评论》2018 年第 6 期。

3. 张鹏：《〈商标法〉第 49 条第 2 款“注册商标三年不使用撤销制度”评注》，载《知识产权》2019 年第 2 期。

第二十四章　商标权的保护

学习目的　了解确定商标权利范围的两个标准，熟悉商标侵权行为的主要表现形式以及相应的法律责任。驰名商标保护制度是本章重点，结合前面各章有关内容进一步理解驰名商标的法律意义，了解驰名商标的认定机构、认定程序及特别保护的法律规定。

关键词　商标权保护范围　侵犯商标权行为及法律责任　驰名商标

导语

2010年9月7日，金某申请注册的“非诚勿扰”商标（以美术形态显示的繁体文字）获得授权，核定使用的服务类别为第45类，包括“交友服务、婚姻介绍所”等。江苏卫视播出的《非诚勿扰》节目是一档适应现代生活节奏的大型婚恋交友节目，该节目反复突出使用“非诚勿扰”的文字标识（纯文字形态的简体文字）并且进行广告招商。金某认为江苏卫视擅自使用其注册商标，构成商标侵权。一审法院认为，虽然江苏卫视使用的“非诚勿扰”与金某的文字商标“非诚勿扰”相同，但“非诚勿扰”商标注册在上述第45类服务类别上，江苏卫视使用的“非诚勿扰”对应的却是第41类，即“电视节目”，故两者属于不同类别的商品或服务，江苏卫视不构成侵权。二审法院则认为，《非诚勿扰》节目同样提供征婚、相亲、交友的服务，与“非诚勿扰”商标所被核定的第45类服务相同，江苏卫视构成商标侵权。再审法院认为，以相关公众的一般认知，能够清晰区分电视文娱节目的内容与现实中的婚介服务活动，故两者不构成相同服务或类似服务，江苏卫视不构成侵权。因此，再审法院维持了一审判决，撤销了二审判决。[1]

商标侵权的认定涉及两方面的对比，即原、被告标识本身的对比以及商品或服务类别的对比。只有合理地界定了商标权的保护范围，才能正确地判断侵权与否。判断商标侵权的关键为何？哪些行为构成商标侵权？驰名商标的保护有何特殊之处？本章将围绕商标的保护来回应上述问题。

---

〔1〕 参见广东省高级人民法院民事判决书，(2016)粤民再447号。

第一节　商标权的保护范围

一、以制止混淆确定的保护范围

(一)混淆与商标保护

商标是用来区别商品来源的标志,防止混淆是商标保护的基本出发点。为了使商标能够有效而可靠地指示商品来源,必须排除第三人使用相同或近似标志。如果容忍市场上出现可能造成混淆的冒牌商品,消费者可能会在似是而非、以假乱真的情况下,因认牌购物上当受骗。正是为了避免混淆,在商标权取得过程中,与注册商标相同或者近似的标志不给予注册;在商标权的保护上,则强调专有性,商标权人以外的其他人在相同或者近似的商品上使用相同或者近似商标足以造成混淆的,即构成侵犯商标专用权。

无论是使用原则还是注册原则,商标保护的立足点都确定为制止混淆。各国商标法以及国际组织文件无不以此作为商标立法的出发点。世界贸易组织《知识产权协定》第16条"授予的权利"第1项规定:注册商标所有人有权阻止他人未经许可而在贸易活动中使用与其相同或近似的标志,以防止造成混淆的可能。我国《商标侵权判断标准》第19条规定,在商标侵权判断中,在同一种商品或者同一种服务上使用近似商标,或者在类似商品或者类似服务上使用相同、近似商标的情形下,还应当对是否容易导致混淆进行判断。其中明确提出要从是否导致混淆出发来进行商标侵权判断。

(二)混淆的含义及种类

"混淆"是商标保护中的核心问题,也是商标法中一个基本概念。混淆或混淆的可能既是划定商标权保护范围的基础,又是认定使用行为是否构成侵权的界限。商标法上的混淆是指已经或可能对商品或服务的来源及有关方面发生误认。混淆有广义和狭义之分。狭义的混淆是指商业来源的混淆,即公众可能对商品或服务的出处产生错误认识,将假冒者的商品或服务误认为是商标权人的商品或服务。狭义混淆所说的"来源"或"出处"混淆一般发生在同种商品之间。广义的混淆是指除了来源、出处的混淆以外,对商品或服务的其他方面产生相同性的误认。如将商标用于不相同或不类似的商品上,公众可能错误地认为两个经营者之间存在某种联系,诸如隶属关系、赞助关系、许可关系。广义的混淆一般发生在不同种商品或服务之间。传统商标法上的混淆一般是指狭义混淆。但是,随着市场经济的发展,混淆的范围扩大了,商标法上的混淆概念扩大到广义混淆。在我国司法实践中,认定相关人员是否实施了商标侵权行为,视其使用的商标是否容易使公众对商品的来源产生误认或者认为两者之间有某种联系而定,[2]即采用广义混淆的标准。

混淆包括现实混淆和可能混淆。现实混淆即购买者客观上已经发生了误认误购的事实。可能混淆则不要求已经产生混淆的事实,而是足以发生混淆即可。商标法上的混淆,无论是狭义混淆还是广义混淆,均只要求存在混淆的可能性,而不一定要求有混淆的事实。

---

〔2〕 参见最高人民法院《关于审理商标民事纠纷案件适用法律若干问题的解释》第9条。

(三)混淆的认定

对混淆的认定是司法和行政执法实践中经常遇到的问题。各国都是在实践经验的基础上来总结认定混淆的规则或标准。我国法院在其工作范围内对如何认定混淆总结了以下一般原则:

1. 主观标准。以相关公众的一般注意力为标准。相关公众是指与商标所标识的某类商品或者服务有关的消费者和经营者。

2. 客观标准。商标是否会引起混淆,取决于商标的相似程度和商品的类似程度。使用相同商标推定必然产生混淆,使用近似商标是否构成混淆,要结合各种因素加以考察,包括但不限于:商标之间的近似程度,商品的差异大小、等级、价格高低、知名程度等。我国《商标侵权判断标准》的第 20 条专门列举了容易造成混淆的具体情形,包括:(1)足以使相关公众认为涉案商品或者服务是由注册商标权利人生产或者提供;(2)足以使相关公众认为涉案商品或者服务的提供者与注册商标权利人存在投资、许可、加盟或者合作等关系。商标执法部门在行政执法过程中,则应依据以下因素以及各因素之间的相互影响来判断:(1)商标的近似情况;(2)商品或者服务的类似情况;(3)注册商标的显著性和知名度;(4)商品或者服务的特点及商标使用的方式;(5)相关公众的注意和认知程度;(6)其他相关因素。

在实践中,是否足以产生混淆,与商标自身的显著性和知名度有关。商标越是显著,混淆的可能性越大。换句话说,显著性强的商标受保护范围较宽;显著性弱的商标,尤其是由普通词汇或通用名词构成的描述性商标,他人的商标即使与其相近似也难以认定为混淆。商标的影响力也很重要,商标越是著名,被混淆的可能性越大。当然,商标混淆是一个事实问题,每一次认定都在个案中进行。

二、以反淡化确定的权利范围

(一)淡化与商标保护

混淆是对商标权最严重的侵害,它破坏了商标的区别作用,使商标无法发挥区别来源等传达商品信息的作用。对普通商标而言,制止混淆足以保护商标权,但是制止混淆又不能解决所有问题。现代社会商标功能扩大,尤其是驰名商标所拥有的良好声誉、特有品位和广告价值,使其成为企业进行市场竞争的重要王牌。将驰名商标用于非类似商品、无竞争关系的商品或者服务上,虽与混淆无关,但这种使用却可能减损驰名商标的影响力。因此,对驰名商标的保护不能单以制止混淆为标准,反淡化保护就是在避免混淆的基础上被提出来的。

反淡化的核心是保护商标的独特个性、广告价值和良好声誉。驰名商标与其所标识的商品或服务之间关联性强,具有公众吸引力,盗用驰名商标可以和混淆不相干,商标所有人所受到的损害也可能不再是因混淆造成顾客转移,而是商标的影响力被削弱,商标价值被减损。驰名商标要保护其知名度,就必须保护其独特性。如若人人使用驰名商标,驰名商标将不复存在。美国是最早采用淡化理论保护驰名商标的国家,如美国学者富兰克·斯凯特指出的,现代商标的价值在于其销售能力,而这种销售能力又取决于商标的独特性,这种独特性将由于被使用在相关或不相关的商品上而受到损害或削弱。[3] 美国律师协会的知识产

〔3〕 Frank I. Schechter, *The Rational Basis of Trademark Protection*, 40 Harv. L. Rev. 813, 818 (1926).

权学者将斯凯特的理论进一步阐释为，如果容忍或放任"劳斯莱斯"餐馆、"劳斯莱斯"自助餐厅、"劳斯莱斯"裤子、"劳斯莱斯"糖果存在的话，那么不出10年，"劳斯莱斯"所有人就不再拥有这个世界驰名的商标。可见，商标淡化不是一般的侵权，并不以商品类似，公众混淆、误认为条件。只有高度驰名且显著性强的商标才具有这种受保护的利益，因而，反淡化是给予驰名商标的一种特殊保护。

最早进行商标反淡化立法的是美国。20世纪20年代，斯凯特的商标反淡化理论得到理论界认同，美国法院在判例中首先采用了商标淡化的理论。1947年马萨诸塞州制定了第一个州反淡化法，此后有二十多个州制定了州一级商标反淡化法。1996年美国国会通过《联邦商标反淡化法》，对其《兰哈姆法》第43条增加了一个条款，从而成为世界上唯一一个对商标淡化制定专门法的国家。反淡化法的内容包括：赋予驰名商标所有人阻止其驰名商标被淡化的权利，淡化的法律救济，驰名商标的认定标准，淡化的例外。对于商标淡化及淡化的救济，该法案规定，"驰名商标所有人有权获得禁令救济，阻止他人在其商标或商号驰名以后商业性地使用这些标记，并导致这些标记所具有的显著性被淡化"。淡化之例外规定为："他人在比较广告或促销中标识为驰名商标所有人的竞争商品或服务而对驰名商标的合理使用；非商业性使用驰名商标；所有形式的新闻报道和新闻评论。"[4]1999年和2006年美国国会又对商标淡化法进行了两次修改。1999年的修改主要解决反淡化保护运用于商标异议和商标撤销之程序中。2006年的淡化法修正案集中在对商标淡化的定义和有关淡化的救济两方面。因1996年通过的反淡化法并未明确"淡化"的定义，从字面上看，淡化只是涉及冲淡而未包括玷污，而2006年修正案将淡化分为冲淡和玷污（弱化和丑化）两种类型。冲淡被定义为"由于一个商标或商号与驰名商标类似而产生的联系，这种联系将损害驰名商标的显著性"；玷污被定义为"由于一个商标或商号与驰名商标类似而产生的联系，这种联系将损害驰名的声誉"。关于商标淡化可获得的救济，2006年修正案采取了一项新的标准："不管是否存在实际的或可能的混淆，也不管是否存在竞争或实际的经济损失"，只要是于该商标驰名后在商业上作为商标或商号使用，可能由于弱化而冲淡或由于玷污而淡化该驰名商标，驰名商标所有人均有权禁止。

虽然美国的商标反淡化法理论和实践影响最大，但淡化理论源于欧洲，并且欧盟商标淡化立法也早于美国联邦立法。欧盟在1988年12月通过的《欧共体商标指令》就采纳了商标淡化理论，2004年2月通过的《欧共同体商标条例》在"共同体商标的效力"一节中体现了商标淡化理论，其第9条第1款第3项规定，"共同体商标应赋予商标所有人对该商标的专用权。商标所有人有权阻止所有第三方未经其同意在贸易过程中使用：将与共同体商标相同或近似的任何标志，使用在与共同体商标注册的商品或服务不类似的商品或服务上，如果共同体商标在共同体内享有声誉，且该标志的使用将无正当理由地利用或损害该共同体商标的显著特征或声誉"。该条被认为是商标反淡化条款。

我国商标法反商标淡化的规定，间接体现在《商标法》第13条第2、3款："就相同或者类似商品申请注册的商标是复制、摹仿或者翻译他人未在中国注册的驰名商标，容易导致混淆的，不予注册并禁止使用。""就不相同或者不相类似商品申请注册的商标是复制、摹仿或者

---

〔4〕［美］苏珊·瑟拉德：《美国联邦商标反淡化法的立法与实践》，张今等译，载《外国法译评》1998年第4期。

翻译他人已经在中国注册的驰名商标，误导公众，致使该驰名商标注册人的利益可能受到损害的，不予注册并禁止使用。”这一规定，尤其第2款规定，是为了加入世界贸易组织的需要，履行世界贸易组织《知识产权协定》中保护驰名商标的义务所制定的。其在条文表述上基本采纳了《知识产权协定》第16条之3的规定，即《巴黎公约》第6条之2应基本上适用于已获得商标注册的货物或服务不相似的货物或服务，只要该商标在那些货物或服务上的使用会表明那些货物或服务与该注册商标所有人之间存在联系，且这种使用有可能损害该注册商标所有人的利益。其中“联系”和“利益”并没有得到解释，各国立法可以将反商标淡化解释为其中的应有含义。我国《商标法实施条例》和最高人民法院关于商标法的司法解释在细化商标侵权行为时，毫无例外地将“产生误认”“误导公众”作为认定侵权行为的必要条件。[5]因此，从现阶段商标立法看，我国并未承认反商标淡化的权利。不过，如果需要赋予商标所有人反淡化的权利，《商标法》第13条第2款之规定可以容纳商标淡化理论。

（二）淡化的含义及其表现形式

所谓淡化，根据美国《联邦商标反淡化法》的定义，是指“减损、削弱著名商标识别性和显著性能力的行为，而不管驰名商标所有人和使用人之间是否存在竞争关系，或者存在混淆或误解的可能性”。据此，商标淡化不是一般的侵权行为，对商标淡化的认定不依赖于混淆、欺骗或误认。在无混淆的情况下，为了保护驰名商标，淡化可作为独立的原因请求获得法律救济。

淡化行为产生于现代社会大量生产、大量消费、多种经营的社会背景之下，是典型的现代式商标侵权，其主要表现形式有两种：冲淡和玷污。

冲淡指无权使用人将相同或近似商标使用在与驰名商标商品不相同或不类似的商品上，从而使该驰名商标与其商品之间的特定联系弱化。冲淡行为使驰名商标与其商品之间的特定联系逐渐弱化，甚至消失，侵蚀了驰名商标特有的吸引力和广告价值。冲淡的例子诸如将“劳斯莱斯”用于自行车、口红，将“索尼”用于糕点、巧克力等。虽然使用者在没有竞争关系的商品上使用驰名商标，但这些商品或服务领域可能是驰名商标未来的市场。在现代化生产经营中，一些知名企业往往会在人们意想不到的领域出现。例如，已经走向世界的海尔集团，其产品从最初较为单一的空调、洗衣机等家电产品发展到笔记本电脑甚至橱柜等多种家用产品。海尔集团可能还会开辟新的市场领域，它所凭借的就是“海尔”对公众的影响力。驰名商标是海尔集团最有价值的资产，因此，保护驰名商标需要保护商标所有人进入相关市场的权利，防止因商标价值被冲淡而削弱其开拓未来市场的能力。

玷污是指一个商标被用于某些商品或服务上或用于某种环境下，有可能使该商标的良好信誉被贬低、毁损。例如，将一个儿童玩具上的著名商标使用在带有色情内容的网站上，将世界著名的香水商标“香奈儿”用于厕所清洗剂或杀虫剂上，这种使用行为所产生的结果可能使人对驰名商标产生不舒服、厌恶的情感，从而污染该商标的形象。

淡化的本质是通过消费者的联想作用从他人商标声誉中不正当地获利。一个商标所具有的顾客吸引力是经过大量人力和财力的投入培育出来的，一旦商标享有声誉，其就成为经

---

〔5〕 参见最高人民法院《关于审理商标民事纠纷案件适用法律若干问题的解释》第1条，详细内容参见本章第二节。

营者开发相关市场、进行长远投资的无形资产。即使他人将该商标应用在不相关的商品上，即使消费者对商品不会发生混淆，商标利益仍然受到损害，这就是商标声誉受损。因此，反淡化保护的目的是禁止竞争者从他人商标声誉中不正当地获利。

淡化作为一种损害后果并不像混淆那样直接导致顾客流失、销售量下降，它的不利影响往往是间接的、潜伏的，一时难以量化。对于驰名商标而言，淡化如同恶性肿瘤，经过一段时间逐渐蔓延开来，最终危及一个商标的价值，甚至关系到一个商标的存废。淡化后果产生后，很可能会令该商标成为普通名词而不再受保护。因此，防止商标独特个性被侵蚀、防止商标声誉被损害，是驰名商标保护的着眼点。

正是驰名商标的特殊保护丰富了商标保护的理论，形成了以混淆为依据的保护范围和以淡化为依据的保护范围。反淡化理论在当代商标保护中正在发挥着积极的作用。

第二节 商标侵权行为

商标侵权是指未经商标所有人许可，擅自使用与注册商标相同或近似的标志，或者妨碍商标所有人使用注册商标，并可能造成消费者产生混淆的行为。

依《商标法》第57条的规定，有下列行为之一的，均属于侵犯商标专用权。

一、使用侵权

未经商标注册人的许可，在同一种或者类似的商品或服务上使用与注册商标相同或近似的商标。此类行为主要发生在商品生产领域，亦即制假行为，侵害人为商品制造商或服务项目提供者。使用侵权行为直接侵犯了商标权人的禁止权，是一种最典型的侵权行为，也是后面各环节侵权行为的源头。侵权使用和注册商标所有人对商标的使用方式和范围一致，包括将商标直接用于商品或服务项目上，以及在各种商业环境中使用商标。凡是对商标权人来说构成商标使用的方式，都可构成这里的侵权使用。

使用侵权行为具体可被分为四种情形：(1)在同一种商品上使用相同商标；(2)在同一种商品上使用近似商标；(3)在类似商品上使用相同商标；(4)在类似商品上使用近似商标。其中，同一种商品是指涉嫌侵权人实际生产销售的商品名称与他人注册商标核定使用的商品名称相同的商品，或者二者商品名称不同但在功能、用途、主要原料、生产部门、消费对象、销售渠道等方面相同或者基本相同，相关公众一般认为是同种商品的商品。同一种服务是指涉嫌侵权人实际提供的服务名称与他人注册商标核定使用的服务名称相同的服务，或者二者服务名称不同但在服务的目的、内容、方式、提供者、对象、场所等方面相同或者基本相同，相关公众一般认为是同种服务的服务。类似商品是指在功能、用途、主要原料、生产部门、消费对象、销售渠道等方面具有一定共同性的商品。类似服务是指在服务的目的、内容、方式、提供者、对象、场所等方面具有一定共同性的服务。

四种行为的第一种行为与被使用商标的注册内容完全相同，因而构成假冒注册商标行为，是一种最为严重的商标侵权行为；其余几种都对注册商标专用权有所规避，但仍然落入禁止权所排斥的范围而构成侵犯商标权。司法实践中，判断是否属于同一种商品或者同一种服务、类似商品或者类似服务，应当在权利人注册商标核定使用的商品或者服务与涉嫌侵权的商品或者服务之间进行比对。

二、销售侵权

销售侵权是销售侵犯注册商标专用权的商品。这种侵权行为的主体一般为商品经销商。商标侵权行为人的全部目的在于谋取经济利益，侵权产品只有通过销售渠道售出后，这一目的才能实现，因而必然有销售者的参与。禁止和制裁经销侵权商品的行为，无异于在流通环节上设置一道法律屏障，使侵权人的目的难以得逞，减少侵权行为对社会造成的危害。

需要注意的是商标侵权行为的构成与侵权行为法律责任之间的关系。依《商标法》第64条第2款规定："销售不知道是侵犯注册商标专用权的商品，能证明该商品是自己合法取得并说明提供者的，不承担赔偿责任。"这就是说，非法销售行为的构成，并不以销售者在主观上存在"明知"或"应知"的过错为前提，只要行为人实际上销售了侵犯商标权的商品，即构成侵犯商标权的行为，应当停止继续销售。在民法理论上，"停止使用""停止销售"是物权性质的请求权，只要有侵害或有侵害的可能权利人即可行使，而不管行为人主观状态如何。但构成侵权行为的并不一定都要负赔偿责任，承担损害赔偿责任的条件是行为人的主观过错；对于商品销售者来说，只有在明知或应知销售的商品是侵犯注册商标专用权的商品时，才须承担赔偿损失的责任。如何认定销售者"明知"或"应知"而销售侵权产品，采用过错推定的方式，即由行为人通过证明该商品是自己合法取得的并说明提供者来证明自己主观上不存在过错，如果不能证明，即推定有过错。工商行政管理部门总结多年商标执法查处假冒商品的经验，对行为人具有以下情况之一的，认定销售商主观上为"明知"或"应知"：(1)进货渠道不符合商业惯例，且价格明显低于市场价格的；(2)拒不提供账目、销售记录等会计凭证，或者会计凭证弄虚作假的；(3)案发后转移、销毁物证，或者提供虚假证明、虚假情况的；(4)类似违法情形受到处理后再犯的；(5)其他可以认定当事人明知或者应知的。这些经验对今后行政执法及司法审判工作认定销售者的主观条件具有重要的指导意义。

三、标识侵权

标识侵权行为是指伪造、擅自制造他人注册商标标识或者销售伪造、擅自制造的他人注册商标标识。行为人一般为从事商标印刷的企业和个体工商户，其实施的行为专为制假售假提供条件。具体包括三种情况：(1)未经商标权人授权和委托而制造其商标标识；(2)虽有商标权人的授权或委托，但超出授权或委托的范围，制造其注册商标标识；(3)销售伪造的、擅自制造的他人注册商标标识。

按照我国《商标印制管理办法》的规定，商标印制单位必须是依法登记从事商标印制业务的企业或个体工商户。印制单位在承揽商标印制业务时，应当查验商标印制委托人提供的有关证明文件。印制的商标图标应与有关证书上的商标标识一致；严格禁止买卖商标标识；印制过程中的废次商标标识必须销毁。因此，擅自制造或销售注册商标标识的，无论哪种形式，都违反法律规定，侵犯注册商标专用权。

四、更换商标

更换商标，即未经商标注册人同意，将其注册商标撤下后换上自己或第三人的商标，并将该更换商标的商品又投入市场的行为。在侵犯商标权的行为中，前三种均属复制他人注册商标并用于产品、服务或广告中，试图将自己的产品说成是他人的产品。更换商标与上述行为的方向相反，即在商品流通过程中，未经权利人同意撤下原商标换上自己或他人的商标，也就是将他人的产品说成是自己的产品。这种行为又称为“反向假冒”“产品替代”。多年前发生在北京的“枫叶”诉“鳄鱼”案就是一起典型的反向假冒纠纷案。“鳄鱼”服装的经销商将其购进的北京服装厂制作的“枫叶”牌服装，撕去“枫叶”商标标识，更换上“鳄鱼”商标，再行加价出售。北京服装厂因此起诉了“鳄鱼”服装经销商。乍看起来，商标反向假冒直接针对的是产品而非商标，将其认定为侵犯商标权似有牵强之嫌。但若全面分析商标之功能、商标权之内容，就可以看到这种行为对商标权的侵害。

商标作为商品和消费者之间的联系纽带，具有几个基本功能：标明来源，标示质量、信誉，广告宣传等。在经营者一端，商标是商品声誉和企业信誉的象征，在消费者一端，商标是辨认和选择商品的依据。经营者要使自己的产品为消费者熟悉和喜爱，必须借助商标的广告宣传作用，让消费者认可和追随商标，以防止误认误购。消费者要获得自己满意的商品须认清商标，防止误认。尽管经营者和消费者是在商品交换的两端，但在防止商标被欺骗性使用上，他们却有着共同的利益。为使商标有效和可靠地发挥作用，商标所有人的商标专用权必须受到保护。这就是说，不允许他人在商品流通过程中破坏或妨碍商标的正常使用。撤换注册商标的行为，令商标与商品分离，商标指示来源、保证质量、广告宣传及信誉象征的功能因此受到影响，消费者因被蒙骗购买的是名不副实的商品；经营者使用商标的权利受到侵害，并会因此失去通过商标建立信誉、获得利益的机会。

从侵权人的角度看，撤换商标后以他人的产品替代自己的产品，是因为替代产品具有较好的品质，经得起消费挑选，否则，行为人也不会选中该产品。实践中已经发生的反向假冒商标纠纷案件中的事实都证明了这一点。毫无疑问，行为人绝不会愚蠢到将自己的商标与一个劣质产品捆绑在一起，成心“砸掉自己的牌子”的地步。这正好从反面说明，撤换商标的行为无异于掠夺了商标权人使用商标的权利，迫使商标权人为他人作嫁衣。

综上所述，撤换商标的行为之所以构成商标侵权，根本原因在于该行为破坏了商标专用权的行使，妨碍了商标功能的实现。现行《商标法》将撤换他人注册商标列为侵犯商标专用权的行为，从法律上明确了该行为的性质，同时体现了对商标权人利益更高层次上的保护。

认定反向假冒侵权行为应当注意的是：(1)须是行为人未经商标所有人同意而擅自更换商标。未经许可是构成侵权的必要条件。应予排除的是自愿为他人提供产品的情况，如在定牌生产、来料加工、来样加工等贸易活动中，经营者生产加工的产品在销售时并非使用自有的商标而是许可方的商标，就许可方的角度而言，将自己的商标用于他人提供的产品上，这种经营上的互利合作关系是在双方自愿基础上建立的。(2)撤换商标的行为须发生在商品流通过程中，尚未到达消费者。如果带有原商标的商品已经到达消费者手中，商标便已实现其目的，商标权亦即告终。消费者对属于自己财物上的商标标识、标牌如何处置，都无损于他人利益，商标所有人自然无须过问。

五、其他侵权行为

其他侵权行为，是指在上述侵权行为之外可能给注册商标所有人造成损害的行为。《商标法实施条例》和最高人民法院有关司法解释有进一步规定。从商标的受保护利益来看，这些侵权行为主要指向驰名商标。主要有：

1. 将商标作为其他商业标志使用的。在同一种或类似的商品上，将商标作为非商标标识使用，并足以造成误认的（《商标法实施条例》第 76 条），构成对注册商标专用权的侵害。这种侵权行为与典型的商标侵权行为方式不同，是从商标使用变为商标外商业标志使用，其目的是利用他人注册商标的声誉进行不正当竞争。此种行为所导致的危害后果既可能是混淆误认，也可能是商标淡化。如将他人注册商标作为商品名称或装潢使用，可能会导致消费者对商品的来源或行为人与注册商标所有人之间的关系产生错误认识，此即混淆的后果。此外，此种行为可能会使商标与商品之间的关系变弱及至最终演变为商品通用名称，此即商标淡化的后果。从立法宗旨看，对此种行为加以禁止可起到保护驰名商标或有一定影响的商标的效果。

2. 为商标侵权行为提供便利条件的。故意为侵犯他人注册商标专用权行为提供仓储、运输、邮寄、印制、隐匿、经营场所、网络商品交易平台等便利条件的，构成对注册商标专用权的侵害。（《商标法实施条例》第 75 条）随着市场经济的发展，制假售假活动也形成了专业化、"一条龙"的产、供、销网络。其中，仓储、运输、邮寄、印制、隐匿等就是为整个侵权行为过程服务的不可缺少的环节，从事这些分工协作的行为人虽然不是直接侵权商品的经营者，但其行为为制假售假提供了便利条件，造成了侵害商标权人权利的后果，必须追究其共同侵权人的法律责任。

3. 将企业名称作为商标使用。这里所说的因使用企业名称而侵犯商标权，是指将与他人注册商标相同或者相近似的文字作为企业的字号在相同或者类似商品上突出使用，容易使相关公众产生误认的，构成对注册商标专用权的侵害（最高人民法院《关于审理商标民事纠纷案件适用法律若干问题的解释》第 1 条第 1 项）。

另外，商标和企业名称的冲突还表现为申请注册的商标与在先的企业名称相抵触。对于此种情况，在先权利人可根据《商标法》第 32 条关于申请商标注册不得损害他人现有的在先权利的规定，通过商标注册异议程序、商标注册无效程序阻止该商标的注册或者请求宣告已注册商标无效。

4. 将商标作为域名注册。域名侵犯商标权，是指将与他人注册商标相同或者相近似的文字注册为域名，并且通过该域名进行相关商品交易的电子商务行为，容易使相关公众产生误认的，构成对注册商标专用权的侵害（最高人民法院《关于审理商标民事纠纷案件适用法律若干问题的解释》第 1 条第 3 项）。域名和商标作为识别性符号具有相通之处，但它们所标识或代表的对象不同。鉴于商标的文字可用于域名，为了制止不正当竞争，保护驰名商标之利益，商标法对解决域名与商标冲突规定了以上规则。一般地说，构成侵犯商标权的是恶意注册行为，如何认定主观上的恶意是一个十分关键的问题。对此，最高人民法院《审理涉及计算机网络域名民事纠纷案件适用法律若干问题的解释》明确指出：被告的行为被证明具有下列情形之一的，应当认定其具有恶意：（1）为商业目的将他人的驰名商标注册为域名的；（2）为商业目的注册、使用与原告的注册商标、域名等相同或近似的域名，故意造成与原告提供的产品、服务或者原告网站的混淆，误导网络用户访问其网站或其他在线站点的；(3)曾要约高价出售、出租或者以其他方式转让该域名获取不正当利益的；(4)注册域名后自己并不使用也未准备使用，而有意阻止权利人注册该域名的；(5)具有其他恶意情形的。

除了上述侵权行为之外，实践中还有一些行为未在法律规定的列举范围之内，这些行为应该如何认定，仍需要根据商标法理具体判断。例如，商标许可合同终止后，被许可人继续销售带有许可人注册商标的商品的，北京市高级人民法院认为：在商标许可使用合同有约定或者当事人就此问题达成协议的情况下，可以根据当事人约定确定合理销售期限。在该期限内被许可人销售使用许可合同期限内制造的商品的，不认定为侵权；被许可人逾期销售的，构成侵权。[6]

第三节　法律责任及执法措施

一、侵权纠纷的处理方式

商标权是独占性质的财产权，属于私权的范畴。当权利遭受侵害时，商标权人可以行使物权性质的请求权，即要求行为人停止使用、停止销售等。这些基于绝对权的请求权可以通过自力救济的方式行使，也可以通过公力救济的途径行使。也就是说，因侵犯商标权引起纠纷的，可由当事人协商解决，不愿协商或者协商不成的，商标注册人或者利害关系人可以向人民法院起诉，也可以请求工商行政管理部门处理。向人民法院起诉和请求工商行政部门处理这两种解决途径的不同之处有：

1. 请求的主体不同。对侵犯商标权的，被侵权人乃至任何人都可以向工商行政管理部门控告或检举；但请求人民法院处理商标侵权纠纷的必须是被侵权人，除此之外的其他人起诉，法院不予受理。

2. 请求的条件不同。向工商行政管理部门投诉或检举，只要当事人提供的侵权事实存在，被告不一定十分明确。工商行政管理部门进行调查发现情况属实的，应当制止侵权行为。向人民法院起诉则要求有明确的被告；否则，法院不予受理。

3. 工商行政管理部门依照职权查处假冒伪劣商品和商标侵权案件，是行政执法的组成部分；人民法院对于侵犯商标权之类的民事纠纷案件不告不理，当事人不起诉，人民法院不主动处理商标侵权纠纷。

可见，工商行政管理部门依法查处商标侵权案件和受理商标侵权纠纷案件是我国行政执法保护知识产权的一个优势。相对于司法保护，工商行政管理执法具有及时快捷和程序简化等特点。行政执法和司法救济两种解决途径由当事人自行选择。如果当事人先向人民法院起诉，工商行政管理部门不再就同一当事人提出的同一商标侵权纠纷立案受理。如果工商行政管理部门先于人民法院立案，或行为人对社会经济秩序造成损害而没有受到相应处罚，或人民法院仅就侵权人和被侵权人损害赔偿纠纷进行审理，工商行政管理部门仍可以

---

〔6〕 参见北京市高级人民法院《关于审理商标民事纠纷案件若干问题的解答》。

受理。在法律适用方面，作为行政执法机关的工商行政管理部门对于商标法的解释可以作为办案的参考。由于商标侵权纠纷属于民事纠纷，司法救济应是解决民事权利纠纷的最终途径。所以，当事人向工商行政管理部门就商标侵权行为请求处理，又向人民法院提起侵权诉讼请求损害赔偿的，人民法院应当受理。

二、执法措施

（一）行政执法措施

工商行政管理部门有权认定侵权行为，并采取执法措施责令侵权人停止侵权行为，没收、销毁侵权商品和主要用于制造侵权商品、伪造注册商标标识的工具，并可处以罚款。当事人不服责令其停止侵权行为的行政处理决定的，可依法提起行政诉讼；侵权人期满不起诉又不履行的，工商行政管理部门可以申请人民法院强制执行。对于侵权行为引起的损失赔偿这一典型的民事救济手段，工商行政管理部门只能应当事人的请求进行调解，调解结果没有强制力，调解不成的，或者不履行调解协议的，当事人可依法向人民法院提起民事诉讼，工商行政管理部门不应以行政命令的方式干预解决。县级以上工商行政管理部门在对涉嫌侵犯他人注册商标专用权的行为进行查处时，可以行使下述职权：

1. 现场检查，即直接进入当事人涉嫌从事侵犯他人注册商标专用权活动的场所进行现场检查。

2. 查阅、复制有关资料。县级以上工商行政管理部门在调查时，可以查阅、复制当事人与侵权活动有关的合同、发票、账簿以及其他有关资料。行使调查权的工商行政管理部门查阅、复制的资料如不属于违法行为证据，并涉及当事人商业秘密的，应当依法为当事人保密。

3. 向有关人员调查、了解有关情况。县级以上工商行政管理部门在检查过程中，有权向当事人的法定代表人、主要负责人、其他有关人员或者直接当事人调查、了解涉嫌从事侵权活动有关的情况。调查了解情况一般应在检查现场进行，必要时，工商行政管理部门也可以要求有关人员到工商行政管理部门接受调查，但不得限制被调查人员的人身自由。

4. 县级以上工商行政管理部门对有证据证明是侵犯他人注册商标专用权的物品，可以查封或者扣押。

查处商标侵权行为是法律赋予工商行政管理部门的一项法定职权。工商行政管理部门接受群众举报、权利人投诉，在查处商标侵权违法行为过程中，发现违法事实涉嫌犯罪，依法需追究刑事责任的，必须向公安机关移送。工商行政管理部门有行政处罚权，可对侵权行为处以罚款，没收、销毁用于侵权的工具，但是不得以行政处罚代替移送。移送涉嫌犯罪案件，已经作出行政处罚的，不影响行政处罚的执行。

（二）诉讼保全措施

1. 证据保全

为制止侵权行为，在证据可能灭失或者以后难以取得的情况下，商标注册人或者利害关系人可以依法在起诉前向法院申请保全措施。诉前证据保全需要具备一定的条件。（1）在起诉前存在“证据可能灭失或者以后难以取得”的情况。（2）当事人提出申请。申请人必须是商标注册人或者利害关系人，如独占或排他使用许可合同的被许可人。（3）人民法院要求提供担保的，当事人已经提供了担保。该担保可以是具体的财产担保，也可以是银行担保，或者其他信用担保。

2. 诉前临时措施

诉前临时措施，是指对于正在或者即将实施的侵权行为，人民法院在诉讼开始前采取的禁止侵犯商标权行为的措施。这种诉讼保全措施可称为行为保全。按照《知识产权协定》第50条的规定，为停止侵权行为以防事态扩大，司法机关有权采取迅速有效的措施，这一措施可以在判决乃至诉讼之前做出。相对于判决时颁布的禁止令，这一措施也称为诉前临时措施或临时禁止令。《商标法》第65条规定："商标注册人或者利害关系人有证据证明他人正在实施或者即将实施侵犯其注册商标专用权的行为，如不及时制止将会使其合法权益受到难以弥补的损害的，可以依法在起诉前向人民法院申请采取责令停止有关行为和财产保全的措施。"经过几年的司法实践总结，对于哪些行为可以认定为即将实施侵犯注册商标专用权的行为，北京市高级人民法院的意见认为，应包括：(1)以销售为目的持有侵权商品；(2)以销售为目的发布侵权商品宣传广告；(3)以制造或者销售侵权商品为目的，持有侵权标识或者带有侵权标识的包装物；(4)其他可以认定为即将实施的侵权行为。[7] 申请人民法院采取临时保护措施的，应符合以下条件：(1)申请人必须是商标注册人或者利害关系人，如独占使用许可合同、排他使用许可合同的被许可人。(2)申请人必须提供证据，证明他人正在实施或者即将实施侵犯其注册商标专用权的行为，并且证明这种侵权行为如不及时制止，申请人的合法权益将会受到难以弥补的损害。(3)要求申请人提供担保，申请人不提供担保的，人民法院应驳回其申请。人民法院接受申请后，必须在48小时内作出裁定；裁定采取临时措施的，应当立即开始执行。申请人在人民法院采取临时措施后，应当在30日内向人民法院提起诉讼，30日内不起诉的，人民法院应当解除所采取的临时措施。(4)申请有错误的，申请人应当赔偿被申请人因财产保全所遭受的损失。(5)当事人对采取临时措施的裁定不服的，可以申请复议一次，复议期间不停止裁定的执行。

三、侵权行为的法律责任

(一)民事责任

1. 停止侵权行为

禁止使用属于商标权人及利害关系人拥有的物权性质的请求权，权利行使的前提是发生了侵权行为或有发生侵权行为之虞，行使权利之目的是制止侵权行为的继续，使商标专用权恢复至专有状态。此项请求权基于商标专用权的排他性而产生，故不以行为人的主观过错为条件，也不论商标权利人是否受到实际经济损失。停止侵权必须有必要措施相配合，仅有发出禁止行为的命令而无必要措施，往往难以奏效。根据《商标法》有关规定，工商行政管理部门有权没收、销毁侵权商品和主要用于制造侵权商品、伪造注册商标标识的工具以制止侵权行为。

2. 赔偿损失

赔偿损失是侵权人承担民事责任的主要方式。故意或过失侵犯注册商标专用权给商标权人造成财产损失的，商标权人可以请求赔偿损失。损害赔偿请求权是债权请求权，权利行

---

〔7〕 参见北京市高级人民法院《关于审理商标民事纠纷案件若干问题的解答》。

使之目的是对侵权行为造成的损害进行经济补偿。侵权损害赔偿的构成要件包括四个方面:损害事实、损害与行为之间的因果关系、行为的违法性和行为人的主观过错。与一般的侵权损害行为相比,侵犯商标权等知识产权时,证明主观过错的存在有一定困难,尤其是证明销售行为人的主观过错有很大难度,如果由权利人举证,不仅给认定侵权行为带来障碍,客观上也不利于销售商恪守合理注意的义务。因此,法律对商标侵权责任的认定采取过错推定,由行为人证明自己不存在过错,行为人不能证明的,即推定其在明知或应知的情况下实施违法行为,应当承担赔偿损失的责任。

《商标法》第 64 条第 2 款规定:"销售不知道是侵犯注册商标专用权的商品,能证明该商品是自己合法取得并说明提供者的,不承担赔偿责任。"此即以过错推定作为认定侵权损害赔偿责任的法律根据。对赔偿额的认定,《商标法》第 63 条规定了几种计算方式:(1)侵犯商标专用权的赔偿数额,按照权利人因被侵权所受到的实际损失确定;(2)实际损失难以确定的,可以按照侵权人因侵权所获得的利益确定;(3)权利人的损失或者侵权人获得的利益难以确定的,参照该商标许可使用费的倍数合理确定。赔偿数额应当包括权利人为制止侵权行为所支付的合理开支。同时,针对商标侵权案件中举证困难的问题,《商标法》还专门规定了应有侵权人举证的情形。人民法院为确定赔偿数额,在权利人已经尽力举证,而与侵权行为相关的账簿、资料主要由侵权人掌握的情况下,可以责令侵权人提供与侵权行为相关的账簿、资料;侵权人不提供或者提供虚假的账簿、资料的,人民法院可以参考权利人的主张和提供的证据判定赔偿数额。

同时,针对我国司法实践中商标侵权案件损害赔偿数额普遍过低,且难以弥补权利人损失的现状,《商标法》2013 年修改时特别引入了惩罚性赔偿制度,并在 2019 年修改时再次予以强化。对恶意侵犯商标专用权且情节严重的,可以在按照上述方法确定数额的 1 倍以上 5 倍以下确定赔偿数额。另外,《商标法》还提高了法定赔偿的数额,权利人因被侵权所受到的实际损失、侵权人因侵权所获得的利益、注册商标许可使用费难以确定的,由人民法院根据侵权行为的情节判决给予 500 万元以下的赔偿。同时,人民法院审理商标纠纷案件时,还可以应权利人请求,对属于假冒注册商标的商品,除特殊情况外,责令销毁;对主要用于制造假冒注册商标的商品的材料、工具,责令销毁,且不予补偿;或者在特殊情况下,责令禁止前述材料、工具进入商业渠道,且不予补偿。假冒注册商标的商品不得在仅去除假冒注册商标后进入商业渠道。

(二)行政责任

我国《商标法》规定,商标侵权纠纷的各方当事人可以请求工商行政管理部门处理商标侵权案件,因此工商行政管理部门有权对商标侵权行为作出处罚,工商行政管理部门认定侵权行为成立的,有权责令立即停止侵权行为,没收、销毁侵权商品和主要用于制造侵权商品、伪造注册商标标识的工具。当认定违法经营额在 5 万元以上的,可以处违法经营额 5 倍以下的罚款,没有违法经营额或者违法经营额不足 5 万元的,可以处 25 万元以下的罚款。对 5 年内实施两次以上商标侵权行为或者有其他严重情节的,应当从重处罚。销售不知道是侵犯注册商标专用权的商品,能证明该商品是自己合法取得并说明提供者的,则由工商行政管理部门责令停止销售且不承担损害赔偿责任。

（三）刑事责任

侵犯注册商标的犯罪是指以非法营利为目的，故意侵犯他人商标权的行为。包括在相同商品、服务上使用与注册商标相同的商标；销售明知是假冒注册商标的商品；伪造、擅自制造他人注册商标标识或销售上述商标标识。

《刑法》第213～215条规定了三种侵犯商标权的犯罪及其刑事责任：

1. 假冒注册商标罪。假冒注册商标罪是指未经注册商标所有人许可，故意在同一种商品、服务上使用与其注册商标相同的商标，违法所得数额在3万元以上，或者非法经营数额在5万元以上，或者具有其他严重情节的。构成犯罪的，处3年以下有期徒刑，并处或单处罚金；情节特别严重的，处3年以上10年以下有期徒刑，并处罚金。

2. 销售假冒注册商标的商品罪。如果行为人明知是假冒注册商标的商品而非法销售，违法所得数额在5万元以上或者具有上述1所列情节之一的，构成犯罪。处3年以下有期徒刑，并处或单处罚金；违法所得数额巨大或者情节特别严重的，处3年以上10年以下有期徒刑，并处罚金。

3. 非法制造、销售非法制造的注册商标标识罪。此种犯罪行为包括销售非法制造的商标标识。构成犯罪的，对行为人处3年以下有期徒刑，并处或单处罚金；情节特别严重的，处3年以上10年以下有期徒刑，并处罚金。

单位犯以上罪行，对单位判处罚金，对直接负责的主管人员和其他直接责任人员，依照上述规定处罚。

第四节　驰名商标的特殊保护

一、驰名商标的概念

驰名商标是指为相关公众所熟知的商标。与普通商标相比，驰名商标具有较强的认知功能。识别和区分不同来源的商品是商标的基本功能。驰名商标与其商品或服务之间的联系非常紧密，它所产生的"认牌购物""顾客吸引力"的作用能够转化为巨大的经济效益。

驰名商标并非特定的商标种类。商标法上认定驰名商标的意义在于可能获得的特别保护，是对以注册原则为基础的商标制度的补充。任何一个商标，无论是商品商标还是服务商标，集体商标还是证明商标，都可能成为驰名商标。商标的驰名是经由市场活动而形成的一种事实状态。长期以来，我国部分企业在实践中错误地将驰名商标视为一种荣誉称号，认定驰名商标的目的，也更多是在商品包装或广告宣传中使用。鉴于上述问题，2013年《商标法》修改后专门完善了驰名商标的规定，回归了驰名商标制度的本源，以"为相关公众所熟知"作为驰名商标认定的唯一要件，并禁止生产、经营者将"驰名商标"字样用于商品、商品包装或者容器上，或者用于广告宣传、展览以及其他商业活动中。

一个商标之所以驰名，与其在市场上的长期使用分不开。商标附着于商品、行销于市或借助广告宣传，是造就商标知名度、为公众熟知的前提条件。离开商标的商业性使用和宣传,公众就无法得知,更谈不上熟悉一个商标,而使用的时间、范围和广告力度则直接影响商标的知名程度。一个商标的驰名与注册与否没有直接关系。注册与否决定持有人能否取得注册商标专用权。对消费者来说,其并不关心一个商标是注册的还是未注册的,未注册的商标经过实际使用,同样可以很有影响。现代传媒工具所提供的信息交流方式完全可以使一个未在当地注册的商标广为人知。

二、驰名商标的意义

驰名商标制度的意义,在于禁止他人注册和使用与驰名商标相同或近似的商标,一方面保护未注册的驰名商标,另一方面防止驰名商标被淡化。

最早提出驰名商标保护的是《巴黎公约》。提出驰名商标的初衷是,对那些没有在请求保护国获得注册的商标,如果事实上已广为人知,经过该国主管机关的认定,该驰名商标的所有人对在先申请或注册的相同或近似商标,可以要求拒绝注册、撤销注册、禁止使用。事实上,符合上述情形的商标多为外国企业的商标,由于受地域性限制,这些商标未在请求保护国注册或者注册申请尚未获准。这样,驰名商标的保护一开始就是一个国际问题,保护对象为外国商标。1925 年,在《巴黎公约》的海牙修订会议上,驰名商标写进第 6 条之 2,构成最初的有关驰名商标的法律规定:凡系被成员方认定为驰名商标的,不论在请求保护的成员方注册与否,他人抢先注册的应禁止注册,已经注册的应撤销注册,并禁止使用。尽管《巴黎公约》在驰名商标保护上开法律之先河,但仍然遗留了一些问题,例如,服务商标是否同样享受保护、驰名的范围究竟多大为宜、是否实际使用才产生知名度、给予的保护是否只限于相同类似的商品、没有混淆是否就不能制止他人对商标的使用等。[8] 对于这些问题,《知识产权协定》第 16 条作出明确回答,从而比《巴黎公约》前进了一大步。该条规定:《巴黎公约》(1967 年)第 6 条之 2,原则上适用于服务商标。确定一个商标是否驰名时,各成员应考虑该商标在相关公众中的知晓程度,包括在该成员地域内因宣传商标而使公众知晓的程度。《巴黎公约》第 6 条之 2 原则上适用于与注册商标的商品或服务不相类似的商品或服务上,只要商标在这些类似商品或服务上使用将会表明这些商品或服务与商标所有人之间存在联系,以及注册商标所有人的利益可能因此种使用而受到损害。

对照《巴黎公约》和《知识产权协定》可以看出,后者对前者进行了补充和扩大:首先,将驰名商标享有的特殊保护适用到服务商标;其次,将保护范围扩大到非类似商品和服务;再次,扩大了侵权的标准,承认混淆之外的淡化也会对商标造成侵害;最后,对于驰名商标的知名度,可以通过广告宣传而为公众知晓,而不是要求必须实际使用。两个国际公约的历史沿革反映了商标保护制度的发展轨迹,如果说《巴黎公约》突破了注册原则的限制,使未注册商标因驰名而受到保护,那么,《知识产权协定》则突破了商标注册范围的限制,给予驰名商标在非类似商品和服务上的保护。《巴黎公约》遵循制止混淆这一保护商标的传统理论,《知识产权协定》则更进一步,建立起以淡化为依据的现代商标保护标准。

---

〔8〕 参见黄晖:《商标法》,法律出版社 2004 年版,第 248 页。

三、驰名商标的认定

(一)认定方式

驰名商标的认定和特殊保护密切相关,认定是实施保护的前提,保护是认定的目的。我国《商标法》和《商标法实施条例》按照世界贸易组织贸易规则和国际通行做法,规定了对驰名商标的“个案认定”方式,即在商标注册审查和行政执法、商标争议处理,以及商标民事或行政案件审理过程中,当事人认为其商标构成驰名商标,并提出商标驰名的证据的,商标行政执法机关或者人民法院将依法审查认定,涉案商标被认定为驰名商标的,可给予特别保护。概括而言,驰名商标的认定是个案中查明事实、适用法律的前提,只有在案件需要并有当事人主张时,商标管理机关和人民法院才会先行作出认定。亦即在商标确权或者商标侵权纠纷发生后,当事人认为其商标构成驰名商标,并提出商标驰名的证据的,商标行政执法机关或者人民法院将依法审查认定,涉案商标被认定为驰名商标的,可给予特别保护。

认定驰名商标的机关是商标局和商标评审委员会或者人民法院。商标局和商标评审委员会依法行使商标注册、商标评审的职能,对依法行政过程中所涉及的争议商标是否驰名作出认定。人民法院在审理商标纠纷案中,对涉案商标是否驰名依法认定,属于查明案件事实。不管是行政机关还是人民法院认定,都须有当事人的请求,当事人未主张的,商标主管机关和人民法院不予主动认定。即使当事人提出请求,行政机关和人民法院也应视案件情况审查是否有必要认定,如果依据商标法可解决涉案商标的保护和处理商标侵权行为,即不必先行认定驰名商标。如果涉案商标应当得到保护,但难以根据商标法给予保护,就有必要先行认定该商标是否为驰名商标。涉案商标是否构成驰名商标,属于查明案件基本事实,对此应由当事人提交证据加以证明。认定机关对提交的证据材料依照法定程序审查判断,认为真实可靠予以采纳的,成为诉讼证据。个案中认定的驰名商标只对该案发生法律效力,此后再发生商标侵犯纠纷时,曾作为驰名商标受保护的记录可作为重新认定的参考,执法机关应根据该商标当时的状况和案件的具体情况重新作出判断。

(二)认定标准

驰名商标的认定应当依照有关法律、法规规定的标准进行。《商标法》第 14 条规定,认定驰名商标应当考虑下列因素:(1)相关公众对该商标的知晓程度。相关公众在类似商品和近似商标的判断中具有重要地位,认定商标是否驰名仍需以此为主观标准。相关公众应包括最终消费者、经营企业和有关人员。对某些专业性商品而言,其商标的知晓范围应扩大到同该商品有接触的公众范围之外。(2)该商标使用的持续时间。(3)该商标的任何宣传工作的持续时间、程度和地理范围。(4)该商标作为驰名商标受保护的记录。(5)该商标驰名的其他因素。

原国家工商行政管理总局发布的《驰名商标认定和保护规定》将上述因素进一步细化为以下可以作为证明商标驰名的证据材料:(1)证明相关公众对该商标知晓程度的有关材料;(2)证明该商标使用持续时间的有关材料,包括该商标使用、注册的历史和范围的有关材料;(3)证明该商标的任何宣传工作的持续时间、程度和地理范围的有关材料,包括广告宣传和促销活动的方式、地域范围、宣传媒体的种类以及广告投放量等有关材料;(4)证明该商标作为驰名商标受保护记录的有关材料,包括该商标曾在中国或者其他国家和地区作为驰名商标受保护的有关材料;(5)证明该商标驰名的其他证据材料,包括使用该商标的主要商品近

3年的销售收入、市场占有率、净利润、纳税额、销售区域等有关材料。需要注意的是，该规定特别指明，商标局、商标评审委员会在认定驰名商标时，应当综合考虑《商标法》第14条第1款规定的各项因素，但不以该商标必须满足该规定的全部因素为前提。[9]

四、驰名商标的保护

（一）保护方式

驰名商标的保护方式体现在商标确权程序和商标使用管理两个方面。

1. 拒绝注册或撤销注册。将与他人驰名商标相同或者近似的商标申请注册，容易导致混淆或者致使该驰名商标所有人的利益受到损害的，驳回注册申请；已经注册的，自注册之日起5年内，驰名商标所有人可以请求商标评审委员会予以撤销，但恶意注册的不受5年时间的限制。

2. 禁止作为商标使用。将与他人未在中国注册的驰名商标使用在相同或者类似商品上，容易导致混淆的，禁止使用；将他人已经在中国注册的驰名商标在不相同或者不相类似商品上使用，误导公众，致使该驰名商标注册人的利益可能受到损害的，禁止使用。

3. 禁止作为商号登记。驰名商标所有人认为他人将其驰名商标作为企业名称登记，可能欺骗公众或者使公众造成误解的，可以向企业名称登记主管机关申请撤销该企业名称登记。

4. 禁止作为域名注册。驰名商标所有人认为他人将与其驰名商标相同或者近似的文字注册为域名，并且通过该域名进行相关商品交易的电子商务，容易使相关公众产生误认的，可以向域名注册机构申请撤销该域名注册。

（二）保护范围

驰名商标保护的特征在于特殊保护。“特殊”体现在以下方面：如果是注册的驰名商标，商品或服务的范围可扩大到不相同或不类似的商品或服务上，即跨类保护，标志的范围可延伸到商标外的其他商业标志。《商标法》第13条即规定，就相同或者类似商品申请注册的商标是复制、摹仿或者翻译他人未在中国注册的驰名商标，容易导致混淆的，不予注册并禁止使用。就不相同或者不相类似商品申请注册的商标是复制、摹仿或者翻译他人已经在中国注册的驰名商标，误导公众，致使该驰名商标注册人的利益可能受到损害的，不予注册并禁止使用。相比之下，普通商标的保护范围以核准注册的标志和核定使用的商品或服务为限。如果是未注册的驰名商标，特殊保护体现为给予其与注册商标同样的保护。

就某个商标而言，给予保护的范围究竟多宽，是跨类保护还是同类保护，是限于商标还是扩展到其他商业标志，应当依该商标的显著性以及驰名程度而定。影响力强的商标要比影响力弱的商标获得的保护更多。一个商标的显著性越强或影响力越大，该商标受侵害的可能性也越大，因而，法律保护该商标免受混淆或淡化的可能性就越大。

---

[9] 参见黄晖：《商标法》，法律出版社2004年版，第256页。

结语

任何权利都是有范围和界限的,商标权的界限是通过“制止混淆”和“反淡化”这两个标准确定的。法谚云:没有救济就没有权利。实践中,商标权受侵犯的方式多种多样:使用侵权、销售侵权、商标标识侵权、擅自更换商品商标,以及将商标当作商品装潢、包装,或者作为企业的商号、域名使用,等等。对于这些侵权行为,法律提供行政和司法的救济手段,使权利人的权利能真正为其带来利益。驰名商标保护是商标注册原则的补充和例外。注册的驰名商标实行跨类保护,非注册的驰名商标实行同类保护。

思考题

1. 你认为“制止混淆”和“制止淡化”两种保护标准有何不同?
2. 驰名商标的保护是怎样体现的?

资料链接

1. 王太平:《商标侵权的判断标准:相似性与混淆可能性之关系》,载《法学研究》2014 年第 6 期。
2. 姚鹤徽:《消费者心理认知视角下商标反淡化保护的反思与完善》,载《政法论坛》2020 年第 4 期。
3. 杜颖:《商标淡化理论及其应用》,载《法学研究》2007 年第 6 期。

第五编　其他知识产权

第二十五章　植物新品种权

学习目的　掌握植物新品种权的概念和特征；了解植物新品种保护模式，掌握我国对植物新品种保护的基本特色；掌握我国植物新品种权的取得条件、取得程序；理解侵害植物新品种权的主要行为及其法律责任。

关键词　植物新品种　植物新品种权　植物新品种法律保护模式

导语

2000年，济南市人民法院知识产权庭审查山东登海种业股份有限公司诉高密裕丰种业有限公司、高密市种子公司侵犯植物新品种权纠纷案时认为，植物新品种纠纷案件是知识产权审判中的一类新型案件。随着农业科技的发展，优良的植物新品种不断出现；一种新的植物品种的诞生，需要育种人长期的资金与技术投入。但新品种投入市场后，育种技术容易被他人掌握，如果他人无偿繁育这种新品种，就会使育种人的付出无法得到应有回报。法律对植物新品种权予以保护，认可育种人对其培育的新品种享有排他的独占权。

1961年制定的《国际植物新品种保护公约》是专门保护植物新品种的国际公约，以此为基础成立的国际植物新品种保护联盟(UPOV)[1]是保护植物新品种的政府间国际组织。我国1997年发布的《植物新品种保护条例》为植物新品种提供专门保护，初步实现了与国际立法的接轨。

第一节　植物新品种权概述

一、植物新品种及其特征

植物新品种，是指经过人工培育或者对发现的野生植物予以开发，具备新颖性、特异性、一致性和稳定性，并有适当命名的植物品种，如该植物品种具有抗旱性、对土地条件的适应性、高产性、花叶或果实有特殊的颜色或味道等。植物新品种具有以下特征：

1. 植物新品种的产生源于人们对植物的人工培育或者对野生植物的开发。开发改良新

[1] “UPOV”是该组织的法语名称“Union Internationale pour la Protection des Obtentions Végétales”的首字母缩略词。该组织的英文名称是“International Union for the Protection of New Varieties of Plants”。

品种的动机有很多,例如,使之具有提高质量的特性,以此提升作物的价值和市场能力;开展观赏植物的育种计划,增加植物品种的出口;为某些濒危物种制订育种计划,消除其所面临的从自然界灭绝的威胁。

2. 高产优质的植物新品种,既可提高农业、园艺和林业的质量和生产能力,又能降低对环境的压力。世界各地农业生产能力方面的巨大进步,在很大程度上应归功于对植物品种的改良。植物育种所带来的利益也远远超出了增加粮食产量本身,对于促进国民经济的健康发展和社会稳定具有极为重要的意义。

3. 保护植物新品种权,有助于植物新品种的开发和培育。植物育种需要智慧、资金、时间和精力的投入,而培育出来的植物新品种却易于被别人繁殖,使育种人没有机会收回自己的投资。如果没有相应的制度对育种人给予保护,人们就会失去对植物育种进行投资和研发的动力。世界农业发达国家发展农业的成功经验之一,就是十分重视植物新品种保护。美国的先锋种子公司、法国的利马格兰种子公司、澳大利亚的太平洋种子公司都把品种资源研究和新品种选育视为公司的生命线,并将销售利润的绝大多数用于育种科研,以促进植物新品种的研发和培育。

二、植物新品种权及其特征

植物新品种权,简称品种权,是植物新品种育种人对其研发和培育的新品种所获得的一种专有权。依据这种权利,其他人若要利用受保护的植物新品种,须事先得到品种权人的许可。品种权是一种独立的、自成一类的、专门用于植物新品种的保护形式。

品种权起源于20世纪30年代,由德国创立。现在,国际上对植物新品种的保护主要有三种模式:(1)品种权模式,以德国为代表。1934年,德国专利局首先对人工培育的新植物品种授予专利权,但该做法被人们所质疑;1953年德国制定《种子材料法》,率先对育种者的权利给予专门保护。(2)专利权模式,以意大利和匈牙利为代表。(3)品种权与专利权两者兼用模式,以美国为代表。现在,多数国家以品种权模式来保护植物新品种,少数国家采专利权模式,两者兼用者更少。我国以品种权给植物新品种提供保护,《专利法》明确将植物品种排除在保护范围之外。

品种权的客体是植物新品种,品种权是育种者对于植物新品种所享有的专有权。任何单位或者个人未经品种权人许可,不得为商业目的生产或者销售该授权品种的繁殖材料,不得为商业目的将该授权品种的繁殖材料重复使用于生产另一品种的繁殖材料。

第二节 植物新品种权的取得、终止和无效

一、取得条件

根据我国《植物新品种保护条例》的规定,一项植物新品种要获得品种权,必须同时具备五个条件,即新颖性、特异性、一致性、稳定性,并有适当命名。植物新品种的新颖性,是指在申请日前,申请品种权的植物新品种的繁殖材料未被销售,或者经育种者许可,在中国境内

销售该品种的繁殖材料未超过1年；在中国境外销售藤本植物、林木、果树和观赏树木品种的繁殖材料未超过6年，销售其他植物品种的繁殖材料未超过4年。植物新品种的特异性，是指申请品种权的植物新品种应当明显区别于在申请日前已知的植物品种。植物新品种的一致性，是指申请品种权的植物新品种经过繁殖，除可以预见的变异外，其相关的特征或者特性一致。植物新品种的稳定性，是指申请品种权的植物新品种经过反复繁殖后或者在特定繁殖周期结束时，其相关的特征或者特性保持不变。

授予品种权的植物新品种还应当具备适当的名称，并与相同或者相近的植物属或者种中已知品种的名称相区别。该名称经注册登记后即为该植物新品种的通用名称。此外，下列名称不得用于品种命名：(1)仅以数字组成的；(2)违反社会公德的；(3)对植物新品种的特征、特性或者育种者的身份等容易引起误解的。

二、取得程序

植物新品种培育完成后，虽然具备新颖性、特异性、一致性和稳定性，但并不能自动取得品种权。在我国，取得品种权要经过申请，经由国家农业和林业行政部门受理审查后才能取得。截至2018年年底，我国农业植物新品种总申请量超过2.6万件，授权近1.2万件，2018年申请量达到4800多件，相当于前10年的植物新品种保护申请总量，年申请量连续两年位居世界第一，品种创新取得显著成效，在促进农业发展中发挥了积极作用。[2]

(一)申请

品种权申请，是指对植物新品种享有品种权申请权的人(以下简称品种权申请人)就某项植物新品种向国务院农业、林业行政部门(以下简称品种权审批机关)提出对其植物新品种授予品种权的申请。中国的品种权申请人可以直接向品种权审批机关提出申请，也可以委托有关代理机构代理申请。外国的品种权申请人在中国申请品种权的，应当依照其所属国与中华人民共和国共同参加的国际条约或者签订的协议办理，或者依照互惠原则办理。申请人自在外国第一次提出品种权申请之日起12个月内，又在中国就该植物新品种提出品种权申请的，依照该外国同中华人民共和国签订的协议或者共同参加的国际条约，或者根据相互承认优先权的原则，可以享有优先权。两个以上的申请人分别就同一个植物新品种申请品种权的，品种权授予最先申请的人；同时申请的，品种权授予最先完成该植物新品种育种的人。

(二)受理

品种权申请的受理，是指品种权审批机关接收符合规定的品种权申请，并且给予其相应的申请号、申请日的程序。品种权审批机关在收到品种权申请之日起1个月内通知申请人交纳申请费。对不符合或者经修改后仍不符合法律规定条件的申请，品种权审批机关不予受理，并通知申请人。在我国，品种权审批机关有两个：一是农业农村部，二是国家林业和草原局。农业农村部为农业植物新品种权的审批机关，对粮食、棉花、油料、麻类、糖料、蔬菜(含西甜瓜)、烟草、桑树、茶树、果树(干果除外)、观赏植物(木本除外)、草类、草本药材等植

---

〔2〕 参见农业农村部种业管理司：《中国农业植物新品种保护事业蓬勃发展》，载中华人民共和国农业农村部网，http://www.moa.gov.cn/ztzl/70zncj/201909/t20190912_6327826.htm。

物及橡胶等热带作物的新品种,以及食用菌、藻类的新品种等进行审查。国家林业和草原局为林业植物新品种权的审批机关,对林木、竹、木质藤本、木本观赏植物(包括木本花卉)、果树(干果部分)及木本油料、饮料、调料、木本药材等植物品种进行审查。

(三)审批

品种权申请的审批,是指品种权审批机关依法对品种权申请进行初步审查、实质审查以及授予品种权的过程。初步审查的内容主要包括:(1)申请品种权的对象是否属于植物品种保护名录中列举的植物属或者种的范围;(2)申请品种权的外国主体是否属于有资格申请品种权的外国人;(3)申请品种权的对象是否符合新颖性的规定;(4)植物新品种的命名是否适当。品种权审批机关对品种权申请进行的实质审查,就是对申请品种权的对象所具有的特异性、一致性和稳定性进行审查。品种权审批机关主要依据申请文件等书面材料进行审查。必要时,品种权审批机关可以委托指定的测试机构进行测试或者考察业已完成的种植或者其他试验的结果。经实质审查符合《植物新品种保护条例》规定的申请,品种权审批机关应当作出授予品种权的决定,颁发品种权证书,并予以登记和公告。对不符合规定的申请,予以驳回,并通知品种权申请人。

品种权申请人对品种权审批机关驳回申请的决定不服的,可以自收到通知之日起 3 个月内,向植物新品种复审委员会请求复审。植物新品种复审委员会自收到复审请求书之日起 6 个月内作出决定,并通知申请人。申请人对复审决定不服的,可以自接到复审决定通知之日起 15 日内向人民法院提起诉讼。

三、品种权的期限、终止和无效

在我国,植物新品种权的保护期自授权之日起,藤本植物、林木、果树和观赏树木为 20 年,其他植物为 15 年。

(一)植物新品种权的终止

在品种权的保护期限内,如出现以下情形之一,则品种权在其保护期限届满前终止:(1)品种权人以书面声明放弃品种权的;(2)品种权人未按规定缴纳年费的;(3)品种权人未按审批机关的要求提供检测所需的该授权品种的繁殖材料的;(4)经检测,该授权品种不再符合被授予品种权时的特征和特性的。品种权的终止,由审批机关登记和公告。

(二)植物新品种权的无效

自审批机关公告授予品种权之日起,植物新品种复审委员会可以依据职权或依据任何单位或者个人的书面请求,对不符合《植物新品种保护条例》所规定的新颖性、特异性、一致性和稳定性条件的植物新品种,宣告品种权无效,对不符合名称规定的予以更名。宣告品种权无效或者更名的决定由审批机关登记和公告,并通知当事人。品种权人或者无效宣告请求人对植物新品种复审委员会的决定不服的,可以自收到通知之日起 3 个月内向人民法院提起诉讼。

被宣告无效的品种权视为自始不存在。宣告品种权无效的决定,对在宣告前人民法院作出并已执行的植物新品种侵权的判决、裁定,省级以上人民政府农业、林业行政部门作出并已执行的植物新品种侵权处理决定,以及已经履行的植物新品种实施许可合同和植物新品种权转让合同,不具有追溯力;但是因品种权人的恶意给他人造成损失的,应当给予合理赔偿。依上述规定，品种权人或者品种权转让人不向被许可实施人或受让人返还使用费或者转让费，明显违反公平原则的，品种权人或者品种权转让人应当向被许可实施人或者受让人返还全部或者部分使用费或者转让费。

第三节　植物新品种权的限制和保护

一、植物新品种权的限制

（一）合理使用

合理使用是指在某些情况下利用植物新品种，可以不经品种权人许可，不向其支付使用费，但不得侵犯品种权人的其他权利的制度。在我国，合理使用的情况主要是指有关单位或个人利用授权品种进行育种及其他科研活动、农民自繁自用授权品种的繁殖材料等情形。

（二）强制许可使用

强制许可使用是指为了国家利益或者公共利益，可以不经品种权人许可，对授权品种进行推广使用的制度。在我国，品种权审批机关可以作出实施植物新品种强制许可的决定。取得实施强制许可的单位或者个人应当付给品种权人合理的使用费，其数额由双方商定；双方不能达成协议的，由品种权审批机关裁决。品种权人对强制许可决定或者强制许可使用费的裁决不服的，可以自收到通知之日起3个月内向人民法院提起诉讼。

二、植物新品种权的保护

（一）植物新品种的国际保护

1961年12月2日，比利时、丹麦、法国等国家在巴黎签订了《国际植物新品种保护公约》。该公约于1968年开始生效，并在1972年、1978年及1991年进行过修订。根据该公约的规定，成员方可以自由选择专门法或专利法或二者并用的方式为植物新品种提供保护。以《国际植物新品种保护公约》为基础，国际植物新品种保护联盟得以成立，它是一个政府间国际组织，总部设在瑞士日内瓦。1994年通过的《知识产权协定》第27条第3款也规定，缔约方应以专利方式或者一种专门的制度或者两者的结合为植物新品种提供保护；其所确立的保护模式与《国际植物新品种保护公约》基本一致。该协议的缔结表明，国际范围内对植物新品种提供保护的法律体系已基本形成。

（二）我国植物新品种保护状况

我国现行《专利法》第25条规定，植物品种被排除在专利保护范围之外，但植物品种的生产方法可被授予专利权。1997年3月20日，国务院发布了《植物新品种保护条例》，对符合条件的植物新品种授予植物新品种权，由完成育种的单位和个人对其授权品种享有独占的权利。1999年4月，我国正式加入《国际植物新品种保护公约》（1978年文本）。1999年，我国又分别由原农业部和原林业局制定了《植物新品种保护条例实施细则》农业部分和林业部分，初步做到了使我国的植物新品种保护有法可依，并与国际接轨。

我国分别在农业农村部及国家林业和草原局成立了植物新品种保护办公室、植物新品种复审委员会，形成了审批机关、执法机关、中介服务机构和其他维权组织相结合的保护组织体系。同时，建立了由农业植物新品种繁殖材料保藏中心、植物新品种测试中心和14个测试分中心，以及林业植物新品种测试中心、5个测试分中心和2个分子测定实验室组成的技术支撑体系。

为保证品种权审查的科学性和权威性，在借鉴国际植物新品种测试技术规范的基础上，结合中国实际，有关部门组织制定了玉米、水稻、杨树、牡丹等57种植物新品种测试指南，其中18种已以国家或行业标准予以公布实施。中国先后发布并实施了5批农业植物新品种保护名录和4批林业植物新品种保护名录，使受保护植物属和种的数量达到119个，其中农业植物品种41个、林业植物品种78个，远远高于《国际植物新品种保护公约》规定的最低数量。

（三）侵犯植物新品种权的法律责任

侵犯植物新品种权的行为指未经品种权人许可，为商业目的生产或销售授权品种的繁殖材料以及将该授权品种的繁殖材料重复使用于生产另一品种的繁殖材料的行为。

侵犯植物新品种权的，行为人应当根据具体情况，分别承担民事责任、行政责任和刑事责任。(1)民事责任。侵权行为人应停止侵权行为，赔偿损失。侵犯品种权的赔偿数额，按照权利人因被侵权所受到的损失或者侵权人因侵权所获得的利益确定。权利人的损失或者侵权人获得的利益难以确定的，按照品种权许可使用费的1倍以上5倍以下酌情确定。[3] (2)行政责任与刑事责任。省级以上人民政府农业、林业行政部门依据各自的职权处理品种权侵权案时，为维护社会公共利益，可以责令侵权人停止侵权行为，没收违法所得，封存或扣押与案件有关的植物品种的繁殖材料，查阅、复制或者封存与案件有关的合同、账册及有关文件等，货值金额5万元以上的，可处货值金额1倍以上5倍以下的罚款；没有货值金额或者货值金额5万元以下的，根据情节轻重，可处25万元以下的罚款，情节严重，构成犯罪的，依法追究刑事责任。

结 语

植物新品种是指经过人工培育或者对发现的野生植物予以开发，具备新颖性、特异性、一致性和稳定性，并有适当命名的植物品种。植物新品种权是一种授予植物新品种育种人的知识产权。依据这种权利，其他人若要利用受保护的植物新品种，必须事先得到育种人的许可。植物新品种培育完成后，培育人不能自动取得品种权，必须经过申请、受理和审批的程序，才能获得品种权。植物新品种保护的最终目的是鼓励更多的组织和个人向植物育种领域投资，从而有利于育成和推广更多的植物新品种，推动我国的种子工程建设，促进农林业生产不断发展。

〔3〕《农业植物新品种权侵权案件处理规定》第14条。

思考题

1. 简述植物新品种保护的法定条件。

2. 简述植物新品种权的内容。

3. 植物新品种权与植物专利权有何区别?

4. 简述植物新品种权的保护方式。

资料链接

1. 李菊丹:《国际植物新品种保护制度的变革发展与我国应对》,载《知识产权》2020 年第 1 期。

2. 刘雪梅:《植物新品种权侵权典型案例研究》,载《电子知识产权》2016 年第 9 期。

3. 周翔、朱理、罗霞:《〈关于审理侵害植物新品种权纠纷案件具体应用法律问题的若干规定(二)〉的理解与适用》,载《人民司法》2021 年第 28 期。

第二十六章 集成电路布图设计权

学习目的 了解集成电路布图设计的概念和特征;把握集成电路布图设计权的概念和特征;掌握集成电路布图设计权的取得条件、取得程序及权利的撤销程序;掌握集成电路布图设计权的限制;理解侵犯集成电路布图设计权的行为及其责任。

关键词 集成电路 布图设计 集成电路布图设计权

导语

苏州赛芯电子科技有限公司(以下简称赛芯公司)于2012年申请登记了名称为"集成控制器与开关管的单芯片负极保护的锂电池保护芯片"的集成电路布图设计,享有集成电路布图设计专有权。2014年,赛芯公司认为深圳裕昇科技有限公司(以下简称裕昇公司)等未经许可,复制、销售的芯片与其享有专有权的集成电路布图设计构成实质相同。一审广东省深圳市中级人民法院认为,被诉侵权芯片与涉案布图设计具有独创性的部分实质相同,裕昇公司等构成侵权。裕昇公司等提出上诉,认为不应该以芯片样品来确定布图设计专有权的保护范围。最高人民法院审理后认为,集成电路布图设计的保护并不以公开布图设计的内容为条件。集成电路布图设计的保护对象是为执行某种电子功能而对于元件、线路所作的具有独创性的三维配置,因此驳回上诉,维持原判。[1]

在本案中,最高人民法院明确了集成电路布图设计的构成要件,特别是强调了布图设计的保护不以权利人公开为前提,为集成电路领域的知识产权保护树立了重要标杆。本章的主要学习内容,包含了集成电路布图设计权的取得、保护范畴和限制问题,涵盖了集成电路布图设计权的程序和实体规则。

第一节 集成电路布图设计权概述

一、集成电路布图设计的概念和特征

集成电路(integrated circuit,IC),也有人习惯将之称为芯片。它是以半导体材料为基

---

〔1〕 参见最高人民法院民事判决书,(2019)最高法知民终490号。

片，将至少有一个是有源元件的两个以上元件和部分或者全部互联线路集成在基片之中或者基片之上，以执行某种电子功能的中间产品或者最终产品。这种电路高度集成地组合和联结若干电子元件，缩小电路的尺寸，加速电路的工作速度，降低电路成本和功耗，体积小，速度快，能耗低，被广泛应用于各种电子产品之中。

集成电路是微电子技术的核心，是现代电子信息技术的基础。集成电路的应用极为广泛，计算机、通信设备、家用电器等几乎所有的电子产品都离不开集成电路。作为一种综合性技术成果，集成电路包括布图设计和工艺技术。集成电路布图设计，简称布图设计（layout design），是指集成电路中多个元件，其中至少有一个是有源元件和其部分或全部集成电路互联的三维配置，或者是指为集成电路的制造而准备的这样的三维配置。通俗地说，布图设计就是确定用以制造集成电路的电子元件在一个传导材料中的几何图形排列和连接的布局设计。

集成电路布图设计产品，指的是集成电路生产过程中的布图设计这一中间产品。现在的集成电路产品，由于工艺水平的提高，集成度越来越高，其体积和外形越来越小，基本表现在不断地提高集成度、节约材料、降低能耗上。布图设计是制造集成电路产品中非常重要的环节，它的开发费用一般要占集成电路产品总投资的一半以上，对于设计者来说，将几十万甚至上亿个元件布置在一小片半导体硅晶片上，要花费不少心血。不法厂商抄袭他人的布图设计，就能仿造出相同的集成电路产品，而其成本却比原开发者少得多。运用知识产权法律手段保护集成电路布图设计产品设计人的智力成果，不仅可行，而且必要。

二、集成电路布图设计权的概念和特征

在知识产权领域，集成电路布图设计权是一种新类型权利，它赋予设计人对自己创作完成的半导体集成电路布图设计享有复制权和商业利用权。

集成电路布图设计权，源自对集成电路布图设计的专门法保护。起初，世界知识产权组织要求各成员方自由制定保护布图设计的专门法律或者通过其著作权法、专利法、反不正当竞争法或其他法律来保护布图设计。美国开专门立法之先河，于 1984 年通过《半导体芯片保护法》（Protection of Semiconductor Chip Products）。这部法律虽然是《美国法典》第 17 编（版权法）的最后一章，即第 9 章，但它实际上是一个独立的体系，既不属于版权法体系，也不属于专利法体系。布图设计权被作为与版权近似的一项独立的权利受特殊保护，从而推动产生了异于版权与专利权的集成电路布图设计权。继美国之后，日本、瑞典、英国、德国等也相继制定了自己的布图设计法，由此形成了集成电路布图设计权制度。

集成电路布图设计权的主体是依法对布图设计享有专有权的自然人、法人或者其他组织。中国自然人、法人或者其他组织创作的布图设计，以及外国人创作的布图设计首先在中国境内投入商业利用的，创作者依法享有布图设计专有权。外国人创作的布图设计，其创作者所属国同中国签订有关布图设计保护协议或者与中国共同参加有关布图设计保护国际条约的，也可享有布图设计专有权。由法人或者其他组织主持，依据法人或者其他组织的意志而创作，并由法人或者其他组织承担责任的布图设计，该法人或者其他组织是创作者。由自然人创作的布图设计，该自然人是创作者。两个以上自然人、法人或者其他组织合作创作的布图设计，其专有权的归属由合作者约定；未约定或者约定不明的，其专有权由合作者共同

享有。受委托创作的布图设计,其专有权的归属由委托人和受托人双方约定;未约定或者约定不明的,其专有权由受托人享有。

集成电路布图设计权的客体是具有独创性的集成电路布图设计。作为一种智力成果形态,集成电路布图设计不同于专利权的客体和著作权的客体。首先,集成电路布图设计不同于著作权法保护的作品。集成电路布图设计是一种三维配置的图形设计,由电子元件及其连线所组成,是执行某种电子功能的形式,不表现任何思想,或者说其所表达的思想不具有任何意义;同时集成电路布图设计也不以其艺术性作为法律保护的条件,因此它也不是著作权意义上的图形作品或者模型作品。其次,集成电路布图设计与专利法保护的技术方案也有很大的差异。集成电路中具有电子功能的每一个元件的实际位置决定布图设计的功能,其主要目的在于提高集成度、节约材料、降低能耗;并且,对集成电路产品而言,取得专利的条件过于严格,只有极少数的集成电路产品能获得专利,而绝大部分集成电路产品都缺乏作为专利保护的技术方案所必需的创造性和新颖性。因此,集成电路布图设计与专利法上的发明、实用新型和工业品外观设计也不同。

集成电路布图设计权的内容包括复制权和商业利用权,这两项内容在原有的知识产权种类中分别属于著作权和专利权中的权能。复制,是指重复制作布图设计或者含有该布图设计的集成电路的行为。商业利用,是指为商业目的进口、销售或者以其他方式提供受保护的布图设计、含有该布图设计的集成电路或者含有该集成电路的物品的行为。布图设计权人可以自己对布图设计进行复制或者商业利用,或者将布图设计权进行转让,或者许可他人对布图设计进行复制或者商业利用。

第二节 集成电路布图设计权的取得和撤销

一、集成电路布图设计权的取得条件

按照法律规定,受保护的布图设计应当具有独创性,即布图设计是创作者独立创作的智慧创作物,并且在其创作时,该布图设计在布图设计创作者和集成电路制造者中不是公认的常规设计。

应该注意的是,布图设计的"独创性"与著作权法对作品所要求的"独创性"具有不同含义,它实际上是著作权法的创作性和专利法的创造性的结合。首先,受法律保护的布图设计,须是设计人独立创作的,且有其独特之处,近似于著作权法的独创性要求。其次,布图设计还须具备一定的先进性,不能是常用的、显而易见的。但是,这样的先进性又不必达到专利法要求的创造性高度,只需不同于以往的布图设计,且有一定的进步性,就可以得到法律保护。其原因在于,集成电路产品的更新换代表现为集成度的不断提高,在同样体积的芯片上布局更多的元件以增强功能、降低能耗。新的集成电路产品只是比现有产品的集成度高,不可能是前所未有的,也不大可能达到具有突出的实质性特点和显著的进步的程度。

二、集成电路布图设计权的取得程序

布图设计权的取得方式主要有以下几种：自然取得、登记取得以及使用与登记取得。大多数国家采用的是登记取得制，我国也是如此。在我国，办理布图设计登记手续的机关是国家知识产权局。根据《集成电路布图设计保护条例》的规定，布图设计专有权应当按照下列程序登记取得：

1. 申请。向国家知识产权局申请布图设计登记的，申请人应当提交布图设计登记申请表和该布图设计的复制件或者图样；布图设计在申请日以前已投入商业利用的，还应当提交含有该布图设计的集成电路样品。国家知识产权局收到布图设计申请文件之日为申请日。如果申请文件是邮寄的，以寄出的邮戳日为申请日。布图设计自其在世界任何地方首次商业利用之日起 2 年内，未向国家知识产权局提出登记申请的，不再予以登记。

2. 初步审查。国家知识产权局收到布图设计登记申请后，对申请进行初步审查，而且主要是形式审查，基本不涉及其实质内容。

3. 登记并公告。布图设计登记申请经初步审查，未发现驳回理由的，由国家知识产权局予以登记，发给登记证明文件，并予以公告。布图设计登记申请经初步审查，不符合法定要求的，国家知识产权局予以驳回。布图设计登记申请人对国家知识产权局驳回其登记申请的决定不服的，可以自收到通知之日起 3 个月内，向国家知识产权局专利行政部门复审机关申请复审。专利行政部门复审机关复审后，认为布图设计登记申请的复审请求不符合规定的，应当通知复审请求人，要求其在指定期限内陈述意见。期满未答复的，该复审请求视为撤回；经陈述意见或者进行修改后，专利行政部门复审机关认为该申请仍不符合规定的，应当作出维持原驳回决定的复审决定。专利行政部门复审机关进行复审后，认为原驳回决定不符合规定的，或者认为经过修改后的申请文件消除了原驳回决定指出的缺陷的，应当撤销原驳回决定，通知原审查部门对该申请进行登记和公告。专利复审机关的复审决定应当写明复审决定的理由，并通知布图设计登记申请人。布图设计申请登记人对专利复审机关的复审决定仍不服的，可以自收到通知之日起 3 个月内向人民法院起诉。

三、集成电路布图设计权的期限和撤销

（一）集成电路布图设计权的期限

关于布图设计权的保护期限，各国法律一般都规定为 10 年。根据《关于集成电路知识产权条约》的要求，布图设计权的保护期至少为 8 年。《知识产权协定》所规定的保护期则为 10 年。我国《集成电路布图设计保护条例》规定，布图设计专有权的保护期为 10 年，自布图设计登记申请之日或者在世界任何地方首次投入商业利用之日起计算，以较前日期为准。但是，无论是否登记或者投入商业利用，布图设计自创作完成之日起 15 年后，不再受该条例保护。

（二）集成电路布图设计权的撤销

布图设计获准登记后，国务院知识产权行政部门发现该登记不符合规定的，由专利复审机关予以撤销，通知布图设计权利人，并予以公告。这些情形主要包括：（1）不属于集成电路或者集成电路布图设计；（2）不具备权利主体资格；（3）不具有独创性；（4）该布图设计自创作完成之日起已满 15 年；（5）该布图设计自其在世界任何地方首次商业利用之日起 2 年内，

未向国家知识产权局提出登记申请。

撤销布图设计专有权的，应当首先通知该布图设计权利人，要求其在指定期限内陈述意见。期满未答复的，不影响专利复审机关作出撤销布图设计专有权的决定。专利复审机关撤销布图设计专有权的决定应当写明所依据的理由，并通知该布图设计权利人。布图设计权利人对国务院知识产权行政部门撤销布图设计登记的决定不服的，可以自收到通知之日起3个月内向人民法院起诉。

被撤销的布图设计专有权视为自始即不存在。

第三节　集成电路布图设计权的限制和保护

一、集成电路布图设计权的限制

法律对布图设计权的限制主要有：

1. 合理使用。各国在有关布图设计的保护法律中一般都借鉴了著作权法中的合理使用原则，规定为个人学习目的或为教学研究所进行的复制或利用他人布图设计的行为，不视为侵权。我国《集成电路布图设计保护条例》也规定，为个人目的或者单纯为评价、分析、研究、教学等目的而复制受保护的布图设计，可以不经布图设计权利人许可，不向其支付报酬。

2. 反向工程。反向工程指对他人的布图设计进行分析、评价，然后根据这种分析、评价的结果创作出具有独创性的布图设计。许多先进的布图设计就是在分析他人已有布图设计的基础上创作出来的。如果将这样的行为视为侵权，必将阻碍布图设计技术的进步，影响集成电路产业的发展。

3. 独立创作。独立创作布图设计，是指第三人通过自主创作行为所创作出的与他人受保护之布图设计相同的布图设计。这种独创行为也称"巧合"。在集成电路布图设计领域，法律仍然允许巧合之布图设计的创作者自由使用自己的布图设计，而不必经布图设计权利人许可，也不必向其支付报酬。

4. 权利穷竭。此处所指的权利穷竭，是指布图设计权人或经其授权的人，将受保护的布图设计或含有其布图设计的半导体集成电路产品投入市场后，对与该布图设计产品或者半导体集成电路产品有关的任何商业利用行为，不再享有权利。换言之，布图设计权人对该具体产品的商业利用权利已穷竭，任何人均可以不经权利人或者其授权的人同意，进口、分销或以其他任何方式进行转让，而不侵犯他人的权利。

5. 善意买主。善意买主指在获得含有受保护的布图设计的集成电路或者含有该集成电路的物品时，不知道也没有合理理由应知道其中含有非法复制的布图设计，而将其投入商业利用的自然人、法人或其他组织。一方面，由于布图设计是一项技术性很强的智力成果，没有专门的设备是无法辨认的；另一方面，各国的集成电路布图设计法又没有要求权利人必须在布图设计上做相应的权利标记，所以，即使是具有专门知识的人也难以辨认自己所购买的集成电路产品中是否含有受保护的布图设计，更不用说普通的消费者。如果将一个不知道集成电路产品中含有非法复制的受保护的布图设计而将之出售的行为或者其他商业利用行为一律视为侵权，追究其侵权责任，很可能造成市场秩序混乱，严重挫伤集成电路产品经销商的积极性，影响集成电路贸易的正常进行。因此，当善意购买方因“不知”而实施与布图设计权人的权利相冲突的行为时，各国法律都给予了豁免。善意买主得到其中含有非法复制的布图设计的明确通告后，仍可以将现有的存货或者此前的订货投入商业利用，但应当向布图设计权人支付合理报酬。

6. 强制许可。强制许可又称非自愿许可，是指在不经权利人同意的情况下，由有关主管部门直接发放的使用许可。这种制度是对布图设计权的一项重要限制。依照《集成电路布图设计保护条例》的规定，在国家出现紧急状态或者非常情况时，或者为了公共利益的目的，或者经人民法院、不正当竞争行为监督检查部门依法认定布图设计权利人有不正当竞争行为而需要给予补救时，国务院知识产权行政部门可以给予使用其布图设计的非自愿许可。国务院知识产权行政部门作出给予使用布图设计非自愿许可的决定，应当及时通知布图设计权利人。非自愿许可的理由消除并不再发生时，国务院知识产权行政部门应当根据布图设计权利人的请求，经审查后作出终止使用布图设计非自愿许可的决定。

二、集成电路布图设计权的保护

（一）国际保护概况

当各国开始制定本国的布图设计保护法时，国际社会也开始了有关布图设计国际条约的拟定工作，用以协调各国间的相关立法活动。1989 年世界知识产权组织在美国华盛顿召开专门会议，并通过《集成电路知识产权条约》。该条约对布图设计的客体条件、保护的法律形式、缔约国之间的国民待遇、专有权保护范围、获权程序以及保护期限等作了具体规定。1994 年的《知识产权协定》专门规定了对集成电路布图设计的保护，并要求各成员方按照有关规定对布图设计给予保护。至此，对集成电路布图设计提供保护已经成为世界贸易组织所有成员的义务。

（二）我国集成电路布图设计保护概况

为了加入世界贸易组织，我国制定了《鼓励软件产业和集成电路产业发展的若干政策》《集成电路布图设计保护条例》《集成电路布图设计保护条例实施细则》等相关政策和法规。其中，2001 年 3 月 28 日通过的《集成电路布图设计保护条例》是保护集成电路布图设计的基本法律规范。

（三）侵权行为及救济措施

侵犯集成电路布图设计权的行为分为两种：一是未经布图设计权人许可，复制受保护的布图设计的全部或者其中任何具有独创性的部分的行为；二是未经布图设计权人许可，为商业目的进口、销售或者以其他方式提供受保护的布图设计、含有该布图设计的集成电路或者含有该集成电路的物品的行为。

侵犯布图设计权应承担民事责任和行政责任。民事责任主要有停止侵权行为和赔偿责任。侵犯布图设计权的赔偿额为侵权人所获得的利益或者被侵权人所受到的损失，包括被侵权人为制止侵权行为所支付的合理开支。行政责任主要包括责令侵权人立即停止侵权行为，没收、销毁侵权产品或物品。此外，布图设计权人或者利害关系人有证据证明他人正在实施或者即将实施侵犯其专有权的行为，如不及时制止，将会使其合法权益受到难以弥补的损害的，可以在起诉前依法向人民法院申请采取责令停止有关行为和财产保全的措施。

结 语

在知识产权领域，集成电路布图设计权是一种新权利，它使设计人对其集成电路布图设计享有复制权和商业利用权。与其他知识产权制度的架构相近似，本章的学习也主要是围绕权利范畴、权利取得、权利限制和权利保护展开。集成电路布图设计权的权利范畴由其主体、客体和内容的特征所决定。权利取得需要经过申请、初步审查、登记和公告；权利限制的方式包括合理使用、反向工程、独立创作、权利穷竭、善意买主和强制许可等；权利保护包括国际保护和我国国内法保护。

思考题

1. 什么是集成电路布图设计？它与专利法上的外观设计和著作权法上的模型作品有何区别？
2. 为什么对集成电路布图设计要制定专门法保护？
3. 我国的《集成电路布图设计保护条例》给布图设计权人授予了哪些权利？
4. 如何理解对布图设计的合理使用？
5. 法律为什么要规定对受保护的布图设计进行反向工程不构成侵权？

资料链接

1. 祝建军：《对集成电路布图设计专有权司法保护有关问题的思考》，载《知识产权》2016 年第 9 期。
2. 黄道许：《集成电路布图设计基本定义的审查标准适用探析——从一件布图设计专有权撤销案件审查实践出发》，载《中国发明与专利》2019 年第 2 期。

第二十七章　商业秘密权

学习目的　掌握商业秘密的概念和特征；掌握商业秘密权的基本特征，能够运用有关知识评述商业秘密权和专利权的差异，以及权利主体在选择商业秘密保护和专利保护时的考量因素；熟悉商业秘密权的限制途径；了解商业秘密权保护的意义和基本措施，能够运用有关知识评析商业秘密权保护的最新动态和进展。

关键词　商业秘密　商业秘密保护　商业秘密权

导语

原告嘉兴市中华化工有限责任公司以及上海欣晨新技术有限公司拥有使用乙醛酸法制备香兰素工艺的技术秘密，所以原告基于此项工艺技术成为全球最大的香兰素制造商，占全球市场约60%的份额。被告王龙集团有限公司及其法定代表人等通过原告公司的香兰素车间副主任非法获取了该技术秘密，并根据该技术大量生产同样的香兰素产品，导致该产品市场价格迅速下滑，并使原告的市场份额大幅度缩减。原告据此将被告起诉至法院。一审法院认定被告行为构成侵害部分技术秘密，判决其停止侵害、赔偿经济损失350万元，同时作出行为保全裁定，责令其立即停止侵害涉案技术秘密。但被告仍然继续实施侵权行为，双方当事人均提起上诉。二审法院认为，被告是其法定代表人为侵权而设立的企业，且其法定代表人积极参与实施侵权行为，因此被告与其法定代表人构成共同侵害全部技术秘密，应当承担连带赔偿责任。根据权利人提供的经济损失数据，综合考虑涉案技术秘密商业价值大、侵权情节恶劣、被告拒不执行人民法院行为保全裁定等因素，改判被告及其法定代表人等连带赔偿1.59亿元。[1]

人们常说，商场如战场，那么，商业秘密就好比是军事秘密，泄露了军事秘密，将导致泄露方在战争中一败涂地。同理，在激烈的市场竞争中，一个企业如果不能保护好自己的商业秘密，就很难保证在商战中立于不败之地。商业秘密是不为公众所知悉，具有商业价值并经权利人采取相应保密措施的技术信息和经营信息，是知识产权的客体之一。商业秘密的保护水平，关乎一国知识产权保护的实际水平和国际社会对该国知识产权保护状况的评价。商业秘密也是市场主体开展竞争的秘诀和实力所在，是经营者投资研发劳动的成果和长期诚实经营的积累。侵犯商业秘密是典型的不正当竞争行为，对市场秩序、营商环境和市场主体的投资积极性具有巨大影响。上述案件的关键，就包括了侵害商业秘密行为的认定及其责任承担等问题。为何二审改判被告承担全部侵害商业秘密的责任？本章主要内容就在于商业秘密权的侵权行为认定及其法律责任承担。

---

〔1〕参见最高人民法院民事判决书，(2020)最高法知民终1667号。

第一节　商业秘密的概念和特征

一、商业秘密的概念

商业秘密，是国际社会公认的知识产权类型之一，其也在市场竞争中得到越来越多的重视。《知识产权协定》将商业秘密界定为“未公开信息”，只要求其在某种意义上属于秘密，即其整体或者要素的确切体现或组合，未被通常涉及该信息有关范围的人普遍所知或者容易获得，由于是秘密而具有商业价值，是在特定情势下合法控制该信息之人的合理保密措施的对象。[2] 美国《侵权法重述》第757条规定，某信息是否为商业秘密应考虑以下六个方面的因素：(1)在商业秘密所有人的企业之外，该信息被知晓的程度；(2)企业内部的雇员和其他相关企业知晓该信息的程度；(3)为保密而采取的措施；(4)信息对商业秘密所有人和其竞争者具有的价值；(5)在开发信息中所花费的努力和金钱；(6)其他人正当取得该信息的难易程度。

我国私法领域对商业秘密的保护，体现在《反不正当竞争法》以及相应的司法解释中。1993年的《反不正当竞争法》中，就规定了对商业秘密的保护，2017年和2019年两次修改《反不正当竞争法》时，也都对商业秘密保护条款进行了完善，可见我国对商业秘密保护的重视。现行《反不正当竞争法》第9条第4款专门规定，“本法所称的商业秘密，是指不为公众所知悉、具有商业价值并经权利人采取相应保密措施的技术信息、经营信息等商业信息”。具体言之，商业秘密包括企业现有的以及正在开发或构想之中的产品设计、工具模具、设计程序、产品配方、制作工艺、制作方法、经验公式、试验数据、管理诀窍、企业业务计划、产品开发计划、财务情况、内部业务规程、定价方法、销售方法、客户名单、货源情报、产销策略、招投标标底及标书内容等，涵盖面极为广泛。

二、商业秘密的特征

商业秘密是权利人通过采取保密措施加以保护的无形财产，具有易扩散、易转移以及一经公开永久丧失等特点；保密措施是保持、维护商业秘密秘密性的手段。作为商业秘密保护的信息，权利人必须有将该信息作为秘密进行保护的主观意识，而且还应当实施了客观的保密措施。这是因为商业秘密既然是通过权利人自己保密的方式产生的权利，如果权利人自己都没有采取保密措施，就没有必要对该信息给予保护，这也是保密措施在商业秘密构成中的价值和作用所在。[3] 具体而言，商业秘密具有以下特征。

(一)秘密性

商业秘密的秘密性，是指作为商业秘密的信息是不为公众所知悉的。商业秘密的这一特征所反映的是某种信息的一种客观性状，如果一种技术信息或者经营信息是相关领域的

---

〔2〕 参见《知识产权协定》第39条第2款的规定。

〔3〕 参见最高人民法院民事裁定书，(2012)民监字第253号。

技术人员或者经营者能够在公共渠道以普通方式获得的，且任何人都可以自由使用，那么，这样的技术信息或经营信息就是公共信息，不属于商业秘密的范畴。商业秘密则不然，它是处于保密状态的，相关领域的技术人员或经营者只能以某种法律方式与商业秘密持有人签订许可使用协议获取，不可能在公共渠道以普通方式获得。根据最高人民法院《关于审理侵犯商业秘密民事案件适用法律若干问题的规定》（法释〔2020〕7 号）第 3 条和第 4 条的规定，不为公众所知悉，是指权利人请求保护的信息在被诉侵权行为发生时不为所属领域的相关人员普遍知悉和容易获得。公众所知悉的例外主要有：（1）该信息在所属领域属于一般常识或者行业惯例的；（2）该信息仅涉及产品的尺寸、结构、材料、部件的简单组合等内容，所属领域的相关人员通过观察上市产品即可直接获得的；（3）该信息已经在公开出版物或者其他媒体上公开披露的；（4）该信息已通过公开的报告会、展览等方式公开的；（5）所属领域的相关人员从其他公开渠道可以获得该信息的。但如果将为公众所知悉的信息进行整理、改进、加工后形成的新信息，属于不为所属领域的相关人员普遍知悉和容易获得的，应当认定该新信息不为公众所知悉。

为使商业秘密的利益发挥出来，持有人可以在不破坏保密状态的前提下，以某种方式利用其商业秘密。当然，对商业秘密的利用可能导致其他人以合理的手段获知该秘密，如反向工程。此外，商业秘密被申请专利、含商业秘密的作品被登记或出版等，都可能导致商业秘密披露，从而使之进入公知公用领域。

（二）价值性

商业秘密的价值性是指作为商业秘密的信息能够为权利人带来经济利益。这种价值性在现实中主要体现在通过现在或将来的使用，能够带来现实的或潜在的经济价值。商业秘密是一种相对独立的、完整的、具体针对现实问题的可操作性方案，其本身就包含着商业价值，可以为持有者带来无限商机，包括现实的和潜在的竞争优势。一方面，如果一项技术或信息能使企业节省开支、降低成本、提高产品质量或能够实现保护环境、安全生产的功效，并能为企业创造利润，增强企业的竞争优势，那么，该项技术或信息就是具有价值性的；另一方面，如果企业所拥有的技术或信息为其竞争对手所期待，对方愿意投资去获取，也应该认为该项技术或信息具有价值。从反面观之，那些已经为公众所周知、没有任何保密价值的信息不能被认定为商业秘密。例如，不能把相对简单的烤鸡、通心粉和干酪的配方作为商业秘密。同时，一项商业秘密如果不能给企业带来经济价值，也就失去了保护的意义。曾有一个日本火腿肠公司，发明了一种火腿染色技术，自我感觉良好，后被一位跳槽的员工窃走并自立门户，该公司就把此员工告上了法庭。后经法庭调查，发现顾客在购买此种火腿肠时根本没把颜色考虑在内，所以法庭判定此项技术不是商业秘密。这是关于商业秘密应该蕴涵价值的一个典型案例。

商业秘密区别于理论成果，具有现实的或潜在的使用价值。有时，我们可能忽视这样的问题，如一些失败的实验、夭折的计划等，这些也可能是商业秘密，因为失败的教训可以帮助企业"少走弯路"。在研制开发同一种新产品或新工艺时，失败的教训就完全可以被列为商业秘密，这方面尤其需要引起我们的注意。

（三）保密性

商业秘密的保密性，是指商业秘密持有人对其技术信息或经营信息所采取的合理的保密措施。

商业秘密的生命在于它的“秘密性”，而要维持商业秘密的秘密性，就需要采用适当的保密措施。保密是商业秘密持有人的一种主观行为。如果某种商业秘密的开发需要投入大量的精力和金钱，而且该信息对于他和他的竞争对手又具有重大的价值，则持有人保守秘密的主观愿望也就更强烈。保密的行动是保密人采取了措施防止第三人得知，而且该措施对已掌握商业秘密的人有一定的拘束力。

对于“保密措施”的判断，最高人民法院《关于审理侵犯商业秘密民事案件适用法律若干问题的规定》在第6条中规定，如果满足下列情形之一，即可认定权利人采取了保密措施：(1)签订保密协议或者在合同中约定保密义务的；(2)通过章程、培训、规章制度、书面告知等方式，对能够接触、获取商业秘密的员工、前员工、供应商、客户、来访者等提出保密要求的；(3)对涉密的厂房、车间等生产经营场所限制来访者或者进行区分管理的；(4)以标记、分类、隔离、加密、封存、限制能够接触或者获取的人员范围等方式，对商业秘密及其载体进行区分和管理的；(5)对能够接触、获取商业秘密的计算机设备、电子设备、网络设备、存储设备、软件等，采取禁止或者限制使用、访问、存储、复制等措施的；(6)要求离职员工登记、返还、清除、销毁其接触或者获取的商业秘密及其载体，继续承担保密义务的；(7)采取其他合理保密措施的。

第二节　商业秘密权的概念和特征

一、商业秘密权的概念

保护自己的秘密或者商业秘密是人类的天性。早期的手工业者一旦掌握了某种技术诀窍，为避免因被他人获得诀窍而丧失竞争和营利优势，就自然会产生保密的意识，以便维持对这种技术诀窍的垄断性占有。这样的自我保护对于信息不流畅、竞争不激烈的社会可能尚有作用，但是在信息社会中就显得捉襟见肘。自20世纪50年代以来，以信息的生产、储存、加工和传播为主要内容的信息技术革命方兴未艾，技术的力量使信息的传播越过语言、国界、时间与空间的障碍，信息就是财富的观念已经深入人心，围绕信息、人才和市场的争夺将商业秘密的保护提上日程。在这样的背景下，商业秘密在市场竞争的浪潮中被商品化、价值化，逐渐走出个体经济的狭小圈子，其保护不再是简单秘密地进行嫡系转让，一种新的知识产权类型——商业秘密权得以萌生。商业秘密权，是指权利人享有的对其商业秘密占有、使用、收益和处分的权利，是法律赋予商业秘密持有人的一项知识产权。

二、商业秘密权的特征

1. 商业秘密权的权利主体不是单一的，同样的商业秘密可能既为甲所掌握，也为乙所控制，并且二者均采取了保密措施，则同一商业秘密的多个权利主体都可以对商业秘密进行占有、使用、处分和收益。

2. 商业秘密权的客体——技术信息、经营信息等商业信息——本身也具有其个性特征。

一般的智慧创作物均具有一定的创造性,而在商业秘密中,技术秘密的创造性有高有低,经营信息通常无明显的创造性。在确定一项信息是否属于商业秘密时,其秘密性和价值性是关键。

3. 商业秘密权的保护期限具有不确定性。商业秘密权的保护期限在法律上没有规定,期限的长短取决于权利人的保密措施是否得力及商业秘密是否被公开。只要商业秘密不被泄露出去,其就一直受到法律保护。与此不同的是,专利权、集成电路布图设计权、植物新品种权等创造性成果权往往有时间限制,当法定的保护期限届满时,该权利即不再受法律保护。

4. 商业秘密权的确立无须国家审批,自商业秘密产生之日自动取得。与此不同的是,专利权、集成电路布图设计权、植物新品种权等创造性成果权的取得,往往需要经过国家机关的审批,具有国家授予的特点。之所以出现这样的差异,主要是因为商业秘密具有秘密性,不可能由国家来审批。

三、商业秘密权和专利权

商业秘密权和专利权在保护技术信息时各有利弊。对于商业秘密权来说,由于法律允许多个权利主体同时拥有相同的信息作为商业秘密,因此,在决定用商业秘密权保护一项技术成果时,可能存在以下风险:(1)他人独立地研制开发出相同的技术时,并不构成对商业秘密权的侵害,而一旦他人将相同的技术申请专利并获得专利权之后,商业秘密权人则因技术成果的公开丧失商业秘密权,甚至不能继续使用该项技术成果。(2)商业秘密的保护依赖于保密措施,且不能够防止他人以正当手段,如反向工程等破解该秘密,因此权利的存在可能处于不稳定状态。当然,选择以专利权的方式保护某一技术成果也有弊端。一方面,并非所有的技术都满足获得专利权的实质条件;另一方面,即使获得了专利权,专利权的保护期限也是有限的。还有,专利必须公开,这使得专利技术更容易遭受他人的侵害,专利权人在寻求法律保护时要付出很高的代价,甚至出现“赢了官司输了钱”的现象。

一般来说,经营者在决定是采用专利保护还是商业秘密保护时要考虑多个方面的因素,主要包括:(1)技术信息是否易于研发。如果产品的技术不是很复杂,很容易被破解,或通过反向工程获取,则应酌情考虑采用专利保护。(2)技术信息是否能达到申请专利所要求的条件。如果无法达到专利所要求的新颖性、创造性和实用性,则应采用商业秘密保护。(3)技术信息的寿命长短。如果一项技术信息的“寿命”比较短,需要随着市场的发展及时调整和改进,则采用商业秘密保护可以避免申请专利的烦琐登记程序。(4)技术信息的效益程度。如果一项技术信息所能带来的经济效益有限,则较适宜采用商业秘密保护,因为维持专利有效需要缴纳年费,而且专利年费是逐年增加的。

第三节　商业秘密权的限制和保护

一、商业秘密权的限制

商业秘密权的限制主要有:

1. 反向工程。反向工程,是指通过技术手段对从公开渠道取得的产品进行拆卸、测绘、分析等而获得该产品的有关技术信息。商业秘密权的权利人投放到市场上流通的产品中所蕴含的商业秘密信息，一旦被竞争对手通过反向工程分析研究获知(法律限制的某些特殊产品除外)，则其秘密性相对丧失，原拥有者也失去相应的权利。

2. 个人信赖。实践中，客户基于对职工个人的信赖而与职工所在单位进行市场交易，该职工离职后，能够证明客户自愿选择与自己或者其新单位进行市场交易的，应当认定没有采用不正当手段获取商业秘密。

3. 自行研发。由于商业秘密权的效力具有相对性，并且法律也并不排除在同一商业秘密之上有两个或两个以上的权利人，因此，商业秘密权利人不能禁止他人自行开发研究出相同的商业秘密，也不能禁止他人对自行研制出来的商业秘密采取商业秘密权保护。相反，如果一旦有其他人对该商业秘密申请专利保护或者进行了著作权权利登记，则权利人会丧失其商业秘密权。

4. 通过商业谈判或其他公开渠道获得。“通过商业谈判或其他公开渠道获得”是指通过商业谈判、招投标，或者其他的正当商业途径获得交易机会和资格。这也是商业秘密侵权案件中最常见的抗辩事由。

二、商业秘密权的保护

(一)侵犯商业秘密的行为

由于商业秘密包含着巨大的经济价值，故商业秘密日益成为不正当竞争行为所侵害的对象。常见的侵犯商业秘密的行为有两种：通过不正当手段获取商业秘密或违反保密义务而擅自披露商业秘密。[4]

根据我国《反不正当竞争法》的规定，通过不正当手段侵犯商业秘密主要有五种表现形式：

1. 以盗窃、贿赂、欺诈、胁迫、电子侵入或者其他不正当手段获取权利人的商业秘密。“盗窃”是指以非法占有为目的，以秘密窃取的方式获取权利人的商业秘密。这类行为人既可能是内部知情人员，也可能是外部人员。“胁迫”是指行为人通过对商业秘密权利人、知情人本人或其亲属的生命、健康、名誉、财产等造成损害相要挟，强迫有关人员透露信息，从而获得商业秘密。“电子侵入”是指通过植入病毒，以及新兴的通过“爬虫”“监听”等各种黑客手段侵入存储有他人商业秘密信息的电子载体。“其他不正当手段”是指通过除列明手段以外的其他手段获取商业秘密的行为。

2. 披露、使用或允许他人使用以前述手段获取的权利人的商业秘密。所谓“披露”是指公开散布不当获取的商业秘密；“使用”是指行为人将非法获取的商业秘密直接用于生产经营中；“允许他人使用”是指行为人将非法获取的商业秘密以有偿或无偿的方式提供或转让给他人使用。

3. 违反保密义务或违反权利人有关保守商业秘密的要求，披露、使用或允许他人使用其所掌握的商业秘密。这种情况主要包括：(1)与权利人有业务关系的单位和个人违反合同约定或者违反权利人保守商业秘密的要求，披露、使用或者允许他人使用其所掌握的权利人的

---

〔4〕 参见[美]罗伯特·P. 墨杰斯等：《新技术时代的知识产权法》，中国政法大学出版社2003年版，第51页。

商业秘密。(2)权利人的职工违反合同约定或者违反权利人保守商业秘密的要求,披露、使用或者允许他人使用其所掌握的权利人的商业秘密。(3)当事人在订立合同过程中、订立合同以后,以及合同履行过程中知悉商业秘密,泄露或者不正当地使用该商业秘密的。

合法掌握商业秘密的人,可能是与权利人有合同关系的对方当事人,也可能是权利人单位的工作人员或其他知情人。上述行为人违反合同约定或单位规定的保密义务,将其所掌握的商业秘密擅自公开,或自己使用,或许可他人使用,即构成对商业秘密的侵犯。

4. 教唆、引诱、帮助他人违反保密义务或者违反权利人有关保守商业秘密的要求,获取、披露、使用或者允许他人使用权利人的商业秘密。这是一种间接侵权行为。行为人知悉行为对象为他人的商业秘密,并明知或应知他人的行为系侵犯商业秘密的情形,依然教唆、引诱、帮助他人获取、使用、披露该秘密,所以法律将这种行为也作为侵犯商业秘密行为来对待,相当于将制止侵犯商业秘密行为的措施前置,更有利于权利人维权。经营者以外的其他自然人、法人和非法人组织实施前述所列违法行为的,视为侵犯商业秘密。

5. 第三人明知或者应知商业秘密权利人的员工、前员工或者其他单位、个人以盗窃、贿赂、欺诈、胁迫、电子侵入或其他不正当手段获取权利人的商业秘密,仍获取、披露、使用或者允许他人使用该商业秘密的,视为侵犯商业秘密。此种类型属于兜底性的规定,对第四种情形之外第三人可能涉及的共同侵权加以规定。

(二)侵犯商业秘密的法律责任

1. 法律责任的承担

根据我国《反不正当竞争法》和《刑法》等法律的规定,侵犯商业秘密的侵权人应当承担以下法律责任:(1)侵权人应停止侵害、消除影响、赔礼道歉。(2)给权利人造成损害的,应当承担损害赔偿责任。(3)侵权人应承担受害人因调查侵权行为所支付的合理费用。(4)经营者恶意实施侵犯商业秘密行为,情节严重的,可以在按照权利人因被侵权所受到的实际损失或者侵权人因侵权所获得的利益的1倍以上5倍以下确定赔偿数额。赔偿数额还应当包括经营者为制止侵权行为所支付的合理开支。(5)监督检查部门可责令停止违法行为,没收违法所得,处10万元以上100万元以下的罚款;情节严重的,处50万元以上500万元以下的罚款。(6)我国《刑法》第219条规定,以盗窃、贿赂、欺诈、胁迫、电子侵入或者其他不正当手段获取权利人的商业秘密的;披露、使用或者允许他人使用以前项手段获取的权利人的商业秘密的;或者违反保密义务或者违反权利人有关保守商业秘密的要求,披露、使用或者允许他人使用其所掌握的商业秘密,情节严重的,处3年以下有期徒刑,并处或者单处罚金;情节特别严重的,处3年以上10年以下有期徒刑,并处罚金。

2. 举证责任的承担

商业秘密的特殊性之一,在于其保密性。在实践和诉讼过程中,涉及商业秘密的证据一般由侵权人控制,这导致司法实践中权利人的诉讼请求因证据不足或举证困难而无法得到法院支持。有鉴于此,2019年《反不正当竞争法》的修改以商业秘密侵权举证责任的完善为重点,减轻了权利人的举证责任。其中新增的第32条规定,在侵犯商业秘密的民事审判程序中,商业秘密权利人提供初步证据,证明其已经对所主张的商业秘密采取保密措施,且合理表明商业秘密被侵犯,涉嫌侵权人应当证明权利人所主张的商业秘密不属于本法规定的商业秘密。根据这一规定,权利人只需要证明其已经满足了“采取保密措施”的要件,和存在商业秘密被侵犯的后果。至于涉案信息“是否为公众所知悉”“是否具有商业价值”“是否属于商业信息”,则由被告举证。

同时,对于何谓“初步证据”,《反不正当竞争法》也予以了专门细化,规定了两种证据类型和供法官自由裁量的兜底条款:(1)有证据表明涉嫌侵权人有渠道或者机会获取商业秘密,且其使用的信息与该商业秘密实质上相同;(2)有证据表明商业秘密已经被涉嫌侵权人披露、使用或者有被披露、使用的风险;(3)有其他证据表明商业秘密被涉嫌侵权人侵犯。

所以,商业秘密侵权举证责任的立法安排,首先是由原告对其侵权请求承担初步的举证责任,其次由被告对其未侵权进行举证。这较为有效地化解了商业秘密侵权案件中举证难的问题。

结 语

商业秘密,是指不为公众所知悉、能为权利人带来经济利益、具有实用性并经权利人采取保密措施的技术信息和经营信息。商业秘密权是权利人享有的对其商业秘密的占有、使用、收益和处分的权利,是法律赋予商业秘密持有人的一项知识产权。自商业秘密权勃兴以来,针对商业秘密权的不正当竞争行为的基本形态无外乎径行侵权和违反契约,但社会的发展使得侵权和违反契约行为的具体表现形式日新月异。面对纷繁复杂的不正当竞争行为,企业除应在侵害行为发生后采取法律救济措施外,还应积极加强商业秘密管理,尽量做到防患于未然,主动防止各种不正当竞争行为的发生。

思考题

1. 简述商业秘密的概念和特征。
2. 试比较商业秘密权与专利权的异同。
3. 我国应如何进一步加强对商业秘密的保护?

资料链接

1. 刘孔中、李文博:《论商业秘密保护及其过度保护的问题》,载《知识产权》2022 年第 5 期
2. 李薇薇、郑友德:《欧美商业秘密保护立法新进展及对我国的启示》,载《法学》2017 年第 7 期。

第二十八章　地理标志权

学习目的　掌握地理标志权的概念和特征；理解我国对地理标志权进行效力公示的程序机制；熟悉地理标志权的限制措施；了解地理标志权的国际、国内保护概况，思考在我国确定地理标志权保护的现实价值。

关键词　地理标志　地理标志权

导语

中华大地幅员辽阔，资源丰富，气候多样，历史悠久，物华天宝，名物特产数不胜数。这些地理标志产品构成了中华民族经济精品。然而，"逍遥镇胡辣汤""潼关肉夹馍""库尔勒香梨"等所谓的维权事件屡屡出现。分别拥有上述商品商标权的三个协会针对使用其商标的全国商户提起了商标诉讼，主张其享有的注册商标专用权受到侵犯，并请求侵权赔偿，如若继续使用需加入协会并缴纳相关会员费用。前两个商标被国家知识产权局认定是以集体商标注册的地理标志，注册人无权向特定区域外的商户许可使用该商标并收取加盟费，也无权禁止已经在使用该商标的商户继续使用。在此之后，两个协会均以撤诉结束了此场维权风波。而第三个协会的维权事件得到了社会公众的一定支持，随后该协会也表示其是非营利组织，不会强制要求入会和收取加盟费，但会维权到底。

地理标志保护既是国际知识产权保护中的热点问题，也是国内知识产权保护中的热点问题，受到社会的普遍关心和重视。随着全球化进程的加快，地理标志所具有的作用日益突出，其商业价值愈加增大。上述热点事件主要是涉及地理标志专用权的注册条件以及权利范畴认定问题，特别是针对三个相似的维权事件，为何国家知识产权局和社会大众表现出不一样的意见和反应？地理标志权的注册条件以及权利范畴应如何予以确定？本章的内容就是地理标志权的取得、限制和保护问题。

第一节　地理标志权概述

一、地理标志的概念和特征

地理标志(geographical indication)，包括货源标记和原产地名称。我国学者一般认为，

"货源标记"是指表示一种产品来源于某个国家、地区或地方的说明标记,通常由名称、标记或符号组成。如"上海制造"、"Made in China"(中国制造)等都属于产品的货源标记。原产地名称,是指一个国家、地区或地方的地理名称,用于指明一项产品源于该地,其质量或特征完全或主要取决于该地的地理环境,包括自然和人为的因素。在我国实践中,曾区分原产地域标记和原产地标记,但现在一般以地理标志概括统称。[1] 需要说明的是,法律所保护的地理标志主要指的是原产地名称。对此,我国《商标法》第16条第2款明确规定,地理标志是指标示某商品来源于某地区,该商品的特定质量、信誉或者其他特征,主要由该地区的自然因素或者人文因素所决定的标志。原国家质量监督检验检疫总局2005年5月16日通过的《地理标志产品保护规定》第2条也规定,地理标志产品,是指产自特定地域,所具有的质量、声誉或其他特性本质上取决于该产地的自然因素和人文因素,经审核批准以地理名称进行命名的产品。地理标志产品包括:(1)来自本地区的种植、养殖产品。(2)原材料全部来自本地区或部分来自其他地区,并在本地区按照特定工艺生产和加工的产品。将地理标志视为知识产权的一种类型,在国际上早有先例。《巴黎公约》早已明确将地理标志纳入工业产权的范畴;《知识产权协定》也将地理标志定义为"指明某商品来源于某地区的标志,该商品的特定品质、信誉或者其他特征主要由其产地来源所决定"。

具体而言,地理标志有以下基本特征:

1. 地理标志是一种指示性标记,标示着特定的地域、地区或者地点。根据我国地理标志的注册登记与管理办法,地理标志必须由"特定地名+特定商品名称"这样的表述组合构成。地理标志表明了某项商品或者服务的来源地,该来源地既可以是一个国家,如"中国丝绸""中国制造"等,也可以是省、市、县、乡、镇、村,如"孝感麻糖""西湖龙井""烟台苹果"等。地理标志就是某一特定地域内某种产品的生产、制造、加工者共同使用的一种商业标记,使消费者能够从市场上识别商品或服务的来源,这一点与商标的功能近似。地理标志指示的地理名称应该具有真实性,所谓"虚幻标识"不能被视为地理来源标记。虽然此类标识或许含有地理名称,但公众显然明白,该地理名称并非原产地,它仅仅是在揭示产品的某些特性。"南极洲"电冰箱或者"珠穆朗玛峰"自来水笔,当属此类情形。

2. 地理标志的价值在于它与商品特定的质量、信誉或者其他特征相关联。地理标志的经济意义就在于它指向一定的产品,即地理标志上凝聚着某种或者某些商品特定的质量、信誉或者其他特征。一旦在某类产品上使用一定的地理标志,就可能给使用者带来巨大的经济效益。例如,山东蓬莱鑫园工贸有限公司实施地理标志保护制度以来,烟台苹果的出口量连年增加,已由原来的1万多吨增加到2万多吨;市场也由原来的东南亚扩大到中东市场和欧洲市场,而且欧洲市场的出口量已占公司苹果出口量的60%以上。

3. 地理标志依附于特定地理区域的自然因素或者人文因素。不具有这种特定的自然因素或者人文因素之地理区域,如无特殊情况,不得使用相同的地理标志。例如,"从江瑶浴"是当地瑶族群众经过数百年的实践积累而保存至今的传统医药知识,特殊的地理环境使瑶族聚居区域具有生物多样性特征,地道中药材蕴藏丰富,采集数十味中草药配制沐浴药方,

---

〔1〕 2005年7月15日原国家质量监督检验检疫总局发布的《地理标志产品保护规定》,将《原产地域产品保护规定》和《原产地标记管理规定》中的地理标志管理工作合二为一。

使之达到防病治病和保健的效果，构成了当地独特的瑶族沐浴文化。可见，“从江瑶浴”的特征主要与从江瑶族聚居区域的自然因素和人文因素相关联，符合地理标志的该项特征。[2]

二、地理标志权的概念和特征

地理标志权是一种无形财产权，其客体具有财产内容，任何人不得擅自使用。但这样的权利只能为特定地域范围内的若干经营者共同享有，它不能为某一单独的个体所独占。地理标志权虽然属于工业产权之一种，但并不完全具备该类权利的基本特征。

1. 地理标志权的主体是在某一特定地域范围内的经营者。我国现行《商标法》第 10 条第 2 款规定：“县级以上行政区划的地名或者公众知晓的外国地名，不得作为商标。但是，地名具有其他含义或者作为集体商标、证明商标组成部分的除外……”这表明，个人不能将地理标志独自注册。此外，根据《巴黎公约》的规定，在虚假产地标记所标示的国家、地区或地方生产经营该项商品的任何人都应被视为有关当事人，均有权起诉。这些条款均说明，地理标志权是一种集体性的共有权利，产地内的所有企业和个人只要其产品符合真实、稳定的传统条件，具有一定的质量和特点，都可以使用该地理标志。例如，“龙口”是长期使用在粉丝商品上的带有产地性质的名称，不宜由某一企业作商标注册专用，而只要是“龙口”地区内的符合该粉丝产品特质的企业和个人，都可以使用该地理标志。

2. 地理标志权的内容包括使用权和禁止权，同时不包括转让权。禁止以任何方式将地理标志作为商品名称、商品表达使用，禁止对包含有未能表明商品真实原产地的地理标志的商标予以注册或使其注册失效，禁止字面上真实但实际上却能产生误导效果的地理标志被使用（商品名称上、表达上）、注册。同时，地理标志权不包括转让权，这是由地理标志的本源性所决定的。如果允许地理标志权任意转让，就会造成商品地域来源混淆，导致地理标志的本来功能与作用丧失。

3. 地理标志权不具有时间性。该项权利无保护期限的限制，是一项永久的财产权。对此，法国《原产地名称保护法》第 7－4 条第 2 款规定：“原产地名称永远不能被认为有通用性并且永远不能成为公产。”爱沙尼亚《地理标志保护法》第 7 条的规定更为明确：“地理标志的法律保护不受时间限制。”

第二节　地理标志权的取得及公示程序

地理标志权是一种自然权利，其产生基于产品的独特品质与地理环境的自然事实。例如，德国《商标法》第 126 条及其后条款规定，对地理标志的保护无须任何登记。这种保护从使用这一标记之时起即自动产生。地理标志权的产生虽然不需要任何程序，但是地理标志权的效力依赖于国家法律对地理标志的确认，所以，通过一定的程序将地理标志转化为得到

〔2〕《从江对传统医药知识实施地理标志保护》，载国家知识产权战略网，http://www.nipso.cn/gnwzscqxx/dlbz/t20051215_62386.asp。

国家认可的标记，是地理标志权获得实际效应的前提。许多国家制定了地理标志的注册登记制度，用公示形式作为地理标志权具有效力的证据。在地理标志的公示注册上，有两种形式：第一种属于地理标志注册制，如法国 1919 年 5 月 6 日颁布的《原产地名称保护法》确立了原产地命名制度，明确规定原产地名称的注册登记。第二种属于商标注册制，即把地理标志作为一种特殊的商标，采用证明商标或集体商标的注册程序。例如，德国《商标法》规定，地理标志可以作为集体商标获准注册。具有权利能力的协会在申请注册集体商标时必须提供商标的使用与管理规章，该规章不仅要明确规定协会成员的必备条件，还要确定使用集体商标的条件，从而使一定的品质标准得以适用。集体商标若由地理来源标记组成，那么规章中必须规定，如果某种商品或服务来自该有关地域，并且符合该规章中规定的使用条件，则提供该商品或服务的任何人都应当被接纳为该协会的成员。我国目前采取的是双轨制，地理标志权利人可以向国家知识产权局提交申请，将地理标志作为证明商标或集体商标的一部分注册，同时还需要将地理标志产品向相关质量安全监管部门提出申请，经过审查批准后，方可在地理标志产品上使用该地理标志。

一、申请集体商标或证明商标

在我国，地理标志可用以申请集体商标或证明商标。《商标法实施条例》第 4 条规定，地理标志可以依照商标法和该条例的规定，作为证明商标或者集体商标申请注册。申请的地理标志能否获得注册，主要取决于该商品是否具备地理标志所规定的条件，即该商品的特色是否源于该地理区域，是不是由该地理区域所决定的，其唯一标准是要看公众是否认为使用该标记的商品只来源于标记所指的地区。例如，库尔勒香梨只来源于库尔勒，如果其他地方的香梨具有与库尔勒香梨同样的品质、特色，库尔勒香梨则不能作为地理标志注册。如果一个标记只使用于符合地理标志标准的产品，并且消费者明白该标记只用来表示在该地区生产而非其他地区生产的产品，那么该标记就具有地理标志的作用。[3] 2003 年 4 月 17 日，原国家工商行政管理总局颁布修改后的《集体商标、证明商标注册和管理办法》，其中有许多针对地理标志作为证明商标或者集体商标申请注册的条款。

将地理标志申请注册为集体商标或证明商标，是对地理标志权的效力公示，权利人将因此享有与商标权人相同的专有权和禁止权。但由于地理标志的特征，权利人并不能阻止符合使用该地理标志条件的自然人、法人或者其他组织使用该地理标志。对此，《商标法实施条例》第 4 条第 2 款规定：以地理标志作为证明商标注册的，其商品符合使用该地理标志条件的自然人、法人或者其他组织可以要求使用该证明商标，控制该证明商标的组织应当允许。以地理标志作为集体商标注册的，其商品符合使用该地理标志条件的自然人、法人或者其他组织，可以要求参加以该地理标志作为集体商标注册的团体、协会或者其他组织，该团体、协会或者其他组织应当依据其章程接纳为会员；不要求参加以该地理标志作为集体商标注册的团体、协会或者其他组织的，也可以正当使用该地理标志，该团体、协会或者其他组织无权禁止。

---

〔3〕 参见范汉云：《地理标志保护需要注意的问题》，载国家知识产权战略网，http://www.nipso.cn/gnwzscqxx/dlbz/t20050822_52718.asp。

二、地理标志产品的申请、受理、审核及批准

保护地理标志最本质和最核心的内容应该是地理标志的管理者和使用者要保证使用地理标志产品的特色和质量。国家知识产权局统一管理全国的地理标志产品保护工作。使用地理标志产品专用标记,必须依照规定注册登记,并接受监督管理。

(一)申请及受理

地理标志产品保护申请,由当地县级以上人民政府指定的地理标志产品保护申请机构或人民政府认定的协会和企业(以下简称申请人)提出,并征求相关部门的意见。申请保护的产品在县域范围内的,由县级人民政府提出产地范围的建议;跨县域范围的,由地市级人民政府提出产地范围的建议;跨地市范围的,由省级人民政府提出产地范围的建议。出口企业的地理标志产品的保护申请向本辖区内出入境检验检疫部门提出;按地域提出的地理标志产品的保护申请和其他地理标志产品的保护申请向当地(县级或县级以上)知识产权管理部门提出。省级知识产权局和直属出入境检验检疫局,按照分工,分别负责对拟申报的地理标志产品的保护申请提出初审意见,并将相关文件、资料上报国家知识产权局。

(二)审核及批准

国家知识产权局按照地理标志产品的特点设立相应的专家审查委员会,负责地理标志产品保护申请的技术审查工作。国家知识产权局对收到的申请进行形式审查。审查合格的,由国家知识产权局在国家知识产权局公报、政府网站等媒体上向社会发布受理公告;审查不合格的,应书面告知申请人。有关单位和个人对申请有异议的,可在公告后的2个月内向国家知识产权局提出。国家知识产权局组织专家审查委员会对没有异议或者有异议但被驳回的申请进行技术审查,审查合格的,由国家知识产权局发布批准该产品获得地理标志产品保护的公告。

(三)标准制定及专用标记使用

拟保护的地理标志产品,应根据产品的类别、范围、知名度、产品的生产销售等方面的因素,分别制订相应的国家标准、地方标准或管理规范。国家标准化行政主管部门组织草拟并发布地理标志保护产品的国家标准;省级地方人民政府标准化行政主管部门组织草拟并发布地理标志保护产品的地方标准。地理标志保护产品的质量检验由省级质量技术监督部门、直属出入境检验检疫部门指定的检验机构承担。必要时,国家知识产权局将组织予以复检。

地理标志产品产地范围内的生产者使用地理标志产品专用标志,应向当地知识产权局或出入境检验检疫局提出申请,并提交以下资料:(1)地理标志产品专用标志使用申请书;(2)由当地政府主管部门出具的产品产自特定地域的证明;(3)有关产品质量检验机构出具的检验报告。上述申请经省级知识产权局或直属出入境检验检疫局审核,并经国家知识产权局审查合格注册登记后,发布公告,生产者即可在其产品上使用地理标志产品专用标志,获得地理标志产品保护。

第三节 地理标志权的限制和保护

一、地理标志权的限制

地理标志权的限制主要有：

1. 善意或在先使用的例外。《知识产权协定》第 24 条之 4 规定了这一例外。此处所说的“在先使用”是指 1994 年 4 月 15 日之前，已使用了某个其他成员的地理标志，且至少使用了 10 年。此处所说的“善意使用”是指在 1994 年 4 月 15 日（部长级会议结束乌拉圭回合谈判之日）之前已非恶意地使用。善意使用或者在先使用只要具备其中的任何一个，就可以享有这种例外。

2. 善意注册的例外。《商标法》第 16 条第 1 款规定：商标中有商品的地理标志，而该商品并非来源于该标志所标示的地区，误导公众的，不予注册并禁止使用；但是，已经善意取得注册的继续有效。《知识产权协定》第 24 条之 5 规定，在协议第六部分规定的 3 种不同类型的成员（发达、发展中、最不发达）适用此协议的过渡期之前，或某个地理标志的来源地开始保护该标记之前，已善意地获得某个商标的注册，而该商标与上述地理标志相同或近似，协议不妨碍权利人行使其商标权。该条还适用于在上述日期之前已善意申请注册的人，以及通过善意使用获得了商标权的人（采取使用主义的国家），他们可以行使他们应有的权利。

3. 通常用语的例外。《知识产权协定》第 24 条之 6 规定，如果通常用语只因与某个受保护的地理标志相同，就禁止一般人使用它，会显得不合理。例如，“china”，在许多英语国家是“瓷器”的通用语，不能因其大写具有“中国”的意思，就不允许一般人在瓷器商品上使用。固然“瓷器”也可以用“porcelain”表示，但如果仅仅因为地理标志的关系就限制“china”的用法，显然是行不通的。还有一些商品，其原有的地理标志可能是专指的（仅指源于该地并在特点上与该地有关的商品），但由于人们用久了，其名称也会进入通常用语的领域，如“武昌鱼”，现在许多人都将其用来泛指一种鳊鱼，即使那鱼并不产于“武昌”。同理，“汉堡包”（hamburger）也只是刻画了一种夹肉的面包，并不意味着该产品一定出自德国北部著名的城市汉堡。

4. 名称权例外。这种例外是指人们有权在贸易活动中使用自己的姓名或者自己企业或公司的名称。在这种情况下，即使它们与某个受保护的地理标志相冲突，仍可继续使用。但如果地理标志受保护在前，命名或更名在后，则不适用这一例外。此项例外以不导致公众误认为限。

5. 来源国不保护或已停用的例外。如果某个国家对它原来保护的某个地理标志停止保护了，说明该国已将它从专有领域释放到公有领域之中；如果某个国家对在其国内的地理名称从来就不给予保护，则说明其自始处于公有领域；如果某个国家原有的地理标志后来都不用了，再要求他人不得使用这些名称，仍将其作为地理标志去保护，就不合理了。

6. 其他合理限制。除了上述五个方面的例外之外，还有其他例外，如我国《商标法》第 10 条第 2 款规定：“县级以上行政区划的地名或者公众知晓的外国地名，不得作为商标。但是,地名具有其他含义……的除外……”这一规定的前半部分,显然是为了防止任何人将地理名称作为商标注册后独占该地理标志,然而“但书”部分就是一种例外。如“黄山”首先是一座名山的名称,然后才是安徽省黄山市的行政区划名称,也就是“黄山”具有行政区划名称之外的含义,因此,“黄山”可以被注册为商标使用。

二、地理标志权的保护

(一)国际保护概况

地理标志保护是国际知识产权保护中的一个热点问题。《巴黎公约》是最早保护地理标志的国际公约,它要求各成员对于直接或间接使用虚假地理标志的行为采取相应的制裁措施,即在进口时扣押、禁止进口这样的商品或者在国内扣押该商品,或由该国国民采取诉讼等救济手段。《制止商品产地虚假或欺骗性标记马德里协定》作为《巴黎公约》的一个特别协定,对成员之间制止虚假地理标志作了具体规定,其禁止对象为:(1)将适用该协定的国家或其某一地区假冒为原产国或原产地,或在产品上使用会使人对原产地产生误认的标记;(2)在销售或展出产品时所用的招牌、广告等上面使用带有宣传性质的、欺骗公众的原产地标记。《知识产权协定》第22条要求各成员必须以法律手段,防止商品说明或标记中,以并非商品真实原产地的地理名称为其原产地标记使用,防止采取其他违反《巴黎公约》规定的不正当竞争方式使用原产地标记,防止因使用地理名称不当造成欺骗性后果。

(二)我国地理标志保护概况

地理标志权保护在我国受到社会公众的普遍关心和重视。在我国,截至2020年6月底,获得批准的地理标志产品累计2385个,核准地理标志专用标志使用企业8811家,[4]其中农副产品地理标志占整个地理标志的90%以上。地理标志已成为地方经济发展强有力的助推器。目前,我国为地理标志提供保护的有《商标法》、《反不正当竞争法》、《产品质量法》以及《消费者权益保护法》等多个法律,各个法律保护的角度和层次不同。2004年12月7日,原国家工商行政管理总局和原农业部联合制发了《关于加强农产品地理标志保护与商标注册工作的通知》。2005年7月15日,原国家质量监督检验检疫总局发布的《地理标志产品保护规定》开始施行。在第十届全国人大五次会议上,有代表提出研究制定地理标志保护法。

(三)侵权行为及其法律救济

我国现行《商标法》对地理标志给予保护,其第16条第1款规定:“商标中有商品的地理标志,而该商品并非来源于该标志所标示的地区,误导公众的,不予注册并禁止使用;但是,已经善意取得注册的继续有效。”

侵犯地理标志权的行为包括:(1)未经公告擅自使用或伪造地理标志专用标志的;(2)不符合地理标志产品标准和管理规范要求而使用该地理标志产品的名称的;(3)使用与专用标志相近、易产生误解的名称或标识及可能误导消费者的文字或图案标志,使消费者将该产品误认为地理标志保护产品的。侵犯地理标志权将承担民事责任和行政责任。权利人可要求侵害人停止侵权行为、赔礼道歉并赔偿经济损失。地理标志行政管理部门也可依法查处地

---

〔4〕 参见2020年9月国家知识产权局关于《地理标志保护规定(征求意见稿)》的修改说明。

理标志侵权行为,依照《商标法》和《产品质量法》的规定追究侵害人的行政责任。

(四)地理标志管理

地理标志作为一种无形资产,要对其加强管理,避免资产流失,并要实现资产的保值、增值。地理标志管理是一个系统工程:首先,从层面上讲,要有全国层面上的法律规章的完善和管理部门的到位,要有企业层面的现代化企业管理,要有社会层面上的协会等市场中介服务,要有专家学者层面的研究咨询;其次,从系列上讲,要对地理标志的各个领域,如注册、认证、标准管理、国际协调等方面进行管理;最后,要从统筹生产和流通的角度来管理整个市场秩序。地理标志的管理将是政府监管、同业监督和企业自律的统一管理。国家有关部门(主要是中央政府)管理全国地理标志的保护、认证、备案,地方政府只是协助市场中介和企业工作;市场中介负责地理标志的市场准入标准和协调管理;企业要搞好生产经营。

结语

地理标志既是产地标记,也是质量标记。地理标志的保护是目前我国知识产权领域中关注的一个热点问题。地理标志保护涉及的产品主要是农产品和食品。地理标志权是权利人享有的对地理标志的专有权利,它不同于一般的知识产权。地理标志权不具有时间性,在权利主体、权利客体和权利内容上具有一定的个性特征。地理标志权的取得虽无须任何登记程序,但应通过一定的程序公示其效力。我国采取的是双轨制:一方面,地理标志可被申请注册为集体商标或证明商标;另一方面,地理标志产品上使用地理标志也需要经过申请和审批。地理标志保护有利于促进农村的经济发展,有利于农民增收,有利于农村经济结构调整。积极推动地理标志的保护工作,对于推广民族精品、提升国际竞争力具有重要意义。

思考题

1. 简述地理标志的概念和特征。
2. 简述地理标志权的概念和特征。
3. 地理标志权有哪些限制?
4. 我国如何保护地理标志?

资料链接

1. 管育鹰:《我国地理标志保护中的疑难问题探讨》,载《知识产权》2022 年第 4 期。
2. 孙智:《地理标志国际保护新发展的路径分歧及我国选择》,载《知识产权》2019 年第 1 期。
3. 冯术杰:《论地理标志的法律性质、功能与侵权认定》,载《知识产权》2017 年第 8 期。

第二十九章 商 号 权

学习目的 了解商号的概念和商号权的特征，注意区分商标、商号以及商标权、商号权、姓名权等概念；掌握商号权的取得方式、取得条件、取得程序；理解商号权保护的不同模式，结合有关文献分析我国在商号权保护上的模式选择。

关键词 商号 商号权 企业名称

导语

企业是市场的主体，商号就是企业特定的标志，对企业参与市场经营活动具有重要的标示作用。麦当劳(中国)有限公司成为中资控股企业后，其将在中国注册的企业名称从麦当劳(中国)有限公司变更为金拱门(中国)有限公司。严格来说，是将企业名称中的商号从"麦当劳"更改为"金拱门"。根据麦当劳前首席执行官史蒂夫·伊斯特布鲁克的发言，此次变更是因为中国将在不久后成为麦当劳在美国本土以外最大的市场，所以要通过本土化决策来满足中国顾客的需求。此次所谓的金拱门事件更是引起了社会大众的广泛关注和讨论。

从法律角度来看，此次热点事件的焦点之一就在于如何认识商标权、企业名称权和商号权三种权利的关系。以麦当劳为例，麦当劳的企业名称为"麦当劳(中国)有限公司"，"麦当劳"既是注册商标，也是麦当劳企业的商号，同时还被包含在企业名称里。在并购发生前，麦当劳(中国)有限公司享有"麦当劳"商标使用权，并购之后，其作为企业名称的"金拱门"和作为商标的"麦当劳"不再相同，金拱门(中国)有限公司在经营活动中继续使用"麦当劳"商标，就需要达成复杂的许可协议。金拱门(中国)有限公司所享有的商标权与商号权客体也不再相同。本章的内容就是关于商号权的取得以及法律保护。

第一节 商号权概述

一、商号的概念

商号，是法人或其他组织进行民商事活动用于标识自己并区别于他人的标记。最早的商号产生于中世纪的意大利和地中海沿岸诸城市，那里的商业比较繁荣，当时的公司组织往往将各股东的姓名结合在一起，使之成为本公司的商号。在我国，古时就有"字号"的称谓，现行立法对个体工商户和个人合伙的名称仍沿用“字号”的表述，是用以表明某个体工商户或个人合伙与其他人相区别的标记。对于法人，现行立法使用“企业名称”一词，法人对已经登记注册的名称享有专有权。商号作为一种经营性标记，具有以下特征：

1. 商号可以采用不同的表示方法。在商业实务中，商号的表示方法大体有以下三种：(1)以个人的姓名表示商号，即以自然人的姓名作为商号。在我国商务实践中，以自然人的姓名表示商号，通常应当使用中文，包括民族自治地区的民族文字。(2)以企业名称表示商号。这是最常见的商号表示方法，由于商号是企业永久使用并具有表示企业营业本身作用的标记，所以，大量的商号都采用这种方法来表示。如《企业名称登记管理规定》要求企业名称应由四个部分组成：行政区划名称、字号、行业或经营特点以及组织形式。如“武汉泰和服饰股份有限公司”中，“武汉”是行政区划名称，“泰和”是字号，“服饰”是所属行业，“股份有限公司”是组织形式。(3)专门的商号。商人既不使用自然人的姓名，也不使用企业的名称，而是专门登记一个为了对外营业而使用的商号。一个企业只允许使用一个名称，未经核准登记的企业名称不得使用。[1]

2. 商号是一切法人和其他组织用以代表自己的名称，是企业的重要无形资产。在商业经营过程中，商号密切依附于法人和其他组织，是商人在营业活动中与他人进行交易时用以签署或者让其代理人使用的名称，也是其承担法律责任的依据。同时，商号区别于法人或其他组织的负责人、管理人等自然人的姓名，它是生产经营者的营业标记，体现着特定企业的商业信誉和服务质量。信誉良好的企业，其商号对消费者或者用户具有巨大的吸引力，是企业重要的无形财产。参与商号营业的经营者的活动可以分为两个部分：一部分是为他自己及其家庭而进行的一般民事活动（可称为家计）；另一部分是其追求利润的营业活动（可称为营业）。前者使用的是自然人的姓名，后者使用的正是商号。由于采用商号，法人或其他组织的经营活动得以保持统一和延续，并不因负责人、管理人的更替而发生实质性的变更。[2]

3. 商号具有特殊的区别功能和表示功能，“被广泛使用于商品或其包装材料以及多种广告宣传媒介上，发挥着区别商品生产者及其商品或服务，承载商主体享有的商业信誉的职能”[3]。商号与商标的区别主要有：(1)任何一个企业都必须有商号，但不一定有商标；(2)厂商名称必须经过核准登记才能在工商活动中使用，而商标不一定要登记注册；(3)除特殊情况外，商号一般由企业名称构成，具有比较严格的条件，而商标则要有显著性，易于识别，因此商标的构成通常精练、简洁；(4)一个企业只能有一个名称，但可以有多个商标；(5)厂商名称的构成要素只能是文字，不能是文字之外的其他要素，而商标可以是文字、图形、符号、颜色、字母、数字等及其组合；(6)带有某公司商号标记的含注册商标的商品销售到另一国家时，销售人有必要就其商标在另一国家注册，却没有必要就其商号再行注册。当然，若企业将自己的商号注册成商标使用，或者将已注册的商标登记为企业的商号，商标和商号就成为同一内容或是互为其中的一个组成部分。

---

〔1〕 参见王保树主编：《中国商事法》，人民法院出版社 1996 年版，第 64～65 页。

〔2〕 参见王小能主编：《商法学》，高等教育出版社 2000 年版，第 44 页。

〔3〕 张今：《知识产权新视野》，中国政法大学出版社 2000 年版，第 222 页。

二、商号权的概念和特征

商号权，是法人或其他组织对自己使用或者注册的商号依法享有的专有权。法人或其他组织使用商号从事经营活动能让公众区分同种类服务的不同提供者，或者同种类商品的不同生产者或经营者。激励法人或其他组织在宣传自己的商号上进行投资，并力图获得公众的认同，使公众对商业信用较好的商号产生信赖，并使之成为维系市场秩序和良性竞争的组成部分，由此构成一种需要法律保护的利益，形成商号权。

1. 商号权的主体是依法取得商事主体资格的独立商品生产者或经营者。商号是商事主体资格的表征，由其主体识别功能所决定。同一商号在核准注册范围内只能为一个商品生产经营者所拥有，而不存在多个商事主体共有一个商号权的情况。一个总公司的商号可为其数个子公司共同使用，但只有总公司才有权转让该商号，总公司是该商号的唯一所有者。同时，由于商号与企业共存亡，而企业的存续在各国立法及实践中多无时间限制，所以，商号权是没有确定时限的一类权利。

2. 商号权的内容包括设定权、独占使用权和转让权。设定权是权利主体享有的决定采用何种商号的权利。独占使用权是权利主体有权独占性地使用商号，并禁止他人在核准登记的行政区域范围内使用相同的商号。经相应的工商行政管理部门核准后，凡冠以市名、县名的商号，在同一市、县范围内，其他同行业企业不得与之同名；凡冠以省名、直辖市名或者自治区名而不冠以市、县名的，在相应的省、直辖市或者自治区范围内，其他同行企业不得与之同名；凡使用“中国”“中华”字样为企业名称的，其他同行企业不得与之同名。转让权是权利主体可将商号作为转让的对象，使之由其他人继受获得的权利，但该转让权受到一定的限制。瑞士《债务法典》和德国《商法典》均规定商号权的转让必须连同其营业一起转让，而日本《商法典》则原则上要求商号权必须连同营业一起转让，但在营业终止的情况下，商号权可以单独转让。在我国，无论是《公司法》还是《商标法》，也都不限制商号的转让，但商号的转让方式等，我国法律并未规定明确的限制，只是《企业名称登记管理规定》第 19 条规定，企业名称转让或者授权他人使用的，相关企业应当依法通过国家企业信用信息公示系统向社会公示。

3. 商号权的效力一般仅及于登记主管机关的行政管理范围内。如“武汉泰和服饰股份有限公司”的效力仅及于武汉市范围，其商号在其他地域范围不受保护。在外国法上，曾经有法院判决认可商号在全国受同等保护，如 1988 年法国里昂法院的判决认为，商号权可以在全国领土内得到保护，不问它的知名度和使用的范围有多大。同年，法国最高法院的判决也认为，对商号的保护不限于本国领土的一部分。

第二节　商号权的取得

一、商号权的取得方式

商号权的取得方式通常有以下几种：

1. 使用取得主义。使用取得主义是指商号一经使用，使用者即可取得商号权，无须履行法定申请手续。目前,少数国家采用该种制度。例如,在法国,只要商号面向社会,与公众接触,即构成使用行为,使用者可取得商号权。《巴黎公约》第8条要求各成员方对商号予以保护,而不论其是否申请或注册。

2. 登记对抗主义。登记对抗主义是指商号权的取得无须经过登记,但不登记不足以产生对抗第三人的效力。该制度主要体现在日本法律中。日本《商法典》第20条第1款规定:"已登记商号者,对于以不正当竞争为目的使用同一或类似商号者,可以请求其停止使用该商号。"第2款规定:"商号的转让,非经登记,不得以之对抗善意第三人。"可见,未经登记的商号权尽管可以使用,但不具有排他性,其在使用效力和转让效力上均受到限制。

3. 登记生效主义。所谓登记生效主义,是指商号只有经过登记才可以使用,才具有排他性专用权。目前,有些国家采用该种制度。例如,德国《商法典》第29条规定,每一位商人都负有义务将他的商号向其营业所在地商事登记法院申报登记,且必须向法院标明其商号以作保存。因此,只有履行登记手续,经营主体才能取得商号权。同样,如果商号、商号所有人变更、营业所迁址、商号废除,经营主体也应向登记法院申报。

我国目前在有关商号权的法律中采用登记生效主义。例如,《企业名称登记管理规定》规定企业名称经县级以上人民政府市场监督管理部门依法核准登记注册后使用。

二、商号权的取得条件

商号一经登记就产生新的法律关系,受法律保护。取得商号权应具备以下条件:

1. 法人或者其他组织原则上只能核准使用一个商号。我国《企业名称登记管理规定》明确规定,企业只能登记一个企业名称。只有是有投资关系或者经过授权的企业,其名称中才可以含有另一个企业的名称或者其他法人、非法人组织的名称。

2. 在登记主管机关管辖范围内,申请登记的商号不得与他人在先登记的同行业企业名称相同或近似,即同一地区、相同行业商号不能相同或近似、混同。所谓商号相同,是指申请人申请的商号与已在登记机关登记注册的商号完全一致。所谓商号近似,是指申请人申请的商号与已在登记机关登记注册的商号存在下列情形:(1)商号均含行业表述,字号相同,行业表述文字相同,但组织形式不同的;(2)商号均含行业表述,字号相同,行业表述文字不同,但含义相同的;(3)商号均含行业表述,字号的字音相同且字形相似,行业表述文字相同或者含义相同的;(4)商号均不含行业表述,字号相同,但组织形式不同的;(5)商号均不含行业表述,字号的字音相同,且字形相似的。

3. 商号须合法。申请登记的商号不得违反法律规定的禁用条款,即商号禁止含有下列内容和文字:(1)损害国家尊严或者利益;(2)损害社会公共利益或者妨碍社会公共秩序;(3)使用或者变相使用政党、党政军机关、群团组织名称及其简称、特定称谓和部队番号;(4)使用外国国家(地区)、国际组织名称及其通用简称、特定称谓;(5)含有淫秽、色情、赌博、迷信、恐怖、暴力的内容;(6)含有民族、种族、宗教、性别歧视的内容;(7)违背公序良俗或者可能有其他不良影响;(8)可能使公众受骗或者产生误解;(9)法律、行政法规以及国家规定禁止的其他情形。

三、商号权的取得程序

法人或其他组织要取得商号权,须向相应的国家机关提出申请。在我国,负责商号登记的国家机关是县级以上人民政府市场监督管理部门。登记主管机关负责核准或者驳回企业名称登记申请,监督管理企业名称的使用,保护企业名称专用权。县级以上人民政府市场监督管理部门(以下统称企业登记机关)负责中国境内设立企业的企业名称登记管理。国务院市场监督管理部门主管全国企业名称登记管理工作,负责制定企业名称登记管理的具体规范。另外,我国法律还专门要求省、自治区、直辖市人民政府市场监督管理部门负责建立本行政区域统一的企业名称申报系统和企业名称数据库,并向社会开放,便于商号的公示和保护。

在我国,商号的取得类似于商标,都是实行先申请原则。在同一企业登记机关,申请人拟定的企业名称中的字号,不得与已经登记或者在保留期内的企业名称中的字号相同。针对企业登记的名称,登记机关有权进行审核。企业名称冠以“中国”“中华”“中央”“全国”“国家”等字词,应当按照有关规定从严审核,并报国务院批准。国务院市场监督管理部门负责制定具体管理办法。企业名称中间含有“中国”“中华”“全国”“国家”等字词的,该字词应当是行业限定语。使用外国投资者字号的外商独资或者控股的外商投资企业,企业名称中可以含有“(中国)”字样。如果企业登记机关在办理企业登记时发现企业名称不符合本规定的,有权不予登记并书面说明理由。如果企业登记机关发现已经登记的企业名称不符合本规定的,应当及时纠正。其他单位或者个人认为已经登记的企业名称不符合本规定的,也可以请求企业登记机关予以纠正。企业认为其他企业名称侵犯本企业名称合法权益的,可以向人民法院起诉或者请求为涉嫌侵权企业办理登记的企业登记机关处理。

第三节　商号权的法律保护

对于商号权的法律保护,立法例上主要有四种做法:一是适用民商法保护,即把商号权作为一种民商事权利予以保护。在《民法典》、《公司法》、《合伙企业法》以及相关的配套行政法规中规定商号权。二是适用商标法保护,将商标和商号等同规定在《商标法》中,将对驰名商号的保护等同于对驰名商标的保护。三是适用反不正当竞争法保护。在《反不正当竞争法》中将侵犯商号权的行为作为一种不正当竞争行为予以规制。四是制定专门法予以保护,即以《商号法》或者在经营性标记的专门法中规定商号权及其保护措施。

一、民商法的保护

商号权是一种民事权利,盗用、假冒他人的商号就是一种民事侵权行为,因此可以适用民事侵权制度的有关规定,在《民法典》、《商法典》、《公司法》、《合伙企业法》以及相关的配套行政法规中规定对商号权的保护。日本《商法典》、德国《商法典》中都有对商号权取得、转让等方面的规定。我国 2020 年修订的《企业名称登记管理规定》,专门把商号作为企业名称加以保护。对企业名称的自主申报,基本规范和争议处理机制作了明确规定。相较于

1991 年的该规定，修订后的内容充分贯彻了国家关于推进政府职能转变、“放管服”改革精神和优化营商环境的要求，赋予企业对名称更多的自主选择权利，申请人依法自主选择符合规定的企业名称，承诺自行承担法律风险，减少政府对企业名称资源的直接配置和对企业名称权利的直接干预。同时 2020 年的修订也细化了企业名称的禁止性要求，禁止企业名称出现损害国家利益、社会公共利益和违反公序良俗等情形，将自主选择与规范选择相结合。

二、商标法的保护

商号与商标虽然有许多不同，但两者所具有的功能有诸多共同之处，特别是同为知识产权法律体系中的经营性标记，两者的法律规则不乏互相沟通参照的地方，因此，在商标法中也可包括对商号权进行保护的内容。例如，美国《商标法》第 44 条 G 款规定：不论商号注册与否，他人若采用或行使相同或近似于商号权人之商号或标章，应认为属于权利之侵害。1964 年美国的《州模范商标法》也对商号予以了规定，它在给商号下定义时采取了与美国《商标法》相似的定义，但除了“名称”以外，又加上了“词、记号、图案或这些东西的配合”。出于统一标记保护立法的目的，德国通过了《商标及其他标记保护法》，将商事名称保护与商标保护融合在一起。

三、反不正当竞争法的保护

使用反不正当竞争法保护商号权，是将侵犯商号权的行为作为不正当竞争行为予以制裁。擅自使用他人商号，致使消费者误认的，属于商业假冒行为，应依照反不正当竞争法处理。我国《反不正当竞争法》在 2017 年修改后，就已经将企业的字号与简称列入企业名称的保护范围，现行《反不正当竞争法》的第 6 条明确规定，经营者不得擅自使用他人有一定影响的企业名称、社会组织名称、姓名。但从保护范围来看，《反不正当竞争法》对企业名称的保护，需要以“有一定影响”为前提。这意味着受到《反不正当竞争法》保护的企业名称必须有一定的持续使用时间、区域、销售量或者广告宣传。

四、专门法的保护

制定专门法保护商号权成为当前商号权立法的最新趋势。1966 年 11 月 11 日世界知识产权组织拟订的《发展中国家商标、商号和不正当竞争行为示范法》第四编集中规定商号、不正当竞争行为、产地标记、原产地名称，其中涉及禁用的商号、商号的保护、商号的转让和移转，认为商号即使在登记前或者未登记时，仍然受到保护，并可以对抗第三者的非法行为。第三者在后来使用该商号，不论是作为商号使用，还是作为商标、服务商标或集体商标使用，并且类似商号或商标的这种使用可能使公众误解，即视为非法。由于我国现在的相关法律、法规对商号的规定零散、笼统、不统一，因此，也有学者建议专门制定商号保护法，或者参照《发展中国家商标、商号和不正当竞争行为示范法》，将商号权法律制度与相关知识产权制度进行合并立法，对商号的申请、注册登记、变更、废止、专用权、转让、许可使用、管理、纠纷解决、处罚等以单行法的形式作出具体规定。

结语

商号是法人或其他组织进行民商事活动时用于标识自己并区别于他人的标记。商号权是法人或其他组织对自己使用或者注册的商号依法享有的专有权。商号权的主体是依法取得商事主体资格的独立商品生产者或经营者，商号权的内容包括设定权、独占使用权和转让权。我国商号权的取得采用登记主义，法人或其他组织要取得商号权，须向相应的国家机关提出申请。对于商号权的法律保护，立法例上主要有四种做法：一是适用民商法保护；二是适用商标法保护；三是适用反不正当竞争法保护；四是制定专门法予以保护。

思考题

1. 简述商号和商标的区别。
2. 简述商号权和商标权的区别。
3. 简述商号权的取得程序。
4. 简述商号权的保护模式。

资料链接

1. 刘宁：《我国商标权与商号权冲突的类型化分析与解决对策》，载《科技与法律》2011 年第 2 期。
2. 程合红：《商事人格权论》，中国人民大学出版社 2002 年版。

第三十章　域　名　权

学习目的　了解域名的概念和特征；掌握域名权的概念和特征；掌握在我国域名权取得、变更和撤销的程序；理解侵犯域名权的构成要件；理解并把握域名权和商标权、商号权的区别与联系，评析因权利冲突而引起的民事纠纷。

关键词　域名　域名权　域名注册

导语

域名是互联网的伴生物，同时也是网站的指示器。随着互联网商业化进程的加快，众多企业把网络作为一种全新的业务模式用来加快推广，因此作为企业上网第一步的域名，其功能也得到了极大的扩展，并发展成为一种新的品牌存在形式。原本只是在互联网上发挥"门牌号码"作用的域名，从一个单纯的技术名词转变成为一种蕴藏巨大商机的网上标识。如果将企业名称、商标和域名进行三位一体的有机结合，通过企业域名在网上顺延，将使企业的业务渠道在时间和空间上得到无限拓展。因此，由域名引发的争端日益增多。在国内首例新型域名侵权案中，原告虎牙公司享有对域名"huya. com"的著作权并且是运营者，"huya. com"指向对象就是虎牙直播平台。原告发现被告刘某在易名公司注册的域名"huya. com. cn"，会跳转至其竞争对手斗鱼直播平台。原告认为，被告通过注册与其域名"huya. com"相近似的"huya. com. cn"，容易引起用户混淆，进而将原本想访问虎牙直播平台的用户导入斗鱼直播平台，主观恶意明显，构成恶意使用被诉域名，应当判断其构成侵权。同时，易名公司作为网络域名和解析服务商，在接到原告侵权通知后，并未及时采取合理措施，致使侵权行为继续、损害结果扩大，应当承担连带责任。法院认为，尽管被诉域名在注册时，没有侵犯任何在先权利，但是被告在后续使用中，故意与原告注册的域名进行恶意混淆并解析跳转到竞争对手网站，损害了原告作为相似知名商业标识的合法权益，构成侵权。

由此可见，域名不仅扩张了知识产权的保护范围，同时也向知识产权制度提出了挑战。但是，与传统知识产权相比，域名权具有一些自己的个性特征。上述案件的核心问题是：域名侵权行为的具体判断标准是什么？如何对域名侵权行为进行认定？本章的重点之一就是域名侵权不当行为的认定和判断。

第一节　域名权概述

一、域名的概念和特征

在由若干计算机互联而形成的因特网上，每个主机（host）或局域网（intranet）都被分配一个独一无二的地址，该地址依据因特网协议（internet protocol）分配，因而被称为因特网协议地址（简称 IP 地址）。IP 地址由四组用圆点隔开的阿拉伯数字组成，如世界知识产权组织的 IP 地址为 192.91.247.53。然而 IP 地址难以记忆，不利于因特网的应用和推广，因此域名（domain name）便是此类地址的便于记忆的替代品。根据 1999 年 9 月《关于驰名商标保护规定的联合建议》对计算机域名所做的解释，域名是指国际互联网数字地址的字母数字串。域名由文字、数字和连接符（ - ）等字符符号组成，与 IP 地址相对应，如世界知识产权组织域名为 http://www.wipo.int。域名具有以下特征：

1. 域名只能由文字、数字组成，包括汉字、拼音、外文域名，一个域名至少包括顶级域名和二级域名两个部分。顶级域名是用以识别域名所属类别、应用范围、注册国等公用信息的代码，如“.cn”“.de”等。二级域名是指域名使用者自己设计的，能够体现其特殊性，并据以同他人的域名相区别的字符串。根据互联网的发展需要，各国还可以设计三级域名、四级域名等，以分别代表不同的地域和行业。一个完整的域名应当包括上述各级域名，如 http://www.yahoo.com.cn。在这个域名中，“.cn”是顶级域名，“.yahoo.com”是二级域名，而在 http://www.yahoo.com 中，“.com”是顶级域名，“yahoo”是二级域名。

2. 域名从整体上看具有唯一性，而且是全球范围的唯一性，这一特点与商标截然不同。例如将“lawyer”注册为电子产品的商标，并不能禁止其他人在服装、日用品等类别的商品上同样注册该商标，但是将 http://www.lawyer.com 申请注册为域名以后，其他人将无法以此域名再进行注册。当然，域名的唯一性是就每一个域名整体而言的，如果仅就其真正起到标识作用的中心域名而言，则是可以多重注册的。以 lawyer 为例，注册者还有多重选择，可以注册 lawyer.net、lawyer.org 等。此外，还可以在不同的国家、地区代码顶级域名下注册。

3. 域名与商标一样，它是互联网上区别经营者的标记，有表达作用，也代表商品或服务，具有识别功能。“因特网域名就像网络空间的商标，潜藏着巨大的商业价值和广告效应。”[1]但是域名和商标也有很大的不同，除上述域名的构成、域名的效力等与商标有明显区别外，域名和商标的差异还表现在：（1）域名可以是行业名称或商品通用名称，而且有一种倾向，即越是不显著、通用的域名，其市场价格就越高。如 VCD 产品，人们在不知道特定商标、企业名称的情况下，在互联网上直接输入 vcd.com 进行搜索，就会找到生产 VCD 且使用 vcd.com 域名的企业。相反，注册商标的一个基本要求就是要有显著性。（2）商标适用于商品和服务，而域名则是为方便人们使用因特网而创立的，是网络地址及电子邮件地址的识别标记。（3）域名要取得法律保护，亦即持有人要享有相应的专有权利，就必须申请域名注册。

---

〔1〕 蒋志培：《入世后我国知识产权法律保护研究》，中国人民大学出版社 2002 年版，第 217 页。

而商标法则保护注册商标和未注册商标，对于未注册商标持有人的权益也会给予一定程度保护。

二、域名权的概念和特征

域名权，是指域名持有人对其注册的域名依法享有的专有权。这样的权利主要是专有使用权。域名权具有以下特征：

1. 域名权的主体是符合法定条件的组织，个人不能成为域名权的主体。《中国互联网络域名注册暂行管理办法》第 6 条规定，域名注册申请人必须是依法登记并且能够独立承担民事责任的组织。由此可见，我国的企业法人、事业单位法人、社会团体、政府部门以及符合条件的外国组织可成为域名权的主体。在实践中，个体工商户凭营业执照，也可以享有域名权。

2. 域名权的内容主要是指权利人对域名的专有使用权，也就是域名持有人将域名进行技术意义上的使用，并排除他人干扰的权利。例如，在电子商务活动中，网络用户进入电子商务网站就是对域名的使用。但是，域名持有人在传统媒体或互联网上将域名（只有顶级域名和二级域名中的二级域名，有顶级域名、二级域名和三级域名中的三级域名）用于广告宣传，或作为服务标记等商业标记使用的，不是真正意义上的域名使用。

3. 域名权的效力范围具有特殊性。与商标权的效力范围相比，域名权的效力并不像商标权那样以在相同或类似的商品上使用相同或近似的商标为限，域名系统要求域名在全球范围内都是唯一的，不可能存在完全相同的域名。正因如此，域名权纠纷的一个重要类型就是抢注域名。有的动机不纯的人专营抢注域名，被称为“劫持”或“囤积”。因此，应当制定专门的法律规范为域名权提供保护。

第二节　域名权的取得、变更与注销

一、域名权的取得

（一）申请

要取得域名权必须由申请人提出申请。在我国，受理“.cn”级域名申请的组织是国务院信息化工作领导小组办公室以及中国互联网络信息中心（CNNIC）工作委员会。三级以下（含三级）域名的受理机构则根据逐级授权的方式确定相应的管理单位。各级域名管理单位负责其下级域名的注册。域名注册实行“先申请先注册”原则，这一原则是国际上关于域名注册的普遍原则。判断域名注册申请的先后，以有关注册单位第一次收到域名注册申请之日为准。

申请人可以用电子邮件、传真、邮寄等方式提出注册申请，随后在 30 日内以其他方式提交全部申请文件。如在 30 日内未收到这些申请文件，则该次申请自动失效。依照规定，这些申请文件主要包括：（1）域名注册申请表；（2）本单位介绍信；（3）承办人身份证复印件；（4）本单位依法登记文件的复印件。

(二)审批

若申请注册的域名和提交的申请文件符合《中国互联网络域名注册暂行管理办法》的规定,域名管理单位应当在收到完整申请文件之日起的10个工作日内,完成批准注册和开通运行,并发放域名注册证。若申请注册的域名或提交的申请文件不符合《中国互联网络域名注册暂行管理办法》的规定,域名管理单位应当在收到完整申请文件之日起的10个工作日内,通知申请人。申请人应当在30日内对其申请文件进行修改。如果逾期不答复或者提交的文件仍然不符合《中国互联网络域名注册暂行管理办法》的规定,则该次申请自动失效。

各级域名管理单位对申请注册的域名,不负责向国家工商行政管理部门及商标管理部门进行合法性的查询,即该申请注册的域名是否与他人的注册商标或者企业名称等相冲突,是否侵害了第三人的合法权益所引起的纠纷,由申请人自己负责处理并承担法律责任。当某个三级域名与在我国境内注册的商标或者企业名称等相同,并且注册域名不为注册商标或者企业名称持有人拥有时,若注册商标或者企业名称持有人未提出异议,则域名持有人可以继续使用其域名;否则,在确认注册商标或者企业名称持有人拥有注册商标权或者企业名称权之日起,各级域名管理单位为域名持有人保留30日域名服务,30日后域名服务自动停止,其间一切法律责任和经济纠纷均与各级域名管理单位无关。

在中国境内接入中国互联网络,而其注册的顶级域名不是“.cn”的,必须在CNNIC登记备案。

二、域名权的变更和注销

首先,注册域名可以变更。注册域名持有人申请变更注册域名或者其他注册事项的,应提交域名注册申请表和本单位介绍信、承办人身份证复印件以及本单位依法登记文件的复印件,并交回原域名注册证。经域名管理单位核准后,将原域名注册证加注发还,并且在10个工作日内予以开通。

其次,注册域名可以注销。申请注销注册域名的,应当提交域名注册申请表和本单位介绍信、承办人身份证复印件以及本单位依法登记文件的复印件,并且交回原域名注册证。经域名注册单位核准后,停止该域名的运行,并且收回域名注册证。

第三节　域名的法律保护

一、域名的法律保护概况

(一)国际保护

在因特网发展早期,并无特定的组织管理域名注册体系。1992年,“美国网络方案公司”(Network Solutions Inc.,NSI)获准管理域名体系及域名注册,由此掌管了根服务器,并成为域名注册垄断机构。随着因特网在全球的发展以及因特网上商业活动的激增,各国对NSI垄断域名注册和美国政府管理因特网的做法日益不满。1998年,美国筹建了“因特网域名与数字地址分配公司”(Internet Corporation for Assigned Names and Numbers,ICANN),接管美国政府对因特网的管理权，包括 IP 地址空间分配、因特网通讯协议参数分配、域名体系管理以及根服务器系统管理。所有域名注册商均根据 ICANN 的《统一域名争端解决政策》的规定与域名注册人签订合同，确认因恶意注册而引起的域名与商标的权利冲突可提交 ICANN 确认的域名争端裁决机构裁决。这样，ICANN 这个所谓的"私有"美国公司就成了域名系统的管理机构，以美国为中心的域名管理体系就这样建立了起来。同时还应看到，世界各国和国际组织，尤其是世界知识产权组织在域名管理体系建构中的作用也日益重要。早在 1996 年，世界知识产权组织就参与了因特网国际特别协会（Internet International Ad Hoc Committee，IAHC）建立新的域名管理体系的活动，后来其还被准许作为 ICANN 的咨询机构，就域名磋商等问题提出建议供 ICANN 参考。

（二）我国对域名权的保护概况

1997 年 5 月，国务院信息化工作领导小组办公室（以下简称国务院信息办）颁布的《中国互联网络域名注册暂行管理办法》，成为我国域名管理的重要法律规范。依照该规定，国务院信息办是我国因特网域名系统的管理机构，中国互联网络信息中心（CNNIC）工作委员会协助国务院信息办管理域名系统。此后，CNNIC 根据国务院的授权，制定了《中国互联网络域名注册实施细则》（已失效），具体负责".cn"顶级域名下的域名注册、管理和运行，并采用逐级授权的方式确定三级以下（含三级）域名的管理单位。各级域名管理单位对注册域名实行年检制度，以保证域名系统的准确、规范及有效运行。

与网络域名行政保护相呼应的是人民法院在司法保护上的探索。2001 年 7 月公布实施，2020 年修正的最高人民法院《关于审理涉及计算机网络域名民事纠纷案件适用法律若干问题的解释》对域名纠纷的案由、受理条件和管辖，域名注册、使用等行为构成侵权的要件，对行为人恶意以及对案件中商标驰名事实的认定，对法律的适用及行为人应承担的民事责任等作出规定，标志着我国在计算机网络域名领域司法调整机制的建立与不断完善。

二、侵犯域名权及其法律责任

最高人民法院《关于审理涉及计算机网络域名民事纠纷案件适用法律若干问题的解释》明确规定了行为人注册、使用域名行为构成侵权与不正当竞争的四项条件：(1) 原告请求保护的民事权益合法有效；(2) 被告域名或其主要部分构成对原告驰名商标的复制、模仿、翻译或者音译；或者与原告的注册商标、域名等相同或近似，足以造成相关公众的误认；(3) 被告对该域名或其主要部分不享有权益，也无注册、使用该域名的正当理由；(4) 被告对该域名的注册、使用具有恶意。由于对恶意的认定是审理域名纠纷案件的关键，因此，该司法解释列举了四种最为常见的恶意情形：

1. 为商业目的将原告驰名商标注册为自己的域名。驰名商标一般为相关公众所知晓，使其所代表的商品或服务明显区别于其他商品或服务。行为人为商业目的，将他人驰名商标注册为域名，搭乘驰名商标便车的主观故意明显，是一种违反诚实信用原则的行为。该司法解释的规定体现了对驰名商标给予特殊保护的精神。

2. 为商业目的注册、使用与原告的注册商标、域名等相同或近似的域名，故意造成与原告提供的产品、服务或者原告网站的混淆，误导网络用户访问其网站或其他在线站点。被告的上述行为也明确地体现了被告违反诚实信用、公平竞争的市场经济规则的主观状态，这也是对驰名商标以外的其他注册商标、域名等民事权益以及民事主体在市场中正当经营行为的一种保护。

3. 要约以高价出售、出租或者以其他方式转让该域名获取不正当利益。善意与恶意的一个重要区别点是行为人行为的目的是否为获取不正当的利益。有的行为人以正常注册费将与他人权利相关的大量域名予以注册，然后向权利人要约高价出售这些域名，以牟取非法收益。此种明显违反诚实信用原则的行为显然不为国家法律所支持。有此种行为的，可以认定被告主观上具有恶意。至于何谓高价，应当由人民法院在原告举证、陈述理由和被告答辩的基础上根据具体案情确定。

4. 域名注册后自己不联机使用，也未准备作联机地址使用，而囤积域名是有意阻止相关权利人注册该域名。网络域名具有唯一性的特征，属于一种“稀缺的资源”。如果注册域名不用，也无迹象准备使用，又阻止与该域名有某种联系的权利人合法注册使用，则从另外一个角度体现了行为人的主观恶意。当然，并不是所有不使用行为都具有恶意，例如域名持有人为了防止他人注册与自己的域名相近似的域名而导致混淆注册域名的，就不能认定为恶意。

侵犯域名权的法律责任主要是民事责任。人民法院在作出侵权或不正当竞争的认定后，可以判令被告停止侵权、注销域名，或者依原告的请求判令由原告注册使用该域名；被告的行为给权利人造成实际损害的，可以判令被告赔偿损失。

结语

域名权是在国际互联网发展的背景之下产生的一种新类型知识产权。域名首先是一个指示因特网的地址，是一种通讯方式，俗称“网址”。同时，由于域名能够将此持有者与彼持有者区别开来，且不能重复，因此，它对于权利人开展市场竞争具有重要意义。在当前国际范围内，域名管理和分布的权力基本由美国控制，美国在整个域名权体系建构中发挥着一国独大的作用。我国已经基本建立起计算机网络域名的司法和行政保护体系：在计算机域名管理上，确立了域名权取得、变更和撤销的机制；在计算机司法管理体制上，我国已对计算机网络域名注册、使用等行为的民事纠纷案件如何适用法律作出了司法解释。但是在理论上，有关域名权的法律性质、域名权和其他民事权利的冲突及其解决等问题仍在探讨之中。

思考题

1. 什么是域名？域名有哪些特征？
2. 什么是域名权？域名权有哪些特征？
3. 如何进行域名注册？
4. 如何认定域名注册人的恶意？

资料链接

1. 王立梅：《域名的私法保护与权利客体理论的发展》，载《中国政法大学学报》2015 年第 1 期。
2. 孙那：《论商标和域名权利冲突的非诉讼纠纷解决模式》，载《网络法律评论》2013 年第 1 期。

第三十一章　反不正当竞争

学习目的　了解不正当竞争的概念和特征；理解我国《反不正当竞争法》的制定；分析知识产权法和反不正当竞争法的关系；掌握我国立法所规定的与知识产权有关的不正当竞争行为。

关键词　不正当竞争行为　反不正当竞争法

导语

竞争是经济生活的常态，正当竞争是人类进步、社会发展、经济繁荣的动力；但是，与正当竞争相伴相生的不正当竞争总是在市场徘徊。因此，制止不正当竞争就是一项十分重要的制度。2022 年 4 月，网易云音乐在其官方微博以及微信公众号上发布起诉腾讯音乐不正当竞争的声明，具体而言：网易云音乐认为腾讯音乐通过非法盗播偷放无授权歌曲，批量化冒名洗歌，跟随式抄袭产品创新以及逃避和对抗监管等方式侵害其著作权，并构成不正当竞争。所以，网易云音乐将针对部分不正当竞争行为提起诉讼。

在法律层面上讲，不正当竞争与知识产权法一般条款关系是怎样的？如何对不正当竞争行为和侵害知识产权行为进行区分和认定？不正当竞争行为规制对象和知识产权客体间又有何种联系和不同？本章的重点就是如何理解和认识反不正当竞争法与知识产权法之间的关系问题。

第一节　反不正当竞争法概述

一、不正当竞争的概念和特征

竞争是市场经济的基本特征。竞争意味着利益的多元化，同时也显现出利益的争夺和流动格局。正当的竞争是竞争的常态，它表明市场主体的利益在“一只看不见的手”的作用下合理地流动。关于“不正当竞争”，《巴黎公约》第 10 条之 2 中规定：凡在工商业事务中违反诚实的习惯做法的竞争行为构成不正当竞争行为。我国《反不正当竞争法》第 2 条第 2 款规定：“本法所称的不正当竞争行为，是指经营者在生产经营活动中，违反本法规定，扰乱市场竞争秩序，损害其他经营者或者消费者的合法权益的行为。”这一规定是我们判定不正当

竞争行为的法律依据。具体来说,不正当竞争具有以下特征:

1. 不正当竞争同样具有竞争性,它发生在竞争活动之中。换言之,不正当竞争行为本身是一种竞争行为,而不同于垄断。垄断通常是指经营者使其经营活动处于没有竞争或者几乎没有竞争的状态。人们常说的"电信垄断""行业垄断",就是指在电信业或者某些行业中不存在竞争或者几乎没有竞争,因此也就没有不正当竞争。

2. 不正当竞争具有非诚实性,违反了诚实信用原则和基本的商业伦理。诚实信用原则和基本商业伦理是一切经营者从事经营活动必须遵循的基本准则和道德规范。从事生产、经营活动的法人、其他组织或者自然人应严格遵守诚实、公正原则进行竞争,如若背弃信义,不遵守基本的道德准则,就构成不正当竞争。

3. 不正当竞争具有危害性,会扰乱社会经济秩序。不正当竞争的危害性主要有以下表现:(1)对正当竞争秩序的危害,如"混淆商业标记行为"所造成的结果是消费者对商品来源、商品品质、商品性能等的误认误购;(2)对经营者商业形象的危害,如"诋毁竞争对手行为"所造成的后果是被诋毁者在消费者心目中良好形象、声誉的丧失等;(3)对社会伦理道德风尚的危害,如"虚假标示行为"所造成的结果是社会善良风尚、伦理道德的沦丧,以及人们对公平和正义判断力的丧失。

二、反不正当竞争法

反不正当竞争法,是指调整在制止不正当竞争行为过程中发生的各种社会关系的法律规范的总和。在狭义上,它仅涉及反不正当竞争;在广义上,它则包括狭义的反不正当竞争和反垄断、限制竞争的内容。由于各国政治状况、经济发展水平及法律传统的差异,其相关立法的法律名称与法律内容等方面存在较大的差异。归纳起来,各国关于此类的立法主要有两种体例:一是分立式,即采取分别立法的模式,制定反垄断法、限制竞争法和反不正当竞争法,如德国和日本。二是合并式,即采取统一立法的模式,将反垄断、限制竞争和反不正当竞争合并立法,如美国等。

我国于1993年9月2日由第八届全国人大常委会第三次会议通过《反不正当竞争法》,该法于同年12月1日起施行。2017年和2019年,为应对实践中新出现的不正当竞争行为和进一步优化营商环境的需要,我国《反不正当竞争法》又先后进行了两次修改。修改后的《反不正当竞争法》着重突出了对互联网和电子商务等新兴领域不正当竞争问题的回应,也显著强化了对商业秘密的保护。

第二节　反不正当竞争法与知识产权法的关系

一、与知识产权法的一般关系

关于反不正当竞争法与知识产权法的关系,学术界有不同的认识,主要有以下几种代表性观点:(1)功能独立说。该种观点认为反不正当竞争法虽然与知识产权法紧密联系,但两者并没有因此融为一体,知识产权法不能涵盖反不正当竞争法的全部,反不正当竞争法也不可能囊括知识产权法的所有内容。[1] 有学者进一步指出，知识产权法和反不正当竞争法在价值取向、作用机制、法技术特点等方面各具特色。反不正当竞争法属于经济法，知识产权法属于民商法。[2] (2)归入说。有学者认为反不正当竞争法应该纳入知识产权法律体系[3]，反不正当竞争法是与"专利法""商标法"平行的"第三工业产权法"[4]。(3)互相涵盖说。该观点认为反不正当竞争法与知识产权法的关系极为密切，两者形成了相辅相成的互动关系：在某种意义上，反不正当竞争法是知识产权法的组成部门；反过来讲，知识产权法也是竞争法律制度的重要组成部分。[5]

本书认为，反不正当竞争法在当前仍处在发展之中，特别是我国的反不正当竞争法在立法模式、立法内容上均有进一步完善的空间，因此，若笼统地将反不正当竞争法归入知识产权法体系中可能过于绝对；但是，与知识产权有关的不正当竞争行为大量存在，反不正当竞争法与知识产权法的联系也日益紧密，其主要体现在：(1)反不正当竞争法的保护对象包括知识产权法的调整对象，因此在某些情况下会出现法条竞合及优先适用何种法律的问题。(2)反不正当竞争法对与各类知识产权法有关，但相关法律又不能管辖的范围给予保护，以弥补其空白地带。(3)反不正当竞争法对各类知识产权客体的交叉部分给予"兜底保护"，使知识产权的保护对象结合起来形成一个整体。(4)知识产权国际条约已开始关注与知识产权有关的不正当竞争。《巴黎公约》1967年斯德哥尔摩文本将专利、实用新型、外观设计、商标、服务标记、厂商名称、货源标记或原产地名称与制止不正当竞争行为列入工业产权的对象。1967年签订的《建立世界知识产权组织公约》也将不正当竞争行为纳入知识产权的调整范围。

二、与知识产权领域各单行法的关系

(一)与商标法的关系

关于反不正当竞争法与商标法的关系，主要有两种观点：(1)商标法是反不正当竞争法的一个分支。(2)商标法与反不正当竞争法有区别，但也有密切联系。首先，两者的立法宗旨不同。反不正当竞争法旨在维护市场秩序，保障市场机制有效运行；而商标法的立法目的则是保护商标专用权。其次，两者的立法原则不同。反不正当竞争法的基本原则是诚实信用原则；而商标法则是以平等、等价有偿和诚实信用等为基本原则。最后，两者的立法内容不同。反不正当竞争法具有普遍性，不仅包括假冒商标行为，而且包括擅自使用知名商品的特有名称、包装、装潢以及与其相类似的标记，商标法所调整的仅仅是与商标的注册、使用、管理等有关的社会关系。

(二)与专利法的关系

反不正当竞争法与专利法也有明显的区别，主要包括：(1)适用顺序不同。司法实践中

---

〔1〕 马耀文主编：《知识产权评述与展望》，专利文献出版社1997年版，第156页。

〔2〕 孙颖：《论反不正当竞争法对知识产权的保护》，载《政法论坛》2004年第6期。

〔3〕 吴汉东主编：《知识产权法学》，北京大学出版社2000年版，第426页。

〔4〕 李顺德：《试论反不正当竞争法的客体和法律属性》，载唐广良主编：《知识产权研究》第8卷，中国方正出版社1999年版。

〔5〕 孙颖：《论反不正当竞争法对知识产权的保护》，载《政法论坛》2004年第6期。

一般先适用《专利法》,在《专利法》未作规定时才考虑适用《反不正当竞争法》。(2)内容不同。专利法对技术成果授予专利权,反不正当竞争法则对技术成果提供商业秘密保护。

(三)与著作权法的关系

反不正当竞争法与著作权法的关系虽然没有它与商标法的关系那么紧密,但随着作品传播的数字化和网络化,著作权市场交易和竞争形态日趋复杂,反不正当竞争法已经开始在著作权领域发挥越来越重要的作用。在诸如"同人作品"、网络游戏规则等涉及著作权争议的案件中,对于借用他人作品中的元素而出现的新旧作品市场竞争关系,法院开始将其纳入反不正当竞争法的调整范围。

三、反不正当竞争法的规制对象与知识产权客体的关系

反不正当竞争法的规制对象与知识产权客体的关系,具体说来有四种情形:(1)不正当竞争行为所涉及的客体是智慧创作物的情形,包括假冒他人注册商标、恶意抢注他人的未注册商标以及侵犯商业秘密的行为。(2)不正当竞争行为有损知识产权主体权益的情形,包括擅自使用他人的企业名称或姓名、损害他人商业信誉或商品声誉的行为。(3)不正当竞争行为可导致对商品来源、品质、质量等误解的情形,包括在商品上伪造或冒用认证标志、名优标志等质量标记,伪造产地,对商品质量做引人误解的表示,虚假宣传等行为。(4)当出现新的与智慧创作物有关的民事利益需要法律保护时,往往可将相关的侵害行为作为不正当竞争行为进行认定,待条件成熟后再将之上升为新的知识产权类型。例如,侵害知名人物形象、声音利益的行为等。

第三节　与知识产权有关的不正当竞争行为

除前述商业秘密之外,我国《反不正当竞争法》中与知识产权有关的不正当竞争行为主要包括以下三种。

一、商业混淆行为

商业混淆行为,是指经营者为了获取不当利益,故意在自己生产、经营的商品上或者提供的服务上做与他人之商业标记相同或者相似的商业标记,使其生产、经营的商品或者提供的服务与被混淆之经营者的商品或者服务混同,或明示或暗示自己生产、经营的商品或者提供的服务与被混淆之经营者存在某种联系,欺骗消费者,误导消费者购买。为与商标法中混淆商标的行为相区分,反不正当竞争法中的商业混淆行为应符合三个要求:一为被混淆的商业标识不属于《商标法》第 10 条第 1 款规定的不得作为商标使用的标志,否则应纳入商标法的调整。二为被混淆的商业标识有一定影响,具有可识别性。三为该行为导致了市场混淆。市场混淆是指引人误认为是他人商品或者与他人存在特定联系。

这种不正当竞争行为可分为商业主体混同行为和商品虚假标示行为。商业主体混同行为,就是经营者不正当地利用他人的商业信誉或商品声誉,致使其商品与他人的商品相混

淆,使消费者无法辨别商品的真正生产者或者经营者,或者服务的提供者。商品虚假标示行为,就是在表示商品的质量、荣誉、产地或来源以及商品的其他成分等方面做不真实的标示,致使其他经营者或者消费者误认的行为。与商业主体混同行为不同,商品虚假标示行为并不一定与特定的商业主体相混淆,也可能并不直接损害某一特定竞争者的利益,但这种行为构成对同行业其他竞争对手整体利益的损害以及对广大消费者利益的损害。

根据我国《反不正当竞争法》第 6 条的规定,商业混淆行为有三种具体表现形式:(1)擅自使用与他人有一定影响的商品名称、包装、装潢等相同或者近似的标识;(2)擅自使用他人有一定影响的企业名称(包括简称、字号等)、社会组织名称(包括简称等)、姓名(包括笔名、艺名、译名等);(3)擅自使用他人有一定影响的域名主体部分、网站名称、网页等。同时,《反不正当竞争法》还增加了一项兜底条款,即其他足以引人误认为是他人商品或者与他人存在特定联系的混淆行为,也可在司法中由法官认定为商业混淆行为。

二、虚假宣传行为

虚假宣传行为,是指经营者对其商品的性能、功能、质量、销售状况、用户评价、曾获荣誉等作虚假或者引人误解的商业宣传,欺骗、误导消费者,或者通过组织虚假交易等方式,帮助其他经营者进行虚假或者引人误解的商业宣传的行为。我国《反不正当竞争法》第 8 条对此作了规定。

虚假宣传所采用的宣传手段,主要是广告形式的手段,诸如借助报纸、杂志、广播、电视、广告牌、商品宣传栏以及互联网等各种媒体,还有商品信息发布会、商品展销会、产品说明书等推销商品和介绍商品。

虚假宣传的内容涉及商品的性能、功能、质量、销售状况、用户评价、曾获荣誉等,其表现形式有:(1)与实际情况不符的虚假宣传。如将一般产品夸大为名牌产品,将国产商品宣称为进口商品,将人工合成材料冒充为天然材料等。(2)引人误解的宣传,即通过宣传上的渲染手段使用户或者消费者对商品的真实情况产生错误联想,从而影响其对商品的选择。(3)通过组织虚假交易等方式,帮助其他经营者进行虚假或者引人误解的商业宣传。这种情况属于经营者帮助其他经营者进行的虚假宣传。出现这种情况时,可以依据《反不正当竞争法》关于帮助侵权的规定来要求该经营者承担共同侵权责任。

三、商业诽谤行为

商业诽谤行为,是指经营者编造、传播虚假信息或者误导性信息,损害竞争对手的商业信誉、商品声誉的行为。我国《反不正当竞争法》第 11 条对商业诽谤行为作了明确规定。

商业诽谤行为表现为捏造、编造、散布、传播虚假信息或者误导性信息。所谓捏造、编造虚假信息或者误导性信息,是指行为人描述竞争对手的情况与客观事实完全不符。散布、传播虚假信息或者误导性信息既包括向不特定的人散布、传播,也包括向特定的用户或同行业经营者散布、传播。其常用手法有:刊登对比性广告或声明性公告等,贬低竞争对手声誉;唆使或者收买某些人,以客户或者消费者的名义进行投诉,败坏竞争对手声誉;通过商业会议或者商业信息的方式,对竞争对手的商品质量进行诋毁等。

商业诽谤行为侵害的客体是竞争对手的商业信誉、商品声誉。商业信誉和商品声誉是对经营者的积极社会评价，是经营者赖以生存和发展的保证。这种信誉或者声誉在民法中属于法人的名誉权和荣誉权，应该受到保护。

除上述与知识产权有关的不正当竞争行为之外，《反不正当竞争法》还规定了侵犯商业秘密的行为等，由于商业秘密权已有专章介绍，在此不再赘述。

行为人实施不正当竞争行为，应当依法承担相应的法律责任。《反不正当竞争法》第17条第1款规定："经营者违反本法规定，给他人造成损害的，应当依法承担民事责任。"同时，根据《反不正当竞争法》第18条的规定，不正当竞争行为人还需要因实施商业混淆行为而承担相应的行政责任："经营者违反本法第六条规定实施混淆行为的，由监督检查部门责令停止违法行为，没收违法商品。违法经营额五万元以上的，可以并处违法经营额五倍以下的罚款；没有违法经营额或者违法经营额不足五万元的，可以并处二十五万元以下的罚款。情节严重的，吊销营业执照。"

结语

反不正当竞争法的学习与本编其他各章有所不同：在学习其他知识产权时，重在勾画出各种新类型知识产权的基本范畴、取得程序、法律限制和法律保护等内容；而反不正当竞争法作为市场经济的"经济宪法"，在整个立法体制和立法内容上也就更为大气和宏观，因此剖析该法律与知识产权法律体系之间的关系就成为不可回避的重大理论和实践问题。本章从不正当竞争和不正当竞争法的概念入手，分析了反不正当竞争法与知识产权法的一般关系、知识产权法的组成部分与反不正当竞争法的关系、反不正当竞争法规制的对象与知识产权客体的关系以及我国《反不正当竞争法》中规定的与知识产权有关的不正当竞争行为，力图从不同视角展现知识产权法与反不正当竞争法的紧密联系。

思考题

1. 简述不正当竞争的概念和特征。
2. 简述反不正当竞争法与商标法的关系。
3. 什么是商业诽谤行为？如何理解商业诽谤？

资料链接

1. 吴汉东：《论反不正当竞争中的知识产权问题》，载《现代法学》2013年第1期。

2. 张占江：《不正当竞争行为认定范式的嬗变——从"保护竞争者"到"保护竞争"》，载《中外法学》2019年第1期。

3. 安斯加尔·奥利：《比较法视角下德国与中国反不正当竞争法的新近发展》，范长军译，载《知识产权》2018年第6期。

4. 孔祥俊：《论反不正当竞争法的新定位》，载《中外法学》2017年第3期。

第六编　知识产权国际保护

第三十二章　知识产权国际保护

学习目的　了解知识产权国际保护公约，包括《成立世界知识产权组织公约》《巴黎公约》《伯尔尼公约》《世界版权公约》《知识产权协定》等。熟悉知识产权国际保护产生的背景和主要途径，理解主要知识产权国际公约的基本内容，重点掌握其基本原则。

关键词　知识产权　国际保护　国际公约　国际协调

导语

原告日本圆谷制作株式会社是"奥特曼"系列影片的著作权人，被告上海豫园商城国际购物中心有限公司销售有一款闹钟，闹钟的整体外观为人物造型，人物躯干部位装有表盘。该人物造型的头部特征为"眼睛突起发光且呈椭圆形，两眼中间延至头顶部有突起物，两耳呈长方形，无眉，无发，无唇"。将系争闹钟外观造型同"奥特曼"形象比对，二者头部的主要特征基本相似。原告日本公司认为被告销售的闹钟侵犯其著作权。该案的争议焦点之一是：日本公司创作的"奥特曼"科幻人物形象是否受我国著作权法的保护。我国法院认为：我国与日本均为《伯尔尼公约》的成员国，按照该公约的国民待遇原则，属于伯尔尼公约保护的作品，其著作权人在起源国以外的成员国享受该国法律给予其国民的权利。涉案"奥特曼"科幻人物形象构成《伯尔尼公约》所保护的美术作品，我国法院应当像保护我国国民（公司）的美术作品一样保护日本公司的美术作品。

知识产权国际保护主要涉及两点：第一，域外知识产权是否自动在我国受到保护；第二，若受保护，则保护的水平（或依据）为何。专利权与商标权的国际保护亦会面临上述类似的问题：在域外申请并获得授权的专利或商标，是否自动受我国法律的保护？若受保护，保护水平是否与我国法律保护本国专利或商标的水平相一致？若不受保护，在域外申请并获得授权的专利或商标的所有人，如重新在我国提出申请，我国是否必然授权该专利或商标？为便于同时向本国和域外国家申请专利或商标，相关国际条约有哪些特殊规定？这些是本章的主要内容。

第一节　知识产权国际保护的意义与途径

知识产权制度的发展历史表明，各国当初在制定保护知识产权的法律时，主要是从有利于本国智力成果的产生、利用和保护的角度出发的。但是，19 世纪下半叶以来，随着科学技术和文化的迅速发展以及国际交流的日益频繁，大量的智力成果突破国界限制而进入他国。由于知识产权具有地域性的特点，使得已按照国内法律取得知识产权保护的智力成果在国外一般不能当然地获得保护。而智力成果缺乏国际保护，势必会影响甚至阻碍国际经济与科技文化的正常交流。为了减小甚至消除这种障碍，有必要进行相应的法律调整，建立知识产权国际保护机制。

一般来讲，知识产权的国际保护主要包括以下途径：

1. 根据互惠或对等原则。许多国家的法律都规定，如果他国给本国国民的智力成果以知识产权法律保护，则本国也给该他国国民的智力成果以知识产权法律保护。这就是所谓的按互惠或对等原则来保护外国的知识产权。我国《专利法》第 17 条、《商标法》第 17 条有此类规定。

历史上，曾有个别国家宣布单方面对外国的知识产权予以保护而不要求互惠，如：法国在其文化特别发达时期，为推动版权的国际保护，曾单方面宣布给予所有外国人的作品以版权保护；美国为引进先进技术，曾单方面允许外国人在美国申请专利而不要求互惠。不过，这种不要求互惠的规定早已取消。

2. 签订双边协议。国与国之间可以通过签订双边协议的方式，规定相互给予对方国民的智力成果以知识产权保护。我国在加入有关知识产权国际公约之前，曾与一些国家签订过这类双边协议。我国现行《专利法》第 17 条、《商标法》第 17 条和《著作权法》第 2 条对此均有专门的规定。

这类双边协议：有的比较原则性，有的则比较详细具体；有的属于保护知识产权方面的专门协议，如 1992 年 1 月 17 日签订的《中华人民共和国政府与美利坚合众国关于保护知识产权的谅解备忘录》；有的则包含在贸易与文化交流协议中，如 1979 年签订的《中美贸易关系协定》，其中第 6 条第 5 款就规定，“缔约双方同意应采取适当措施，以保证根据各自的法律和规章并适当考虑国际做法，给予对方的法人或自然人的版权保护，应与对方给予自己的此类保护相适应”。

3. 签订多边国际条约。通过签订双边协议来保护外国国民的知识产权有明显的局限性，即双边协议仅对缔约双方有约束力，对第三国无效。如要对第三国有约束力，则缔约双方得与第三国分别签订双边协议。考虑到在国家数量更多的情况下，每两个国家都一一签订双边协议不仅非常麻烦，而且会产生不同双边协议的差别，给知识产权国际保护带来新的问题。

第二节 知识产权的主要综合性国际公约

一、《成立世界知识产权组织公约》

（一）世界知识产权组织概述

世界知识产权组织为一政府间国际组织，总部设在瑞士的日内瓦。其前身是由《巴黎公约》和《伯尔尼公约》这两个公约的管理机构合并而成的“保护知识产权联合国际局”。1967

年,该联合国际局提议成立世界知识产权组织;同年7月14日,51个国家的代表在瑞典首都斯德哥尔摩签署了《成立世界知识产权组织公约》。该公约于1970年4月26日生效,从而宣告了世界知识产权组织的正式诞生(由中国和阿尔及利亚在1999年世界知识产权组织第三十四届成员国大会上共同提出,经2000年结束的第三十五届成员国大会上通过,世界知识产权组织确定每年4月26日为"世界知识产权日",并决定在2001年的这一天在世界各国首次举行有关庆祝活动)。1974年12月,世界知识产权组织成为联合国组织系统的第15个专门机构。截至2022年,世界知识产权组织共有193个成员(联合国现有193个成员)。我国于1980年6月3日成为该组织的第90个成员国。目前,世界知识产权组织管理着涉及知识产权保护各个方面的二十多项国际条约。

其中,我国已加入的有《成立世界知识产权组织公约》《巴黎公约》《专利合作条约》《伯尔尼公约》《保护唱片制作者防止唱片被擅自复制公约》《商标国际注册马德里协定》《世界知识产权组织版权条约》《世界知识产权组织表演和录音制品条约》,其中最后两个公约已于2007年6月9日对我国正式生效。以上8个公约下文中将作介绍,以及:(1)《国际承认用于专利程序的微生物保存布达佩斯条约》(Budapest Treaty on the International Recognition of the Deposit of Microorganisms for the Purposes of Patent Procedure),于1977年在布达佩斯签订,中国于1995年7月1日加入。(2)《商标注册用商品和服务国际分类尼斯协定》(Nice Agreement Concerning the International Classification of Goods and Services for the Purposes of the Registration of Marks),于1957年在尼斯签订,中国于1994年8月9日加入,自1999年12月20日起,该协定适用于中国澳门特别行政区。(3)《建立工业品外观设计国际分类洛迦诺协定》(Locarno Agreement on Establishing an International Classification for Industrial Designs),于1968年在洛迦诺签订,中国于1996年9月19日加入。(4)《国际专利分类斯特拉斯堡协定》(Strasbourg Agreement Concerning the International Patent Classification),于1971年在斯特拉斯堡签订,中国于1997年6月19日加入。(5)《商标国际注册马德里协定有关议定书》(Protocol Relating to the Madrid Agreement Concerning the International Registration of Marks),于1989年在马德里签订,中国于1995年12月1日加入。

我国尚未加入的有:(1)《保护表演者、录音制品制作者和广播组织的国际公约》(Rome Convention for the Protection of Performers, Producers of Phonograms and Broadcasting Organizations),于1961年在罗马签订,截至2016年2月,该公约有92个缔约方。(2)《视听作品国际登记条约》(Treaty on the International Registration of Audiovisual Works),于1989年在日内瓦签订。(3)《商标法条约》(Trademark Law Treaty),于1994年10月在日内瓦签订)。(4)《保护奥林匹克会徽内罗毕条约》(Nairobi Treaty on the Protection of the Olympic Symbol),于1981年在内罗毕签订。(5)《建立商标图形要素国际分类的维也纳协定》(Vienna Agreement for Establishing an International Classification of the Figurative Elements of Marks),于1973年在维也纳签订。(6)《保护原产地名称及其国际注册里斯本协定》(Lisbon Agreement for the Protection of Appellations of Origin and Their International Registration),于1958年在里斯本签订。(7)《工业品外观设计国际保存海牙协定》(Hague Agreement Concerning the International Deposit of Industrial Designs),于1925年在海牙签订。(8)《发送卫星传输节目信号布鲁塞尔公约》(Brussels Convention Relating to the Distribution of

Programme – Carrying Signals Transmitted by Satellite)，于 1974 年在布鲁塞尔签订。(9)《制止商品产地虚假或欺骗性标记马德里协定》(Madrid Agreement for the Repression of False or Deceptive Indications of Source on Goods)，于 1891 年在马德里签订。(10)《专利法条约》(Patent Law Treaty)，于 2000 年 6 月在日内瓦签订。

(二)《成立世界知识产权组织公约》的主要内容

《成立世界知识产权组织公约》列举了知识产权的范围，规定了世界知识产权组织的宗旨、主要职责及设立的机构等。

1. 知识产权的范围

根据该公约第 2 条的规定，知识产权包括基于下列各项的权利：文学、艺术和科学作品，表演艺术家的表演、录音和广播节目，人类一切活动领域的发明，科学发现，工业品外观设计，商标、服务标记、厂商名称和标记，制止不正当竞争，以及在工业、科学、文学或艺术领域内来自智力活动的一切其他权利。

归纳起来，上述权利可分为两大类，即工业产权和版权。但对于将科学发现列入知识产权范围，知识产权界存在一些异议，理由是没有任何国家的法律或国际条约对科学发现授予财产权。

2. 世界知识产权组织的宗旨

世界知识产权组织的宗旨是：(1)通过国与国之间的合作，并在适当情况下与其他国际组织进行协作，促进全世界范围内的知识产权保护；(2)保证各知识产权联盟[包括保护工业产权巴黎联盟(以下简称巴黎联盟)和保护文学艺术作品伯尔尼联盟(以下简称伯尔尼联盟)等]之间的行政合作。

3. 世界知识产权组织的职责

世界知识产权组织的主要职责是：促进世界各国对知识产权的保护，协调各国在这方面的立法，鼓励各有关国家缔结促进和保护知识产权的国际协定；搜集并传播有关保护知识产权的情报，从事和促进这方面的研究工作，并公布研究成果；在知识产权方面给成员提供法律上和技术上的帮助与合作；执行巴黎联盟及其有关专门联盟和伯尔尼联盟的行政任务；担任或参加其他旨在促进知识产权保护的国际协定的行政事务。

4. 世界知识产权组织的组织机构

世界知识产权组织设立了四个机构。(1)大会(General Assembly)，由成员中参加了巴黎联盟或伯尔尼联盟等任一联盟的国家组成，为该组织的最高权力机构。其职责是：根据协调委员会的提名，任命总干事；审议、批准协调委员会的报告与活动以及总干事的报告；通过各联盟共同的 3 年开支预算和该组织的财务条例；邀请未加入任何联盟的国家加入该公约，决定参加其会议的观察员资格；批准总干事提出的关于担任或参加其他旨在促进知识产权保护的国际协定的行政管理措施；参照联合国惯例，决定秘书处的工作语言；行使其他适合于其公约的适当职权。(2)成员国会议，由该公约全体成员组成，无论其是否参加了巴黎联盟或伯尔尼联盟等任一联盟。其职责是：讨论知识产权领域普遍关心的问题，在尊重各联盟权限和自主的条件下，可就这些问题通过建议；通过成员国会议的 3 年预算，并在该预算限度内制订法律与技术援助计划；通过对该公约的修订；决定参加其会议的观察员资格；行使其他适合于该公约的适当职权。(3)协调委员会，由担任巴黎联盟或伯尔尼联盟或兼任该两联盟的执行委员会委员的该公约成员国组成，是为保证各联盟之间的合作而设立的机构，其职责之一是就两个或两个以上联盟共同有关的，或者一个或一个以上的联盟与该组织共同有关的一切有关行政、财务等事项，向各联盟的机构、该组织的成员国大会、成员国会议和总干事提出意见等。(4)国际局，为世界知识产权组织的常设办事机构，即秘书处，其行政首脑为总干事，另设两名或两名以上的副总干事。

二、《巴黎公约》

（一）《巴黎公约》概述

《巴黎公约》（全称《保护工业产权巴黎公约》，Paris Convention for the Protection of Industrial Property）是保护工业产权方面最重要的一项国际公约。有的工业产权条约或协定，如《专利合作条约》《商标国际注册马德里协定》等明文规定，只有《巴黎公约》的缔约国才能加入这些条约或协定。该公约于1883年3月20日在巴黎签订，并于1884年7月7日正式生效。该公约先后于1900年12月14日在布鲁塞尔、1911年6月2日在华盛顿、1925年11月6日在海牙、1934年6月2日在伦敦、1958年10月31日在里斯本、1967年7月14日在斯德哥尔摩进行了六次修订，并于1979年10月2日做了一次修正。我国于1985年3月19日成为该公约的第96个成员国，并声明对该公约第28条第1款予以保留，即主张成员国之间有关公约的解释或公约的适用的争议，不提交国际法院解决。另外，根据“一国两制”的基本国策和我国特别行政区基本法以及《巴黎公约》第24条第1款的规定，我国政府还先后于1997年6月和1999年11月通知世界知识产权组织总干事，将《巴黎公约》于1997年7月1日适用于我国香港特别行政区，于1999年12月20日适用于我国澳门特别行政区。

（二）《巴黎公约》的主要内容

根据《巴黎公约》第1条的有关规定，工业产权的保护对象有（发明）专利、实用新型、工业品外观设计、商标、服务标记、厂商名称、货源标记或原产地名称以及制止不正当竞争；由缔约国组成保护工业产权联盟（巴黎联盟）。《巴黎公约》的实质性条款主要体现在，其具体规定了国民待遇原则、优先权原则和专利与商标独立原则。

1. 国民待遇原则

根据该公约第2、3条的规定，在保护工业产权方面，每一个缔约国必须将其法律现在给予或将来可能给予本国国民（包括自然人和法人）的保护同等地给予其他缔约国国民；非缔约国的国民，如果在缔约国内有住所或有真实、有效的工商业营业所，应享有与缔约国国民同样的待遇。

应当指出，根据该公约第2条第2、3款的规定，缔约国的工业产权法可以规定，各成员国可以保留在其国内没有住所或营业所的人（当然包括其他缔约国国民）选择送达地址或委托一个代理人，以利于有关程序进行的规定。因此，我国《专利法》第18条有关在中国国内没有住所或营业所的外国人在中国申请专利等必须委托代理机构办理的规定，是符合《巴黎公约》国民待遇原则的。

国民待遇原则并不排斥缔约国给予其他缔约国国民以高于本国国民的待遇，即“超国民待遇”。作出这样规定的缔约国国民一般不能根据《巴黎公约》的国民待遇原则要求在本国享有这种“超国民待遇”，除非该缔约国另有专门的规定。

2. 优先权原则

优先权指在任一缔约国提出正规专利申请或商标注册申请(无论该申请以后是否批准)的申请人或其合法继承人,可以享有在一定期限内就同样的发明创造或商标标识向其他缔约国提出申请的优先权,即以其首次申请的日期视为在后申请的日期来判断申请的先后。关于该优先权的期限,(发明)专利申请和实用新型申请为12个月,外观设计申请和商标注册申请为6个月。

优先权原则使得申请人首次提出申请后,不必过多担心其同一发明创造在其他缔约国丧失新颖性或同一商标标识在其他缔约国被他人抢先申请注册,从而有一定的时间仔细考虑该向哪些国家提出申请。

3. 专利权与商标权独立原则

专利权与商标权独立原则指缔约国国民在各缔约国就同一发明创造所取得的专利权或就同一商标标识所取得的商标权是相互独立的。也就是讲,一个缔约国批准或驳回了一项专利申请或商标注册申请,其他缔约国并不必然也批准或驳回基于同一发明创造的专利申请或基于同一商标标识的商标注册申请;一个缔约国宣告了一项专利权无效或撤销了一项商标权,其他缔约国并不必然也宣告基于同一发明创造的专利权无效或撤销基于同一商标标识的商标权。

三、《知识产权协定》

(一)《知识产权协定》概述

世界贸易组织的《知识产权协定》(全称《与贸易有关的知识产权协定》,Agreement on Trade – Related Aspects of Intellectual Property Rights,TRIPS)于1994年4月15日签订,于1995年1月1日开始生效。与《成立世界知识产权组织公约》和《巴黎公约》不同,该协定的成员既可以是主权国家,也可以是单独关税区政府。我国大陆于2001年12月11日加入世界贸易组织,随后我国台湾地区也以"中国台北单独关税区"身份加入世界贸易组织。此前,我国香港、澳门特别行政区以"单独关税区"身份并以"中国香港""中国澳门"的名义参加世界贸易组织,从而成为该组织的创始成员。因此,在《知识产权协定》方面,我国存在"一国四席"的情况。这在我国加入的知识产权国际协议中是绝无仅有的现象。

(二)《知识产权协定》的基本原则

《知识产权协定》重申了现有知识产权国际公约的一些基本原则,如国民待遇原则、专利申请和商标注册申请的优先权原则、著作权自动取得原则、维护公共利益原则、防止权利滥用原则等。同时,《知识产权协定》还将有形商品的国际贸易原则引入知识产权领域,提出了知识产权国际保护的一些新原则,主要有:

1. 最惠国待遇原则。除该协定另有规定的情况外,就知识产权的保护而言,任一个成员向另一成员的国民给予的任何利益、优待、特权或豁免都应立即和无条件地适用于所有其他成员的国民。

2. 透明度原则。任何成员制定的与《知识产权协定》内容有关的法律规则,以及具有普遍适用性的终局司法判决和行政决定都应以该成员的官方语言公开发表,或者在无法实现这样的公开发表时,使之为公众所能获得,从而使各成员政府和权利人能够了解其内容;一成员政府或政府机构与另一成员政府或政府机构之间生效的任何与《知识产权协定》内容有关的协定也应公开发表。

3. 争端解决原则。《知识产权协定》确认《关税与贸易总协定》(General Agreement on Tariffs and Trade,GATT)解决贸易争端的原则适用于解决知识产权争端,即引入解决贸易争端的规范程序和多边方式预防和解决各成员在执行《知识产权协定》过程中所引起的知识产权争端。这样可以利用贸易手段甚至交叉报复手段确保成员之间的争端有效、快捷解决,确保《知识产权协定》得以执行。

4. 司法审查原则。有关获得和维持知识产权的程序,以及由一些成员的法律所规定的行政撤销程序和诸如异议、无效和取消等当事方之间的程序,都应能够接受司法或准司法部门的复审。

5. 知识产权为私权的原则。在《知识产权协定》的前言中明确提出"承认知识产权为私权"的原则,应该适用于各类知识产权。

(三)《知识产权协定》保护的知识产权

1. 对著作权及其相关权利的保护。《知识产权协定》要求成员遵守《伯尔尼公约》的有关规定;著作权保护应延及表达,但不得延及思想、程序、操作方式或数学概念本身;以源程序或目标程序编写的计算机程序均应作为文学作品予以保护;无论是采用机器可读方式还是其他方式的数据或其他内容的汇编,只要是其内容的选取或编排构成了智力创作,就应对其本身提供保护,但不应扩展到数据或内容本身,也不应影响数据或内容本身所获得的任何著作权;计算机程序和电影作品应享有租赁权;除摄影作品或实用艺术作品之外,作品的保护期不得短于50年;表演者有权禁止未经其同意而对其尚未录制的表演进行录制和复制已录制的内容的行为,表演者还有权禁止未经其同意通过无线手段进行播放以及向公众传送他们的表演实况;唱片制作者应有权同意或者禁止对其唱片直接或间接复制;广播组织有权制止未经其同意而进行的录制、对录制品的复制、通过无线广播手段重新播放以及通过电视播放将这样的内容传送给公众等;表演者、唱片制作者的上述权利的保护期不得短于50年,广播组织的上述权利的保护期不得短于20年。

2. 对商标权的保护。能够将商品或服务相区别的任何符号或符号组合都能够构成商标,包括个人姓名、字母、数字、图形要素和颜色组合以及任何这些符号的组合都应能够注册为商标;商标的实际使用不应成为提交注册申请的前提条件,不得仅仅以自申请日起的3年之内没有使用为由来驳回一个商标注册申请;只有在至少不间断地连续3年不予使用之后,而且商标所有者没有提出由于存在障碍使之无法使用的正当理由的情况下,方能取消注册;依《巴黎公约》的有关规定保护驰名商标;原始注册商标和每一次续展注册商标的保护期限不得短于7年,续展注册次数不受限制;不允许商标的强制许可,注册商标的转让无须将商标所属企业一同转让。

3. 对地理标志的保护。地理标志标示出一种商品的产地,而该商品的某种质量、声誉或者其他特性在本质上取决于其产地;对于在产品的名称或表述上采用任何方式明示或者暗示该产品是由不同于真实原产地的地域生产,从而可能会使公众对该产品的产地产生误解等不当行为,应予以制止;对葡萄酒和烈性酒地理标志予以特殊保护等。

4. 对工业品外观设计的保护。缔约方应对独立创作的新的或原创的工业品外观设计给予保护；既可以通过工业品外观设计法，也可以通过著作权法保护工业品外观设计；保护期限至少应为10年。

5. 对专利权的保护。所有技术领域中的任何发明，无论是产品还是方法，只要它具有新颖性、创造性和实用性，均可获专利保护；对植物新品种，可以以专利方式或专门制度或两者的结合给予保护；产品专利的专利权人有权禁止第三方在未经其同意的情况下从事制造、使用、许诺销售、出售，或为上述目的进口该产品的行为；严格限制强制许可；保护期限不得短于自申请日起的20年。

6. 对集成电路布图设计的保护。未经权利人同意，为商业目的而进口、出售或以其他方式发行受到保护的布图设计，或采用了受到保护的布图设计的集成电路，或采用了包括非法复制的布图设计的上述集成电路的产品，是非法行为；保护期限不得少于10年。

7. 对未公开信息的保护。对于处于秘密性、实用性和采取了保密措施的信息应提供保护等。

此外，《知识产权协定》还对知识产权执法，知识产权取得与维持程序方面，知识产权纠纷的预防、解决及过渡安排作出了详细规定。

总之，《知识产权协定》在很大程度上统一了知识产权保护的实质性标准，并使之成为所有成员必须达到的最低标准，从而大大提高了全世界的知识产权保护力度；其对知识产权执法提出了各方面的明确要求，以实现"公平和公正"的保护。这些都是以往的知识产权国际条约未曾予以规定的。

第三节 著作权及邻接权主要国际公约

一、《伯尔尼公约》

（一）《伯尔尼公约》概述

《伯尔尼公约》（全称《保护文学艺术作品伯尔尼公约》，Berne Convention for the Protection of Literary and Artistic Works），是世界上第一个保护版权的国际公约，于1886年9月9日在瑞士首都伯尔尼签订，于1887年12月5日生效，由其缔约国组成伯尔尼联盟。之后该公约经过多次修订与修正，其最新文本是1971年的巴黎修订本。截至2021年，已有179个成员。我国于1992年10月15日正式成为该公约的成员国，另外声明：自1997年7月1日起该公约适用于我国香港特别行政区，自1999年12月20日起该公约适用于我国澳门特别行政区。我国政府还声明根据该公约附件的有关规定，中国享有在一定条件下颁发翻译权和复制权强制许可证的权利。

（二）《伯尔尼公约》的基本原则

1. 国民待遇原则

国民待遇原则即任何缔约国国民的作品，或者非缔约国国民首先在缔约国出版的作品，在其他缔约国所受到的保护，应当与该缔约国法律现在给予和今后可能给予本国国民作品的保护相同。

按《伯尔尼公约》的规定，只要是缔约国国民的作品，无论是否出版，无论是在何地出版，均可按国民待遇原则得到保护；如果是在缔约国有惯常居所的非缔约国国民，其作品按缔约国国民的作品得到保护；如果是在缔约国无惯常居所的非缔约国国民，只要其作品首先在缔约国出版，或者在一个缔约国和一个非缔约国同时出版（包括作品在非缔约国首次出版后30天内又在缔约国内出版），也可按国民待遇原则得到保护。

2. 自动保护原则

自动保护原则即有权依照该公约享有和行使国民待遇原则所提供的有关保护的作品，不需要履行任何手续，便在一切缔约国中受到保护。因此，根据自动保护原则，作品完成即自动享有著作权，无须登记注册，无须交存样本，也无须在作品上加注标记。

3. 独立保护原则

独立保护原则即各缔约国所提供的著作权保护，不受作品在起源国受保护状况的影响，在满足公约规定的最低保护要求的前提下，作品在其他缔约国受保护的程度，完全由该国法律决定，即作品在起源国受到的保护和在其他缔约国受到的保护是相互独立的。

这表明，公约虽然规定了自动保护原则，但承认各国保护水平的差异。因此，自动保护原则并没有打破著作权的地域性限制。

（三）受《伯尔尼公约》保护的作品

文学、科学和艺术领域内的一切作品，无论其表现形式或方式如何，只要其以某种物质形式固定下来，便受该公约保护。包括：(1)书籍、小册子和其他文字作品；(2)讲课、演讲、讲道和其他同类性质作品；(3)戏剧或音乐戏剧作品；(4)舞蹈艺术作品和哑剧作品；(5)配词或未配词的乐曲；(6)电影作品以及使用类似摄制电影的方法表现的作品；(7)图画、油画、建筑、雕塑、雕刻和版画作品；(8)摄影作品和以类似摄影的方法表现的作品；(9)实用艺术作品；(10)插图、地图；(11)与地理、地形、建筑或科学有关的设计图、草图和立体作品。

公约规定，在不损害原作品著作权的情况下，翻译作品、改编作品、改编乐曲以及某件文学或艺术作品的其他改变应得到与原著同等的保护。

文学或艺术作品的汇集，诸如百科全书和选集，凡由于对材料的选择和编排而构成智力创作的，应得到相应的保护，但不得损害该汇集本内各作品的著作权。

公约把日常新闻或纯属报刊消息性质的社会新闻报道排除在外。关于是否对立法、行政或司法性质的官方文件及其正式译本，以及政治演说和诉讼过程中发表的言论予以保护，由各缔约国国内法确定。

（四）受《伯尔尼公约》保护的权利

受《伯尔尼公约》保护的权利包括经济权利和精神权利。缔约国至少应授予作者下列经济权利：

1. 翻译权。作者在对原作享有权利的整个保护期内，享有翻译和授权翻译其作品的专有权利。

2. 复制权。作者享有授权以任何方式和采取任何形式复制（包括录音和录像）其作品的专有权利。

3. 表演权。戏剧作品、音乐戏剧作品和音乐作品的作者享有授权以各种手段和方式公开表演和演奏其作品以及授权用各种手段公开播送其作品的表演和演奏的专有权利。

4. 广播权。作者享有授权通过无线或有线传播或转播等传送符号、声音或图像的方法向公众传播其作品的专有权利。

5. 朗诵权。作者享有授权以各种手段或方式公开朗诵其作品，以及授权以各种手段公开播送其作品的朗诵的专有权利。

6. 改编权。作者享有授权对其作品进行改编、音乐改编和其他变动的专有权利。

7. 制片权。作者享有授权将其作品改编和复制成电影及发行经过如此改编或复制的作品，以及授权公开表演、演奏及向公众有线传播经过如此改编或复制的作品的专有权利。

另外，《伯尔尼公约》还规定了追续权，即对于艺术作品原件和文字、音乐作品手稿的第一次转让之后的任何出售，作者有权从中按一定比例分享利益。但追续权不是该公约要求缔约国必须规定的经济权利，而是允许缔约国自行规定。

《伯尔尼公约》规定的作者精神权利包括作者身份权、修改权、保护作品完整权，并规定这些权利不受作者经济权利的影响，甚至在上述经济权利转让之后，作者仍享有这些精神权利。

（五）《伯尔尼公约》规定的最低保护期限

公约规定了经济权利的最低保护期限：一般作品为作者有生之年及其死后 50 年，匿名或假名作品为该作品合法公开之日起 50 年，合作作品为最后去世的作者去世后 50 年；电影作品为在作者同意下公映后 50 年，如自作品摄制完成后 50 年内尚未公映，则为自作品摄制完成后 50 年；摄影作品及作为艺术品加以保护的实用美术作品，不少于自该作品完成时算起 25 年。

（六）合理使用的情况及对发展中国家的优惠条款

《伯尔尼公约》规定了属于合理使用的一些情况，比如在不损害作品正常使用，也不致无故侵害作者合法利益的前提下，在某些特殊情况下复制作品，如为教学目的、以解说方式引用和使用作品，为报道时事目的复制报纸或类似文章以及使用作品、暂时录制等，可以不经许可，也不需要支付报酬。

根据公约附件的规定，按照联合国大会确认的惯例被认为是发展中国家的国家，在一定条件下可以颁发翻译权和复制权的非排他和不得转让的强制许可证。复制权强制许可证只授予与系统教学活动有关的使用，翻译权强制许可证只能用于教学、学术研究目的，而且这样的复制品和译本只能在该国境内发行。

（七）追溯力

《伯尔尼公约》适用于在该公约开始生效时尚未因著作权保护期满而在其起源国进入公有领域的所有作品，即该公约不仅适用于一个国家参加公约之后来源于其他缔约国的受保护作品，而且适用于在该国参加公约之前已经存在于其他缔约国，并且在其来源国尚未进入公有领域的作品。

二、《世界版权公约》

（一）《世界版权公约》概述

《伯尔尼公约》签订后，许多国家，包括一些大国因其出版业不发达或因其国内法律与该公约存在差距而未加入该公约，如美国直到1989年才加入。于是，在联合国教科文组织的主持下，决定起草一个保护水平低于《伯尔尼公约》，从而能使更多国家加入的国际版权公约。1952年9月6日终于在瑞士日内瓦缔结了这样一个公约，即《世界版权公约》(Universal Copyright Convention)，40个国家的代表在公约上签字。该公约于1955年9月16日开始生效，生效后的公约于1971年在巴黎修订过一次。

我国于1992年10月30日正式成为该公约的成员国，并声明根据该公约第5条之2的规定，有权在一定的条件下颁发翻译权和复制权强制许可证。

自1997年7月1日起，该公约适用于我国香港特别行政区，自1999年12月20日起，该公约适用于我国澳门特别行政区。

(二)《世界版权公约》的主要原则

1. 国民待遇原则

任何缔约国国民出版的作品及在该国首先出版的作品，在其他各缔约国均享有该其他缔约国给予其本国国民在本国首先出版之作品的同等保护，以及该公约特许的保护；任何缔约国国民未出版的作品，在其他各缔约国中，享有该其他缔约国给予其国民未出版之作品的同等保护，以及该公约特许的保护。

2. 非自动保护原则

缔约国应保护其他缔约国国民所出版的作品，只要经作者或版权所有者授权出版的作品的每份复制品上，自首次出版之日起标有版权标记，即ⓒ，并注明版权所有者的姓名、首次出版年份等；其他缔约国国民尚未出版的作品，则无须履行手续。该原则与《伯尔尼公约》的自动保护原则形成了鲜明的对比。

(三)受《世界版权公约》保护的作品

受《世界版权公约》保护的作品是文学、科学、艺术作品，包括文字、音乐、戏剧和电影作品，以及绘画、雕刻和雕塑等。

(四)受《世界版权公约》保护的权利

受《世界版权公约》保护的权利包括保证作者经济利益的各种基本权利，其中有准许以任何方式复制、公开表演及广播等专有权利，无论它们是原著形式，还是从原著演绎而来的任何形式。

(五)保护期限

受《世界版权公约》保护的作品，其保护期限不得少于作者有生之年及其死后的25年。如果将摄影作品或实用美术作品作为艺术品给予保护，保护期限不得少于10年。

《世界版权公约》还规定了权利的限制、对发展中国家的优惠条款等。

该公约无追溯力，即不适用于一国参加该公约之前已经存在于其他缔约国并且在其来源国尚未进入公有领域的作品。

总体看来，在受保护的作品范围、受保护的权利种类及保护期等方面，《世界版权公约》的保护水平确实低于《伯尔尼公约》。

三、《罗马公约》

《罗马公约》(全称《保护表演者、录音制品制作者和广播组织的国际公约》，Rome

Convention for the Protection of Performers, Producers of Phonograms and Broadcasting Organizations),由联合国国际劳工组织、联合国教科文组织和世界知识产权组织共同发起,并于1961年10月26日在罗马签订,因而称为《罗马公约》。该公约于1964年5月18日生效。我国尚未加入该公约。

“表演者”是指演员、歌唱家、音乐家、舞蹈家和以表演、歌唱、演说、朗诵、演奏或以别的方式表演文学或艺术作品的其他人员。表演者享有的权利包括:(1)未经他们许可,不得广播或以其他方式向公众传播其表演,但是如果该表演本身就是广播演出或出自录音、录像者例外;(2)未经他们许可,不得录制其未曾录制过的表演;(3)未经他们许可,不得复制其表演的录音或录像。

“唱片制作者”是指首次将表演的声音或其他声音录制下来的自然人或法人。唱片制作者的主要权利是授权或禁止他人直接或间接复制他们的唱片。

广播组织的权利包括:(1)授权或禁止他人转播其广播节目;(2)授权或禁止他人录制其广播节目;(3)禁止他人擅自复制其广播节目的录音或录像。

表演者、唱片制作者和广播组织的上述权利保护期,应至少为20年,自表演、录制和广播之年年底开始计算。

该公约规定,唱片上必须载有如下标记:(1)(P);(2)首次发行的年份;(3)表演者、唱片制作者的姓名或名称。

任何国家,只要参加了《世界版权公约》或《伯尔尼公约》,均可参加本公约。

四、《保护唱片制作者防止唱片被擅自复制公约》

《保护唱片制作者防止唱片被擅自复制公约》(Convention for the Protection of Producers of Phonograms Against Unauthorized Duplication of Their Phonograms),于1971年10月29日在日内瓦签订,1973年7月生效。我国于1993年4月30日正式成为该公约成员国,并自1997年7月1日起,该公约适用于我国香港特别行政区。

该公约规定唱片制作者享有如下权利:(1)禁止他人擅自复制其唱片;(2)禁止他人进口擅自复制的唱片;(3)禁止他人销售擅自复制的唱片。上述权利的保护期不得少于20年,自唱片录制之年或首次发行之年年底起计算。该公约规定,唱片上必须载有如下标记:(1)(P);(2)首次发表的年份;(3)唱片制作者的姓名或名称。

与《罗马公约》相比,该公约的特点是赋予唱片制作者以禁止他人进口擅自复制的唱片之权利,同时,该公约的缔约国也可以不是《世界版权公约》或《伯尔尼公约》的缔约国。

五、世界知识产权组织“互联网条约”

随着信息技术的发展,尤其是互联网技术在20世纪90年代的广泛应用,作品和唱片的数字化以及在网络上的传播越来越普遍。由于当时已有的著作权或邻接权国际公约没有,也不可能针对作品、唱片的数字化及其在网络上的传播进行规范,也不可能对这些已有的著作权或邻接权国际公约进行全面修改,于是在世界知识产权组织的主持下,于1996年12月在日内瓦通过了两个互联网条约——《世界知识产权组织版权条约》(World Intellectual Property Organization Copyright Treaty, WCT)和《世界知识产权组织表演和录音制品条约》

(World Intellectual Property Organization Performances and Phonograms Treaty, WPPT)。这两个条约均在30个国家批准或加入后3个月,即分别于2002年3月6日和2002年5月20日生效。我国在起草、修改相关的法律法规时,始终注意与这两个条约的协调。2006年12月29日全国人大常委会表决通过了关于加入《世界知识产权组织版权条约》和《世界知识产权组织表演和录音制品条约》的决定,同时声明:在中华人民共和国政府另行通知前,这两个条约暂不适用于中华人民共和国香港特别行政区和澳门特别行政区。我国于2007年6月9日正式成为这两个互联网条约的成员国。

(一)《世界知识产权组织版权条约》

《世界知识产权组织版权条约》共计25条,其中实质性条款14条、程序性条款11条,其实质性内容主要如下。

1. 与《伯尔尼公约》的关系

《伯尔尼公约》第20条规定:"本联盟各成员国政府保留在它们之间签订给予作者比本公约所规定的更多的权利,或者包括不违反本公约的其他条款的特别协议的权利。"因此,《世界知识产权组织版权条约》在第1条规定:对于属《保护文学艺术作品伯尔尼公约》所建联盟之成员国的缔约方而言,本条约系该公约第20条意义下的专门协定。因此,《世界知识产权组织版权条约》给予作者比《伯尔尼公约》所规定的更多的权利并不违反《伯尔尼公约》的规定。其还规定,《世界知识产权组织版权条约》的任何内容均不得减损缔约方相互之间依照《伯尔尼公约》已承担的现有义务。

2. 著作权保护的范围

《世界知识产权组织版权条约》采用了与《知识产权协定》类似的表述:著作权保护应延及表达,但不得延及思想、程序、操作方式或数学概念本身。

关于计算机程序,《世界知识产权组织版权条约》规定其可作为《伯尔尼公约》第2条意义下的文学作品受到保护,此种保护适用于各计算机程序,而无论其表达方式或表达形式如何。

关于数据或其他资料的汇编,《世界知识产权组织版权条约》规定无论采用何种形式,只要其内容的选择或排列构成智力创作,其本身即受到保护。这种保护不延及数据或资料本身,也不损害汇编中的数据或资料已存在的任何版权。

3. 权利内容及其限制

《世界知识产权组织版权条约》特别规定了作者的如下权利:(1)发行权,即文学和艺术作品的作者应享有授权通过销售或其他所有权转让形式向公众提供其作品原件和复制品的专有权。(2)出租权,即计算机程序、电影作品和按缔约各方国内法的规定,以录音制品体现的作品的作者,应享有授权将其作品的原件或复制品向公众进行商业性出租的专有权。(3)向公众传播的权利,即在满足一定条件下,文学和艺术作品的作者应享有专有权,以授权将其作品以有线或无线方式向公众传播,包括将其作品向公众提供,使公众中的成员在其个人选定的地点和时间可获得这些作品。

在电子媒体中以数字形式存储受保护的作品,构成《伯尔尼公约》第9条意义下的复制。

关于权利的限制与例外,《世界知识产权组织版权条约》规定缔约各方在某些不与作品的正常利用相抵触,也不无理地损害作者合法利益的特殊情况下,可在其国内立法中对依本条约授予文学和艺术作品作者的权利规定限制或例外。同时要求缔约各方在适用《伯尔尼公约》时,应将对该公约所规定权利的任何限制或例外限于某些不与作品的正常利用相抵触,也不无理地损害作者合法利益的特殊情况。

4. 技术措施

在网络环境下,对数字化的作品和唱片进行复制变得简便易行,而且速度快、成本低,质量几乎与原件没有差别。为了保护作品或唱片不被他人任意复制、盗版,权利人对其作品或唱片采取加密的技术措施是完全正当和必要的。而针对这些加密技术措施的解密行为,将会直接导致对权利人合法权益的损害。

《世界知识产权组织版权条约》规定,缔约各方应规定适当的法律保护和有效的法律补救办法,制止规避由作者为行使本条约所规定的权利而使用的,对就其作品进行未经该有关作者许可或未由法律准许的行为加以约束的有效技术措施。

5. 权利管理信息

权利管理信息是指识别作品、作品的作者、对作品拥有任何权利的所有人的信息,或有关作品使用的条款和条件的信息,和代表此种信息的任何数字或代码,各该项信息均附于作品的每件复制品上或在作品向公众进行传播时出现。

《世界知识产权组织版权条约》规定,缔约各方应规定适当和有效的法律补救办法,制止任何人明知,或就民事补救而言有合理根据知道其行为会诱使、促成、便利或包庇对本条约或《伯尔尼公约》所涵盖的任何权利的侵犯而故意从事以下行为:(1)未经许可去除或改变任何权利管理的电子信息;(2)未经许可发行,为发行目的进口、广播,或向公众传播明知已被未经许可去除或改变权利管理电子信息的作品或作品的复制品。

(二)《世界知识产权组织表演和录音制品条约》

《世界知识产权组织表演和录音制品条约》共计33条,其中实质性条款23条、程序性条款10条。实质性条款中规定了其与《罗马公约》等的关系、权利的限制与例外、技术措施、权利管理信息等内容。

在电子媒体中以数字形式存储受保护的表演或录音制品,构成复制。

《世界知识产权组织表演和录音制品条约》对"表演者"作了类似于《罗马公约》的界定,并规定表演者享有如下权利:(1)表明表演者身份和保护其表演不受有损其名声的歪曲、篡改;(2)对其尚未录制的表演进行广播与录制;(3)以任何方式或形式对其以唱片录制的表演直接或间接地进行复制;(4)通过销售或其他所有权转让形式向公众提供其以唱片录制的表演的原件或复制品;(5)通过有线或无线的方式向公众提供其以唱片录制的表演,使该表演可为公众中的成员在其个人选定的地点和时间获得。

《世界知识产权组织表演和录音制品条约》对"唱片制作者"也作了类似于《罗马公约》的界定,并规定唱片制作者享有如下权利:(1)以任何方式或形式对其唱片直接或间接地进行复制;(2)通过销售或其他所有权转让形式向公众提供其唱片的原件或复制品;(3)对其唱片的原件和复制品向公众进行商业性出租;(4)通过有线或无线的方式向公众提供其唱片,使该唱片可为公众中的成员在其个人选定的地点和时间获得。

六、《视听表演北京条约》

《视听表演北京条约》(简称《北京条约》)是一个在我国首都北京缔结,旨在保护表演者对其表演所享有的精神权利和经济权利的国际版权条约,也是中华人民共和国历史上第一个以我国城市命名的知识产权领域国际条约。在《北京条约》缔结前,国际上已有《罗马公约》和《世界知识产权组织表演和录音制品条约》两个专门涉及表演者权保护的国际条约,但限于缔结时的技术和社会背景,两者均侧重于保护表演者表演内容的现场转播和制作成录音制品后的传播,未能涉及表演内容制作和固定为视听作品后的保护,使得互联网时代的表演者无法从以可视化方式传播表演内容的商业模式中获取合法收益。

《北京条约》的主要规定,体现在以下几个方面:(1)在主体上再次明确了表演者为自然人,将单位排除在外。《北京条约》在第2条的定义中,对表演者的解释是"表演者系指演员、歌唱家、音乐家、舞蹈家以及对文学或艺术作品或民间文学艺术表达进行表演、歌唱、演说、朗诵、演奏、表现或以其他方式进行表演的其他人员",其再次把表演者定义为自然人。我国《著作权法》也因此作了相应修改,避免了认定作为单位的表演者如何享有人身权的问题。(2)在客体上将民间文学艺术纳入了可表演的范围内,明确了表演的内容不局限于作品。(3)为表演者新增了出租权,即"将其以视听录制品录制的表演的原件和复制品向公众进行商业性出租的专有权"。(4)在权利内容上还要求成员为表演者设立排他性或非排他性的广播权。这项权利可以是一项完整的财产权,也可以是一项报酬请求权。我国《著作权法》随后在修改时采纳了赋予表演者以报酬请求权的做法。

七、《马拉喀什条约》

2013年6月27日世界知识产权组织通过《马拉喀什条约》,其全称为《关于为盲人、视力障碍者或其他印刷品阅读障碍者获得已出版作品提供便利的马拉喀什条约》。顾名思义,该条约旨在为各类阅读障碍者提供接触作品的便利,该条约也是世界知识产权组织首部结合人权与版权的国际条约。

《马拉喀什条约》带来的变化,主要体现在以下几个方面:(1)界定和扩大了阅读障碍者的范围,使其不再限于盲人,而是将一切无法有效阅读作品的主体皆纳入其中。(2)要求成员增设专门的著作权例外,即允许将作品复制件制作成无障碍格式后提供印刷品给阅读障碍者,并允许合法制作的无障碍格式的作品能够自由实现"跨境交换"。

设定上述规则的目的,在于可以使成员的阅读障碍者能够接触到更多的无障碍格式作品,增大上述主体受教育和平等参与文化生活的机会。

第四节 专利、商标国际申请与注册条约

一、《专利合作条约》

由于专利权的地域性,一项发明创造的拥有者要想在多个国家取得专利保护,就必须同时或在优先权期限内分别向各个国家提出专利申请,否则就有可能因丧失新颖性而不能取

得专利权。《巴黎公约》规定的国民待遇原则、优先权原则为相同内容的发明创造在不同国家取得专利保护打开了渠道，但仍然要以不同的语言分别向每一个国家提出申请，并由各受理国采用类似的方法对同样内容的申请分别审查。《专利合作条约》（Patent Cooperation Treaty，PCT）就是为简化向多个国家申请专利的程序，避免申请、审查过程中的重复劳动而于1970年6月19日在华盛顿签订的，并于1978年1月24日生效。该条约规定，只有《巴黎公约》的缔约国才有资格加入。我国于1994年1月1日正式成为该条约的成员国，并于1997年7月1日将PCT适用于我国香港特别行政区（到目前为止尚未适用于澳门特别行政区）。同时，我国国家知识产权局（专利局）是《专利合作条约》指定的受理局、国际检索机构和国际初步审查机构，中文也是该条约规定的国际申请程序的工作语言。

根据《专利合作条约》的规定，申请人若要向数个缔约国提出专利申请，只要向条约指定的受理局提出国际申请，并指明要求给予保护的国家名称即可，无须向这些国家一一提出申请。《专利合作条约》联盟大会确定的国际检索机构对专利申请进行检索并提出国际检索报告，受理局根据申请人的要求对专利申请进行国际初步审查，即审查发明创造的专利性，并提出国际初步审查报告。之后，联盟大会将申请案连同国际检索报告和国际初步审查报告转交给申请中指定的国家，由各国分别审查决定是否授予专利权。因此，申请人通过一次国际申请就有可能在部分甚至全部《专利合作条约》缔约国获得专利权。这样的国际申请与分别向每个《专利合作条约》缔约国提出专利申请具有同等效力，但却给申请人和各缔约国带来了方便，因此受到各国申请人的欢迎。

当然，《专利合作条约》毕竟不是国际专利法，并没有打破专利地域性的限制，它只是对专利申请案的受理与审查程序作了某些统一规定，至于是否授予专利权，仍由各指定的缔约国根据本国的专利法来决定。目前，世界知识产权组织正在研究对《专利合作条约》的有关申请、审查程序进行进一步改革，简化专利局程序，避免不必要的重复和减轻申请人的负担。

目前，作为《专利合作条约》指定国际检索机构的有澳大利亚、奥地利、中国、日本、韩国、俄罗斯、西班牙、瑞典、美国等国的专利审查机构和欧洲专利局。

二、《马德里协定》

由于商标权的地域性，同一商标标识要在不同的国家取得注册，必须分别在这些国家一一提出注册申请。《马德里协定》（全称《商标国际注册马德里协定》，Madrid Agreement Concerning the International Registration of Marks）就是为了简化商标国际注册的手续、减少重复劳动而于1891年4月14日签订，并于1892年7月生效的。该协定经过了6次修订和1次修正。根据该协定的规定，只有《巴黎公约》成员国才有资格加入该协定。到2021年9月，该协定有109个成员，覆盖125个国家。我国于1989年成为该协定的第27个成员国。到目前为止，我国政府尚未将该协定适用于我国香港和澳门特别行政区。

按该协定规定，成员国的国民要想在其他成员国取得商标注册，必须在本国取得商标注册后，才可以通过该国主管机构向世界知识产权组织申请国际注册。该国际注册申请获得批准后，即由世界知识产权组织国际局公布，并通知申请人请求予以保护的那些成员国。有关国家可以在1年内声明不保护该商标，但须说明理由。申请人可对此声明向拒绝注册的国家主管机构或法院提出申诉。如果有关国家在1年内未作出此项声明，则国际注册就在该国具有国内注册的效力。国际注册的期限一律为20年,每20年可续展一次。

该协定规定,自国际注册之日起5年内,商标注册在申请人所在国的撤销将导致国际注册的撤销。

由上可见,该协定对申请人带来诸多方便:商标在原属国注册以后,申请人只需要向一个机构,即世界知识产权组织国际局提出一次申请和缴纳费用,就可在几个甚至全部成员国中取得保护。

第五节　国际植物新品种保护公约

育种者投入大量人力、智力和财力培育出的植物新品种需要在不同的国家取得品种权保护。《国际植物新品种保护公约》(International Convention for the Protection of New Varieties of Plants)正是为了适应这种需要,于1961年12月2日在法国巴黎签订,于1968年8月10日生效,之后于1972年、1978年和1991年经过了3次修改。1991年的文本明显提高了保护水平,该文本于1998年4月24日生效。按该文本的规定,如果在1993年12月31日(但如果是按联合国大会惯例被认为是发展中国家的,则为1995年12月31日)以后加入该公约,则只能加入1991年的文本。不过,该规定后来并未严格执行。缔约国组成国际植物新品种保护联盟(the International Union for the Protection of New Varieties of Plants, UPOV),该联盟及其常设机构设在日内瓦。我国于1999年4月23日正式成为该公约1978年文本的缔约国,并声明在我国政府另行通知之前,该公约暂不适用于我国香港特别行政区。

一、《国际植物新品种保护公约》规定的保护客体范围

1978年的文本规定,该公约可适用于一切植物属和种;国际植物新品种保护联盟成员国采取一切必要措施,逐步对尽可能多的植物属和种实施该公约的规定。每个国际植物新品种保护联盟成员国自该公约在其领土生效之日起,应至少对5个属或种实施本公约的规定;随后,每个国际植物新品种保护联盟成员国自该公约在其领土生效之日起的以下期限内,应对更多的属或种实施本公约的规定:3年内至少有10个属或种,6年内至少有18个属或种,8年内至少有24个属或种。

1991年的文本要求对所有的植物属和种授予品种权保护。已有的国际植物新品种保护联盟成员国在该文本生效后5年内达到这个要求,新加入的国际植物新品种保护联盟成员国在10年内达到这个要求,但加入时必须保护至少15个属和种。

二、《国际植物新品种保护公约》规定的授予品种权条件

1991年的文本明确规定授予品种权的品种应具有如下条件:(1)新颖性,即在品种权申请书提交之日,该品种的繁殖或收获材料尚未因利用该品种之目的被育种者本人或经其同意出售或转让他人;(2)特异性,即该品种在申请书登记之时显然有别于已知的任何其他品

种；(3)一致性，即该品种在其繁殖特性中预期可能出现变异的情况下，其有关性状表现足够整齐一致；(4)稳定性，即该品种经过反复繁殖其相关性状保持不变，或者在每次特定繁殖周期结束后其有关性状保持不变。1978 年的文本有类似的规定。

三、《国际植物新品种保护公约》规定的品种权内容

1978 年的文本规定，未经育种者同意，不得以商业销售为目的生产、许诺出售和市场销售受保护品种的诸如有性或无性繁殖材料之类的植物，但利用受保护品种作为变异来源而产生其他品种或销售这些品种则无须征得育种者同意。

1991 年的文本规定，未经育种者同意，不得生产或繁殖、为繁殖而对种子进行处理、许诺出售和市场销售、进出口受保护品种繁殖材料及为上述目的而存储受保护品种的繁殖材料，但品种权不适用于为培育新品种和销售这种新品种、为试验目的和个人非商业目的活动。

四、《国际植物新品种保护公约》规定的品种权保护期限

1978 年的文本规定，品种权保护期限应自授予品种权之日起不少于 15 年；对于藤本植物、林木、果树和观赏树木，包括其根茎，保护期限为 18 年。

1991 年的文本规定，品种权保护期限应自授予品种权之日起不少于 20 年；对于树木和藤本植物，该期限不少于 25 年。

第六节　知识产权制度国际化协调趋势与我国的对策

一、知识产权国际保护制度的发展概况

在较长的一段历史时期内，各国在制定保护知识产权的法律时，主要是从有利于本国知识产品的生产、传播和使用，进而有利于本国经济的发展来考虑的。由于各国的社会、历史、科技、文化等情况不同，所以其制定的知识产权法律也不同，甚至有的差别较大。而这种差别的存在以及知识产权的地域性，给知识产权的国际保护带来了诸多不便甚至是障碍。因此，随着经济发展的全球化，在发达国家的极力推动下，形成了知识产权制度国际化协调趋势，其主要表现在：

1. 原有知识产权国际公约的缔约国数量大量增加。《成立世界知识产权组织公约》《巴黎公约》《伯尔尼公约》的缔约国已覆盖了世界上的主要国家。《专利合作条约》缔约国的数量在生效的当年 1978 年为 20 个，1980 年为 30 个，1990 年为 45 个，1995 年以前为 82 个，2000 年为 108 个，截至 2018 年 9 月 30 日，已达到 152 个。

2. 新的知识产权国际公约不断出现。为应对数字技术对版权保护提出的新要求，世界知识产权组织于 1996 年缔结了《世界知识产权组织版权条约》和《世界知识产权组织表演和录音制品条约》；为协调商标、专利的国际注册与申请程序，分别于 1994 年 10 月和 2000 年 6 月在日内瓦签订了《商标法条约》和《专利法条约》。《知识产权协定》的签订，更是将知识产权国际保护的水平协调统一到新的高度。

3. 越来越多的客体被纳入知识产权国际公约保护的范围。知识产权国际公约保护的范围由最初的发明、实用新型、商标、商号、文学艺术和科学作品，不断扩大到原产地名称、植物新品种、视听作品、印刷字体、科学发现、奥林匹克会徽、集成电路、商业秘密等，并开始涉及传统知识、遗传资源和民间文学艺术等。

4. 知识产权制度趋同化。不同国家的知识产权制度在以多边知识产权国际公约为核心的国际知识产权协调体制下，为了使本国知识产权制度符合国际公约的要求而制定或者修订国内知识产权法，逐渐达到实体和程序上的统一。出于履行《知识产权协定》等国际公约的需要，各国纷纷以知识产权国际公约为标准，修改各自的知识产权法律，从而使各国知识产权法律趋同化。

5. 知识产权制度的一体化。不同国家在缔结国际公约或者成立国际组织的基础上，让渡部分国家主权，制定统一的国际知识产权法，由统一的国际知识产权组织对知识产权的产生、维持和消灭进行管理。知识产权制度的趋同化是知识产权制度走向一体化的基础，知识产权制度的一体化是知识产权制度趋同化的结果。

《商标国际注册马德里协定》《专利合作条约》等为商标、发明的国际保护在程序上提供了方便，《商标法条约》《专利法条约》为各国相应法律程序的趋同提供了基准，但都没有冲破地域性的限制。而非洲的《班吉协定》、比荷卢的《统一商标法》和《统一外观设计法》、欧盟的《共同体商标条例》成为真正的跨国知识产权法律。

以美国、欧盟和日本为主的发达国家更是积极倡导建立全球专利制度（global patent system），又称世界专利制度，即由一个专利局（全球专利局）根据一部专利法授予的专利（全球专利）在全世界各参与国中普遍有效的一种专利制度。按这种专利制度制定的专利法无疑是真正的全球专利法，尽管这种专利制度近期尚难以实现。

二、知识产权制度国际化面临的新问题

知识产权制度国际化程度在不断提高的同时，也面临重重阻碍。对于发展中国家来说，加入世界贸易组织，接受《知识产权协定》与其说是自愿，毋宁说是被迫。发展中国家接受《知识产权协定》，不是有心提高知识产权的保护水平，而是为了换来国际市场的准入。《知识产权协定》将知识产权保护与贸易问题挂钩，将目标过多集中于经济领域，被批评有悖于知识产权的原有价值目标。发展中国家为了抗拒这种趋势，在相关领域发展出了一些有效的合作机制，如联合国贸易与发展会议的 77 国集团、东盟等，以此在知识产权体制的构建和实施问题上与发达国家抗衡。

以《知识产权协定》为框架的知识产权国际保护制度形成后，其超越了世界知识产权组织时期的强制性与执行力，为国际领域知识经济的增长作出了不可替代的贡献。然而，同样是由于其强制性，《知识产权协定》也在知识产权领域引发了诸多无法自我克服的负面效应。具言之，《知识产权协定》的负面效应主要体现在以下方面：

1. 对知识产权制度的“文化排斥性”估计不足。知识产权这一概念主要源自西方世界的文化与政治传统。在西方国家的发展进程中，知识产权保护起源于中世纪的著作权制度，并在 18 世纪的启蒙运动中逐步成型，在此期间，知识产权开始被理解为一种激励经济增长的工具。这种对知识产权的定位一直持续到今天，成为西方国家在知识产权观念上的共识。

与此相反,非西方国家的知识产权发展历程全然不同,以中国为代表的发展中国家,有的在发展过程中并未完成从知识特权到知识产权的转变,有的则将知识视为圣言的传达而非财富的创造。然而,《知识产权协定》中的知识产权是完全按照西方社会的语境打造的,因此,对于发展中国家来说,其在文化认知上对知识产权总是处于被动接受的地位,这使得知识产权全球化的推行成本变高。甚至有学者认为,鉴于文化上的阻碍与隔阂,知识产权体制根本无法在东亚国家有效推行。

2. 与传统知识相关的知识产权保护缺位。一方面,《知识产权协定》为与经济增长具有直接联系的知识产权提供了高水平的保护;但另一方面,《知识产权协定》又因其明显的倾向性而导致对特定领域的知识产权保护不足。这种与经济增长缺乏直接关系的知识产权主要体现在传统知识上。作为一项非传统的知识产权类型,传统知识可被定义为"包含由特定族群继承的传统文化与艺术遗产的产品",其涵盖了农业、医药、民间文艺等多个领域,而在《知识产权协定》中,传统知识却没有占一席之地。首先,《知识产权协定》内的知识产权一般存在保护期限,而无法计算保护期限的传统知识,一般都被归入公共领域。其次,传统知识的权利主体不明,因此《知识产权协定》很难明文规定相关权利的归属。最后,对传统知识的保护在很大程度上不是为了从中获取收益,而是为了维护其纯粹性,并防止过度商品化可能对其带来的破坏。这种纯粹性保护无疑与《知识产权协定》所追求的经济增长是背道而驰的。

3. 在与人权相关的知识产权问题上过于严格。《知识产权协定》规制中涉及许多与公共健康相关的知识产权问题,这些问题与其他国际公约中规定的人权紧密相连。"健康权"在多项国际人权公约中均有涉及,如《世界人权宣言》第 25 条即规定了"人人有权享受为维持他本人和家属的健康和福利所需的生活水准……"。《经济、社会及文化权利国际公约》第 12 条第 1 款也提出"人人有权享有能达到的最高的体质和心理健康的标准"。上述条款本意味着在公共健康方面,人权在特定情况下应优先于知识产权保护,但在《知识产权协定》中,由于专利强制许可的适用需要极为严格的条件,导致许多发展中国家无法利用涉及公共健康的药品,特别是对于一些流行病严重的国家,其因无法负担高额的专利费用而无法解决自己的公共健康危机。

三、后 TRIPS 时代知识产权国际保护制度新趋势

全球化时代国际竞争持续升级,后 TRIPS 时代的国际知识产权制度与国际贸易的关联度也日益提高,为了更好地维护和发挥本国核心竞争力,发达国家不断推进各种超出《知识产权协定》标准的多边协定,主要旨在提高国际知识产权执法水平,其中最为重要的成果就是已签署的《反假冒贸易协定》(Anti - counterfeiting Trade Agreement, ACTA)、《全面与进步跨太平洋伙伴关系协定》(Comprehensive and Progressive Agreement for Trans - Pacific Partnership, CPTPP)与《区域全面经济伙伴关系协定》(Regional Comprehensive Economic Partnership, RCEP)。

首先,《反假冒贸易协定》中的知识产权条款,使得发达国家得以在现有世界贸易组织和世界知识产权组织构建的多边协商机制之外,另起炉灶构建更符合发达国家知识产权密集型产业利益的知识产权执法体系。《反假冒贸易协定》于 2011 年 10 月 1 日由美国、加拿大、日本、韩国、澳大利亚等国家在东京签署,其发起国和缔约国的目的,在于建立一个全面超越

《知识产权协定》保护标准的新知识产权贸易协定,进一步提高和强化国际知识产权执法水平。为了加快协商进程,《反假冒贸易协定》采取了秘密协商的机制,包括中国在内的诸多贸易大国都被排除在谈判进程之外,而采用这种方式旨在保证《反假冒贸易协定》能够更为全面和直接地反映相关国家的知识产权利益诉求。《反假冒贸易协定》不但将执法范围全面涵盖侵犯专利权和商标权的假冒产品,以及各种形式的盗版作品,还将知识产权民事诉讼中的临时措施扩大到有司法管辖权的第三方,并对知识产权刑事责任的承担也不设起点。

其次,《全面与进步跨太平洋伙伴关系协定》乃是发达国家试图取代亚太经济合作组织(Asia - Pacific Economic Cooperation,APEC)的新举措。该协定前身为《跨太平洋伙伴关系协定》(Trans - Pacific Partnership Agreement,TPP)。由于2017年时任美国总统唐纳德·特朗普宣布美国退出《跨太平洋伙伴关系协定》,只能由其他发起国继续以《全面与进步跨太平洋伙伴关系协定》的新名称继续推进,并于2018年生效。该协定不但对版权、商标和地理标志的客体范围和权利范围都做了不同程度的扩张,还进一步提高了临时措施和边境措施的保护标准,使缔约方获得了更宽松的知识产权执法权限,加大了海关的知识产权执法力度。

最后,《区域全面经济伙伴关系协定》是现阶段我国加入的自贸协定中知识产权条款覆盖内容最广的一个。该协定在延长著作权保护期限,扩大专利保护范围和商标申请范围,以及强化知识产权边境措施和刑事保护方面都作了详细的规定。

上述发达国家主导的新国际条约,既反映出其不满足于现今世界贸易组织体制下的知识产权国际保护制度,也意味着发达国家与发展中国家在知识产权制度构建和保护水平上的分歧继续加深。

四、我国国际知识产权战略的应对

在后TRIPS时代,我国如果要实现建设创新型国家的目标,保护国人的知识产权利益应该是最根本的出发点和归宿。具体而言,我国应该从以下方面完善自身的知识产权战略:

1. 团结发展中国家,重视非政府组织的功能。中国要想在知识产权国际化进程中发出自己的声音,就必须团结其他发展中国家,形成规模效应,整合出共同的利益需求,同时重视非政府组织在知识产权国际立法中的地位。后TRIPS时代的非政府组织在某种程度上已经具备了对抗主权国家的实力,国际关系已经逐渐由意味着国家间关系的"国际秩序"转换成为超越它的"世界秩序"。[1] 这意味着国际关系的主体更加多元化,而企业与非政府组织的结合正是其中一股不可忽视的力量,因此中国也应该重视与非政府组织的沟通与合作。

2. 强调企业知识产权战略,扶持和鼓励本国产业联盟的成长。企业是知识产权整体战略中的基本元素,是实施知识产权战略的最终主体。美国的每一次知识产权政策的出台都是私人集团推动的结果。在目前以政府主导制定知识产权战略的情况下,我国企业自主战略设计行为的主动性还不强,这也反映了我国许多企业自主创新能力还不够,自主创新的投入还不足,还没有形成企业自身的知识产权战略。[2] 我国在制定知识产权战略时,应该重视企业相关战略的完善,积极吸取企业的意见,畅通政府与企业交换信息的渠道。一般而

---

〔1〕 万鄂湘等:《知识产权国际保护的新发展》,载《法律适用》2003年第7期。

〔2〕 吴汉东:《后TRIPs时代知识产权制度的变革与中国的应对方略》,载《法商研究》2005年第5期。

言，国际竞争力是由许多产业和产业环节组成的，国家的实力往往植根于该国产业和产业集群的表现，国家竞争优势也正是该国许多产业发展的综合表现。因此，听取优势企业和产业界的声音，为其争取有利的发展空间，是提高国家竞争力的有效手段。

3. 强调知识产权与其他国际公约的协调，维护不同主体的利益。后 TRIPS 时代的知识产权国际立法不再仅仅限于贸易领域，而是在生物多样性、文化多样性、食品和农业植物、遗传资源、公共健康以及人权等多个领域齐头并进。发展中国家正在采取一切办法争取在上述领域的知识产权立法中赢得优势，以扭转发展中国家在知识产权一体化中的劣势。这种策略已经导致新公约的起草、现行协议的重新解释以及新的非约束性宣言、指南和建议的产生。

总之，知识产权国际规则绝不是神圣和价值中立的，中国不能盲目地跟随发达国家的脚步，不能片面地以国际公约为准绳来评价自身的知识产权制度，而是应该相应调整应对策略，扶持和发展自己的优势产业，积极参加知识产权国际规则的制定，推行有利于发展中国家的知识产权规则，在不违背自己所承担的国际义务的同时努力选择最适合自己的发展道路。

结语

知识产权国际保护制度是科学技术与文化国际交流的产物，是知识产权取得域外保护的国际规则。知识产权国际保护的途径主要有：根据互惠或对等原则、签订双边协议和签订多边国际条约。

《成立世界知识产权组织公约》规定知识产权包括基于下列各项的权利：文学、艺术和科学作品，表演艺术家的表演、录音和广播节目，人类一切活动领域的发明，科学发现，工业品外观设计，商标、服务标记、厂商名称和标记，制止不正当竞争，以及在工业、科学、文学或艺术领域内来自智力活动的一切其他权利。

《巴黎公约》规定，工业产权的保护对象有（发明）专利、实用新型、工业品外观设计、商标、服务标记、厂商名称、货源标记或原产地名称以及制止不正当竞争；其实质性条款体现在国民待遇原则、优先权原则和专利与商标独立原则。

《伯尔尼公约》的基本原则有国民待遇原则、自动保护原则和独立保护原则。该公约规定了作品保护的范围、权利、最低保护期限、追溯力等。

《世界版权公约》的主要原则有国民待遇原则、非自动保护原则，其保护水平低于《伯尔尼公约》。

《知识产权协定》重申了现有知识产权国际公约的一些基本原则，同时，还将有形商品的国际贸易原则引入到知识产权领域，主要有最惠国待遇原则、透明度原则、争端解决原则、司法审查原则和承认知识产权为私权的原则。该协定保护的知识产权包括著作权及其相关权利、商标权、地理标志、工业品外观设计、专利权、集成电路布图设计和未公开信息等。

思考题

1. 知识产权国际保护的主要途径有哪些？

2.《成立世界知识产权组织公约》列举的知识产权包括哪些内容?

3.《巴黎公约》确立了哪些原则?

4.《知识产权协定》确立了哪些原则? 其所保护的知识产权包括哪些内容?

5.《伯尔尼公约》的基本原则有哪些?

6.《世界知识产权组织版权公约》与《伯尔尼公约》有哪些区别?

7.《世界知识产权组织版权条约》对于技术措施和权利管理信息是如何规定的?

8.《专利合作条约》与《商标国际注册马德里协定》是否打破了工业产权的地域性限制?

9.《国际植物新品种保护公约》规定授予品种权的条件有哪些?

10. 我国应如何应对知识产权制度国际化协调?

资料链接

1. 郑成思:《WTO 知识产权协议逐条讲解》,中国方正出版社 2001 年版。

2. 吴汉东:《知识产权国际保护制度的变革与发展》,载《法学研究》2005 年第 3 期。

3. [美]弗雷德里克·M. 阿伯特、[瑞士]托马斯·科蒂尔、[澳]弗朗西斯·高锐:《世界经济一体化进程中的国际知识产权法》,王清译,商务印书馆 2014 年版。

4. 杜颖:《知识产权国际保护制度的新发展及中国路径选择》,载《法学家》2016 年第 3 期。

5. 易继明:《后疫情时代"再全球化"进程中的知识产权博弈》,载《环球法律评论》2020 年第 5 期。

6. 熊琦、王太平:《知识产权国际保护立法中私人集团的作用》,载《法学》2008 年第 3 期。